動物公民：

動物權利的政治哲學

ZOOPOLIS:

A Political Theory of Animal Rights

威爾·金利卡、蘇·唐納森 ● 著

白舜羽 ● 譯

貓頭鷹書房 065

動物公民

動物權利的政治哲學

Zoopolis

A Political Theory of Animal Rights

威爾・金利卡、蘇・唐納森◎著

白舜羽◎譯

貓頭鷹

中文版導讀

探索動物權利的新領域

錢永祥／中研院人文社會科學研究中心兼任研究員

從彼得．辛格的《動物解放》在一九七五年出版之後，經過近五十年的發展歷程，「人類與動物的關係」已經形成一個重要的道德議題，進入了學院以及公共領域。動物保護運動在許多國家勃興，不少國家通過了各種改善動物處境的立法，哲學家接二連三發表動物倫理學的深刻著作，近年來所謂「動物研究」或者「人類－動物研究」也跨越多個學門與領域，繼文化研究與性別研究之後，為人文社會學科開闢了新的視野。無論在社會實踐上，還是在學術理論方面，「動物」都是當前一個成長中而且富有潛力的議題。

雖然動物受到的關注愈來愈多，保護動物的立法愈來愈普遍，可是在人們的觀念中、在主流的動物倫理學裡面，動物最多只取得了**道德**上的地位，也就是獲得了**道德權利**，從而彰顯了人類對待動物的方式是有道德上的是非對錯可言的。這跟以往人類中心主義籠罩下的蒙昧時代相比，已經大有進步，可惜道德地位並不等於**法律**保障，也無法保證**政治權利**。雖然旨在保護動物福利的立法已經不少，這些「福利」背後的法理仍然偏向人類的利益，再加上一些人道的考量，如此而已。至於動物本身的法律地位，還是處在一種灰色地帶。結果如本書的兩位作者所感嘆的，經過幾十年的努力，雖然在動物福利上有不容忽視的具體進步，可是一九六〇年以來全球野生動物的數目還是減少了三分之一，一九八〇年以降全球肉品的消耗量則巨幅成長了三倍，整體而言動物保護運動的成效不能樂觀。他們認為，問題在於動物倫理學只談動物的道德地位、道德權利，是過於消極了。要打破這種僵局，需要發展出新的道德框架，直接將動物議題連結到人權與公民權的基本原則上，才能看清楚在動物的福利之外，人類還應該賦予動物什麼樣的政治與法律權利。針對這個目標，兩位作者認為，政治哲學中的公民理論，可以提供思想和策略的參考。

大家聽到賦予動物「公民」的身分，讓他們享有一定的公民權利，一定覺得匪夷所思，認為這是動物保護運動走火入魔的徵候。不過在嗤之以鼻之前，我們應該先了解這種主張是不是也有它的理據。

政治理論的一個核心關注就是權力的使用是不是正當的，權力關係是不是符合正義的要求。現代國家以各種法令介入動物的管理，也容許國民以各種方式使用動物，那麼政治理論是不是也應該問一問，國家對待轄下動物的方式能滿足正義的要求與期待嗎？

坦白說，政治理論根本不曾意識到這個問題的存在。原因很簡單：政治學從始祖亞里斯多德以降的看法就是，動物沒有語言能力、缺乏理性思考能力，所以動物不可能成為政治社群的一份子，相應的政治理論也就不必思考動物在現代國家中的位置。當代的動物倫理學只談動物的道德地位，不敢越雷池一步去思考動物有沒有政治地位，也是基於同樣的假定。動物倫理學與政治哲學的共同前提就是：公民必須具備語言能力與理性能力，因此動物不是公民。這個前提當然很荒唐：暫時不談動物，難道嬰兒、精神疾病患者、低能人、失智痴呆患者、植物人、失能老人就要被迫淪為政治社群裡的隱形人甚至非人嗎？正義的崇高理想對他們不適用嗎？

本書的主要貢獻，即是大膽而認真地挑戰這個前提。本書的兩位作者之一金利卡教授在中文世界相當知名，他探討自由主義與多元文化、少數族群與公民身分的幾本名著已經譯成中文；他的《當代政治哲學導論》廣受讚譽，在兩岸都有無數讀者。身為加拿大人，他特別關注原住民族在現代國家中的公民地位與文化權利。他的《多元文化公民權》提出了在普世的公民權利之外，少數民族應該擁有自己的專屬公民權，對台灣的原住民運動也產生了一定的影響。另一方面，他與另一位作者唐納森把這個原則推進到一般族群內部的殘障、失能、失智等缺乏語言能力與理性能力的弱勢群體，維護他們的公民權，爭取他們的特殊權益。到了本書，他們再推進一步，用這個原則延伸公民權這個概念，推廣到同樣被認為沒有語言、沒有理性的動物身上。

本書的理論架構複雜，論證嚴謹細密，在此我無法深入細節。但是書裡有兩個觀點，堪稱全書論證的支柱，值得在此挑出來稍加敘述，幫助讀者掌握本書的思路。

首先需要強調，兩位作者並不是抽象地談動物有（或者沒有）公民的地位。他們的著眼點是「關係」，強調具體的關係才會帶來具體的責任。舉例而言，狼跟狗在許多方面都屬於同一物種，但是因為狗進入人類的社會已經上萬年，體型、行為、習性都被人類所改變，基本上已經成為人類社群的成員，但是狼群仍然在原野自行生活。人類與狗的關係非常深厚，造成了狗必須與人類一起生活，所以人類對狗應該承擔大量的責任，對狼卻無此義務。這時候，我們應該承認狗有權利成為人類社會的成員，但是狼並沒有這種權利。

當然，「關係」一詞的所指過於廣泛，那麼在人類與動物的關係之中，哪些關係會帶來政治性的責任，特別是把動物納入人類社群的責任？本書根據與人類關係的不同，將動物分成三類，分別是人類馴養的動物，純粹的野生動物，還有與人類混居的野生動物。對應於這三類動物，人類要負的責任也不一樣。

寵物與家畜屬於馴養的動物，與人類的關係密切，但由於受到人類幾千年來的控制與使用，已經無法再回歸自然自行生存，必須依賴人類提供保護以及生活的資源，因此人類對這類動物負有絕對的責任。野生動物在山野、海洋自行謀生，與人類很少發生關係，理論上人類對牠們並沒有責任。但是隨著人類在歷史上對牠們施行種族滅絕式的捕獵，加上大幅度開發森林原野，汙染海洋，對野生動物造成的危害愈來愈嚴重。為了補償與糾正這些傷害，人類有責任恢復、尊重野生動物原有的生存棲地，但是不必介入更多。至於混居在人類社會的野生動物，例如老鼠、松鼠、麻雀，以及都市裡的鴿子，郊區的獼猴等等，雖然住在人類的身邊，卻避免與人類互動。人類對牠們的責任，可能只限於承認牠們的居住權以及消極的保護。

本書另外一個重要的觀點是，如果從「關係」這個角度去探討責任問題，可以看出不同的關係界定了不同的人類身分，也就蘊涵著不一樣的責任。在今天，許多社會都面對著三種身分的人類，分別是公民、境內的少數民族，以及外籍住民。公民指一般的本國同胞，大家組成自己的民族國家，共同擁有領土與主權，享有在國內自治的權利。本國同胞的關係緊密，國家有責任給所有的人提供平等的權利與自由、社會福利，以及參與公共決策的權利。其次，境內還有獨立的少數民族，通常指早已定居於斯地的原住民族，他們對於「傳統領域」擁有主權與自治權，也有自己的文化、語言、生活方式，必須受到尊重。原住民族享有國家的一般公民權，另外還擁有不受強勢民族殖民、剝削、驅趕的權利。這些權利通常可以回溯到歷史上的傷害與掠奪，因此需要獲得賠償或者補助。

最後一類人，就是國境之內的外籍住民，包括了難民，無意入籍的移民，以及大量的短期或長期的合法與非法移工。這類居民與境內的公民以及原住民的關係更為複雜；他們並沒有公民權或者自治權，但是他們仍然應該獲得一些保護與協助。

拿上述的動物分類與人群分類相互參照，也就是借用三種人類社會成員的身分以及權益，回頭看馴養動物、野生動物，以及混居在人類社群中的野生動物，思考牠們各自應該獲得什麼樣的成員權利，構成了本書的主要內容。馴養動物可以比照一般的國民，享有公民的權利與福利；野生動物可以比照自成「國中國」獨立生活的原住民族，獲得生命、資源與棲息地的保障；至於混居在人類社會裡的野生動物，則可以比照美國的阿米許人，「生活在一起但是保持隔離」，與人類和平共存，除了尊重與保護之外，並沒有太多相互的義務。在此我說「比照」，作者未必同意；他們會認為從三種動物與人類的關係，已經可以直接導出牠們在人類社會中的成員權益，「比照」只是一種擴展我們想像力的輔助工具而已。這個問題，留給讀者自行判斷。

閱讀本書，我獲得了許多啟發。書裡的主張，因為突破了現有動物論述的邊界，有可能把讀者的想像力繃到臨界點，稱之為思想實驗可以，稱之為冒險探索也不失當。但是回看作者的分析與論證，步步為營，銜接穩當，廣泛引述各類經驗性的佐證，細心剖析動物權與公民權在哲學、政治思想，以及法律上的各家觀點，不能不承認有其強大的說服力。即使最後讀者未必接受其結論，這趟閱讀已經帶著我們敲擊思想的邊界，也許在某個時刻，會有突破既有藩籬的驚喜與收穫。

閱讀動物著作是一種打破成見的經驗，我當初的啟蒙拜辛格《動物解放》之賜，手中這本《動物公民》則激發了我繼續前瞻思考的動力。不過理論上的創新固然有其價值，動物公民權最後要如何落實，仍然要看動保團體與關心動物的人們是不是信服，社會能不能接受，公共輿論會不會呼應，政府願不願意採納。在此之前，我們要先挑戰自己對於「動物公民」的成見，看看這本重要的著作能不能說服我們自己。

二〇二一、十一、一
於南港－汐止

動物公民

目次

第一章 概論

動保倡議運動目前陷入僵局。為凸顯動物福利議題並動員輿論，過去一百八十年逐漸發展出熟悉的策略與論述，也確實在某些議題上有了一些成果。但這些策略的內在局限愈來愈明顯，讓我們無法就人類與動物間的關係，凸顯甚至辨識其中某些最嚴肅的倫理挑戰。本書旨在提出一個新框架，以「動物問題」作為我們將政治社群本質，及其中的公民資格、正義與人權等理念，加以理論化的核心議題。我們相信此一新框架能在概念上與政治上開展出新機會，以排除目前阻礙進步改變的難關。

動保倡議有著綿長且令人敬佩的歷史，當代第一個防止虐待動物協會在一八二四年於英國成立，主要是為了防止虐待貨運馬匹。[1]從這個卑微的起點，動保倡議運動成為一股充滿活力的社會力量，無數的倡議組織在全球各地成立，就如何道德地對待動物，也形成公共論辯與學術理論化的豐沛傳統。運動取得了幾次政治上的勝利，從禁止血腥賽事，到研究、農業、狩獵、動物園與馬戲團的反虐待立法。在二〇〇八年的《加州2號法案》公投中，有六十三％的選民支持禁用母豬狹欄、小牛隔欄，與層疊籠。這只是運動人士成功讓大眾關注動物福利議題的諸多例子之一，同時也發展出廣泛的政治共識，傾向限制極端虐待行徑。過去二十年來，在美國有四十一件促進動物福利措施的公投案，其中有二十八件通過；在一九四〇到一九九〇年這段期間，這類提案幾乎全軍覆沒。兩相對照之下，確實是大幅度的進展。[2]這表示對於動保倡議運動的關注逐漸在公共意識中扎下根基。這不只是發生在美國，在動物福利法規比較先進的歐洲也是如此（Singer 2003; Garner 1998）。[3]

由此看來，動保倡議運動可說相當成功，一點一滴邁向勝利，逐漸向目標推進。然而，故事卻有比較黑暗的另一面。從全球的尺度觀之，我們認為動保倡議運動整體而言失敗了。數字會說話，無盡的人口擴張與開發不斷奪走野生動物的棲地。自一九六〇年代以降，我們的人口數倍增，而動物總數則掉了三分之一。[4]集約化的農場系統持續成長，以滿足（也加速）肉品需求。全球肉品生產自一九八〇年以來成長了三倍，時至今日，人類每年宰殺五百六十億隻動物以供食用（這數字不包含水生動物）。根據聯合國報告《家畜的暗影》（UN 2006），肉品生產預估將於二〇五〇年之前再度倍增。而總是想降低成本或開發新產品的企業，無論在製造、農業、研究與娛樂上，都不斷尋求更有效率的新方法來剝削動物。

這些全球趨勢確實是災難性的，足以讓透過動物福利改革取得的些微勝利看來黯淡無光，目前也沒有任何跡象顯示這些趨勢會轉變。在可預見的未來，我們會看到每年有愈來愈多的動物，為了滿足人類欲求而被繁殖、拘禁、虐待、剝削，然後殺害。用查爾斯·派特森煽動性的話來說，人類與動物關係的普遍狀態，最佳的形容可說是「永恆的集中營」，[5]這樣的基本關係完全沒有任何改變的跡象。真相是，動物剝削支撐了人類的飲食與衣著、休閒娛樂方式，以及工業生產與科學研究的結構。動保倡議運動輕輕掃過動物剝削系統的邊緣，但系統本身不但安然無恙，反而持續擴張與深化，對此公共討論卻幾乎付之闕如。有些評論者主張，諸如《加州2號法案》等所謂動保倡議運動的勝利，其實是策略上的失敗。它們只不過分散了人們對於最根本動物剝削系統的關注；更糟的是，它們成為公民寬慰本身道德焦慮的一種方式，錯誤地保證情勢正在轉好，儘管只是一廂情願。事實上，蓋瑞·范西恩認為這些改善式改革是將動物奴役系統正當化，而非提出異議，反而削弱了更為激進、可能實現真正改革的運動（Francione 2000, 2008）。

范西恩宣稱改良式改革適得其反，在動保領域中備受爭議。即使認同最終目標是要廢除所有的動物剝削，這些動保倡議人士對於漸進式改變的策略問題仍意見分歧。各說各話的情形也出現在教育改革、直接行動、和平主義，或為動物更激烈發聲抗議的相對優劣上。[6]可以確定的是，在經歷了一百八十年的組織性動保倡議後，我們並未在拆解動物剝削的系統上獲得重大進展。從十九世紀首部反殘酷法令到二〇〇八年的《加州2號法案》，這些倡議或許在邊陲產生助力或阻力，但它們並未提及，遑論挑戰「永恆集中營」的社會、法律與政治基礎。

就我們看來，這項失敗並不令人意外，原因出於動物議題公開論辯時採用的錯誤語彙。粗略地說，大部分的論辯都落在三種基本的道德框架中：「福利主義」取徑、「生態」取徑，以及「基本權」取徑。如前所述，事實證明沒有一種取徑能夠促成動物剝削系統的根本性改變。我們相信要讓改變成真，唯一的方法是發展出新的道德框架，更直接地將對待動物的方式連結到自由式民主的正義與人權基本原則，這也是本書的目標。

現有三種取徑的限制，全書會有通盤的討論。但在此提供簡短地概述，有助於說明我們怎麼看待這個領域。我們所謂的「福利主義」觀點，同意動物福利在道德上很重要，但次於人類利益。從這個觀點出發，人類無疑有高於動物的道德位階。動物不是機器，牠們是會受苦的生物，因此牠們的痛苦有道德意義。一份二〇〇三年的蓋洛普調查發現九十六%的美國人傾向對動物剝削加諸一定限制。[7]然而這種對動物福利的關注卻落入一種理所當然的框架中：幾乎不會有人質疑動物可以因為人類利益而有限度使用之。在這個意義下，福利主義也可以被稱為動物的「人道使用」原則。[8]

我們所謂的「生態」是指一種著重生態系統健康的取徑，動物在其中是不可或缺的一環，但焦點並不放在動物個體本身的命運。生態整全主義對許多殘害動物的人類行徑提出批判，從棲地破壞到集約畜牧造成的汙染與碳排放不一而足。然而，若宰殺動物對生態系統可能產生中性或正面影響（例如永續狩獵、放牧，或撲殺入侵或過度繁殖的物種），生態整全觀點將支持生態系統的保護、保育和復原，而非拯救個別動物或非瀕危物種。[9]

福利主義與生態整全兩種取徑的缺點在動物權文獻中受到廣泛討論，我們在這些論辯中沒有什麼可以補充的。福利主義或可避免一些莫名其妙的殘酷，如全無理性的暴力與虐待，但面臨動物剝削的案例中帶有人類利益時，卻毫無用武之地，無論理由有多麼枝微末節（例如化妝品實驗）或見錢眼開（例如在集約畜牧中省下幾分錢）都一樣。只要道德位階的基本前提未受挑戰，通情達理者對於動物剝削的「可接受範圍」勢將無法達成共識。儘管我們有普遍而模糊的直觀，希望限制「不必要的」虐待動物，但囿於自利與消費主義的壓力，將與此目標背道而馳。生態整全取徑受限於同樣的基本問題，以人類利益先於動物利益。此處的利益可能比較不那麼枝微末節、見錢眼開或自私自利。然而，生態主義者高舉一種獨特觀點，定義出一個健康、自然、真實或永續的生態系統，並準備要犧牲動物小我以成全整體生態系統。

針對上述局限，這個領域中許多倡議者與運動人士因此採取「動物權」框架的觀點。若以比較強的版本觀之，動物像人類一樣，應該享有某些**不容侵犯的權利**：即使為了追求人類利益或健康的生態系統，還是禁止對動物做出某些行動。動物不是為了達到某些人類目的而存在的：動物不是人類的僕人或奴隸，必須尊重牠們有自己的道德價值與主體存有。動物跟人類一樣是個體，保有以下權利：不被虐待、囚禁、接受醫學實驗、被迫骨肉分離，或是因吃了太多稀有蘭花或改變當地棲地生態而遭撲殺。就這些生命與自由的基本道德權利而言，動物與人類是平等的，而非主人與奴僕、管理者與資源、獄卒與囚犯，或造物者與人造物。

我們完全接受動物權取徑的核心前提，並將於第二章為此立場辯護。唯一真正有效能對抗動物剝削的保護，必須將道德框架從福利主義與生態整全主義，提升到承認動物擁有特定不容侵犯的權利。如同許多動物權理論辯護者的主張，道德平等的概念將自然衍生這種以權利為基礎的取徑，此概念也是人權信條的基礎，我們會在後面的章節詳加討論。

然而，我們也必須承認，時至今日，這種取徑在政治上仍然相當邊緣，動物權理論在學術圈有一席之地，並在過去四十年來以各種複雜的方式發展。理念在一小群從事純素推廣與動保直接行動的運動人士間流傳，但社會大眾幾乎完全沒有共鳴。有些相信動物權理論的人士甚至在從事公共倡議時刻意輕描淡寫，因為此觀點距離既有輿論太過遙遠（Garner 2005a: 41）。[10]善待動物組織的長期目標是拆解動物剝削系統，連他們所發動的倡議仍在推廣福利主義的目標：降低畜牧與酪農產業中的痛苦，或抑制過剩的寵物產業。換言之，他們的推廣目標通常是減少「非必要的苦難」，而不去挑戰背後的假設：可以為了人類利益飼養、籠居、宰殺或擁有動物。善待動物組織或許同時會結合更激進的訊息（例如「吃肉就是謀殺」），但選擇性地採取這項行動，以避免讓支持者卻步，因為他們多數都不同意這種強形式的權利觀點。無論本意為何，動物權框架在政治上仍然是個地雷。也因此，動物倡議在面對系統性的動物剝削時節節敗退。

運動中有項核心任務是了解動物權理論為何仍然如此邊緣化。為什麼一般大眾逐漸接受福利主義式（例如《加州2號法案》）與生態整全式（例如瀕危物種立法）的改革，卻仍執拗地抗拒動物權？既然認可動物是生命、苦難在道德上有意義，為什麼走到下一步這麼困難：承認動物有道德權利，不能為了人類目的而當成手段使用？

我們可以想到許多抗拒的原因，比方說根深柢固的文化傳承，西方與多數非西方文化在好幾世紀以來，均預設動物在普世道德位階中低於人類，因此人類有權使用動物遂行其目的。世上多數宗教中都可以看到這種想法，也鑲嵌在我們許多日常的儀式與實踐中。[11]克服文化傳承的重量是場艱困的戰爭。

還有無數基於自利的理由使我們抗拒接受動物權（AR）。儘管公民可能願意多付幾分錢取得更「人道」的食物或產品，他們還沒準備要完全放棄以動物為主的食物、衣著，或藥品。更甚者，動物剝削系統中有強烈的既得利益，當動物倡議運動開始威脅到這些經濟利益，使用動物的產業會動員起來貶斥動物權倡議者為激進分子、極端分子，甚至恐怖分子。[12]

動物權前方有這些文化與經濟阻礙，廢止動物剝削系統的運動在政治上無能為力可能也就不足為奇，但我們相信問題有一部分也出在闡述動物權理論本身的方式。粗略地說，建構動物權論述的方式時至今日往往仍相當狹隘：即採取有限的**消極**權利表列，比較常見的包括不被擁有、宰殺、囚禁、虐待或骨肉分離的權利。但**一般**認為，這些消極權利對所有具主觀存在的動物均一體適用，換言之，只要動物有某種程度以上的意識或情識均適用之。

相對而言，動物權理論就我們對動物所負之**積極**義務卻著墨不深，此類義務諸如：尊重動物棲地，設計建築、道路與街區時考量動物需求，救援被人類非蓄意活動所傷害的動物，照顧馴化而依賴我們的動物。[13]同理，動物權理論也幾乎未提及我們的**關係性**義務，其定義為：義務並非因動物的內在特質（例如意識）而來，而來自人類族群與動物族群間在特定時空脈絡下所發展出的關係。比方說，人類有意識地飼養經過馴化、須仰賴我們才能生存的動物，如牛或狗。相較於遷移到人類聚落中的鴨子或松鼠，我們對兩類動物負有不同的道德義務。但這兩種案例又有別於自然荒野中的動物，牠們與人類幾乎沒有任何接觸，我們因此也負有不同的道德義務。古典的動物權理論（ART）沒有掌握到，這些時空脈絡下的事實似乎也具有道德上的重要性。

簡言之，動物權理論著重普世的消極動物權，而忽略積極的關係性義務。值得注意的是，這與我們思考人類處境的方式相當不同。當然，所有人類都有某些不容侵犯的基本消極權利（如：不受虐待、不被殺害、未經正當程序不被囚禁），但大部分的道德推理與道德理論關注的不是這些普世消極權利，而是我們對其他群體的人類所負有之積極與關係性義務。我們要怎麼對待鄰居與家人？我們要怎麼對待共同生活的公民？我們有什麼樣的義務以彌補對內或對外的歷史不正義？不同的關係會產生不同的義務：關懷的、善待的、包容的、互惠的，或修復式正義。而我們的道德生活多半在嘗試理清這幅複雜的道德圖像，試圖判定哪類社會、政治與歷史關係會導向哪一些義務。由於我們與不同類動物在歷史上的關係有巨大的差異，我們與動物的關係可能也有類似的道德複雜性。

然而，動物權理論提供的道德圖像異常扁平，毫無特殊具體的關係或義務。某方面來說，動物權理論獨重不干涉的消極權利是可以理解的。欲譴責動物剝削的日常（且與日俱增的）暴力，基本權的不容侵犯性是不可或缺的前提。眼下迫切的任務是保障不被奴役、活體解剖、剝皮的消極權利。相較之下，重新設計建築與道路以包容動物，或就陪伴動物發展出有效的監護人模式等問題與挑戰，似乎可以再緩一緩。[14]再怎麼說，如果動物權理論家很難說服一般大眾接受動物有消極權利，又進一步堅持動物可能也有積極權利，豈不是讓這場奮鬥更加艱困（Dunayer 2004: 119）。

但動物權理論圈內獨重普世消極權利的傾向，不只是輕重緩急或策略的問題而已。就人類是否應該涉入與動物的關係，因而產生關懷、包容與互惠的關係性義務，圈內瀰漫根深柢固的懷疑主義。對許多動物權理論家來說，人類與動物產生關係的歷史過程本身的預設就是剝削性的。馴養動物的過程包含為了人類需求而捕捉、奴役與飼養。馴養的概念本身便違反了動物的消極權利。若此預設為真，許多動物權理論家主張，結論便不會是我們對馴化動物負有特別義務，而是馴化動物這個類別應該消失。如同范西恩所言：

> 我們不應讓更多馴化的非人類產生，在此我講的不只是作為食物、實驗、衣著等等的動物，也包括我們的非人類同伴。……我們當然應該照顧已經生在世界上的同伴，但我們應該停止製造更多……，一邊說我們不義地對待馴化的非人類動物，一邊繼續容許飼養牠們，這一點都說不通。（Francione 2007）

在人類歷史上與動物產生關係，一般的認知是這種關係是剝削性的，因此應該中止。[15]只留下與我們沒有經濟、社會與政治關係的野生動物（或至少不會產生任何積極義務者）。簡言之，運動目標是讓動物在排除所有積極關係性義務的狀態下，獨立於人類社會。我們可以在瓊恩·杜納耶的論證中看到這樣的例子：

> 動物權倡議者希望法律禁止人類剝削與傷害非人類，他們不欲在人類社會中保護非人類，而是試圖保護非人類**遠離**人類社會。其目標是終結人類社會中非人類的「馴化」與其他強制「參與」。非人類應該要能自由居住在自然環境，組成牠們自己的社會……，我們希望牠們自由且獨立於人類。某方面來說，這樣的威脅遠低於賦予新族群權利，讓牠們共享經濟、社會與政治權力。非人類無須共享權力，而是獲得不受權力支配的屏障。（Dunayer 2004: 117, 119）

換言之，發展積極關係性權利的理論沒有必要，因為一旦廢黜了動物剝削，馴化動物將不復存，野生動物將可以遺世獨立，自給自足。

我們的目標是要挑戰這幅圖像，提供另一個框架，更能夠反映人類－動物關係在實證與道德上的複雜性。我們相信，將動物權理論等同於普世消極權利，並擱置積極關係性權利，在智識與政治上都是個錯誤。一方面，傳統的動物權理論觀點忽略了人類與動物之間無可避免的密集互動與連結。此觀點蘊含的圖像是：人類居住在都會區或以人力改造過的環境，並假設這些環境幾乎沒有其他動物存在（除了那些遭不義馴化或捕捉的動物）；而動物則居住在荒野，這個空間是人類可以也應該淨空或離開的。這個圖像忽略了人類與動物共存的現實。事實上，野生動物就在我們四周，在我們的家園與城市、航道與水域。人類的城市滋養了大量的非馴化動物：流浪寵物、逃脫的外來種、原棲地被人類開發地包圍的野生動物、候鳥，更不用提數十億隻伺機性動物，受到人類的開發地吸引並生生不息，共榮共存。諸如椋鳥、狐狸、郊狼、麻雀、綠頭鴨、松鼠、浣熊、獾、臭鼬、土撥鼠、鹿、兔子、蝙蝠、野鼠、老鼠等族繁不及備載。每當我們砍下一棵樹、改變河道方向、蓋一條路或開發房子，或起一棟高樓，這些動物就會受到影響。

我們是這社會的一份子，與各方動物同享。即使我們廢止了「強迫參與」的案例，這個社會仍可以繼續存在。要動物權理論主張人類可以與其他動物分開居住在不同場域，以消除絕大部分的互動與潛在衝突，這樣的假設完全站不住腳。持續的互動是無可避免的，這樣的現實必須是動物權理論的核心基礎，而不是當成枝微末節。

「人類與動物間互動無可避免」，一旦我們認識到此一生態學事實，就這些關係的本質，便會產生一連串困難的規範性問題，以及應運而生的積極義務。就人際互動而言，我們有既定的歸類來思考其中的義務。比方說，某些社會關係（如：親子、師生、雇傭）會因為依賴性與權力不對等，而產生比較強的關懷義務。諸如自治政治社群的成員等政治關係，也會因涉及治理社群疆界內特有的公民權利與責任，而產生積極義務。我們相信，任何言之成理的動物權理論都有一項核心任務：指認在動物脈絡中的相似類別，理出人類與動物間關係的各種模式，及其相應的積極義務。

在古典的動物權理論模型中，人類與動物間只容得下一種關係：對待動物的倫理就是離牠們遠一點，不干預牠們生命與自由的消極權利。我們主張，不干預在某些情況下的確比較適當，特別是某些遠離人類聚落與活動的野生動物。然而在許多情況下，動物與人類因互相依存或共享棲地而產生緊密的連結，此時便完全不適用。相互依存的關係在陪伴動物與馴化農場動物的案例中顯而易見，牠們幾千年來便逐漸依賴人類的飼養。透過這個干預的過程，我們對牠們負有積極義務（倡議讓這些動物消失，以達成我們的積極義務實在很怪異）！同理，儘管情況較為複雜，對於許多不請自來寄居人類聚落的動物，我們也負有積極義務。我們可能不希望鵝或土撥鼠來到鎮上或城裡，但時間一久牠們就成為共享空間中的共同居民，我們也可能負有積極義務，在設計空間時設想到牠們的利益。我們將在全書中討論許多此類案例，任何可行的動物倫理概念將兼容不同程度的積極與消極義務，依據互動與相依的歷史修正，以尋求正義的共存方式。

就我們看來，將動物權理論局限於一組消極權利，讓動物權理論喪失對人類－動物互動的積極概念，不僅在智性上無法維持，在政治上也有破壞性。認清關係特定的積極義務可能會讓動物權理論更嚴格；[16]但另一方面來說，也讓動物權理論成為比較吸引人的取徑。畢竟人類無法自外於自然，而切斷與動物世界的接觸。恰恰相反，所有文化的歷史中都有明確的傾向，甚至可稱之為人類需求，發展出與動物的關係與連結（反之亦然），這和剝削的歷史大不相同。比如說，人類向來都有陪伴動物。[17]從蕭維與拉斯科的第一幅畫開始，人類藝術家、科學家與神話創造者便著迷於動物。用保羅・雪帕的話來說，動物「讓我們更有人性」（Shepard 1997）。

當然，這種與動物世界接觸的人性衝動，即我們把動物當作同伴、圖騰與神話的「特殊關係」，對動物來說往往都具有毀滅性。為了人類利益，用我們的條件強迫動物參與人類社會。但同樣為真的是，這種接觸的衝動也促成了諸多動物倡議運動。熱愛動物的人士在運動中是重要盟友，這些人多半都不希望切斷人類與動物間的所有關係（如果這有實踐可能性的話），而是要加以重建，使關係互相尊重與同情，並且不再剝削。如果動物權理論堅持所有的關係必須廢止，可能適得其反，讓反動物權理論組織得到奧援，得以引用動物權倡議者的「反寵物」言論，並用這些言論主張動物權運動的真正目標是切斷所有的人獸關係。[18]這些批評當然是在扭曲事實，但還是有點道理，因為動物權理論陷入一種根本上可疑的人類與動物關係。

可以說動物權理論抹平了我們的道德圖像，不僅在智性上說不通，也缺乏吸引力。因為它忽略了：我們與動物間持續且具道德價值的關係不僅無可避免，也是可欲的。如果動物權理論要獲得政治奧援，我們需要證明禁止剝削動物的關係並不代表就得切斷有意義的動物與人類互動。我們的工作反而是要點出，動物權理論若包含了積極義務與消極義務，該如何設下條件，讓這些互動彼此尊重、豐富，且不剝削。

比較限縮的動物權理論版本從另一個角度看在政治上也無以為繼：它不必要地誇大了動物權運動人士與生態主義者之間的鴻溝，讓潛在的盟友變成敵人。當然，動物權理論與生態觀點間的某些衝突反映的是根本性的道德差異。比方說，若生態系統的健康與動物個體的生命間真的產生矛盾，多數生態主義者會否定動物不被人類撲殺的權利，以求有效管理生態系統。而動物權倡議者則認為所謂「治療型撲殺」明顯違背了基本權（和宰殺人類是一樣的道理）。就我們對動物所負之道德義務而言，這是真實且根本的道德歧見，我們將於第二章詳述之。

然而，動物權理論與生態主義者還有許多看似矛盾之處，可藉由拓展動物權理論，並納入積極與關係性權利來加以解決。生態主義者擔心，若動物權理論局限於一組個體基本權利，不僅對環境惡化無感，還會太過頻繁地干預環境。一方面，如果我們只著重動物個體的權利，我們可能無法批判更大規模的生態系統與棲地破壞。人類對生態系統的汙染可能會危及整個物種的生存能力，而不用直接殺害或捕捉任何單一動物個體。動物權理論支持者可以回應如下：動物個體的「生命權」包含生存方式的權利，健康安全的環境也是其一。但若生命權以此方式擴大解讀，似乎將授權人類對荒野進行大規模干預，以保護動物不受掠食者、食物短缺與自然災難的侵害。捍衛動物個體的生命權可能導致人類接管自然，以確保所有的動物個體都有安全穩定的食物來源與庇蔭。簡言之，如果狹義解讀動物權理論對基本個體權利的概念，對於環境惡化毫無保障；如果擴大解讀其基本權概念，似乎授權人類大規模干預自然。

我們將在第六章看到，動物權理論家用各種方式回應這個「過猶不及」的兩難。但我們相信，這個難題其實無法用一個只著重少數幾項普世個體權利的理論來解決。我們需要更豐富且具關係性的道德概念引導，判斷我們對野生動物及其棲地的義務。除了要問人類應如何對待動物個體，我們也得問人類與野生動物群體間的適當關係，這些群體各有對自主性與領域的正當請求。我們主張，這些群體間的公平互動條件，可以在棲地與干預議題上，納入生態考量提供指引，避免過猶不及的難題。

更廣泛來說，生態主義者擔心，動物權理論對於人類與動物互動與相互依存的複雜性太過天真。透過擴展動物權理論，承認人類與動物互動無可避免的普遍性，認識到儘管「撒手不管」簡便誘人，但我們無法藉此逃避這些複雜議題，如此便可釐清前述擔憂。凡此種種，說明了關係性的動物權理論將可弭平與生態思考間的鴻溝。

總而言之，比較廣義的動物權理論應整合所有動物均適用的普世消極權利，並根據人類與動物間的關係本質，加上差別性的積極權利。我們相信這是此領域欲取得進展最有希望的一條路，比起既有的福利主義、生態主義，或著重人類與動物間正義的古典動物權取徑，這樣的理論在智性上更加可信，在政治上也更加可行，能集結更多公眾支持，提供所需的資源。

對於動物權，我們需要更具差異性與關係性的取徑。這種想法並不新奇，許多批評者都質疑過動物權理論獨重普世性消極權利。比方說，基斯・布傑斯－傑克森便提到，動物不是「毫無差異的鐵板一塊」，因此不能說「人對於**某**動物所負之責任，便是對**所有**動物所負之責任」（Burgess-Jackson 1998: 159）。同樣地，克萊兒・鮑莫也問道：「就我們對動物的道德義務制定『一體適用』的規則有道理嗎？畢竟我們跟牠們有各式不同的關係。」（Palmer 1995: 7）她呼籲建立著重於脈絡與關係的情境式動物倫理。我們可以在許多女性主義與環境倫理傳統下研究的作者中發現類似的想法。[19]

然而，在我們看來，既有的關係性主張有不少問題。一方面，儘管不少作者都**呼籲**動物權理論應更具關係性，但只有少數真的嘗試發展此一理論。多數還是著重在一種特定類型的關係。比如說，布傑斯－傑克森就聚焦於對陪伴動物所負之特別義務，而沒有更有系統地去發展不同類型的關係與脈絡下的動物權主張。因此，既有的討論有時看起來僅針對特定問題，甚至是某種答辯，與義務基礎的普遍原則脫節。

其次，其中許多作者主張關係性取徑是動物權理論的**替代方案**，彷彿在普世消極權利**與**積極關係性權利間，我們必須擇一認可。[20]比方說，鮑莫表示她的關係性取徑「不同於效益主義或權利理論，因為這兩者傾向認為無論在都會、鄉村、海洋或荒野，倫理規範都是恆常不變的」（Palmer 2003a: 64）。但我們認為，視這些取徑為互相競爭而非互相補充，既沒有必要也沒有理據。有特定的倫理規範是「恆常不變」的，如所有對世界具主觀經驗的存在享有某些普世消極權利，也有一些會根據我們的關係本質而變動的倫理規範。[21]

第三，我們相信這些替代性主張往往會援用一種錯誤或過度狹隘的基礎來對人類與動物間關係進行分類，一般會根據主觀感受或感情依附程度（例如 Callicott 在一九九二年開發的「生物社會」理論）、生態依存的自然事實（Plumwood 2004），或產生傷害或依賴的因果關係（Palmer 2010），來區分動物的不同類別。本書的重點正是主張，我們得用更清楚的**政治**語彙來了解這些關係。動物面對各種政治制度與實踐，如國家主權、領域、殖民、遷移與成員身分，也有相應不同的關係。如何決定我們對動物負有的積極與關係性義務，多半來自於反省這些關係的本質。我們希望這麼一來，能將動物的論辯從應用倫理議題轉換為政治理論的提問。[22]

我們希望提出的動物權主張，將動物置於更直白的政治架構中討論，以兼容普世消極權利與積極關係性權利。這不是一件容易的事，我們將看到，要建立這麼廣泛的動物權理論主張，並將普世消極權利與較具差異且關係性的積極義務互相整合，其中會有許多困難的疑問，我們當然不會大言不慚地說自己解決了所有的問題。

儘管任務艱難，我們可以從政治哲學類似領域中的近期發展獲得啟發，這些領域長期以來便面臨挑戰，將普世個體權結合對於不同脈絡與關係的敏感度。我們將特別著重於**公民資格**理念，它是此領域中公認的核心概念。[23]當代公民資格理論主張，人類除了因其位格而享有普世人權，他們也是位於不同領土上、獨特自治社會中的公民。換言之，人類自行組成民族國家後，又各自形成「倫理社群」，其中的公民基於彼此治理與共享領域的共同責任，互相負有特殊義務。簡言之，在所有位格（包括外國人）都享有的普世人權之外，公民資格會產生獨特的權利與責任。

如果接受這項前提，我們很快便能就所負義務提出一個複雜且具高度群體差異的主張。公民與外國人之間顯然有所區別，但也有群體落在這兩個基本類別之外：比方說，移工或難民往往具「外籍住民」而非「公民」的身分。他們居住在特定國家領域內並受其治理，卻不是該國公民。人口遷徙的事實，無可避免地導致有人在自治社群中，既不是完全的圈內人，也不完全是圈外人；也有些情況是這些自治社群的領土疆界有爭議：比如說，原住民即使生活在更大的政治社群中，可能還是會主張他們在傳統領域保有集體自治權，因此有自己的公民資格；或者是領域有爭議的狀況，便由不同形式的共享主權（如：北愛爾蘭，或耶路撒冷的未來協議）治理。由於人類歷史的本質，無可避免會產生自治社群領域與疆界的紛爭。

因此我們有多重的、交疊的，以及中介形式的公民資格。這都來自以下的基本事實：人類社會會組成獨特而有領域疆界的自治社群，這使我們必須認真看待因特定政治社群的成員身分所產生的道德價值，並理清成員身分、遷徙、主權與領域等廣泛議題。因此，今天的自由主義包含的不只是普世人權理論，還須納入有限公民資格的討論。後者建立在國家狀態與愛國主義、主權與自決、團結與公民美德、語言與文化權等種種概念上，也須顧及外國人、移民、難民、原住民、女性、殘障者與孩童的權利。根據成員身分、個人能力與牽涉到的關係本質，其中許多理論都會產生具群體差異的積極義務。然而，這些理論同屬自由主義的原因在於，它們試圖證明這些比較「集體式」或「社群主義式」的手段，並不違背普世基本個體權的行使，甚至可以加以發揚光大。今日的自由主義，就普世人權與較為關係性、有限度，且具群體差異的政治和文化資格權利，產生了複雜的整合。

我們認為公民資格理論的演進所提供的模式，有助於思考結合傳統動物權理論和積極關係性義務的主張。最少它展現出在智性上，有可能調和不變的倫理建議與關係性義務。但我們希望更進一步主張，公民資格理論在動物的案例中也提供有用的框架。在人類公民資格產生群體差異理論需求的政治過程，有許多同樣也適用於動物。有些動物群體應視為在自己的領域中組成單獨的主權社群（面臨人類侵入與殖民威脅的野生動物）；有些動物近似移民或外籍住民，選擇移入人類聚居地（伺機型城際野生動物）；有些動物應看作政體的完整公民，因為牠們經過代代飼養，與人類相互依存（馴養動物）。這些以及後續將討論的關係各有其道德複雜性，可運用主權、外籍住民權、遷徙、領域、成員身分，與公民資格等理念加以釐清。

我們將探究這些類別與概念該如何從人類的語境轉為動物的語境。動物社群的主權與人類政治社群的主權並不相同，對動物殖民亦與對原住民殖民相異；都會區遷徙或伺機型動物的外籍住民權與移工或非法移民有所差別；而馴養動物公民在許多重要層面上，都不能與孩童或智力失能者等需要協助才能行使公民資格的公民畫上等號。但我們主張這些理念確有啟發性，往往能指出目前文獻中受到忽略的道德重要因素（另一方面，我們認為將這些理念應用在動物上，亦有助於深化我們對於人類公民資格的思考）。

簡言之，我們主張以公民資格為基礎的廣義動物權理論有助於整合普世消極權利與積極的關係性義務，除了可回應考量生態的強烈直覺，也保持對權利不容侵犯的核心承諾，此承諾對於抗衡動物剝削的穩固體制不可或缺。我們相信這個取徑不只在智性上有說服力，也有助於克服阻滯動物倡議運動的政治僵局。

從第二章開始，我們將辯護動物擁有不容侵犯的權利，因為牠們是對世界有主觀經驗的情識個體。前面提到，我們的目標是補充傳統動物權理論對普世基本權的承諾，而非取而代之，因此我們會先對此承諾進行釐清與辯護。

在第三章，我們將區辨普世基本權與公民資格的邏輯，探究公民資格在政治理論中的不同功能，並闡釋公民資格邏輯何以對人類與動物都有說服力與適用性。許多人主張動物原則上無法適用於公民資格的某些核心價值，如互惠或政治參與。我們將說明這種異議所預設的公民資格實踐（即使對人類來說）與動物能力的概念，都太過狹隘。一旦我們思考公民資格面對各種人類多元性的應用，我們便可以開始理解動物也可以進入公民資格實踐的範疇。

在第四章到第七章，我們從馴養動物的案例開始，將公民資格理路應用到一系列的人類與動物關係。在第四章，我們質疑採用目前動物權理論取徑對於馴養動物的局限，原因在於未能認清因動物馴化並融入社會後所衍生的道德義務。在第五章，我們將為以下宣稱進行辯護：公民資格是承認動物融入社會的適當方式，接著指出共同公民資格因馴化的事實而產生道德必要性，並在實務上可行。在第六章，我們探究野生動物的案例，我們主張應視牠們為擁有自己主權社群的公民，我們對牠們所負之義務屬於國際正義的範疇，包括尊重其領域與自治。在第七章，我們轉而討論住在我們周圍的非馴養城際野生動物，並主張外籍住民權是適合牠們生存狀態的形式，承認牠們是都會空間的共同居民，但牠們無法也無心進入公民資格的合作模式中。

我們在第八章進行總結，回到一些本章提到較屬策略或動機的議題。我們在第二章到第七章中，主要著重於公民資格取徑的規範性論證。但前面提到，我們相信這種取徑有潛力開展對於動物倡議運動的大眾支持與政治結盟。第八章探究，應如何理解公民資格取徑，作為人類與動物關係最有希望的發展，以試圖兌現承諾。有些個人與社會已經在進行小規模實驗，尋找對待馴養動物、野生動物，與城際野生動物的新關係形式，我們相信這些方式具體說明了公民資格取徑的直覺。我們深信公民資格取徑不是烏托邦，對於各路深思熟慮的生態學者、動物倡議者，與動物愛好者來說，反而可以視為理論趕上實踐的例子。

第一部

擴充的動物權理論

第二章　普世基本動物權

在動物權理論中，有支重要流派所採納的前提是：所有具存在主體性的動物（即所有具情識或痛感的動物）均應被視為正義的主體，並成為具有不容侵犯權利的載體，因此動物具有不容侵犯的權利。這種想法超越且不同於一般所理解的「動物權」，我們有必要釐清權利不容侵犯的意涵，以及我們認為動物也具有這種權利的原因。

在日常對話中，只要有人主張應擴大限制動物的使用，均會被稱為動物權辯護者。因此，倡議屠宰用豬隻應有較大的豬圈，以促進其短暫生命的品質，也會被稱為動物權信仰者。我們確實也可以說此類倡議者相信動物具有「受到人道對待的權利」。有人會為更強的動物權辯護，或許主張人類不應食用動物，因為我們有許多營養上的替代品；然而，如果在動物身上進行醫療實驗，是促進關鍵醫學知識的唯一方法，或撲殺野生動物是拯救關鍵棲地的唯一方式，則是可以容許的。我們可以說這種人相信「除非有重要的人類或生態權益受到危害，否則動物有不應被人類犧牲的權利」。

無論是支持上述較弱或較強的概念，均與主張動物有不容侵犯的權利有根本性差異。權利不容侵犯蘊含的是：個體最基本的權益不能因為其他個體更重要的權益而犧牲。套句羅納德．德爾金的名言，在這種意義下，不容侵犯的權利是「王牌」，無論其他個體能從中獲得多大的益處，都不得侵犯之（Dworkin 1984）。比方說，即使有許多人可能從某人的器官、骨髓或幹細胞而受益，也不能為了採集身體部位而殺人；同理，無論能從醫療實驗中得到多少幫助其他個體的知識，只要未經受試者同意，便不得進行醫療實驗。這種意義下，不容侵犯的權利是為個體劃定的防護罩，確保他不會因其他個體的權益而犧牲。這個防護罩通常可理解為一組基本的消極權利，免於受到殺害、奴役、凌虐或拘禁。

人類是否具有此類不容侵犯的權利，這個想法也爭議多時。比方說，效益主義者便相信道德要求我們實現最多數人的最大利益，即使這意味著我們必須犧牲某人亦然。如果殺一人可以救五人，在其他條件不變下，我們就應該這麼做。偉大的效益主義者傑瑞米．邊沁曾說，不容侵犯的權利是「高來高去的胡扯」（Bentham 2002）。由於效益主義者不相信人有不容侵犯的權利，自然也不會賦予動物這樣的權利。[1]

不過時至今日，儘管關於人權基礎的哲學論辯仍持續進行，多數人都同意人類擁有不容侵犯的權利。不容侵犯性是醫療倫理、國內權利法，以及國際人權法的基礎，所有人都享有某些不容侵犯權利的保護，這個想法構成法律中「人權革命」的一部分，也促成政治哲學轉向「以權利為基礎」的理論。羅爾斯的《正義論》受人稱許為政治哲學重生的開端，其核心寫作動機之一，正是因為他堅信效益主義無法證成為他人利益而犧牲個體的謬誤。無論是對個體進行實驗以取得有用的醫學知識，或是歧視種族或性少數以滿足多數人的偏好皆然（Rawls 1971）。他相信，要能恰如其分地為自由主義民主辯護，需要更為「康德式」的概念來尊重個體，強調永遠不能為了社會的利益而將人當作手段對待。[2]

雖然不容侵犯人權的理念普遍為人接受，卻沒什麼人願意接受動物也具有不容侵犯的權利。即使接受動物具有道德地位，並應受到更人道的對待，人們也往往認為在極端狀況下，可以為了他者更大的利益而違背甚或無止境犧牲動物權。我們不能接受殺一人摘取其器官以拯救五人，卻允許殺一隻狒狒以救五人（或五隻狒狒），甚至認為這是道德要求。正如傑夫・麥克馬漢所言，「可以為了更大的利益無限制侵害」動物，但具有位格的人則「完全不得侵害」（McMahan 2002: 265）。羅伯特・諾齊克以「對動物採效益主義，對人類採康德主義」，精闢地歸結這種觀點（Nozick 1974: 39）。

我們在本書中所開展的取徑，反駁「只有人權不容侵犯」的宣稱。人權革命是意義深遠的道德成就，但革命尚未成功。我們將看到，不容侵犯性的論證不會只停留在人類的疆界範圍內。如同寶拉．卡瓦里耶利所言，是時候把人從「人權」中拿掉了（Cavalieri 2001）。即使能救五個人，如果殺人取其器官是錯的，那麼殺狒狒取其器官也是錯的；殺花栗鼠或鯊魚侵害了牠們不可侵害的生命基本權，就像是殺人一樣。[3]

已有數個動物權理論家為動物權不容侵犯之宣稱做出很好的辯護，我們對於他們的論證沒有太多新意要補充。[4]已經信服此觀點的讀者可以跳過這一章，直接從我們原創論證的部分讀起，本書主要著墨於應賦予動物具群體差異的關係權。

但多數讀者不大可能被此觀點說服，甚至認為是異想天開。如果是這樣，即使你支持「對動物採效益主義，對人類採康德主義」，甚至對動物與人類均採效益主義（或其他完全不同的理論），我們仍希望本書以下所開展的論證能引發讀者的興趣，我們相信對動物權採取較為政治而關係性的解釋依然深具說服力。我們提出的許多論證，如賦予馴養動物公民資格、賦予野生動物主權，以及賦予在人類活動區域的野生動物外籍住民權，均無須建立在動物權不容侵犯的前提上。

然而，我們自己對於這些論證的闡釋將於強形式的動物權框架中開展，此框架包含了對於不容侵犯性的承諾，也會影響我們如何闡釋這些論證，以及我們據此推導的結論。因此我們也試圖在本章為這個起點辯護，並回應此觀點可能引起的某些反駁與焦慮。

為什麼會有許多人覺得動物權不容侵犯如此異想天開？有些人認為，人類隕落的悲劇性以及對世界的損失不證自明。相較之下，狒狒之死就沒有那麼嚴重。因此，殺人的道德錯誤必定比殺狒狒還要嚴重。我們希望本章的討論能讓讀者更深刻感受到，動物死亡時的損失，以及做出相對損失判斷時的複雜性。無論如何，其實這個論證搞錯了方向。畢竟我們可以，也的確會對不同人類死亡的相對損失做出類似的判斷。我們可能認為年輕生命在意外中逝去比老人壽終更具悲劇性；同理，熱愛生命者過世比厭世者死亡更具悲劇性。然而，這些針對相對損失的判斷與生命權不容侵犯完全無涉。儘管年輕人逝去比較令人悲痛，但不代表我們可以把老人殺掉來提供器官給年輕人。我們不能殺害厭世者，摘取器官讓熱愛生命的人使用。

這就是權利不容侵犯的重點，及其和效益主義的主要區別。從嚴格的效益主義觀點來看，人類生命權的強度要視其對更大利益的貢獻而定。所有人「為了更大利益均可被任意侵犯」，你必須藉著顯示自己的持續存在對整體利益有益以掙得生命權。相較於年長病弱悲慘的那些人，年輕、有才華、會社交的人因此享有比較強的生命權。生命權的強度隨著死亡的相對損失而變動。

人權革命正是要駁斥這種想法。不容侵犯原則主張人的生命權獨立於他們對於整體利益的相對貢獻，不容因為更大利益而加以侵犯。這點就人類而言已獲得相當穩固的確立，我們主張此原則也必須延伸適用在動物身上。無論是否跨越物種，某些個體的死亡可能比較令人悲痛，但所有動物都擁有不容侵犯的權利：牠們都有相同的權利，不須為了他者的更大利益而犧牲。

這樣的論點會引起另一種憂慮與反對：這代表動物與人類「平權」嗎？比如說，難道牠們享有投票權、宗教自由或義務教育？論者提出此類反對意見以顯示動物權理念的**荒謬**，但此處同樣誤解了權利革命的邏輯。即使是人類，許多權利的分配是基於能力與關係而有所差異的。公民擁有觀光客沒有的權利（例如投票權或社會福利），成人有兒童所沒有的權利（例如駕駛），具備理性能力的人擁有智力嚴重失能者所沒有的權利（例如決定如何理財）。然而同樣地，上述所有差異都與最根本的不容侵犯性無涉。公民有外國觀光客所沒有的權利，但公民不能奴役觀光客，或為了摘取器官而殺害他們。成人擁有兒童所沒有的權利，心智健全的成人擁有智力嚴重失能者所沒有的權利，但兒童與智力失能者，不能因為心智健全成人的更大利益而遭到犧牲。同等的不容侵犯性相容於其他各種公民、政治與社會權利，後者會隨著相應的能力、利益與關係而變動。同樣地，這些適用於人類的例子都相當明確，我們主張在動物的案例中也同樣為真。

簡言之，權利不容侵犯相當明確，不能與其他對人類或動物的義務混為一談。再重複一次，不容侵犯性指的是個體的基本權益可否因為他者更大利益而犧牲。人權革命主張人類擁有這樣的不容侵犯性，強形式的動物權立場認為具有情識的動物也擁有這樣的不容侵犯性。有些讀者可能擔心，將不容侵犯性延伸到動物身上會讓權利革命得來不易的成果「顯得廉價」。我們認為恰恰相反，試圖將不容侵犯性限制在人類身上，唯一的方式只有大幅弱化並動搖人權保護制度，把許多人類與動物排除在有效的保護範疇之外。

我們在本章所強調的論點是：不能因為主張權利不容侵犯，而無視其他公民、政治與社會權利的重要性，後者諸如對馴養動物的醫療照護義務，或對野生或城際野生動物的棲地保護義務。本書反而正是試圖證明，唯有更直接地置於動物權的政治理論中來討論，才能凸顯這些更廣泛的議題。我們擔憂儘管動物權理論為權利不容侵犯原則提供了強力的論證，卻欠缺概念資源去凸顯更廣的議題，後者需要更具關係性的正義理論。但在我們發展關係性正義的主張之前，需要先解釋為何我們相信動物也隸屬較強的、以權利為基礎的理論範疇中，而非為了他者利益可任意侵犯的類別。

先前提過，我們在本章討論的論證並不新穎。我們相信（強的）動物權立場已經獲得證立，我們在本書的主要目標是進行下一步，將動物權理論納入更廣的正義與公民資格政治理論中，才能明確指出動物與人類關係的可能模型。

然而，為了替第二部分較具原創性的論證打下基礎，我們在此簡要概述道德地位／動物位格論辯，以解釋我們何以認為強形式的動物權立場是最具說服力的主張。在第一節，我們將從動物主體的論證開始，以及為何因此需要承認普世基本權。[5]在第二與第三節，我們檢視為何植物與非生物沒有主體，儘管這不代表我們不對其負有義務，也不代表它們缺乏內在價值。在第四與第五節，我們就基本權的「普世性」與「不容侵犯性」，回應一些可能的含混或反對意見。

我們希望讀者能被這些論證說服。然而，要讓其他人將動物視為脆弱主體，且各有其和人類同樣珍貴的生命，並不能光靠「論證」，我們不會低估達成此目標的困難。對某些人來說，通往靈光之路是種智性上的過程；但對更多人來說（如果真的發生的話），這來自與個別動物的關係。這也是我們亟欲將論辯延伸到基本權與道德地位之外，用完整的複雜性與豐富度來考量人類與動物的實際關係。即使讀者拒絕接受動物主體與人權延伸的前提，也請持續本書第二部分的旅程。這是一場拓展道德想像力的練習，不只將動物視為蒙受傷害與苦難的個體，牠們也是鄰居、朋友、公民，以及人類與動物社群中的成員一份子。本書所想像世界上的人類與動物間關係，衷心主張動物與人類可以共存，甚至在正義與平等的基礎下合作。我們希望本書所描繪比較積極的人類與動物間關係願景，即使仍屬簡略，可以吸引至今還未被一般動物權論證說服的讀者，一同思考動物能力、動物苦難，或道德地位的哲學基礎。

一、動物主體

當代多數主流西方政治理論假設，正義社群的範疇等同於人類社群。人類因其人性而擁有基本正義與不容侵犯的權利，人類無論種族、性別、信仰、能力或性傾向等差異，均一視同仁。相對於這套主流背景，動物權理論質疑：為什麼只能適用於人類？既然人權普世化的追求延伸了基本保護的範圍，跨越身心與文化的差異，為什麼這項追求只停留在人類這個物種範圍內？

動物權理論的前提反映在薩龐齊（1987）、范西恩（2000）、卡瓦里耶利（2001）、雷根（2003）、杜納耶（2004）、史坦納（2008）等人的著作中，主張無論是人類或動物，這些保護性權利為所有具意識或情識的存在所共有。[6]具意識／情識的存在便是主體，換言之，他們對自己的生命與世界有獨特的主觀經驗，因此需要以權利不容侵犯為形式的特殊保護。將這些權利局限於人類在道德上是武斷的，甚至可說是「物種歧視」。這種權利既可能也應該成為保護所有脆弱存在的體制。

情識／意識有獨特的道德價值，因為它會產生對世界的主觀經驗。范西恩就說：「動物具有情識，和動物只是活著，是截然不同的。具有情識意味著存在可以感受到痛苦與愉悅，存在中有個具主觀經驗的『我』。」（Francione 2000: 6）史坦納的構想如下：「只要是所有重視生命奮鬥與繁盛的存在，便具有情識的能力，無論該存在能否反思哪些**事情**重要或為何重要。」（Steiner 2008: xi-xii）。能從內在體驗到生命，且在生命過程有所起落的存在都是主體，而非客體，我們承認其感受脆弱的能力：從愉悅到痛苦，從挫折到滿足，從喜悅到受苦，或從恐懼到死亡。

認可他者具有情識將改變我們對待他們的態度。寇拉・戴蒙的說法是將他者視為「同類」（Diamond 2004）。史坦納則表示，認可其他存在具有情識會創造「連結彼此的親密感，並共同進入道德社群」（Steiner 2008: xii）。芭芭拉・史穆茲主張：「我們互相在對方身上認可的『此在』，與其說是知道，不如說是種感覺……，我們互相感受到在另一個體內『有人在家』（someone home）。」（Smuts 2001: 308）[7]

動物權理論的基本前提是：只要我們面對這類的脆弱主體，只要我們遇到「有人在家」，牠們就需要不容侵犯原則的保護，對每個個體提供基本權的保護傘。一種表達此論點的方式自然是：應認可動物的位格，這也的確是許多動物權理論家總結立場的方式。比方說，范西恩將其著作命名為《作為人類的動物》（Francione 2008）。由於現有人權規範描述往往是「所有人都有某某權利」，我們可以主張動物因具有自我意識而應納入位格的類別，以重申動物權理論的立場。

許多反對這種動物權立場的批判者高舉傳統觀點，認為只有人類才享有權利不容侵犯的保護。有些批判者訴諸宗教理由，包括猶太教、基督教與伊斯蘭教在內，許多信仰經典均宣稱上帝讓人類統治動物，其中也包含出於人類自身利益而使用動物，對某些虔誠信徒來說，這樣的經文指示就足以駁斥動物權理論。[8]我們先暫時存而不論，因為我們真正感興趣的是可以援引公共理由的論證，而非私人信仰或神啟。

其他批判者則試圖否定動物有對世界的主觀經驗，因此無法感受到痛苦、受難、恐懼與愉悅。但這方面的科學證據不但不容否認，且日益增長。鮑莫指出，目前「絕大多數的生物學家與哲學家」（Palmer 2010: 15）都同意此主張，因此我們也將暫且擱置這項批評。[9]

另一項對動物權理論比較嚴重的批評承認動物具有情識，但主張光有情識不足以享有權利不容侵犯的保護。根據這項論證的理路，不容侵犯的權利只能由人類擁有之，而位格不只是自我意識，必須要具備比「有人在家」更多的條件。[10]我們先前提過，許多動物權理論家實際上將自我意識與位格畫上等號，由於動物是具有情識的主體，牠們應受到視同人類的對待。但批判者主張擁有位格，需要具備僅在人類身上才有、更進步的特定能力，然而對於此能力具體為何卻眾說紛紜。有些人認為是語言，有些人則認為是抽象思考或長期規劃的能力，還有一些人認為是文化或進行道德協議的能力。根據這些觀點，有人在家的事實不足以啟動不容侵犯的權利：在家的「那個人」還必須能從事複雜的認知功能。由於據稱只有人類具有這些認知能力，因此只有人類能擁有不容侵犯的權利。既然動物不具有不容侵犯的權利，牠們便可為人類利益所用。

訴諸位格反駁動物權理論犯了多重謬誤，在文獻中已有廣泛的討論。首先，即使我們可以邏輯一致地區分出「主體」與「位格」，事實上還是無法證成基於物種成員身分歸屬權利的做法。任何在主體與位格之間劃界的嘗試勢必跨越物種的界線，視某些人類與動物為位格，而貶抑其他人類與動物「僅具」主體狀態。此外，在位格與自我意識間清楚劃界的嘗試本身在概念上並不可行，它嘗試把明確而單一的界線劃在連續體上，甚至劃在一系列不同的連續體上。而個體生命的不同階段會在連續體的不同位置，因此若訴諸位格，道德基礎並不穩固。

我們不希望重現所有的論證，重點是要釐清，試圖運用位格作為在所有動物中獨厚人類的基礎，不僅徒勞無功，也有極大的風險。我們無法先驗地假設只有人類能通過位格測試。比如說，不是只有人類會使用語言，或只有人類會進行計畫。我們每天都更加了解動物的心靈與能力，為了建立獨特人類位格的界線，猶如畫線在沙灘上，每天都了無痕跡。在這樣的基礎上，近來作者主張，類人猿（Cavalieri and Singer 1993）、海豚（White 2007）、大象（Poole 1998）與鯨魚（Cavalieri 2006）均擁有讓位格成立的認知與道德能力。

或許可以用提高位格條件的方式來嘗試解決這個問題。據此，具有語言或計畫能力不夠，還要能進行理性道德辯論，並承諾遵從透過辯論所達成的原則。[11]從這個觀點看，用言語闡述信念，且其形式符合公共性與普世性的特定標準，並能理解他人的道德主張，對不同觀點的相對優缺點進行一定程度的理性思考，然後有意識且審慎地讓本身行為符合由這種道德推理程序所導出的原則，是位格所需具備的條件。

以這種康德式的定義而言，人猿與海豚顯然沒有位格。但很明顯的是，許多人類在這種定義下同樣也不具有位格。許多人類（如：嬰兒、老年失智、精障者、因病暫時失能，或有其他嚴重認知受損者）不具有上述位格需要之先決條件，在某些案例中，人猿、海豚及其他非人類的認知能力甚至還比較好，但難道孩童與認知受損者沒有位格嗎？不正是因為他們是人類中最脆弱的一群，才應該用人權不容侵犯的概念來保護嗎？

在哲學文獻中，這通常被稱為「邊緣案例論證」，[12]但這種反駁方式搞錯了重點。問題不在於我們大多數的「正常」人類通過位格測試，然後有少數人類的「邊緣案例」，僅有自我意識而不具備位格。真正的問題是，具備康德式道德能動性的能力，最多只是人類在生命中不同階段所達成程度不一的渺小成就罷了。沒有人在一出生時就具備，我們每個人也都會因為疾病、失能、老化，或沒有適當的社會化與教育，或缺乏其他形式的社會支持與培養，面臨時間長短不一的威脅，暫時或永久喪失這項能力。如果位格的定義是有能力從事理性論爭，並自發服從前揭原則，那麼這會成為一種浮動的特徵，不僅會因人而異，在同一個人生命的不同階段也會有所不同。[13]將具備這種意義的位格與否作為人權基礎，會使所有人的人權都岌岌可危。這也將與人權保護脆弱主體的本意背道而馳，保護（尤其）應擴及那些在生命中能力受限的時刻。

動物權理論家有時會用另一種方式來強調這種不穩定性。假設位格的保護狀態是基於人類擁有較動物優越的認知能力，如果有來自其他星球、在演化上更為先進的物種來到地球，那會有什麼後果？想像我們遇到一個叫「心電感應族」的物種。他們會讀心術、進行超越人類最先進電腦的複雜推理，相較於意志薄弱而衝動的人類，具有高超的道德自制力。假設心電感應族開始奴役人類，把我們當食物、娛樂、馱獸，或其醫學研究的實驗受試者，假設他們對奴役與剝削我們的辯解，是基於我們溝通、推理與衝動控制的原始與粗糙，達不到他們對於位格的標準。他們承認我們有自我意識，但拒絕賦予我們位格的不容侵犯權利，因為我們沒有所需的複雜能力。

要怎麼拒斥這種奴役？或許我們可以說上述宣稱的各方面劣勢與我們權利不容侵犯無關。[14] 與心電感應族相比，我們可能在溝通形式或道德自律上很原始，但不能因此把我們當成純粹的工具，為更先進物種的利益服務。我們有自己的生活要過，我們有自己對世界的經驗，我們有自己對於生命好壞的詮釋。簡言之，我們是主體，正是因為自我意識，我們才享有基本權，號稱更先進的物種出現，完全不會減損我們的自我意識。不容侵犯的權利不是一種獎賞，賜給在認知能力上得分最高的個體或物種，而是承認「我們是主體」的事實，因而有權過我們自己的生活。當然在邏輯上，如果我們要這樣回應心電感應族，就無法否認動物有不容侵犯的權利。用認知優越性的主張為排除動物權辯解，正是心電感應族證成奴役人類的基礎。[15]

不管用什麼方式，若將人權建立在高標準的位格而非自我意識上，將會使人權概念搖搖欲墜。過去六十年來，人權理論與實踐的演進正好反其道而行，拒斥任何基於主體理性或自主性所生的限制。在國際上，我們可以看到《聯合國兒童權利公約》在一九九〇年施行，《聯合國身心障礙者權利公約》在二〇〇六年施行，以及各國的國內法與法院判例。比方說，在一重要判例中，嚴重智能障礙者無法理解語言，也不懂死亡的概念，麻州最高法院在一九七七年強調，法律平等原則與智能以及個人理解生命概念完全無涉。[16]如果把人權與需要高認知標準的位格概念綁在一起，這些發展完全說不通。簡言之，以位格否定動物不容侵犯的權利，只會讓人類的人權理論與實踐削筋去骨。

面對這些反論，動物權理論的批判者以不同方式回應。有人咬牙接受，主張某些動物符合位格的條件，某些人類可能不具有位格，因此不受不容侵犯性的保護（Frey 1983）。我們可以想像各式各樣的位格結界，界內混搭「正常」人類與「高等」動物，界外則是「邊緣」人類與「低等」動物。[17]若試圖套用認知上複雜的位格定義，又要保持智性上的一致性，幾乎無可避免會導致這種道德地位含混且不穩的百衲被。有人可能會覺得這種立場在哲學上值得尊敬，必須被認真看待。但在我們看來，這個立場讓人興趣缺缺（更不用說難以實踐），無論如何也都與現實世界的人權理論發展背道而馳。人權演進的軌跡是為最脆弱的群體樹立最強大的保障；保護受到主流群體質疑其認知能力的弱勢群體；保護兒童，不讓成人將其虐待合理化；保護身心障礙者，不讓優生學支持者否定其尊嚴。我們希望本書讀者都是支持這些發展的人，若是如此，支持者不會同意道德地位須以認知上複雜的位格為必要條件。

然而，令人驚訝的是，許多理論家希望位格可以在否定（所有）動物權利不容侵犯的同時，仍保持（所有）人類的權利不容侵犯。要維繫這個虛妄的願望，理論家進行逐漸扭曲的頭腦體操，為人類的特權辯護，有些人的想法是：無論其實際能力為何，所有人類都具備「物種上的潛能」擁有位格，或說所有人類屬於「某種」有位格潛能的存在（例如 Cohen and Regan 2001）。這種論證形式在其他所有道德與政治哲學領域都已經沒什麼人接受，卻為了保留人類剝削動物權利的絕望嘗試中重起爐灶。若有人指出這類論證的多重謬誤（如：Nobis 2004; Cavalieri 2001），最後一道防線是主張所有人類均應被視為不容侵犯的位格，單純是因為其物種的成員資格，和其實際或潛在能力無關。比如說，瑪格麗特．薩莫維為了否定動物位格的理念，宣稱：「普世人類位格，意味著所有人類單純因為身為人類而擁有『內在尊嚴』，此尊嚴無須仰賴任何其他的特質或實際能力。」（Somerville 2010）在此我們看到了訴諸位格的下限，擺明就是大方宣示物種主義。對薩莫維而言，我們對待所有人類，都應尊重其不容侵犯的位格，只因為我們是同類（無論其需求、能力或權益如何）；我們應該否定所有動物具有不容侵犯的位格，因為牠們非我族類（無論其需求、能力或權益如何）。[18]

許多動物權文獻都在這些關於位格的論證與反論中白白虛耗。在我們看來，這種框架論辯的方式會讓我們走冤枉路。道德上證成權利不容侵犯的歸因是自我意識，而不是要求更多認知能力的位格概念。位格的說法誤導我們走上錯誤的路，它暗示我們必須先發展某些標準特質與能力，才能建立不容侵犯的權利，再檢視哪些存在擁有這些特質。相反地，我們相信尊重不容侵犯性的首要條件，就是承認互為主體的過程。也就是說，第一個要問的單純就是：是否有「主體」，「有人在家嗎」？這個承認互為主體的過程優先於任何列舉其能力與權益的嘗試。一旦我們知道有人在家，我們就知道自己面對的是脆弱主體，有主觀經驗，能發自內心感受生命起伏。了解這些，便無須檢視諸如智能或道德能動性的不同能力。[19]

這些從人類的例子來看都非常清楚，面對有情識的人類，我們不會按照心靈複雜度、智能、道德，或情感能力，來賦予程度不一的基本人權或不容侵犯性。無論愚笨或聰慧、自利或無私、懶散或活潑，我們都享有基本人權，因為我們全都是脆弱的主體。能力最受限的往往是最脆弱的那群人，也最需要不容侵犯性的保護。道德地位不用藉由心靈複雜度來判斷，只需要有自我意識即可。位格的說法含混不清，創造出否定動物權的虛假障礙。

主張權利不容侵犯必須根植於語言能力、道德反思，或抽象認知能力，既違反常識，也似乎無法與任何可行的實際道德推理主張產生連結。[20]若一心想讓動物排除在不容侵犯權利保護之外，聚焦討論這些能力或許很有吸引力。但唯一能達成此目標的方式，只會將理論空洞化，並狠狠嘲諷了保護無辜弱小的理念。[21]

由於位格的主張模糊我們的道德推理，何況其目的是為了排除，最好的方式是完全不要再使用位格的語彙，在人類與動物的案例中都用自我意識取而代之。然而位格的語彙深入我們的日常論述與法律系統中，難以一筆勾銷。為了法律與政治目的，鼓吹動物權的進程需要使用既存的位格語彙，並擴展到動物身上。因此我們跟范西恩一樣，有時會提到「動物具有位格」。但我們必須強調，本書後面的篇幅都把位格當作自我意識的同義詞，我們反對任何企圖區分位格與自我意識，作為不容侵犯權利的基礎。這種嘗試不但在概念上難以自圓其說、道德上缺乏動機，更會根本性動搖普世人權的理念。[22]

因此我們的基本立場是：動物的權利不容侵犯，源自於其情識或自我意識，即牠們對於世界具有主觀經驗。這自然會引起一個問題：哪些存在有這種意義下的意識或情識？哪些動物是主體？坦白說，我們可能永遠無法完整回答這個問題。在他心議題上，有些事情根本性地不可知，隨著動物生命形態與我們自身經驗與意識狀態愈離愈遠，這個鴻溝也會愈來愈大。軟體動物有意識嗎？那昆蟲呢？目前的證據顯示牠們沒有，但這可能只是反映我們所檢視的主觀經驗形態為人類特有，沒有考慮到其他的形態。[23]科學家還在學習如何研究動物心靈，未來在認定意識時，一定會有困難的案例或灰色地帶。然而，這不會改變我們能在許多例子中清楚指認的事實。遭受最多殘酷虐待的動物種類，毫無疑義正是那些有意識者。我們馴養狗或馬等物種，正是因為牠們可以跟我們互動。我們在猴子與老鼠身上做實驗，正是因為牠們有相似於人的反應，無論是匱乏、恐懼與獎酬。以判定基本意識門檻的困難，來合理化動物剝削的延續，不過是口是心非。如范西恩所言，即使我們對動物心靈的知識，還不足以確認是否所有動物都有情識／意識，我們仍知道許多動物都有，而人類長期在剝削的那些動物幾乎一定都有（Francione 2000: 6; cf. Regan 2003）。

此外，我們也要強調，指認自我意識未必要能解開動物心靈的謎題，史穆茲引言中「有人在家」的重點，便是因為我們不用了解當蝙蝠或鹿的感覺，就能指認其意識（正如我們可以指認其他人類的自我意識，但其主觀經驗與我們自身有深刻的不同）。這當然不是說我們不應該進一步了解動物心靈，近幾年來，科學在展現動物智能與情感的複雜與多樣上，有相當可觀的進展。[24]這種理解對於改變人類對待動物的態度上至關緊要，尤其促成推翻動物無情識的陳舊共識。即使有大量的反面證據（與常識），這個偏見還是異常僵固。科學理解亦有助於我們了解動物個體與物種的特殊權益，並詮釋牠們所能傳達的這些權益。我們愈了解動物，就愈有可能實現豐富而有意義（且正義）的互為主體關係。永遠有一些動物的世界與經驗距離我們太遙遠，例如棲息在太平洋深海熱泉中的綿鳚類，我們能做的就是承認那裡有主體、尊重其基本權、讓牠們在那裡好好生活。[25]但還可以更加理解許多其他動物並產生關係，這是針對其他心靈的科學可以著力的地方，但這並非為了判定**誰**有基本權，而是協助人類了解**如何**與牠們互動的最佳方式。

因此我們熱切期待道德地探索動物心靈帶來的新發展。然而，基本權的道德主張並不仰賴這些發現。我們已經知道在多數動物的案例中都「有人在家」。在我們看來，這就足以成為基本權不容侵犯的基礎。我們必須承認這種看法是少數，毫無疑問地，道德地位、自我意識、位格與普世基本權的論爭也將持續激烈進行。人類優越論的辯護者會繼續進行日益扭曲的頭腦體操，為人類的特權辯護；動物倡議者會持續將人類沙文主義的最後一分一毫從道德理論中剝除。我們在前面提過，本書目標不是要重現所有的論證與反論，對此有興趣的讀者可以參考許多很好的關鍵文本選輯（Sapontzis 2004; Sunstein and Nussbaum 2004; Cohen and Regan 2001; Donovan and Adams 2007; Palmer 2008; Armstrong and Botzler 2008）。無疑地也會有更多新穎巧妙的努力，從各個層面辯護物種主義。但彼得．辛格曾說，我們已經這樣試了三十年，「哲學還是無法就物種成員資格的道德分量，產出一個可行理論，這似乎暗示了一種愈來愈大的可能性：根本沒有這回事」（Francione 2000: 6; d. Regan 2003）。

二、位格正義與自然價值

這就是我們的基本立場：如同許多其他的動物權理論家，我們捍衛動物不容侵犯的權利，是基於自我意識的脆弱或個體意識。截至目前為止，我們面對的主要批評者，企圖將道德位格限縮在人類（或少數「高級」動物物種）身上。但值得一提的是，另一種截然不同的動物權理論批判，來自於生態理論家。我們先前提過，他們往往批評動物權理論對於道德地位的涵蓋範圍不足。動物權理論將道德地位擴展到有情識的存在，但卻未及於森林、河流或更廣泛的大自然。有些生態主義者主張動物權理論基本上仍是以人類為中心的理論：人類是道德地位的尺度，只不過主張有其他物種共享與人類相近的特徵，才符合人權的資格。

讓我們從人類中心的異議開始談起，然後轉向自然價值的議題。我們所理解的人類中心主義，指的是一種以人類為標準的道德理論取徑：它會先問「人類」或「人性」的本質為何，再推定人類因這些本質而享有權利與正義。在這種人類中心觀點中，唯有在某方面具備或近似人性本質的動物，才能取得道德地位。

這不是我們的意圖。我們的理論並非建立在任何人性本質的主張上，正如同理論也不是建立在「狗性」本質的主張上一樣。其基本主張建立在正義其中一個關鍵目的：即對於脆弱個體的保護。[26]作為「我」是一個有內在體驗的存在，代表一種特殊的脆弱性，必須以權利不容侵犯的形式，產生免受他人行為侵害的特殊保護。這並非強加人類中心的道德判準於動物身上，恰恰相反，有情識的存在受到怎麼樣的對待之所以重要，正是因為這對**他們**本身來說很重要。正因有情識的存在關心他們的生命，才會對我們產生獨特的道德主張。

誠然，當我們詢問何謂正義時，從熟悉的人類案例中出發，檢視我們關於正義內涵的直覺，及其重要性何在，往往很有幫助。上面提過，我們相信只要仔細觀照這些直覺，我們會看到重要的是主體經驗的有無（所有人類皆有），而非更高階的認知功能（只存在於某些人的某些生命時刻）。但事實上如此從人類案例出發，並不表示我們獨厚某些人性理論，或獨厚某種獨特的**人類**主體性狀態。我們同樣也可以從對狗的直覺出發，檢視牠們是否為這種脆弱的存在，需要受到不容侵犯權利的保護。如果是的話，再去看狗的哪些特性讓牠成為這種脆弱的存在。我們找到的答案會是狗的情識、意識，或主體性，無論狗的主體性與人的主體性相近與否皆然。

現在讓我們轉向關於自然價值更深層的問題。前面提過，生態理論家主張不是只有動物個體很脆弱，易受人類傷害：整個物種會消失，流域受到汙染，山脈會被鏟平，一度繁盛的生態系統會衰敗。無論人類或動物都會受到這些過程的傷害，但對生態理論家來說，這些傷害不能被單純化約為對於情識主體的衝擊。許多生態理論家主張，非動物自然有繁盛的權益，必須納入考量。而植物、生態系統等必須和人類與動物一樣享有道德地位，以保護其權益（Baxter 2005; Schlossberg 2007）。根據這種觀點，由於動物權理論賦予權利的基礎是自我意識，因此缺乏更廣泛地認可自然道德重要性的概念工具。

這裡一部分的困難來自「道德地位」的語彙，動物權理論家與生態主義者兩方都會使用。我們需要不同詞彙來更精準地描述道德推理中不同形態的考量。單純主張人類、動物與大自然都有道德地位，或都可能會受到傷害，對現況不大有幫助。一段流域可能受到傷害，水獺也可能受到傷害，但只有水獺會有受到傷害的主觀經驗。這未必表示具有主觀經驗的傷害比其他形態的傷害更加嚴重，但可以確定的是這種傷害不一樣，因此需要不一樣的補救或保護。以生態理論家很常提出的標準案例為例：在一個繁盛的生態系統鹿隻橫行。鹿隻在這裡沒有天敵，所以族群量失控，摧毀當地植物群，危害生態系統，其中包括一稀有瀕危的蘭花物種。假設情況繼續惡化，棲地已瀕臨崩潰邊緣。不撲殺的解決方案有將蘭花遷移他處、透過藥物控制鹿群生殖率，或創造生態廊道，但這些都緩不濟急。人類眼下可見的選項，不是撲殺鹿群，就是放任牠們破壞生態系統與蘭花。

在這類案例中，生態理論家批評動物權理論僅賦予鹿隻個體的道德地位，而未考量到生態系統整體，或特定花朵物種的道德地位。然而，賦予生態系統道德地位真的有助於我們指出至關重大的道德考量嗎？如果我們同時賦予鹿隻與生態系統道德地位，彷彿隱含著這是同一種道德地位，需要在兩者間權衡，因此可以接受撲殺鹿隻來減輕生態系統惡化，或是防止蘭花滅種。大自然的利益可能會比鹿隻的利益重要，反正鹿隻過了這村，到了那店還是隨處可見。

但用這種方式框架議題反而會模糊焦點，而非釐清其中的道德因素。設想若在此例中以人類取代鹿隻，我們就不會贊成殺人救花，我們會試圖說服人類不要從事毀滅性的行為，保護生態系統與其中的蘭花，但即使在最糟的情況下，我們也不會撲殺任何人。蘭花會消失，但我們下次會做得更好。為什麼會這樣？因為案例中道德地位的本質截然不同。蘭花或棲地的利益不能凌越人生命權的不容侵犯性。

生態主義者多半會接受這個立場。當生態主義者最初提出植物或生態系統在正義理論中應該享有道德地位時，反對者提出的異議是，保護生態系統或物種可以用來證成殺害人類。對於「生態法西斯主義」的指控，生態主義者很快回應道，賦予全物種與整個生態系道德地位，並不能用來證成踐踏基本人權的行為。整全的實體（例如物種或生態系）儘管有道德地位，並不等同於人類的道德地位。如卡利可所言，承認生態系的道德地位補充了既有（人權不容侵犯）的道德系統，而不得以此限制或否定既存的人權（Callicott 1999）。[27]道德地位有位階性，換言之，自然系統有道德地位的意思是，生態價值必須納入考量，但這些價值不會凌越基本人權。[28]

然而，這樣的回應卻顯現出，生態主義在道德地位上的論述有系統性的誤導之嫌，它混淆了兩種道德地位的基本差異。與動物權理論類似，生態理論隱然假設某些存在是權利不容侵犯的主體。但生態理論在沒有論證的情況下進一步假設，只有人類得以享有不容侵犯的權利，同時把具情識的動物與非動物自然歸屬另一類道德地位，其基本權益可以成為取捨的標的。

或許這個立場可以辯護，但無法透過主張非動物自然有道德地位加以闡釋。最根本的議題反而是如何指出一組存在的集合，因自我意識而產生不容侵犯的權利。自我意識的問題不僅不同於自然價值的問題，前者也決定了我們該如何回答後者。生態主義者隱然預設動物的自我意識不同於人類的自我意識，不會因此產生權利不容侵犯的保護。但他們並未為此立場提出論證，因此成為和薩莫維一般，幾近赤裸裸的物種主義斷言。

在我們看來，宣稱人類、動物、無情識生命，與大自然都有同等意義的權益，因此全都具有道德地位，這是非常誤導的描述。表面上看似挑戰了人類中心的獨尊人類，事實上卻預設了道德地位的位階概念，其中只有一群脆弱個體（即人類）的權利不容侵犯，而其他動物均可權衡取捨。我們在第一章已經看到，這種位階概念無可避免地會導致（在生態上災難性的）動物剝削體系暴行與擴張。

我們主張，更可行的取徑是從自我意識的問題出發。哪些存在有對世界的主觀經驗，因此在這個意義下享有權益？這個自我意識或位格的問題能指出一組存在的集合，必須賦予正義與不容侵犯的權利。有許多很好的工具性及非工具性理由要求我們尊重並保護大自然，但若以這些理由來保護蘭花或其他不具情識主體的**權益**，這樣的歸納是錯的。具有主觀經驗的存在才能有權益，且權益受到正義的直接義務保護。石頭沒有位格，生態系、蘭花，或菌株也沒有。它們是客體，會被損壞，但不會遭受不正義。享有正義的主體要能體驗世界，不是客體。不具情識的實體理當成為被尊重、敬畏、愛護與關懷的客體，但由於缺乏主體性，它們不會是公平的客體，也不是互為主體性的行動者、正義的主要驅力來源。

生態主義者可能會反駁，我們的做法並沒有消除位階，只是改變了成員資格，但這誤解了我們的主張。我們並未否定人類對植物與大自然負有道德義務，我們也沒有宣稱人類與動物在某種普世位階中比山林樹木來得高級。我們只是主張兩者不同，情識會產生獨特的脆弱性，因此需要不容侵犯權利的獨特保護。如果不具情識的實體也享有此權益，而我們否定其不容侵犯的權利保護，我們才是在製造階級。但它們並沒有這項權益，因此不將蘭花或岩層表面視為位格對待，並沒有不尊重它們。[29]

三、自然的他者性

前面看到，動物權理論在基本權上的立場受到兩方批評：一方面有人主張只有人類才有道德地位，另一方面有人主張整個大自然都有道德地位，兩邊的批判都同時忽視了動物主體性。兩邊也傾向將動物的問題嵌入更大的自然問題，否定作為主體的動物需要被保護，就像作為主體的人類一樣，而不止是自然的一部分。

不管是人道主義者或生態主義者，為什麼有這麼多人抗拒承認動物的自我意識？該怎麼解釋這個謎團？其中無疑有許多原因，如貶損物化動物的漫長歷史。但值得一提的是，另一項很矛盾的因素，可能來自我們景仰、尊重與珍視動物生命與大自然的方式。

人們通常會將動物視為大自然的一部分，因此基本上是「他者」，與人類計畫無涉，人類心靈亦無法探究。儘管這種他者性時具威脅、時而異化，敬畏而強烈的美學與道德反應卻也因此油然而生。此時大自然的美使我們跳脫已身，短暫令自大緘默，讓我們沉浸在更廣闊的經驗中，根本上忘卻自我。艾瑞絲·梅鐸在描寫紅隼的著名段落中便闡述了這種「去自我」的經驗：

> 我帶著焦躁與憎惡看向窗外，對周遭渾然不覺，可能在怨恨自己的聲譽受到傷害。突然

間我看到一隻翱翔的紅隼，就在此刻一切都改變了。那個怨恨的自我及其受傷的虛榮消失了，現在除了紅隼外別無他物。而當我的思緒轉到其他事情，彷彿也變得沒有那麼重要了。（Murdoch 1970: 84）

這段引言有時會拿來當成例證，說明人類可以也應該珍視自然，超越其作為資源或商品的工具性價值。更廣大自然秩序的存在，與人類的日常計畫與心思完全無涉，對我們的生命提供了必要的脈絡與觀點。

參考一段由攀岩者凱倫・華倫所寫的類似描述：

人要認清岩石非常特別，可能是與自身存在完全無涉之物，並在這樣的差異中歡慶頌揚。她知道「自我的疆界」，那個攀岩者的「我」只到這裡為止，其外都是岩石。兩者不會合而為一，但兩個實體的互補**肯認**各自分離、不同而獨立，同時處於**關係**中。**唯有**因為用關愛的眼神感知、回應、注意與照顧，兩個實體才會處於關係中。（引自 Slicer 1991: 111）

戴柏拉・史萊瑟引用這段文字，以攀岩者與岩石表面的關係作為某種「愛護」的典範，且應成為我們與「他者」間倫理關係的基礎，「他者」包括了動物、植物與無生命大自然。

愛護尊重自然的他者性（包含其美麗與自給自足）對許多人（或許還有一些動物）而言，代表一種重要的道德能力與機會，這些無我關照與連結時刻的體驗，對於啟發人類關心動物與自然可能至關緊要。然而，以為這種「愛護」就是人類全部的道德回應與義務並不正確。華倫提到與岩石「處於關係中」，但這種關係是單向的，人類自己在進行感知、回應、注意與照顧。然而，在紅隼的例子中卻有兩個主體。在梅鐸看向窗外時，紅隼可能一無所知（如同另一個人類主體不知道自己被觀看一樣），但還是有可能產生主體間的關係，而因此有了不一樣的道德義務。

假設紅隼忽然撞上窗戶而滑落地面，而華倫攀登的岩面有一塊鬆動而落到下方懸崖壁邊。前者需要有照顧紅隼的道德行動，後者則不需要相應的道德行動。華倫或許會責怪自己沒有好好爬，並對損及岩壁感到懊惱，但此例中沒有另一個主體受苦而需要道德行動。這個事件可能會讓華倫重新思考攀岩是否真的是愛護岩壁，但她沒有道德義務爬下岩壁去協助那塊鬆脫的石塊。

如果我們過度強調動物與我們的區隔：牠們的獨立性、距離感、無法參透或是漠不關心，也會有點像是人類自我投射過度強調兩者相似性，儘管動物的需求、欲望與權益不同於人類（同樣的投射也發生在我們與其他人類的關係中）。這兩種極端都同樣可能犯下道德錯誤。事實上許多動物顯然不會對我們漠不關心，更能在很大程度上，以主體之姿溝通其需求、欲望與權益。

芭芭拉．史穆茲在她對狒狒與家犬的研究中，以專家證言說明跨物種溝通與連結的過程，即「以感覺進入另一個存在體內的能力」（Smuts 2001: 295）。在觀察狒狒的現場研究中，她描述自己出現在狒狒群中受到狒狒回應的關鍵時刻。起初，牠們直接躲避她，單方面直覺地將她當成潛在威脅。過了一段時間，史穆茲學會講「狒話」，從「行坐、身形、眼神到聲音」徹底改變自己。隨著她逐漸能對狒狒溝通，回應牠們的情緒、動機與意圖信號，牠們開始認可她為主體：

> 這聽起來像是一小步，但事實上這是很深刻的轉變，從一開始被當**客體**只會引發一致的迴避反應，到被認可為牠們可以溝通的**主體**。隨著時間過去，牠們待我愈來愈像跟自己一樣的社會存在，需要服膺關係中的需求與獎賞，這代表相對於我的資料收集，有時更須尊重其需求（例如「滾開！」的信號）。但這也意味我愈來愈受到群體的歡迎，由不速之客進展到點頭之交，有時甚至可以是熟悉的朋友。（Smuts 2001: 295）[30]

史穆茲結束對狒狒的觀察後，在動物個體性與主體間相遇的可能性上，獲得完全不同的領悟：

> 在非洲經驗之前，如果我走在森林裡遇到松鼠，我會享受牠的出現，但我會將牠歸為「松鼠類」的一員。現在，我遇到的每一隻松鼠，都是有自己個性與毛尾巴的小動物。即使我往往無法分辨兩隻松鼠的不同，但我知道只要付出努力，我就可以分辨。而且一旦努力之後，這隻松鼠便能自我展現出獨一無二的存在，與世界上其他松鼠的氣質與行為都不同。此外，我知道如果這隻松鼠有機會認識我，牠可能也會以不同於世界上其他人的方式與我產生關係。認知到所有存在的個體性，以及至少某些存在有能力對我的個體性做出回應，讓我的世界轉變成充滿可能性的宇宙，能夠發展各式各樣的個人關係。這種關係可能稍縱即逝，如我們野餐時正好進入其棲地的鳥兒；也可能長長久久，如和貓狗與人類友人所建立的關係。（Smuts 2001: 301）

意識到這種主體間關係的可能性，迥異於梅鐸的「去自我」時刻。後者的邂逅可能發生在不同形式的他者上，無論對造具備情識與否。前者只可能發生在其他「主體」身上，產生互為主體性的基礎，以及因主體獨特脆弱性而衍生的特殊保護。將「他者」（指動物與自然）一概而論，模糊了動物不只是「他者」的事實，牠們本身同時也是另一個「**主體**」。是自我意識引發公平與同情的特定道德態度，也因之奠定正義義務的基礎。[31]

四、大辯論：總結

前面的篇幅大致描述了過去四十五年來由動物權理論所引發的「大辯論」。這場辯論當然還沒結束，但我們相信目前的論證支持強意義的動物權立場：應認可動物為擁有不容侵犯權利的脆弱主體（反對基本權僅限於人類），且對自我意識的保護應分毫不損地擴及動物，不被其他道德優先順序所取代（反對動物與自然在道德位階上低於人類，以及無視自我意識重要性的動物道德地位）。

我們前面提到，動物權理論仍然頗具爭議。然而，不管反對者再怎麼努力，都無法針對「道德自我意識為人類所獨有」提出令人信服的論證。瑪莎·納斯邦就不情願地讓步：「似乎沒有合理的方式否定其他物種生物的平等尊嚴。」（Nussbaum 2006: 383）

我們不期待本章簡短的討論，可以讓先前沒被此理論優點所說服的人信服。畢竟，要怎麼說服任何人凝視他者的眼睛並認可其位格？因此，與其提出為何動物有自我意識的新論證，本書往後將探究：承認動物為位格、朋友、公民與（我們和牠們的）社群成員，將有哪些意涵？我們希望，以這些方式勾勒出一種可能的人類與動物間關係的概念，可以讓讀者在下次凝視動物雙眼時，能更輕易認出其中位格，熟悉卻神祕，意義與能動性的獨立座標。

五、動物基本權的不容侵犯性與普世性

儘管我們的主要目標，是在動物權理論目前的基本權重心之外，就人類與動物間正義，發展出擴充且具群體差異性的概念，卻絕非要減損這些普世權利的重要性。恰好相反，要終結持續的動物剝削悲劇，與駭人的暴力形式，這至關緊要。因此在本章的總結，將簡要概述我們如何理解這些權利，而這些權利又如何為後面章節的擴充概念建立基礎。

認可動物位格或自我意識，因而賦予其不容侵犯的權利，這會產生哪些意涵？用最簡單的話來說，這代表認可牠們不能作為我們目的的手段。牠們活在地球上不是為了服務我們、餵養我們，或安慰我們。牠們有自己的主體存在，因此有自己平等且不容侵犯的生命權與自由權，禁止遭受傷害、殺戮、囚禁、擁有與奴役。尊重這些權利排除幾乎所有現有利用動物產業的做法：動物在其中為了人類利益、愉悅、教育、便利或安慰而遭畜養剝削。

我們認為這些基本權既「不容侵犯」且「普世」，就像一般理解的人權一樣不容侵犯且普世。然而，不容侵犯性與普世性的概念需要進一步釐清，讓我們從不容侵犯性開始。我們已經提過，這個詞彙不代表基本權絕對而沒有例外，不管對人類或動物來說都一樣，自衛就是一個例外。人類有不容侵犯的生命權，但如果出於自衛或逼不得已，[32]可以殺死另一個人類，這同樣也

適用於動物。同時不容侵犯性的議題也須考慮歷史因素，在人類歷史的不同階段，或是在特定的情境下，人類都必須傷害或殺戮動物以求生存。這樣看來，不容侵犯的基本權也不是絕對或無限上綱的。

這將引發一個關於正義本質更一般性的論點：正義僅能適用在特定情境中。羅爾斯（引用休謨）稱之為「正義情境」。「應該」的前提是「能夠」：人類只有在不危及己身生存時，才能真正尊重彼此權利，才應為彼此擔負正義。羅爾斯稱之為「適度匱乏」：正因沒有無限的資源讓所有人都得其所求，正義才是**必要的**；但正義如何**可能**的條件，在於資源競爭程度適中而非激烈，至少我可以不危及己身生存來認可你的正當主張。

用有時稱為「救生船論證」的例子對照：如果食物或棲身處過於稀缺，不足以讓所有人生存，在這種救生船的狀況下，可能需要考慮到最極端的行動。為了避免船上所有人都死亡，無論是被強迫或自願，總有人要犧牲，有各種提議來決定誰生誰死。但如此極端的救生船案例，若在具備正義情境的一般情況下，對於我們賦予彼此的基本權，等於什麼都沒講。在適度匱乏的條件下，而非救生船案例中，為了食物或棲身處而殺人是錯的。[33]

同樣地，人類與動物間的關係也有救生船案例。在過去許多互動中，正義情境確實可能仍未具足，或許宰殺動物無可避免地成為群體生存策略中持續而重要的一環。至今也仍有某些遺世獨立的人類社群仰賴有限的在地選項求取生存，他們與動物的關係可以說並未符合正義情境。

但環境會改變。「應該」的前提是「能夠」，儘管我們能做的事隨著時間改變，但「應該做的事」也是同樣的道理。如今，我們多數人所處的環境，不再能合理化為了食物、勞力，或衣著而囚禁殺害動物。我們不必為了滿足自己的需求，一定得含淚傷害動物。[34]

這不是說我們永遠不能殺害動物，動物有時也會攻擊人類，或因其存在對人類構成致命風險（例如棲息在人類居所中的毒蛇）。而這些風險的本質可能隨著時間改變：過去對人類無害的某動物物種，可能發展出一種會致人於死的病毒，我們可能需要事先採取過去不需要的保護措施；另一方面，我們可能會發展新技術（如：接種、障壁），讓我們管理長久以來源於動物的風險，不再需要過去不得已而具傷害性的自衛措施。

因此評估並維持正義情境是一項持續的工作。人對動物是否處於正義情境，並非簡單的一次性是非題判斷。儘管人類社會不再需要為了生存而不斷殺害或奴役動物，還是持續會有潛在致命衝突的案例，而這些案例可能會隨著時間演進或改變。然而，試圖維持正義情境的存在，並促進正義情境的產生，是我們不變的義務。我們不應魯莽地處於可能面對與動物有致命衝突的情境中，我們也應該做出適當的努力，找出可以讓我們減少既有衝突的做法，在可能範圍內，尊重動物不容侵犯的權利。[35]

這會對我們構成各種差異極大的具體要求。對於住在富裕都會環境的我們，絕大部分與動物的日常互動顯然落在正義情境中。對於住得比較偏遠、與具有潛在侵略性的野生動物比鄰的人們，或比較窮困、沒有適當基礎建設（如：廢棄物處理、防護力佳的住宅障壁）的社會，日常生活所需可能會產生更多頻繁的致命衝突風險，需要更多措施拓展正義情境。在每個案例中，都有義務維持與拓展正義情境，盡可能尊重動物不容侵犯的權利，但顯然住在比較繁榮區域的我們，會受到比較多的期待與要求。

因此動物權利不容侵犯的理念，遠比乍見時複雜許多，也沒有聽起來那麼絕對而無限上綱。但這與人權的狀況是完全相同的，我們可能得在有人構成致命風險或救生船案例中做出犧牲。此類悲劇的案例存在，並不會讓人質疑動物或人類基本權利不容侵犯。相反地，這些案例的悲劇性，正是源於我們無法尊重他們應有的不容侵犯性。因此不管是動物或人類，我們有義務逐漸拓展正義情境，才能在情況允許之處，尊重這些不容侵犯的權利。

不過，儘管不容侵犯的權利並非沒有例外，我們也不能過度誇大例外狀況。對多數社會來說，因自衛或生活所需而必須侵犯動物基本權的案例非常罕見。有些人試圖延伸自我防衛的邏輯來支持動物醫療實驗，主張實驗可以找出致命人類疾病的解藥，因此符合「殺戮或被殺」的邏輯。根據這種觀點，不是動物死就是人類亡，因此人類可以選擇自己的生存權。

但這大幅扭曲了自衛或必需的理念。想像一個類似的人類案例。對於人類醫療研究來說，人類受試者是遠比動物可靠的模型，然而我們不會容忍在沒有告知同意下，招募人類進行危險的侵入性研究。不惜犧牲人類個體，擴充醫療知識或發展醫療科技以幫助其他人類，我們對此會深感震驚。這是個體不容侵犯性試圖防止的一種剝削，之所以需要基本權，正是要預防個體最基本的權益因為其他人的更大善而遭犧牲。即使犧牲一個人可以產出拯救一千個其他人的知識也不重要，我們就是不接受「其他人的利益」足以成為侵犯基本人權的原因。在人類的案例中，我們不會混淆「其他人的利益」與「自我防衛」。如果一名女性挾持人質並威脅要射殺他們，可能有必要殺害她來解救他們。但從街上挑一名女性讓她感染ＨＩＶ病毒，只為了找出解方，這是道德上無法接受的暴力行為。

動物醫療實驗往往被視為動物權的艱難挑戰。不少論者即使厭惡集約畜牧、化妝品實驗或娛樂性狩獵，還是可以容忍醫學研究，彷彿放棄無限制取得（不完美的）研究受試者是多大的犧牲一樣（如：Nussbaum 2006; Zamir 2007; Slicer 1991; McMahan 2002）。但視之為犧牲早已誤解了這個道德情境，畢竟有數不清的醫療技術與醫學進展，至今都因為我們拒絕使用人體受試者進行侵入性實驗而尚未問世。如果研究者可以使用人體受試者，而不是不完美的動物替代品，即使保守觀之，如今也會有許多嶄新醫學進展，然而我們不會視之為犧牲。我們不會每天醒來哀嘆那些尚未開發的知識，我們不會對阻礙醫學發展的人體受試者限制感到忿忿不平，我們不會擔心尊重少數人權利阻礙其他人更長更健康的生命，是小心過頭的態度。任何人若認為使用人類作為研究受試者的禁令是種犧牲，可能會被人覺得有違道德常理。在人類的脈絡中，我們完全理解醫學知識必須在符合倫理的疆界內進展，否則我們完全無權擁有這些知識。這可能迫使我們必須對所學更有創意，或更耐心等待成果。無論如何，這不是我們會當成犧牲的事情，只是單純認知到，若讓許多人有更好更長的生命必須以犧牲少數人作為代價，就不是一個值得我們生活在其中的世界。

社會需要巨大的調整，才能接受藉由殘害動物所獲得的醫學知識，不是我們有權擁有的知識。但調整的成本只是暫時的，幾十年後當新做法成為慣習，新一代的研究者完成訓練，人類看待動物實驗的方式將與今日的人體實驗相同。其禁令將不會被視為成本，如同現在的人體實驗一樣。沒有人會覺得放棄動物實驗是人類的一種犧牲，他們反而會好奇我們一開始為什麼會將這種行為合理化。

因此，無論適用於人類還是動物，以下是我們對不容侵犯性的理解：它必須視正義情境而定，但只要正義情境存在，不容侵犯性為基本權提供了堅定的保護，即使當（也可以說特別是）犧牲少數權益可能獲得多數利益的時候。

現在讓我們轉向「普世性」的議題。以卡瓦里耶利（2001）及其他學者看法為基礎，我們提出的動物權主張在邏輯上延伸人權律令，並共享其普世性理想。所謂普世理想，其中很重要的一點是主張這並非特定文化傳統或宗教世界觀的詮釋，而是一種全球倫理，建立在全世界都接受共享的價值觀或原則。

所有此類普世性主張都會立即引起文化多元主義的爭議。由於世界各地的文化與宗教對動物的道德地位有非常不同的觀點，怎麼會有一種觀點可以自稱普遍有效？難道這不是一種歐洲中心主義與道德帝國主義，將「西方人」對動物權的觀點強加到其他社會？這項異議對於原住民來說特別顯著具有爭議，有些原住民從事著動物權運動人士試圖禁止的狩獵與誘捕（如：捕鯨、獵海豹）。從西方帝國主義對待原住民的長遠歷史來看，很難不認為這些主張是因為原住民社會的原始落後，甚至野蠻，因此西方社會有權對原住民社會使用權力。所以即使是熱切的動物權運動人士，有時也會設法免除原住民的法律責任，不禁止他們的傳統狩獵行徑。

然而在動物倡議運動中，很少有人會支持只要傳統文化實踐侵犯動物權時，就可以主張普遍化的「文化豁免」。比如說，西班牙加入歐盟時，取得了歐盟動物福利法的豁免協議，基於「尊重文化傳統」的理由允許鬥牛（Casal 2003: 1）。多數動物權運動人士認為此舉無疑是醜聞一樁：如果不是為了要阻止這類傳統，支持動物權原則的意義在哪裡？

在西班牙鬥牛與原住民傳統狩獵之間，有各種充滿爭議的案例，其中許多又與宗教相關。動物保護法意圖盡最大可能降低動物的痛苦，猶太人與穆斯林可以從中豁免嗎？桑泰里亞教徒可以在宗教儀式中使用動物祭祀嗎？更廣泛而言，尊重文化多樣性與提倡動物權有所衝突嗎？若是如此，用寶拉·卡薩爾的話來說，難道這意味著「文化多元主義不利於動物」嗎（Casal 2003）？

這是很重要的議題，更精確地說，這是一連串不同而交織的議題，需要仔細逐一檢視。我們在此無法一一完整交代，但值得一提的是，同樣的爭辯也會在討論人權時浮現。自一九四八年《世界人權宣言》通過以來，便有持續不斷的爭議，討論人權理念是否真的具普世性，抑或僅反映歐洲中心的理念強加於其他文化上，特別是在女性與兒童權利上，或更廣泛的家庭生活上。因此，與動物權一樣，我們看到許多人呼籲特定文化或宗教從人權標準中豁免。許多國家簽訂國際人權規範時都有所「保留」，特別是在兒童與女性權利上，他們視之為社會的生活方式或宗教的自我認同。這也讓人質疑文化多樣性與尊重婦女之間是否衝突，以及「文化多元主義不利於女性」（Okin 1999）。

這兩場論辯對照之下有驚人的相似性，無論是就普世性的主張或反對意見，人權與動物權不分軒輊，我們沒有理由認為動物權與人權在普世性上的強度上有什麼差別。我們在本章主張動物權是來自於人權的邏輯，若此為真，則兩者的普世性應該休戚與共。在根深柢固的文化異議中，捍衛普世動物權是項艱難的挑戰；但這項挑戰在捍衛普世人權時，面對同樣深遠的文化異議，我們已經面對過。而我們對於後者的回答同樣也適用於前者。

已有許多著作解釋過，面對文化多樣性的事實與主張，如何有效為基本權的普世性辯護，我們不可能在這裡重現，更遑論解決這些爭辯，但我們或許至少可以釐清某些誤解。許多反對人權或動物權普世性的聲浪，建立在某種文化價值觀形成與演進的特殊觀點。比勒費爾特（2000）提到，人權討論是否純屬西方觀點時，反對者普遍隱含的假設是，文化模式就像橡子果轉成橡樹那樣。若宣稱人權是西方觀點，就是宣稱人權在西方文明萌芽時就已經存在，彷彿人權深入其文化基因，因此在成為大樹時注定繁盛。反過來說，伊斯蘭或東方社會中的種子缺乏人權理念，不是文化基因的一部分，因此也不是自然演進的一環，最多只能從外部嫁接，並不會真正融入其文明之樹。同樣地，否定動物權普世性的論者可能會主張動物權是西方文化基因的一環，不存在東方文化基因中。

無論就人權或動物權而言，這種橡子果與橡樹模式都是天大的誤會。不說別的，滋養人權理念的西方文明也同樣滋養了納粹主義與史達林主義，更不用說幾世紀以來的父權體制與種族至上觀點。這些全都源於根深柢固的西方文化理念，如秩序、自然、演化與階層。如果說今天多數西方人擁護人權理念，並不是因為這些理念與我們的文化基因完美契合，而是人們從歷史與文化中，擷取眾多分歧且互相矛盾的道德根源進行判斷，認為人權理念值得支持捍衛，而其他的道德根源則不值得我們繼續效忠。

這種過程會在所有的文化中進行，並不單只有西方。在所有的文化與宗教內都有多元的道德根源（或多元的道德根源詮釋），有些與普世人權理念若合符節，有些則否。社會成員支持人權與否並非由原初的文化基因所注定，而是在分歧的道德根源中持續判斷有哪些值得他們效忠。因此，人權之所以普世，並非透過一連串的外部嫁接，讓缺乏適當文化基因的社會接受；而是透過多元道德根源的反省過程，期望能就一組共享價值觀或原則，取得「未受脅迫的共識」（Taylor 1999）。

這是如今多數理論家解釋人權普世性時所提出的模式，[36]我們相信同樣的模式也適用於動物權。沒有一個社會注定支持動物權理論，也沒有任何社會注定會拒斥。每個社會就動物地位都有多元的道德根源，有些可輕易導向動物權理論，有些則否。必須仰賴我們所有人的判斷，才能決定哪些道德根源比較有說服力。[37]我們相信這在原住民社會與歐洲社會都同樣適用。正如我們前面辯護過的不容侵犯性主張，只有在迫不得已時才容許殺害動物。這樣的概念在過去幾世紀以來，可以說更接近傳統原住民的態度，而非西方社會的主流態度。

現有的證據指出，許多人類文化都認為殺害動物是迫不得已的悲劇。幾千年來，人類必須剝削動物以求生存，此事實是種精神壓力的來源。如今多數人在日常生活中完全不會想到成千上萬的動物為了滿足人類欲望而受苦死亡，輕易遺忘。但對於我們活在古代的祖先而言，剝削動物是種悲劇，道德上也有疑慮。比方說，在許多地中海文化中，食用未經祭祀的肉品被視為禁忌。祭祀動物時須象徵性地獻給神明一份，剩下的才由人類分食。詹姆士．瑟波認為祭祀文化是種卸責的形式，由於神明要求人類祭祀，最終也由神明承擔殺害動物的責任。在（據稱）取得動物同意後，交付給神廟或祭司進行儀禮宰殺，進一步減輕罪惡感，而祭司在執行令人不快的行為後必須潔淨己身（Serpell 1996: 207）。在當代，多數人類與直接的動物剝削保持安全距離，似乎成功壓抑了任何補救的需求；然而傳統的狩獵社會與宗教團體中，仍維持卸責與減輕罪惡感的儀式。[38]

在某些層面上，相較於社會上保留殺害動物迫不得已、因此需要贖罪的傳統觀點，若要西方主流社會支持動物權理論，需要更大的文化典範轉移。不意外地，原住民社會內部也在爭辯各種狩獵與誘捕行為的智慧與必要性，比方說，就有某些原住民領袖痛恨毛皮產業在行銷公關上利用原住民，洗白他們產業性的剝削與虐待行徑。[39]

無論如何，沒有理由顯示動物權理論僅存在於西方的文化基因中，只能用外部嫁接的方式嵌入其他社會。動物權的普世性與人權普世性相同，是透過反省自身道德根源並公開論辯而來，絕非經由對原始文化本質過度簡化的假設所注定。

顯而易見地，我們相信人權與動物權普世性主張的正當性，而此道德反思過程可以導出賦予所有脆弱主體基本權的交疊性共識。但我們也要強調，主張動物權理論的普世性，不代表支持理論**強加於**其他社會。與人權相同，有許多有力的道德與實際理由，即使是最嚴重的侵犯也要節制強行干涉，而是要集中精力支持不同社會邁向實踐人權與動物權之路，在面對歷史上的劣勢群體時更是如此，他們有很好的理由不信任過往壓迫者的動機。[40]

我們也應當注意，主張人權或動物權普世性，不能證成這些權利的**工具化**。先前提過，統治集團有很長一段時間，以女性、兒童或動物遭受「落後」或「野蠻」對待為由，合理化他們對少數族群或原住民的權力行使。人權與動物權在這個脈絡下遭到濫用，且並非出於對權利主體的善意考量，只不過是合理化既有權力關係的再製（Elder, Wolch, and Emel 1998）。以動物而言，統治集團往往忽略自己也直接在數不清受捉捕奴役的馴養動物虐待中合謀，卻偽善地抱怨鄉下與原住民的狩獵行為，或宗教少數團體的儀式性動物使用，儘管後者在整體的動物虐待中僅占了非常微小的一塊。優勢群體也抱怨發展中國家未能保護特有或瀕危的野生動物，同時間卻在本地對不致構成過多威脅的非瀕危動物進行猖獗的撲殺行動。在這些案例中，優勢群體工具性地利用動物福利，重現他們對於其他民族和文化的優越感。[41]

在以上案例中，對動物的關懷被操弄與選擇性運用，以削弱基礎規範的方式，正當化人類間的不正義，我們必須抵禦這些形式的道德帝國主義。但我們相信，防止工具化的解決之道並非揚棄人權或動物權的普世性，反而是要讓普世性更加明確，確保原則詮釋的一致與透明，並建立所有社會得以平等參與的平台，辯論並形塑這些原則。人權領域的運動人士在回應人權工具化的憂慮時，也採取了同樣的方式。

因此，這就是我們對普世性的理解：我們相信動物是脆弱主體，因此需要權利不容侵犯的保障。此觀點可以從所有社會內部多元的道德根源中汲取，不能被當成任何單一文化或宗教的獨特屬性。如果認為動物權論證有說服力，則一旦處於正義情境，所有人均有義務尊重動物不容侵犯的權利，我們也都有義務試圖創造正義情境。至於需要什麼條件來達成則因社會而異，但這是我們所有人都應面對的任務。

六、結論

接受動物是主體或位格將有許多意涵，其中最清楚的是認可一組普世消極權利：不被凌虐，不受實驗，不被擁有，不受奴役，不被囚禁，以及不被殺害的權利。這將蘊含禁止目前許多領域的作為，包括畜牧、狩獵、商業寵物繁殖、動物園飼養、動物實驗等等。

這是動物權理論的核心論點，對許多辯護者而言，這就是全部的論點。動物權的目的是要終止剝削並讓動物從奴役中解放，如同我們所見，這是動物權理論頗具影響力的一支流派，有時會被稱之為動物廢奴主義者或動物解放主義者，他們預設剝削的禁止幾乎排除了所有形式的互動。

但我們不相信動物權理論能就此止步。尊重動物基本權不需要，也不能夠停止所有形式的人類與動物間關係。一旦我們肯認動物的基本權，下一步我們要了解人類與動物互動的適當形式，以尊重這些權利。終結人類對動物的剝削是必要的開始，但我們得知道怎樣才是非剝削性的關係。人類與動物之間可能有什麼樣的互利關係？我們對動物應負擔哪種積極義務？無論是由我們直接照顧、與我們有共生關係，或遺世獨立的動物？我們會開始在下面討論這些問題。

第三章　透過公民資格理論擴充動物權

在引言中，我們主張在動物權理論家比較常辯護的普世權利之外，納入各種關係性且有所差異的動物權，以補充與延伸動物權理論。這個程序的第一步，是發展將人類與動物關係分類主張，產生道德上有意義的義務與責任。我們先前提過，由於這些關係五花八門，這是一項複雜的工作。人類與動物的關係，無論在利害影響、受迫與選擇的程度、相依程度與脆弱性、情感依附與實體距離，都有極大的差異。種種因素可能都有道德分量。

我們得在這些豐富混雜的關係要素中理出一點頭緒，我們在本章主張公民權理論有助於進行這項工作。公民資格理論提出公民、外籍住民、外國人、主權等概念，運用這些較為熟悉的類別來思考人類與動物間關係，有助於辨識特定動物對人類提出的不同權利主張，以及我們對牠們所造成的不正義。我們首先解釋公民資格理論的定義及其提供的概念資源，藉此思考關係性權利的議題。接著我們考量將此框架應用在動物身上時，隨之而來的兩種異議，並加以駁斥。

一、普世權利與公民權利

我們首先來看人類社會的公民資格。想像我們遇到一群人從我國機場下機，不用進一步了解我們與人群中某個體的具體關係，就可以知道我們對他們全都負有某些普世義務，單純因為他們是有主體利益的情識存在。這是我們對所有位格擔負的普世權利（例如我們不能凌虐、殺害或奴役他們）。

但隨著人群來到護照查驗關口，這些個體顯然隨即有了相當不同的關係性權利。有些人是本國公民，因此有權無條件入國居住，回到國內，他們在政治社群中擁有完整且平等的成員權利。換言之，他們是國家的共同監護人，在決定國家方向上，他們擁有與其他人同等的權利，得以納入自身權益與考量。身為公民，他們是「人民」的一份子，政府據此代表人民運作；人民在行使主權時也有權共享，社會有責任創造代議或諮詢機制，在決定公益或國家利益時讓各人權益受到同等考量。

另一方面，其他機上乘客是觀光客、外國學生、商務旅客，或短期工作者。他們不是公民，因此沒有無條件進入國內的權利，也可能需要事先取得許可（比如說申請簽證）。即使他們獲准進入，可能也沒有在國內永久定居或工作的權利。簽證可能僅允許他們短期駐留，之後便須離開。因此，他們不屬於政府所代表的「人民」，他們不會參與人民主權的行使，社會也沒有責任創造代議機制，在決定公益時確保納入他們的權益。

當然，再重複一次，這些非公民還是人類，因此享有某些普世人權，不得殺害或奴役他們，或從事其他行為否定他們的基本人格與尊嚴。但我們沒有義務為了這類非公民重組公共空間，讓他們更享受或更能適應，或是重構我們的政治制度，讓他們更容易取用。成千上萬的中國遊客現在到世界各地度假，如果紐約或布宜諾斯艾利斯有更多中文街牌的話，他們可能會更享受這趟旅程。如果城市希望吸引觀光客，可能也會選擇做出這樣的改變。可是公民沒有義務讓自己的城市更歡迎遊客。另外，是公民而非遊客得以對其所處社會與公共空間的樣貌做出集體決定。遊客無法在選舉或公投中投票，決定街牌的政策。

簡言之，我們通常會在**普世人權**與**公民權**之間做出區隔。前者無須仰賴個體與特定政治社群的關係，後者則來自個體在特定政治社群中的成員資格。當乘客登機時，所有人都享有前者，但只有其中某些人在落地國享有後者。這意味其權益有不同的權重。很簡化地說，我們可以說公民權益決定了政治社群的公益，而非公民權益設下了政治社群如何追求公益的**邊際約束**。比如說，要決定是否建立更多公共住宅、護理之家或大眾捷運，公民而非觀光客的權益才是重點。然而，我們不能奴役觀光客幫我們建造這些房舍或捷運，非公民的普世人權對於政治社群中公民如何追求公益設下了限制。

之所以說這是種過度簡化，乃是因為我們將看到有許多「模糊地帶」的類型，這些人不只是遊客，卻（還）不是公民，需要用比這個簡單二分法更複雜的方式，將他們的權益也納入考量。比如說，即使還沒有取得公民資格，取得長期居留的移民擁有不同於短期旅客的特定法律與政治地位。也可能有群體除了標準的公民資格外，透過某種形式的歷史政治連結隸屬於國家。比如說，美國原住民部落便是「國內倚賴性民族」，承認他們在更大的主權民族疆域內自組不同的主權民族。但這種模糊地帶群體的存在，以及擁有部分或交疊的公民資格地位，只是確認了尚未言明的重點：擁有普世人權的「位格」這個事實，無法決定個體的法律權利與政治狀態（我們也要記得所有一開始無法登機的潛在遊客，他們仍是其他主權政治群體中的居民）。

乍看之下，法律地位的多重性可能令人迷惑，畢竟若乘客都是同樣具備固有道德尊嚴與脆弱自我意識的人類，為何他們最終會有如此殊異之法律權利？有些世界主義者確實會否定這種區分的正當性，他們主張無論何處的任何人，其權益都自然應在政治決策時受到平等看待。藉由創造一個開放邊境的世界，所有人均有權在地表上自由移動，並在各處享有完整公民權利。另一種方式是消除公民資格的類別，單純在人格的基礎上賦予權利。無論要普世化或廢除公民資格的類別，結果是一樣的：每個人都有平等的權利登機，每個人下機後都有相同的社會與政治權利（定居、工作與投票）。

但這不是我們生活的現實世界，可能也不是一個可欲的世界。人類有很好的理由自我組織不同的政治社群管制成員資格，其中有部分是出於實際考量。民主自治的實踐在人民視彼此為共同國民時比較容易維持：他們有共同的語言，並對共享的國土領域有歸屬感。反觀寰宇遊牧民族，只是剛好暫時停駐在此處。民主與福利國需要一定程度的信任、團結與互相理解。而在無國界的世界中，有限而生根的政治公民資格感蕩然無存，民主與福利國可能無以為繼。

有限公民資格的承諾不僅實際，也連結了數種強烈的道德價值，包括國家認同與文化，以及自決的價值。許多人都視自己為特定集體中的成員，此集體**有權**以反映其國家認同、語言與歷史的方式，自治並管轄有限領域。這種對國家自治的嚮往反映出對特定社群與領域的深層依附，這種情懷不僅正當，且值得尊重。尊重人的意義有部分在於，尊重其發展出這些在道德上重要的依附關係，包括依附特定個體與社群、特定領域、特定生活方式，及其合作與自治的規劃。有限公民資格表現出這種依附，並使之有實現機會。任何以普世人格之名，否定這種依附正當性的世界主義形式，都錯失了尊重人格意涵中的一個重要面向：即對有限社群與領域發展出道德上重要的依附關係的能力。[1]

由於上述種種原因，幾乎所有政治理論的主要傳統，無論是自由主義、保守主義或社會主義，都會預設人類自我組織成不同的有限政治社群。無論如何，本書假定自由主義政治理論在有限政治社群的世界中運作，因此透過公民資格理論與普世人權來實現。儘管自由主義式的普世人權理論告訴我們，所有人類都因其位格而享有普世人權，自由主義式的公民資格理論則須告訴我們，要如何在不同的政治社群中決定成員權利。這又必須回答一連串困難的問題：哪些人在哪些政治社群中該有哪些**成員資格**權利？我們怎麼決定各種不同的有限政治社群**疆界**？我們應該怎麼管制在這些社群間的**遷移活動**？我們應該怎麼決定在各種自治社群間的**互動**規則？

過去三十年來，自由主義式政治理論中，好些有趣的研究考量的正是這些在「公民資格理論」中的問題（我們在此使用廣義的「公民資格理論」，以涵蓋所有獨特政治社群中的疆界與成員資格問題，也因此納入主權與領土的權利問題、國際遷移的管制，與新進者公民資格的取得）。我們的核心主張是：就動物而言，類似的公民資格理論是適當甚至必要的。我們主張，與人類一樣，有些動物最好被看作政治社群中的共同公民，在決定集體利益時將其權益納入考量；有些動物最好被看作短暫停留的遊客，或無公民資格的外籍住民，其權益在我們追求集體利益時設下了邊際限制；還有一些動物最好被視為自身政治社群中的居民，其主權與領土應該受到尊重。

對許多讀者來說，將公民資格理論延伸到動物身上的想法可能相當違反直覺。若否定動物具自我意識與位格且保有不容侵犯的權利，無疑會對這種主張提出異議。即使是提倡肯認動物道德位格的動物權理論家，也很少認為動物可以或應該被視為公民。基於許多原因，人們很難連結「動物」與「公民資格」的概念：兩者分屬不同的智性領域。[2]

我們會在接下來四章逐一完整回應此項憂慮，讀者諸君要試過才知道。我們希望證明應用公民資格理論的框架不但具融貫性，也有助於釐清許多至今都困擾動物權的理論矛盾與僵局。不過，我們首先要解決在思考動物與公民資格的兩大主要障礙，或許會比較有幫助。在我們看來，連結動物與公民資格理論的阻力多來自以下兩點：(1)誤解公民資格的本質與功能，甚至在人類案例中也是如此；(2)誤解人類與動物間關係的本質，不管是目前的狀態或未來的可能性。我們將在下面簡短回應這兩種誤解，以作為後續更詳盡討論的基礎。

二、公民資格的功能

許多人很難把動物想成公民，其中一個理由是，我們日常對公民資格的想法往往帶著積極政治參與的內涵：公民會投票、從事公共論辯、在有爭議的公共政策上進行政治動員。乍看之下，動物似乎不可能成為這種意義下的公民。無論動物有什麼地位，怎麼說都不會有公民資格。

然而，這樣論述有點操之過急，我們需要解析公民資格的理念。積極政治參與的理念只是公民資格的其中一個面向而已，我們在規範性政治理論中，需要更全面地理解公民資格的功能，才能判斷如何應用到動物上。公民資格至少可以有三種不同的功能：分別是國籍權、人民主權與民主政治能動性。

1. 國籍：這是公民資格的第一項功能，也是國際法上最主要的功能：讓個體分屬不同領土國家。身為甲國公民，即擁有居住在甲國領土的權利。一旦出國，也擁有返回甲國的權利。每個人都應享有住在地球上某處的權利，因此國際法試圖確保沒有人無國籍。每個人都應該是某國的公民，有穩固的居留權，以及返回國土的權利。值得注意的是，這種護照意義的公民資格並未告訴我們任何關於其所屬國家本質的資訊。公民可能屬於非民主神權政體、君主政體、軍政府、法西斯，或共產獨裁政權，因此完全缺乏政治參與的權利，這是意義非常薄弱的公民資格。

2. 人民主權：自法國大革命起，公民資格的理念開始有了新的意義，與建立政治正當性基礎的特定理論相連結。在這個新觀點中，國家屬於「人民」，而非上帝、特定王朝或某階級，公民資格乃是人民主權的成員資格。如艾倫．布坎南所言，自由主義理論中的部分「福音」主張：國家不是王公貴族的財產，而是屬於人民。[3] 國家角色的正當性源自於人民固有主權的體現，也就是「人民主權」。這種革命性想法起初時常得藉由暴力抗爭，推翻政治正當性的舊有理論。如今幾乎已經舉世皆然，提供國際法以及聯合國的重要基礎假設。欲取得肯認與正當性，國家必須自我定義為人民主權的體現。因此，即使是非自由民主政權，在今天都堅稱自己體現了人民主權。比如說，二十世紀的共產主義與法西斯獨裁政權，均自稱為「人民共和國」，強調他們也支持國家正當性源自「人民」的意志與利益。他們鎮壓多黨選舉民主制的理由，甚至往往是基於派系鬥爭阻礙人民意志的充分肯認與表達，最好是讓強人領袖或先鋒黨掌權。這個意義下的公民資格即民有，國家以人民之名治理之。並非每個第一種意義下的「國民」，都必然包含在第二種意義下的「人民」中。比如說過去美國的奴隸，至少在某些時候會被當作美國「國民」，他們不會被當作其他國家的國民，或無國籍難民。但他們不是美國「公民」，因為他們不算是國家以人民之名治理之的「主權人民」。許多種族與宗教少數團體都遭逢這種宿命：身為某國國民，卻不算是公民，不是主權人民中的一員（想想中世紀與近現代歐洲的猶太人）。第二種意義下的公民，比單純的國籍反映出更穩固的公民資格理念，並連結到國家正當性在當代的獨特概念，但仍然不是完整的民主概念，因為這樣的公民資格不代表公民能透過民主手段行使人民主權。

3. 民主政治能動性：在擊敗法西斯主義與共產主義後，今天我們理所當然地認為，行使人民主權唯一正當的方式，乃是透過公開的多黨選舉民主制。個體在其中有權表達政治異議、進行政治動員，與自由地政治論辯。即使非民主政權宣稱自己基於人民主權的理念，我們還是常說其治下人民比較像「臣民」而非「公民」。這種新理解下的「公民」，不僅是（第一種意義下）某國國民，或（第二種意義下）國家以人民之名治理的主權人民一員，更是民主程序中的積極參與者（或至少有權積極參與）。這個觀點中的公民資格，可以主動創造法律，而不只是被動接受法律。因此預設了父權式規範的不正當性，以及個體在民主程序中可以代表自己的能力。非民主政權的臣民或許有法治的權益，但公民資格其實還包括形塑法律的權利與責任。因此預設了個體從事政治參與所需的技巧、性格與實踐，其中包括審議、互惠與公共理性。

我們認為，這三個面向在公民資格中均扮演關鍵而無法化約的角色。考量如何以公民資格理論延伸動物權時，必須同時考量三者。

但在日常語彙與多數當代政治理論文獻中，焦點完全擺在第三個面向上。一般假定，公民資格理論最主要是一種民主政治能動性理論。也因此乍看之下，第三種意義下的公民資格直接排除了動物公民資格的可能性。畢竟動物無法進行「公共理性」或審議理性的程序，這是約翰・羅爾斯或尤爾根・哈伯瑪斯主張的民主行動關鍵。[4]

我們反對政治能動性理念與動物無關的假設。但在討論之前，必須先強調，即使在人類的例子中，公民資格也不能被化約為民主政治能動性。如果狹隘地定義公民資格為民主政治能動性的行使，立刻會排除為數眾多的人類公民資格。想想兒童、嚴重心智失能者，或失智症患者，他們都無法進行羅爾斯式的公共理性或哈伯瑪斯式的審議。然而他們在前兩個意義之下，當然是政治社群中的公民。換言之，他們擁有國家領土上的居住權或返國權；在決定公益或公共服務提供（例如健康與教育）時，也必須將其權益納入考量。

在前兩種公民資格的意義下，兒童或心智障礙者和觀光客或商務旅客截然不同。觀光客或商務旅客沒有公民資格，因此即使他們可能具備高度的政治能動性，卻沒有國籍權，也不屬於主權人民。觀光客可能有高度的能力與意願從事政治參與，但技能與意願本身並未賦予他們居留該國的權利，也不會將其權益納入公益考量。相對地，兒童或心智障礙者則是公民，即使政治行為能力有限，仍享有國籍權且為主權人民之成員。如果我們忽略他們身為公民的地位，便無法理解兒童或心智障礙者的權利。他們不只是像觀光客或商務旅客一樣擁有普世人權，他們更享有某些基本**公民權**。這些權利與是否擁有政治行為能力無涉，政治行為能力在前兩種意義的公民資格中，既非必要，也不充分。

因此我們不能忽略公民資格的前兩個面向。公民資格理論的核心任務，便是解釋誰有權居留或返回特定領土，並解釋誰算是國家以之為名治理的主權人民。我們主張，任何這些問題的可行解除了涵蓋人類外，也須納入動物。特定的動物群體應被視為我們政治社群中、前兩種意義下的公民，牠們有權居留並返回我們共享政治社群的領域，並在決定社群公益時納入其權益考量。我們主張，這尤其適用於馴養動物。

不是所有動物都是我們政治社群中的公民，有些動物會隸屬於自己的有限領域中獨立的社群。那麼我們的主要義務，是遵守跨社群互動的公平規範；還有一些動物會是我們社群中的居民，但不是有完整權利的公民。我們的主要義務是在追求公益時，尊重其作為邊際限制的權利。無論是人類或動物，公民資格的關鍵任務之一，便是解釋我們如何決定政治社群中的成員資格，並以此為基礎決定哪些公民權適用於哪些個體身上。我們主張用這樣的公民資格架構將動物歸類，這可以釐清許多過去困擾動物權理論的謎團。

因此，即使我們同意動物不具有民主政治能動性，公民資格理論在思考其權利時也不會完全無關。然而，我們其實也不同意動物不具有政治能動性。公民資格的第三種面向是理解當代公民資格的重要特徵，在許多層面上可被視為前兩種意義的累積與實現。若公民資格概念停留在國籍與人民主權，而未著墨於政治能動性的權利，都是一種貧乏的理念。我們先前提到，能動性的想法現今對於理解公民資格至關緊要，以至於我們傾向認為，若人民缺乏能動性，他們其實是臣民而非公民。公民資格的理想包含了對政治能動性的深刻承諾。

我們也認同這個承諾，但必須先釐清其本質。視政治能動性為決定**誰是公民**的門檻或判準是個嚴重的錯誤，會導致缺乏特定形式的行為能力者淪為非公民。如我們所見，這將有排除兒童與心智障礙者於公民資格外的乖張效果。我們反而應該將第三個面向視為一種價值，甚或一組相關價值，啟發我們如何對待那些先驗且獨立地受肯認為公民者。第三個面向的公民資格理論肯認的價值包括自治、能動性、同意、信任、互惠、參與、真實性，與自決，並主張待人**如公民**的意義，有一部分便是以肯認與尊重這些價值的方式來對待他們。

我們同意待人如公民包括協助促進其政治能動性。這項承諾有賴於承認父權主義的危險性、強制的傷害，以及個體能夠依照其欲望與依附關係來行動的價值。然而重點在於，即使以人類來說，我們**如何**肯認並尊重這些價值的方式有著巨大的差異，這對動物來說也一樣。

比如說當代的身心障礙者權利運動。如同許多論者提到，身心障礙者權利運動以「公民資格作為核心的組織原則與標竿」（Prince 2009: 16），要求被當成「公民」來對待而非由「監護人」所照顧的「客戶」或「病患」（Arneil 2009: 235）。運動也因此被廣泛認為是當代「公民權運動」的典範之一（Beckett 2006; Isin and Turner 2003: 1）。顯然這個語境下的公民資格指的是第三種面向的能動性，因為身心障礙者通常已經在前兩種意義下被視為公民，他們有權居留或返回某國，且被視為「人民」的一員，國家以之為名治理。然而，直到近期，身心障礙者還是被當成父權主義式政策的被動接受者，在決策過程中幾乎完全沒有聲音。身心障礙者權利運動反對這種舊模式，堅持保有行動、參與和同意的權利，其精髓展現在知名的運動口號「與我們相關的事情就需要經過我們討論」。這是身心障礙者要求被當成「公民」對待的主張核心。

然而身心障礙者該如何被當成公民看待，是很複雜的議題，特別是智能障礙者尤然。做法並不單純只是邀請他們參與羅爾斯式的公共理性或哈伯瑪斯式的審議，因為他們無法進行語言的溝通（Wong 2009）；也不只是賦予他們投票給特定政黨或特定法案的權利，因為他們可能無法理解政治平台或立法提案，或判斷這些機制是否侵犯到自身的權益（Vorhaus 2005）。若要他們能參與，必須要為「無法溝通的公民」（Wong 2009）提供「依賴者能動性」（Silvers and Francis 2005）或「受支援決策」（Prince 2009）的新模式。父權主義式的監護舊模式受到新模式的挑戰，新模式的目標往往藉由「體現」而非語言溝通，激發人對於主體權益的知覺，在這些新模式中，心智障礙者可以擔負公民資格，但需要法蘭西斯與席維斯所稱之「協作者」幫助，取材語言與非語言的偏好表述，建構他們對於美好生活概念的「腳本」。[5]他們的說法是：「協作者的角色是關照這些表述並加以整合，融為持續性的偏好主張，以建構個人化的善概念，並在既有情境下尋求實現善概念的方法」（Francis and Silvers 2007: 325），並將這項資訊帶入政治過程中，讓他們的觀點形塑關於社會正義的持續論辯。

過去幾年來，公民資格理論中某些最有趣的著作，都著重在透過「依賴者」、「受助」或「相互依存」的能動性，賦予並行使公民權。這聽起來可能是特例，但其實所有人都會經歷需要此類受助能動性的生命階段，無論是嬰幼兒、因病暫時失能，或是老年皆然。移民可能需要翻譯的協助來了解政治論辯；若想要言語或聽力障礙者參與，可能需要支援協助。所有可信的公民資格概念都必須肯認能動性的價值，同時也必須肯認行動能力可能與時俱增或俱減，且因人而異。而公民資格理論的核心任務之一，便是支持並實現這往往不全而脆弱的能力。這點必須是公民資格理論的核心，而非附帶結果。如同法蘭西斯與席維斯所言：「多數人與少數依賴行動者的差別在於依賴的程度，而非依賴本身。」（Francis and Silvers 2007: 331；參較 Arneil 2009: 234）[6]

用另一種方式講，作為公民資格第三種面向的政治能動性，應被視為公民間互動時關係固有的特質，而非先於互動存在的個體屬性。並不是說人先是行動者，才被賦予公民資格。我們也不會因為本國國民暫時或永久的認知能力局限，剝奪其公民資格。進入公民資格的關係，至少有一部分是要促進共同公民的能動性，無論其生命處於哪個階段，有什麼程度的心智能力。

這個新領域為身心障礙者開創了重要的公民資格可能性。但我們相信，對於和我們生活緊密相連，且透過馴養使其產生依賴的那些（馴養）動物而言，這同樣也開創了動物公民資格的可能性。[7]在此，我們有腳本可以提取一系列偏好表述，建構「馴養動物」權益，並帶入政治過程，協助決定持續的公平互動條件。我們主張，馴養動物應視為這個意義下的公民，有權透過依賴者能動性的形式，獲得我們政治決策的代理。我們將在第四章指出，若道德對待馴養動物的提案無法促進這個意義下的公民資格——（在那些不提倡廢止馴養動物者中的）某些動物權理論者的提案也確實如此——關係極有可能淪為剝削、壓迫與無來由的父權主義。

至於公民資格的前兩種意義，並非所有動物都屬於積極政治參與者意義的共同公民。建構依賴者能動性的關係牽涉到一定程度的親密感與鄰近性，對於野生動物來說既不實際也不理想。但這對人類來說也是一樣的道理。公民資格是住在共同領域、由共同制度所治理者所共同維持的關係，不管是人類或動物都適用。我們主張對於被我們帶入社會的（馴養）動物，適用公民資格既可能，也是道德上的要求；對應被視為隸屬自己主權社群的（野生）動物，則不必要也不理想。以人類來說，還有另一種動物群體落在兩種類別間，不完全在我們的政治社群內，也不完全在我們的政治社群外，因此有自己獨特的狀態。在這些例子當中，動物的公民權狀態和人類的例子一樣，並非由其認知能力所決定，而是由牠們與特定有限政治社群的關係本質而定。[8]

簡言之，一般認為動物不能成為公民的觀點來自於對公民資格本質的誤解，這種誤解甚至也常在人類的例子上看到。許多人假定動物不能是公民，因為(1)公民資格需要行使政治能動性，且(2)政治能動性需要複雜的認知能力進行公共理性與審議。即使對人類而言，兩種宣稱都不正確。公民資格不僅僅是政治能動性，且政治能動性除了公共理性外還有其他形式。公民資格有多重功能，且原則上所有的功能都適用於動物。公民資格將個體劃歸特定領域中，分配主權人民的成員資格，賦予多元形式的政治能動性（包括受助的與依賴者能動性）。將三種公民資格的功能適用在動物身上，不僅在概念上融貫，我們在未來的章節中也將主張，這也是了解我們對動物的道德義務，唯一融貫的方式。我們將展現，如果不能或不願運用這些公民資格框架為動物分類，各種動物權理論的版本將無法肯認我們與不同動物的關係中，在道德上的重要差異。也因此無法認清對特定動物具體的壓迫形式。

三、人類與動物間關係的多元性

將公民資格理論適用於動物的阻礙，並非只源自對於人類公民資格過度狹隘的理解，更重要的原因可能是對於動物與人類社群的連結過度狹隘的理解。採用公民資格框架預設：動物與人類必然透過多元的互動與相依關係產生連結。公民資格理論的任務，是評估這些關係是否正義，並以更公平的條件加以重構。我們將在下面討論，實際上有為數眾多的互動與相依模式，都可能與公民資格理論相關。

然而，就日常的理解，以及多數動物權的學術文獻中，動物往往僅落在兩種可能類別中：野生動物與馴養動物。前者自由獨立，棲息在「遠方」荒野中（除非被抓進動物園、淪為異國寵物或進行研究）；後者遭到監禁且依賴，住在家中（例如馴養寵物）、實驗室裡（例如實驗受試者），或農場（例如家畜）接受我們的管理（Philo and Wilbert 2000: 11）。許多動物權理論家均以此二分法為前提，因此動物的公民資格看起來若非完全不相干，甚至會成為持續壓迫的擋箭牌。

根據古典的動物權理論，（獨立於人的）野生動物或可獨立存活者，應免於人類的干涉。我們應「給牠們空間」，讓牠們自維生存。野生動物不需要納入人類的公民資格統治，牠們反而更需要免於與人類互動或相互依存。公民資格的理念可能與馴養動物較有關係，牠們因為人類才變得依賴，失去獨立在野外存活的能力。賦予馴養動物公民權地位或許可確保牠們在人類與動物混雜的社會受到公正對待。然而對於飼養造成依賴且強迫參與人類社會的動物而言，許多動物權理論家完全否定正義的可能性，依賴狀態本身就是充滿剝削與壓迫的。因此某些動物權理論家呼籲要全面終結馴養，讓馴養物種消失。就此觀點看來，改革已經沒有希望，賦予馴養動物公民權只是為固有的壓迫擦脂抹粉，關係本質仍是父權主義式的依賴與強迫參與人類世界。

所以對許多動物權理論家而言，將公民資格延伸到動物身上的想法無關宏旨，甚至有潛在的危害。如果目標是發展人類與動物間更好或更公平的互動與相依模式，公民資格會是適當的框架。但對許多動物權理論家而言，互動與相依本身就是問題的根源，解決方案自然就是終結這些模式，首先不要打擾野生動物，再中止與馴養動物間的關係。在理想的世界中，所有動物都是「野生」而「解放」的，自由而遺世獨立地與人類分開生活，動物不對人類要求公民資格（反之亦然）。

這樣的世界圖像沒有永續的人類與動物互動與相互依存，我們相信無論在描述上或規範上都有嚴重的錯誤。最明顯的問題是忽略了動物與人類關係的多樣性，有些既不屬於野生的類別，也不屬於馴養的類別。例如松鼠、麻雀、郊狼、野鼠，或加拿大黑雁。這些「城際野生動物」並非馴養，也沒有獨立於人類生活於荒野之中。牠們就在我們之中，棲居於車庫、後院，與地方公園，也往往確實因為與人類住得近的利益聚居而來。牠們展現出本身獨特的互動與相依模式，不同於野生或馴養動物。這些城際野生動物不能單純被視為例外異常，因為有成千上萬，許多最困難的倫理兩難均因涉及牠們而起。然而動物權理論在這些案例中幾乎沒有提供任何指引。

但即使我們只專注在野生與馴養動物，也會有持續的互動與相依關係連結動物與人類，需要正義規範的約束。以馴養動物而言，牠們的確不應繼續受到奴役。我們將在第四章看到，許多對馴養動物地位改革的現有提議，都只是持續剝削的遮羞布。然而，要說矯正馴養動物所蒙受的不正義，唯一最佳解只有消滅馴養，也是言之過早。馴養的歷史過程不正義，目前對待馴養動物也不正義，然而不正義的歷史（無論是對人還是動物）往往會產生持續的責任，試圖創造新的關係，以符合正義的規範。我們將在第五章主張這種關係是可能的，而追求終結馴養動物反而棄守我們對牠們持續的歷史責任。

以野生動物而言，牠們的確通常需要自己的空間，但即使是野生動物，也處於與人類相依的複雜關係，需要由正義的規範所約束。例如某動物的食物來源為單一植物物種，該植物由於酸雨或氣候變遷而消失中。這些動物從某種意義來看，確實「有自己的空間」：沒有人在狩獵或捉捕，甚至沒有人進入其棲地，然而牠們面對人類活動卻極為脆弱。

更廣泛地說，若以為藉由指定禁入區（例如受保護的荒野區域），我們便已履行對野生動物的責任，這就大錯特錯。一九九一年，科學家將無線電項圈繫在狼身上追蹤其行動，兩年內牠便橫跨四萬平方英里（約十萬平方公里），以加拿大亞伯達為起點，往南到美國蒙大拿州，往西到美國愛達荷州與華盛頓州，然後往北到加拿大的英屬哥倫比亞，最後回到亞伯達（Fraser 2009: 17）。狼是閃避人類的野生動物，這匹狼確實在某些時候出現在荒野保護區（例如國家公園），但我們很難將四萬平方英里全部轉為人類禁入區。這塊區域上交錯參雜著道路、鐵路、農場、電線、圍籬，還有國界，對狼群與其他野生動物產生多重的人類影響，絕大多數的野生動物都在被人類直接影響的區域中棲息或遷徙。根據野生動物保育協會與英屬哥倫比亞大學國際地球科學資訊網路中心的研究指出，八十三％的地球陸地表面直接受到人類的影響，無論是透過人類的土地使用、人類的道路、鐵道或主要河川通行、電力基礎建設（以夜間偵測到的燈光判定），或人類以每平方公里人口密度高於一人直接占據。[9]野生動物住在「野外」，但牠們很少住在杳無人跡的原始荒野，動物權理論必須處理人類與動物間無可避免的牽連。

這並不是說我們不應該繼續建立或拓展荒野保護區。第六章以公民資格為基礎的主權模型，便是要支持這樣的規劃。相較於現有的動物權理論，也對野生動物領域權提供更清楚的理路。然而，我們需要認清，僅僅藉由劃定給牠們空間的禁入區，沒有辦法解決野生動物的問題。由於無止境的人類擴張與棲地破壞已成現實，這類保護區幾乎注定太小，不足以涵蓋許多野生動物需要的完整棲地。因此可預見的是，野生動物會適應生活環境中的人類影響，以至於某種形式或程度的共存對牠們來說相當自然。蓋瑞．卡洛爾便主張，人類對地球的宰制，實際上讓自外於人類成為一種失敗的演化策略，導向「相互依存的時代」（Calore 1999: 257）。當然，這種相互依存不同於馴養或城際野生動物。但我們將看到，這種關係也會產生獨特的正義議題，我們需要某些方式，將人類與野生動物間這塊共存與相依的領域概念化。

簡言之，動物與人類間關係有各式各樣的形式、不同層次的互動、交互的脆弱性，以及互相依存。我們主張，在這些案例中，需要公民資格理論及其差異化與關係模式的權利，以補充動物權理論目前所強調的普世權利。

我們相信，動物權理論未能考量到公民資格模式，多半肇因於未能認清人類與動物關係的多元形式無可避免。但這點將問題又往回推了一個層次：要如何解釋為何不能認清人類與動物關係的持續本質呢？畢竟，動物與人類分屬隔離空間，人類在人文環境，動物在原始荒野。這種想法只要稍微細想便禁不起檢驗，與我們日常經驗中持續的人類與動物互動也相矛盾，甚至違背所有針對這些互動的科學研究，那麼這種想法究竟是如何在動物權理論中生根的？

比較不友善的解釋是，這種想法讓動物權理論家得以略過許多棘手的兩難，一旦我們承認人類與動物相依的本質便須正視；比較善意的解讀是動物權理論家聚焦於違反動物權最駭人的情事，把積極與關係權利留待日後解決。但我們相信完整的答案，是由於對人類與動物間的相依與互動模式，之所以持續的潛在因素有更深層的誤解。將動物簡化二分為「自由獨立」與「被俘依賴」，前者住在荒野，後者與人類共存。這樣的想法建立在一系列普遍的迷思上，需要我們持續反駁，以下提出三個迷思，包括能動性、依賴，與地理。這些迷思在動物權理論中長存，也反映出關於人類與動物間關係更普遍的文化盲點。

能動性

傳統的動物權理論觀點假定人類是人類與動物間關係中的主要行動者或發起者。人類不是選擇給動物空間任其自由生存，就是狩獵、捕捉或飼養牠們，遂行人類的需求與欲望。如果我們停止干預動物，絕大多數的人類與動物間關係將會終止。

然而實際上，動物也可以展現各種形式的能動性。動物可以選擇躲避人類聚落，但牠們也可以選擇循著聚落所提供的機會而來，事實上正有以數百萬計的城際野生動物在人類聚落的區域活動。牠們也可以選擇躲避人類個體，或向他們尋求食物、協助、庇蔭、陪伴，與其他需要。若有一定範圍的非強迫性選擇，動物可以表達如何生活與生存情境的偏好，可能的話如何與人類互動（即「用腳投票」）。所有動物權理論的核心任務之一，便是考慮這些由動物發動的對人類關係，或反過來說由人類發動與動物的互動，其中對正義的要求是什麼。[10]

當然，能動性強弱會因動物而有極大的差異。有社交適應力的動物，如狗、野鼠或烏鴉，具有良好的行為彈性，可以視情境與需求在不同選項間選擇。其他動物就比較受到「劇本」限制，牠們是「生態區位專家」，無法立即適應環境中的改變。可能因為其需求缺乏彈性，或缺乏探索替代方案的認知彈性。但任何可行的動物權理論必須考慮到由動物發起的潛在互動形式，以及在人類發起的互動中，動物回應的能動性。

依賴／獨立

傳統動物權理論觀點很容易錯誤地詮釋動物對人類的依賴或獨立。我們已經看到，傳統的動物權理論觀點主張，野生動物「獨立」於人類生活（因此只需要給牠們空間），而馴養動物「依賴」人類（因此是壓迫式的屈從，應予譴責）。實際上，依賴性是多維度的光譜，依據活動、脈絡與時點而對每個個體都不同。即使是住在最偏遠荒野中的動物，在某些重要面向上也須依賴人類；而馴養動物在某些重要面向上也可以獨立自主。

在思考依賴性時，區分僵固性與特定性兩個維度很有幫助。棲身強尼房間籠內的家鼠依賴人的方式，不僅缺乏彈性還很特定。其依賴缺乏彈性，因為如果強尼沒有餵食，牠沒有別的選擇。牠不能自行移往他處，或開始從轉輪或紙板隧道獲取營養；其依賴亦高度特定，牠依賴某特定人類（或某特定人類家庭）餵養。對比住在城市掩埋場中的野鼠，這隻野鼠有賴人類提供食物來源，卻不仰賴任何特定人類。強尼一家在某一週有沒有倒垃圾對這隻野鼠來說不重要，只要人類不要集體關閉掩埋場或同時不倒垃圾。即使掩埋場整間關閉，野鼠的依賴性也不是完全沒彈性，牠可能可以遷移，尋找另一個食物來源。

從這個角度看，馴養動物往往在特定性的維度上展現依賴性：即，牠們通常依賴特定人類餵養與庇護。相反地，野生與城際野生動物從定義來看就不仰賴特定人類的食物、庇護，或其他基本需求。但注意野生動物往往在僵固性的維度上更為依賴。許多荒野中的動物是生態區位專家，即使對於人類活動的間接副作用，也極端脆弱。例如某種鳥類沿著特定路線遷徙，人類在路途中豎立顯著障礙物，若鳥類無法越過障礙繼續前行，牠們的問題就大了。或例如北極熊由於全球暖化而失去浮冰棲地，或帝王蝶依賴單一食物來源蘿藦科植物。這些動物可能棲息在荒野中，但即使牠們「無人驚擾」，即沒有人試圖獵捕、捉取，或馴養，仍然對任何改變其環境的人類活動高度脆弱。相反地，許多城際野生動物與馴養動物儘管處在人群之中，依賴人類的程度可能反而不會那麼僵固。馴養或城際野生動物往往是適應力強的通才（而非生態區位專家），可以很快適應自然或人造環境中的改變。例如浣熊與松鼠，其驚人的適應力可以打敗每一代新的「防松鼠」餵食器及垃圾桶柵欄。例如莫斯科、巴勒摩或數不清其他城市中的野狗，都展現出適應多變城市環境的可觀技能。

卡洛爾認為，就這方面而言，某些野生動物比許多馴養與城際野生動物更為「依賴」人類。有些我們認為「威嚴、兇猛而自由」的動物，例如尼泊爾的老虎，事實上仰賴極為複雜且成本高昂的人工計畫與「野化」干預；而許多城際野生動物面對人類完全無動於衷，則得以生存，甚至持續繁衍（Calore 1999: 257）。[11]我們需要更細膩地理解這些（互相）依賴的多元形式。

人類與動物間關係的空間維度

文化社會學家與文化地理學者長期以來強調，現代社會的運作建立在非常特定的空間概念上。某些空間的定義，如城市、郊區、工業區或農業區，是屬於「人類」而非「動物」、「文明」而非「自然」、「開發」而非「荒野」。這些二分法鞏固了我們「根源於文明的現代主義式概念：定義對於動物與社會間，合宜而道德上恰當的空間關係」（Jerolmack 2008: 73）。在這種文化想像中，陪伴動物安全地繫上鎖鏈（而非成為流浪動物），野生動物待在動物園，或是人跡罕至的原始荒野中，而家畜留在農場內。若有任何動物被發現離開「合宜且道德上恰當的」空間，便有「錯置的問題」，因此在道德上有疑慮。[12]「都會生活與文化導致動物若非（作為寵物）被納入私領域，就得將牠們移往真實或想像的『荒野』或某些過往的鄉村情境。」（Griffiths, Poulter, and Sibley 2000: 59）如果有動物越界，牠們「注定因為踰越我們定義為『僅限人類』的空間而踰越了道德」（Jerolmack 2008: 88）。

這種高度現代主義式的空間概念，系統性地扭曲了我們對於人類與動物間關係的理解。它允許寵物在城市裡的存在（如果有安全地綁上鎖鏈），卻忽略了我們周遭的非馴養動物。因此只有在數量或行為擾人成為「有害動物」時，人類才會想起城際野生動物的存在。換言之，牠們只有在成為問題時才會被看見，否則我們對於社群中無所不在的成員視而不見，根本沒注意到這些動物的多樣性、棲息的空間樣態，以及我們與牠們互動的方式。從家中的老鼠、在市中心覓食的麻雀與野鴿、在郊區繁衍的鹿群與郊狼，到已演化到可與傳統農業慣習共生的各類物種（如：鳥類、齧齒動物、食用農作物的小型哺乳類動物，與捕食前者的大型哺乳類動物與猛禽）。

我們與野生或馴養動物的關係也有類似的空間複雜性。有些野生動物棲息地離人類聚落真的很遙遠，例如住在太平洋海底熱泉口的綿鳚科魚類。然而也有些野生動物的小區塊荒野棲地，完全被人類的開發地所包圍。而許多野生動物至少在某些時候都必須面對人類環境，因為我們的道路、船行與飛行航道、圍籬、橋梁，與高聳建築，在在干擾了牠們的移動與遷徙路線。以馴養動物來說，有些如寵物鼠或金魚，終其一生都在我們屋內的微型世界度過；有些如狗，陪伴我們上街進入公共空間；其他如馬，因為牠們的棲息與運動需要更廣的空間而住在鄉間。

人類與動物間關係的空間維度與前面指出的能動性維度和相依維度互相交織，產生令人眼花撩亂的關係類型。有多元的因果根源、各式的互動，與不同層次的脆弱性。若欲辨識正義的相關議題，評估我們的道德責任，這些變化都很重要。野生與馴養動物的簡化二分法，及隨之而來單純「給動物空間」的呼籲，需要用更複雜的關係矩陣，以及更複雜的倫理建議取而代之。本書的主要目標之一，便是拆解簡化的野生／馴養二分法，取而代之的是珍妮佛·沃奇所形容的「動物**矩陣**，隨著人類干預造成的生理或行為修正，以及與人的互動類型而有所不同」（Wolch 1998: 123）。在接下來四章，我們強調人類與動物間關係的幾個獨特模式，並展現各模式如何透過公民資格理論加以闡釋。

—第二部—

應用

第四章　動物權理論中的馴化動物

我們從馴化動物開始，逐步將公民資格理論應用到動物身上。人類馴養了許多動物，以供作各式各樣的用途：提供食物、衣著，與替換用身體部位（例如心瓣膜），作為軍事與醫療研究受試者，供作勞動力（如：犁田、拖運）或技術性勞動（如：巡邏、搜索救援、狩獵、守衛、娛樂、治療、協助障礙者），以及陪伴人類。

這個類別中異質性很高，在許多動物倫理文獻中，不同類型的馴化動物會分開討論：農場動物倫理、寵物飼養倫理與動物實驗倫理各有不同的脈絡。然而，在我們看來，考量這些動物政治地位的關鍵要素正是馴養事實本身。馴養創造出人類與動物間的特殊關係，任何動物權政治理論的核心任務是探索其中條件，使關係符合正義。

在人類歷史的長河中，這段關係深切地不義，馴養充斥著為了人類利益，對動物的強制監禁、操弄，與剝削。事實上，這種不義對許多動物倡議者而言無可救藥，只要人類持續馴化動物，就不可能是正義的世界。從這種觀點來看，剝削性馴養的「原罪」無從改革。然而我們主張，這種觀點跳太快了。如果從成員資格與公民資格的角度加以重構，人類與馴化動物間的關係可以正義地重新安排。只要馴化動物被賦予共同公民的地位，在一個以人類與動物成員為名治理的政治社群中，正義是可能的。

無須贅言，從人類一開始馴化動物時，便無意將動物納入社會「成員」或「公民」的行列。從這個角度看，動物的馴養就像是從非洲引進奴隸，或中印簽下賣身契的勞工。他們來到新的國度純粹就是提供勞力，沒有成員資格的期待可能性，也沒有權利成為公民。事實上，那些購買奴隸或契約工人的雇主，如果知道他們視之為低等或不配的人種，最終能擁有與之平起平坐的共同公民資格，很可能就不會這麼做了。無論原始意圖為何，今日唯一具有正當性的回應，也是在正義根基上唯一可能重整的基礎，便是以在共享社群中共同公民與共同成員資格，來取代舊的階層關係。

因此我們也同樣認為這種主張應適用於馴化動物身上。由於人類扮演的角色導致這些動物進入人類社會，讓牠們適應人類社會生活，排除了其他的可能性，我們必須接受馴化動物現在是我們社會中的一份子。牠們屬於這裡，也必須被視為人類動物所共享的政治社群中的共同成員。

我們將看到，在概念上將馴化動物重構為公民並非萬靈丹，無法解決所有因牠們在共享政治社群中出現所引起的道德兩難。然而，這對於思考動物權利提供了嶄新視角，我們主張這個視角比起現有動物權理論所提出的選項更有說服力，也更具效果。

一、定義馴養

首先，我們需要釐清「馴養」的定義。根據《大英百科全書》，馴化動物「為達成人類特定要求或想望，因人類勞動而產生。適應人類供給的持續照顧與關懷」。[1]此定義中有幾個部分在邏輯上可以區隔分辨，有助於我們的討論：

1. 馴養的**目的**：育種與使用動物以「達成人類特定要求或想望」。
2. 馴養的**過程**：選拔育種與基因操作的「人類勞動」，讓動物天性適應特定目的。
3. **對待**馴化動物：「人類供給的持續照護與關懷」。
4. 馴化動物**依賴**人類給予持續照護的**狀態**：動物「適應」持續照護的處境。

這些部分之所以可以區隔，原因是我們可以想像一個或數個部分獨立存在，或有各種組合。

如果人類停止對動物育種，並停止剝削牠們供人類使用，仍然會有一群依賴人類持續照顧的動物存在。或是，我們可以想像人類持續對動物育種，但意圖著眼於動物的利益。比如說，我們可以為特定物種設計飼育計畫，消除困擾牠們的先天性缺陷，或單純為了利益其後代而飼育動物（也有動物利益與人類利益相符的案例，如根除同時影響兩物種的疾病）。或我們也可以想像採行飼育計畫以保護動物物種過度繁殖，避免隨之而來的資源稀缺而受苦。我們也可以想像，某飼育計畫不會造成物種的依賴，甚至某飼育計畫讓動物無須人類的管理與照護，進而擁有更高的獨立性（例如，某些現有飼育計畫，試圖重建瀕危物種的野生族群）。我們也可以想像個別動物受到公正對待，即使其物種一般來說，持續地受到不義的飼養與對待（例如某隻格外幸運的陪伴動物）。

在思考人獸關係的倫理時，我們得區分馴養的不同面向。馴養的整體方向是飼養出動物的特定特徵，增加牠們對人類的依賴與用處，不會注意到動物自身的利益。為了檢視人類與馴化動物間的道德關係可能性，區辨目的、過程與對待的不同議題非常重要。並非所有形式的節育控制都會造成工具化或侵害基本權，也不是所有形式的依賴都涉及虐待或宰制。現有的動物權文獻大都並未做出這種區隔，以致過早阻絕了與馴化動物間正義關係的可能模型。

二、人道對待與互惠的迷思

相較於探究可能的彌補方式，動物權理論至今仍較善於闡述既有對待馴化動物的錯誤。這情有可原，因為有效主張馴化動物權利的一個主要障礙正是：長久以來對於人道對待馴化動物的浪漫化迷思。

對於所有認真看待動物權的人來說，人類馴化動物的歷史是一紙每下愈況的故事，充斥著奴役、虐待、剝削，與謀殺。集約農作使動物淪為齒輪，其短暫而殘酷的一生徹底機械化、標準化，與商品化。[2]生物科技更進一步，為了讓動物成為更好的齒輪而進行基因改造。動物權運動孜孜不倦地揭露這些對待，以及在這些對待背後，對於動物道德分量與人類有權善加利用的想法。

而腐敗並不僅止於研究實驗室或集約牧場門口。多數動物權理論家在認清當代畜牧的極端侵害同時，也堅決反對在較不工業化的條件下，所謂的「人道肉品」。在傳統畜牧技巧下，動物可能享有較為自然的生存方式，但牠們最後還是會被剝削與屠宰，也往往受到忽視與虐待。現今的剝削範圍與強度增加了，但預設的宰制關係並無二致。以馴化動物來說，從來沒有什麼「美好舊時光」可言。[3]要說「現代」、「乾淨」、「有效率」的方法可以創造出「人道屠宰」的系統，就彷彿是將快樂莊園奴隸這種舊迷思換成美麗新世界的新迷思，不過是舊瓶裝新酒罷了。

若這些人道對待的迷思遭到揭穿，動物剝削的捍衛者會退守另一種不同的迷思：即馴養其實符合動物利益，並表達了某種形式的道德互惠。以馴化動物來說，我們賦予牠們生命、庇護、食物與照顧，牠們則供給我們皮肉與勞力。如果馴化動物對我們一無是處，一開始便不會存在。跟不存在相比，短暫的生命受到適當的照顧，死亡過程乾淨俐落，也是一種合理互惠的安排。[4]

若套用在人類身上，我們永遠不會接受這種論證。假想有人提議讓一群人類出生，目的是剝削並在十二歲時殺害他們或摘取器官。這已經是恐怖電影或種族屠殺的情節，連道德推理都稱不上。如果沒有父母，兒童也不會出生，但父母完全無權剝削或侵犯孩子的權利。想出這種理由來合理化剝削農場動物，顯示我們有多不在乎動物，以及多數馴養的前提很大程度上都在否定馴化動物的道德尊嚴。

類似的迷思也扭曲了關於寵物的討論。許多人深愛並妥善照顧陪伴動物，但對無數的動物來說，故事卻沒有那麼快樂的結局。每年有上百萬隻貓狗在動物收容所遭殺害，這些動物可能走失、流浪，或遭棄養（根據一份受到廣為引用的統計數字，家庭飼養寵物的平均期間只有兩年）。[5]此外還有因為年齡、健康或性格被認定不適合領養的動物。[6]陪伴動物往往來自無良商人經營的人工繁殖場，牠們有時為了符合某種美學典型，而犧牲了基本健康與行動力。為了成為「更具吸引力」、「更合適」的人類夥伴，也可能經歷痛苦而非必要的流程（剪尾、聲帶切除、去爪），或使用暴力與強制的訓練方法，牠們對食物與庇護的基本需求往往付之闕如。即使與愛護牠們且善意的人類同住時，單純的無知往往導致人類忽略動物對運動與陪伴的需求。[7]而戰爭、饑荒，或洪水等災難降臨時，陪伴動物與其他馴化動物在人類忙著自保時，往往在極為惡劣的狀態被遺棄。[8]

三、馴化動物的廢止主義者／滅絕主義者取徑

動物權倡議者不遺餘力，揭露人類在過去與現在的一連串作為中，虐待馴化動物的惡行，這些作為戳破了人類主宰馴養物種無害論的迷思。然而問題還是沒有解決：我們應該怎麼面對這些不義？

粗略地說，動物權理論文獻提供兩種取徑，我們稱之為「廢止主義者／滅絕主義者」與「門檻」觀點。前者試圖廢止人類與馴化動物間的關係，而由於馴化動物很難自立生存，因此這等同於馴養物種的滅絕。以此觀之，我們應該照顧現有的馴化動物，但應該使用系統性的絕育措施，確保不會有更多的馴化動物出生。後者設想人類與馴化動物的關係持續，但須有各種改革與保障，以確保彼此利益並保障基本權益。我們將依序討論兩種觀點，並解釋為何我們覺得兩者皆有

不足之處，第五章才繼續闡釋我們自己的主張：以公民資格為基礎的替代方案。

根據廢止主義者／滅絕主義者的觀點，這段駭人的不義歷史只會導向一種結論：我們必須將人類從這段關係中移除：無論名義是擁有者、領主、管理員，或表面上的共同簽約者。人類的權力與控制無可避免地導致宰制與虐待馴化動物，馴養不可能不涉及虐待，因為馴養的概念本身就隱含了虐待。蓋瑞・范西恩說：

> 我們不應讓更多馴化非人類生在世上，這裡適用的不只是作為食物、受試者或衣著的動物，也包括我們的非人類同伴……。我們當然應該照顧現存的非人類，但我們應該停止造成更多新的非人類出世……。主張我們不道德地對待馴化非人類，但現在卻讓牠們繼續繁衍，這完全說不通。（Francione 2007: 1-5）

這種觀點主張尊重動物權就必須終結馴養，並根除現存的馴養物種，這是廢止主義者／滅絕主義者立場的特徵（Francione 2000, 2008; Dunayer 2004）。[9]底線是我們必須終止所有人類對馴化動物的使用與互動。揣想人類與馴化動物間可能的正義關係，就落入了與福利主義者改革同樣的錯誤。

這種立場的捍衛者提出不同的論證，包括馴養初始行為的不義、現有對待的惡質，以及對馴化動物依賴狀態的譴責，這在范西恩的主張中都可以看到：

> 無論進食飲水、休息睡眠、運動與否，馴化動物都依賴我們。不像人類的兒童，除非在例外狀況下，兒童會獨立而成為人類社會的一員。馴化動物既不屬於非人類世界，也不屬於我們的世界。牠們永遠處於脆弱的煉獄，與牠們相關的一切重要事物都依賴人類，人類養成馴化動物的順從與奴性，甚至還具有只為取悅我們、實際上對牠們有害的特徵。我們可能在某個層面上讓牠們幸福，但這種關係不可能「自然」或「正常」。無論我們如何善待牠們，牠們都不屬於人類的世界。（Francione 2007: 4）

注意這種立場將前面所提的馴養不同面向綁在一起：馴養的意圖、馴養的過程、依賴的事實，與對待馴化動物的實際狀況。無論我們善待現有動物（「在某個層面上讓牠們開心」）與否（即剝削或殺害牠們），都不會改變其處境的固有不義與「不自然」。這種固有不義汙染了我們與馴化動物擁有道德關係的所有可能性。范西恩此處的立場與環境主義者卡利可等相仿，後者著名地將馴化動物描繪為低賤而不自然的「活物」，人類養成其「溫順馴良與蠢笨依賴」

（Callicott 1980）。[10]同樣地，保羅・雪帕認為寵物是人類的創造物、「文明的隨身物品」、「遺跡與殘骸」，以及「邪惡科學家所創造的訂製怪物」（Shepard 1997: 150-1）。

在我們看來，廢止主義者／滅絕主義者呼籲終結與馴化動物的一切關係，是動物權運動的策略災難。畢竟許多人關注動物權的起點，正是透過他們與陪伴動物的關係打開視野，看見動物生命的豐富個體性，及不剝削動物的關係是可能的。一味堅持支持動物權必須譴責所有人獸關係，無異是在疏遠潛在支持者。同時也為動物權理論的敵方，包括獵人與繁殖業者，提供了政治上的簡便標靶，引用這些滅絕主義者的話，來證明動物權概念本身論述的**荒謬**。[11]

姑且先不論策略，我們相信廢止主義者的立場在智性上也無法自圓其說，它建立在一連串對於人類與動物間關係的謬誤與曲解上。某些廢止主義的版本建立在相當粗略地宣稱：由於讓馴養物種出現在世界上的不義歷史，因此我們必須終止這些物種的存在。如范西恩宣稱：「主張我們不道德地對待馴化非人類，但現在卻致力讓牠們繼續繁衍，這完全說不通。」（Francione 2007: 5）然而這顯然是個謬誤。設想從非洲被運到美洲的奴隸，正義當然要求廢止奴隸制度，但這**不**代表終止前奴隸及其後代的存在。將奴隸運往美洲當然不義，但補救措施不是要試圖消滅非裔美國人，或是將他們送回非洲。非洲人最初進入美國的過程不義，但就此歷史不義的補救措施不是讓時光倒流，回到美洲沒有非洲人的年代。試圖消滅或驅逐非裔美國人非但沒有彌補的效果，反而因否定他們在美國社群的成員資格，否定他們成家立業的權利，更加深了原初的不義。[12]

同樣也沒有理由假定，彌補馴養原初的不義是讓馴養物種滅絕。我們甚至認為，這種廢止主義者的提議加深了原初的不義，因為唯有進一步強化對馴化動物的限制（例如防止其繁衍），才可能達成目的。真正的補救措施反而是將牠們納入社群的成員與公民之中。

某些廢止主義者可能會基於兩個理由，回應這是錯誤類比：(1)對前奴隸及其後代來說，好生活是可能的；但由於馴化動物不自然或墮落的狀態，牠們不可能過好生活；(2)阻止前奴隸生育可能涉及不義的強制，但控制馴化動物的繁殖沒有相應的不義存在。

兩項宣稱都出現在稍早列出的引言中，卻很少深入地論證，我們認為這兩項宣稱無法成立，首先談生育控制的問題。在多數廢止主義者的文獻中，提及淘汰馴化動物時都非常含糊，甚至用詞委婉。如范西恩認為：「我們當然應該照顧現存的非人類，但我們應該停止促成更多新的非人類出世。」（Francione 2007: 2）同時觀察李．霍爾的宣言：「拒絕創造更多依賴性動物是動物權運動人士可以適用的最佳決定。」（Hall 2006: 108）以及約翰．布萊恩的觀點：「寵物應該要完全淘汰出局。」（Bryant 1990: 9-10）他們所用的修辭非常有趣：「停止造成更多新的非人類出世」、「拒絕創造」、「淘汰」。在這些描述所形塑的圖像中，彷彿人類在實驗室中「創造」出馴化動物，而只要任其自生自滅，牠們就不想或沒興趣繼續繁殖。

多數馴化動物的繁殖確實受到人類控制，也可能是高度侵入性且機械化的流程。人工授精是普遍的做法（某些品種的馴養火雞若無協助無法繁殖），強暴架（比較委婉的說法是交配架）也是。在其他案例中，繁殖受到人類的嚴密監控，但沒有機械化的輔助（例如飼育員根據想要的時機與方式將動物關在一起「允許」牠們交配）。

廢止主義者的立場暗示，如果人類停止「創造」馴化動物，牠們就不復存在，但這並非事實。要讓馴化動物「淘汰出局」不僅需要人類停止創造動物，更需要大規模增加（很可能無法承擔的）人力，強制絕育或監禁所有馴化動物。這意味著不只要限制還得完全預防馴化動物的生育，否定其交配與成家的任何機會。簡言之，這將牽涉到強制與監禁，且正是動物權理論家所言的馴養不正義，在此意義上加深而非彌補原初的不義。

在我們看來，這裡有侵害個體自由的嚴重問題，卻用諸如「拒絕創造」或「淘汰出局」等語彙輕輕帶過。廢止主義者藉由將此流程粉飾為人類而非動物的行動，逃避了侵害動物基本自由的重要問題。

這並不是說控制或限制馴化動物生育永遠是錯的。比如說，可能有正當的家長主義式理據，為了動物本身權益而限縮繁殖。為年邁母羊避孕以避免牠無法熬過產程，或延遲已可生育卻過於年幼的動物繁衍後代，以免危及健康。如同對兒童或智能障礙者採取的家長主義行為，此般限制必須符合比例原則，並使用最不具侵略性或限制性的可行作為來達成正當的目標，維護個體權益。我們將在第五章提出更複雜的基礎，辯護對馴化動物生育的家長主義限制，是互惠公民資格模型的一部分。因此，我們並不否認對馴化動物繁殖的正當限制是可能的。我們的擔憂是廢止主義者／滅絕主義者將支持大規模干預，卻未試圖證成此立場對於自由受限的個體影響。[13]

即使我們暫時不考慮「淘汰」物種所需的強制層級，將此擔憂存而不論，一項對廢止主義更深層的反對意見是：無法想像馴化動物能過好生活。它預設剝削會持續下去，馴化動物及其後代不可能過好生活。在我們看來，這項宣稱非常難以置信。我們都看過一些似乎過得不錯的陪伴動物；而以農場動物而言，任何曾經參訪農場庇護所的人都知道，即使是從集約農場救援出來的動物，還是可以與同類與許多其他物種，在人類照護下過著完滿幸福的生活。許多動物似乎可以在農場生活的跨物種社群中欣欣向榮，組成跨物種友誼，創造出一加一大於二的農場文化，對人類在內的各類個體提供存在的豐富形式。如果有機會實現這種沒有剝削的世界，難道不會比讓馴化動物絕種更令人心動嗎？[14]

那麼，廢止主義者在何種基礎上才能宣稱馴化動物不可能過好生活？我們前面提到，很少有人深入辯護這項宣稱，而現有的辯護似乎都建立在頗有問題的假設上，分別是自由／尊嚴與依賴的關係，以及聲稱人類與動物間互動的不自然。

依賴與尊嚴

儘管我們認同廢止主義者，主張人類馴化動物的錯誤，釐清其錯誤原因是很重要的。此前我們解析了馴養的不同面向：意圖、實際過程，與造成依賴的結果。我們同意廢止主義者，認為動物馴養的原初**意圖**（改變動物以達成人類目的）是錯的，這種錯誤正如同選拔育種人類亞種以服侍其他人類。此外，我們同意馴養的**過程**（監禁與強迫餵食）涉及侵犯基本自由權與身體完整性。任何基於正義基礎、重建與馴化動物關係的嘗試，都必須改變以人類控制馴化動物為特色的手段和目的。我們在第五章所描述的公民資格模型，正是要凸顯這些改變。

然而，廢止主義者更進一步，並主張隨之而來的依賴狀態也是根本的錯誤，無法改革或補救。由於經年累月地飼育，依賴現在成為這些動物本性的一部分。對許多廢止主義者來說，這種與生俱來的依賴讓馴化動物毫無完整性或尊嚴可言。讓我們回到稍早引用過的范西恩：

> 無論進食飲水、休息睡眠、運動與否，馴化動物都依賴我們。不像人類的兒童，除非在例外狀況下，兒童會獨立而成為人類社會的一員。馴化動物既不屬於非人類世界，也不屬於我們的世界。牠們永遠處於脆弱的煉獄，與牠們相關的一切重要事物都依賴人類，人類養成馴化動物的順從與奴性，甚至還具有只為取悅我們、實際上對牠們有害的特

> 徵。我們可能在某個層面上讓牠們幸福，但這種關係不可能「自然」或「正常」。無論我們如何善待牠們，牠們都不屬於我們的世界。（Francione 2007: 4）

我們在這裡看到了對馴化動物本性的判決：「不自然」、「什麼都依賴我們」、「順從與奴性」。可比為永遠長不大、無法正常生活的孩子，諸如此類。同樣地，霍爾也支持馴化動物絕跡，因為「提供牠們不完整的自主性，既不尊重牠們，也非其最佳利益」（Hall 2006: 108）。所謂馴化動物的不自然有兩個維度。就身心特徵而言，選拔育種導致**幼體化**（物種成年後仍保持幼體特徵，如可愛、低侵略性、玩心或其他特徵）。狗比較像幼狼而非成年狼（尺寸、頭型、學習與玩樂欲望、保有乞求與吠叫行為）；就其存活能力而言，馴化動物養成**依賴**，牠們「什麼重要的事情都依賴我們」，就像人類的兒童。只是以馴化動物而言，牠們永遠被困在「脆弱的煉獄」中。廢止主義者認為幼體化與依賴這兩項特徵讓馴化動物陷入永恆的不成熟，而這種狀態是沒有尊嚴的。

在我們看來，這樣理解馴化動物完全是種誤導，甚至有道德錯誤。不管是幼體化抑或依賴，都不會根本性地沒尊嚴或不自然。以這種基礎譴責馴化動物不但無法自圓其說，也可能對人類造成有害無益的後果。

首先來談依賴的問題。動物權理論家不加深究便持續使用獨立（或自主）或依賴的概念著實令人困惑。因為在此同時，更廣的哲學與政治理論逐漸注意這種二元對立中有許多謬誤與曲解。傳統上，人類的政治理論就像廢止主義者的動物權理論一樣，視獨立為自然狀態與人類生活的最高目標，幾十年來的女性主義批判證明這種觀點是男性偏見的產物，社會建構下的公私領域分野（Okin 1979; Kittay 1998; Mackenzie and Stoljar 2000）。愈來愈多人理解到，人類在生命的每個階段都是脆弱而依賴的存在。我們對於獨立與自足的感覺建立在脆弱的基礎上。當我們面臨天然或人為災難，當我們頓失所愛、生計或家園，當我們重傷或生病，或當我們必須對受扶養者負責，這樣的脆弱性顯而易見。依賴程度深淺很重要，有些人類（例如身心障礙者）終其一生都需要相當程度的依賴。但在人類的例子中，即使患有嚴重心智障礙者極度脆弱而依賴，我們也漸漸理解到，僅就其依賴與失能來看待他們是輕蔑無禮的。身心障礙運動倡議者持續說明這種觀點讓我們忽略了：不同的賦能條件讓個別身心障礙者得以展現顯著的能動性與獨立性。女性主義文獻與兒童權利作品中也有類似的論證（例如 Kittay 1998）。從這種比較豐富的觀點看，依賴與獨立並非二元對立。相反地，唯有承認我們無可避免地（相互）依賴，才能支持人們表達偏好、發展能力、做出選擇。

依賴未必等同於喪失尊嚴，重點在於我們**回應**依賴的方式。[15]如果我們鄙視依賴為一種弱點，那麼狗兒抓碗討飯或裝可愛要我們陪牠溜達時，我們就會看到逢迎與奉承。[16]然而，如果我們不認為依賴本質上沒有尊嚴，我們會看到狗兒是有能力的個體，知道自己想要什麼，並能試圖溝通以取得所需。換句話說，有行動、偏好與選擇的潛能。當我們把他者當成順服的依賴者，我們不用視其為特殊的個體，有其獨特的觀點、需求、欲望，與可以栽培的能力。然而，如果我們不僅僅著眼於依賴，我們可以學著理解與回應他的願望、要求，與貢獻。我們可以尋求為了開啟其潛能、重構社會最佳的實踐。

「自然與正常」關係中沒有依賴，這種想法非常詭異。馴化動物因為依賴人類供給食物、庇護，與陪伴而顯得非常脆弱，然而非馴化動物也可能脆弱無比，無論是對氣候狀況、食物來源，還是掠食者皆然。某些野生動物相對有行動能力、能適應環境，也比較社交，有廣泛的獨立能動性，取得食物、庇護，與陪伴需求，能趨吉避凶，甚至享受生活。某些野生動物則因有限的行動能力或區位特化而非常脆弱，使牠們極度仰賴單一食物來源或氣候現象。當網路當機、電力中斷，或「即時」食物快遞系統失靈時，我們人類也會意識到自身的極端依賴。儘管依賴變化多端，卻是所有生命無可逃避的事實，尊嚴與否與此事實無關。之所以沒有尊嚴，是因為我們的需求受到理應理解的人貶低、剝削或無視，是因為依賴的事實成為阻滯能動性機會的藉口。馴化動物除了基本權受到直接侵犯外，無疑遭受駭人的羞辱。然而，將沒有尊嚴等同於對人類的依賴狀態本身是個錯誤。羞辱來自我們對依賴的回應，一來當他者真正依賴我們時，我們卻沒有滿足其需求；二來我們未能理解，馴化動物是有能力發展出相當程度獨立能動性的個體。[17]

幼體化不自然嗎？

馴化與幼體化是一起出現的。當你選擇單一的幼體特徵，如侵略性低或「溫馴」，其他幼體特徵也會隨之而來，如鬆軟的耳朵、較扁的吻部、較高的玩興等。[18]隨著時間過去，馴化物種的成獸會展現出過去遠祖只會出現在幼獸身上的特徵。廢止主義者似乎認為這個過程不自然且有失尊嚴。真的是這樣嗎？

恰恰相反，幼體化是完全自然的演化形式。如果幼體特徵在某種特定環境中最適於生存，就會通過篩選。幼體特徵包括探索意願、學習能力，以及社交中弱化的物種疆界感。我們可以看到在多種環境條件下，這些特徵都非常適合維繫到成年。比如說，史蒂芬・布迪恩斯基主張，上一次冰河時期的氣候波動有利於能調適的動物而非區位專家，保留幼體特徵（探索新領域尋找食物的意願、學習適應變化情境的能力、跨越物種疆界合作的意願）讓某些物種在其他物種滅絕時得以存活（Budiansky 1999）。許多動物在這段氣候與環境動盪的時期，都經歷了「自我馴化」的過程。

事實上，布迪恩斯基與許多作者都主張，狗與其他馴化物種早在人類開始積極選拔育種其特徵前，便經歷了長期的自我馴化。另一個「自我馴化」的物種案例是倭黑猩猩。如果比較倭黑猩猩與黑猩猩，可以看到非常類似狗與狼之間的關係。倭黑猩猩是幼體化的黑猩猩，展現諸如縮小的頭骨（較小的牙齒、下顎與腦袋）等身體特徵，以及侵略性較低、玩興與學習心較重、社交合作意願較強、性趣較高等社會特徵。馴養犬類與狼之間也有非常類似於此的關係。

重點來了，史蒂芬·傑·古爾德、理查·藍根與其他作者都主張人類也曾自我馴化。將上面例子中的倭黑猩猩換成人類，你也可以看到人類展現了幼體化的黑猩猩特徵（包括大腦尺寸在過去三萬年中減少了十%，同時身體、頭部、下顎與牙齒也都縮小了）。[19]這項自我馴化的過程對人類的發展，以及我們得以在規模日益擴大的社會中生活與合作的能力至為關鍵。

檢視人類發展時，會看到趨於纖弱的演化形式：侵略性降低，玩樂、學習與適應力增強，社交連結與合作行為增加。我們視之為正向的發展。這些特性在人類身上有著正面評價，然而同樣的特性在馴化動物身上卻招致指控：牠們被養得駑鈍（較小的大腦尺寸）、幼稚、順服，與奴性。[20]顯然幼體化以人類來說不悖於尊嚴，但對馴化動物來說卻有失尊嚴。與依賴的案例相同，我們主張這種有失尊嚴的宣稱是觀看者的視角問題，而非馴化動物的固有天性問題。如布傑斯－傑克森所言：「如果要視貓狗為其野生環境中近親的山寨或幼體版本，那麼為了論證的一致性，

人類也應被視為其先祖或近親靈長類的山寨或幼體版本。」（Burgess-Jackson 1998: 178 n61）

對於馴化動物的監禁與強迫性／選拔育種，廢止主義者的譴責是正確的，尤其是目的性選擇傷害動物卻對人類有用的特徵。我們與廢止主義者的立場分道揚鑣之處，在於他們對依賴與幼體化本身的責難。馴化動物並不因這些演化面向而生來就比較低賤，也並不因此而沒有過好生活的機會，或沒有繁殖的權益。所以要補救過去持續至今對待馴化動物的不正義，絕非尋求其滅種，而是基於正義重構人獸之間的關係。

關係與共生的必然性

廢止主義者假設動物依賴人類是不自然的，這與他們另一個假設相關，即動物跟人類互動從一開始就是不自然的。在前面引用過的段落，范西恩暗示馴化動物「困在我們的世界」裡很不自然。同樣地，杜納耶將馴化等同於動物「強迫參與」人類社會（Dunayer 2004: 17）。這意味著動物如果沒有人類干預而任其自由，將會與人類分離，生活在自己的世界中。生活在人類社會對牠們來說是不自然的狀態，將導致誤入歧途的人類干預，並造成不自然的依賴。

此處同樣是來自對於關係的誤解。我們將在第七章深入討論，許多動物都會進入人類社會尋找機會，這是很自然的。適應性的伺機型動物如浣熊、綠頭鴨、老鼠、松鼠，與無數其他動物都在人類聚落中欣欣向榮，即使在人類驅趕的各種努力下，在都會環境中落地生根。[21]人類並非真空地封印在無菌環境裡，而是環境的一部分。被人類改造的地景與不受干擾的自然荒野，同樣都是生態系統。自然憎惡真空，隨著人類的聚落與活動模式改造環境，其他物種也無可避免地適應以填補可用的生態區位。因此無論是過去或未來，永遠有動物會適應有人類活動的生活，與我們共存共榮。或因我們的居住形式、廢棄物處理、農業慣習，或資源作為，受到機會的吸引而來。[22]

馴化的歷史暗示，今日貓狗與草食性家畜的祖先是當時的適應性伺機型動物。犬類與狼相似的祖先受到人類聚落中剩食、溫暖與庇護的吸引。農業進展與大規模的穀物儲藏吸引齧齒動物來到人類聚落，因此也吸引貓科與齧齒動物的其他掠食者。草食性動物（例如今日的鹿）因覓食機會以及因掠食者怕人所獲得的保護，而受到人類聚落吸引。早在人類進行積極馴化之前，人類與許多物種間便發展出共生關係。打從一開始，這些關係不但來自於人類的能動性與干預，甚至有更多比例來自於動物的能動性與適應。隨著時間過去，人類學會操弄飼育伺機性物種，以選出對人類有用的屬性，因此改變了動物的演化軌跡。然而，如果人類未曾知曉選拔育種，我們依然不會住在一個人類與其他動物有清楚區隔的世界中：不會只有人類棲居城市中，也不會只有野生動物棲居野外。我們會和無數適應性物種共享社群，狀況其實還是跟現在一樣。這代表我們無法單純地靠終結馴化，來逃避人類與動物間關係的倫理複雜性。動物是我們日常生活的一部分，不管我們有沒有「邀請」（或強迫）牠們進入「我們的世界」。「我們的世界」必然包括動物，而我們的工作是找出人類與動物間關係的適當形式。

北歐薩米人與馴鹿間的關係是一個有趣的例子。馴鹿屬於半馴化動物，牠們群聚遊牧，育種並非人為操弄。然而隨著時間過去，牠們適應了人類的存在，以及某些形式的飼養。人類管理鹿群，並宰殺鹿隻取得鹿肉、鹿皮、鹿角，有時也會擠奶。鹿隻並未被監禁，牠們想要的話可以逃離人類。

廢止主義者的框架無法彰顯甚至處理這類案例引起的重要議題。我們的重點並非（例如某些非動物權理論家所言）主張，只要動物「選擇」馴化（或在此例中半馴化），人類對動物的使用便是非剝削性的。[23]我們已經駁斥了這種觀點。[24]伺機性動物往人類社群聚集的事實，不代表我們有權剝削牠們（就像在人類的案例中，絕望的難民自願賣身為奴，不代表奴隸制度就是正當的）。[25]

我們的論點正好相反。即使當人類與動物間的關係來自共生而非「強迫參與」，就互動的公平條件而言，還是必須提出重要的道德質問。我們需要判斷，對於適應性動物或半馴化動物，哪些互動方式是可以被允許的，因為無論我們喜歡與否，牠們都會與人類互動，這種關係是無可避免的，且因為人類的優勢權力，有很高的風險會將關係轉為剝削。任何動物權理論的核心任務是找出非剝削性關係的條件。為了區辨寄生／剝削性關係以及互惠性關係，我們需要一個基礎。我們得了解人類使用動物可被接受的界線，對於習慣人類存在的動物，無論是否不請自來，我們也須了解人類的責任。只要找到非剝削性關係的原則，人類與馴化動物的關係，當然也有可能透過正義條件加以重構。由於廢止主義者的框架假定動物僅透過強迫參與加入人類社會，而忽略了這些議題，並太快略過重要的道德可能性。

簡言之，我們相信廢止主義者的取徑有多重謬誤：誤認依賴狀態根本上有失尊嚴、誤解人類與動物間關係是不自然的。一旦我們釐清這些迷思，就沒有理由假定：馴化動物受困在根本而無法改變的不義中，唯一的補救方式是讓牠們滅種。何況，此目標本身也只能藉強制與監禁，靠更進一步的不義來達成。

再次強調，我們完全沒有要否認或輕忽加諸馴化動物身上原初不義的力道。馴化包括數個層次上的道德錯誤：透過強迫監禁與育種侵害基本權；以有害動物健康與壽命的方式育種，或阻撓其重返野外的機會；更普遍來說，視馴化動物為達成人類目的的手段，而非尊重動物本身之目的。這些對馴化動物所造成的傷害，是人類壓迫動物的核心，在這點上我們完全認同廢止主義者的觀點。即使輿論似乎更在意獵小海豹或瀕危物種，其實馴化動物才真正承受了駭人聽聞的人類壓迫。

面對這場無止境的歷史悲劇，我們可以理解廢止主義者想要讓馴化動物完全消失的想法。對廢止主義者來說，補救措施是將時間倒轉回沒有馴化動物之前，以消除這些歷史錯誤。用范西恩的話來說：「主張我們不道德地對待馴化非人類，但現在卻致力讓牠們繼續繁衍，這完全說不通。」但這補救措施是錯誤的，甚至是乖張的，反而加深了原初的不義。此處參照十九世紀初美國終結奴隸制度的論辯會很有所助益。一開始嚴肅論辯廢止主義時，許多白人主張，某個程度上來說，正義需要讓時間倒轉。歐洲人捕獲黑人、將他們運往美洲並加以奴役時，後者便受到不義對待。為了導正這種錯誤，唯一的辦法便是將他們送回非洲，重置歷史的時鐘。但當然這既非唯一亦非正義的解決方式，它不過是企圖閃躲正義的進步要求。非裔美國人受強迫才被納入白人社會為奴，後成為二等公民。隨著時間過去，奴役的經驗改變了他們，無論是其文化、物理存在、認同感、抱負或人生選項皆然。當奴隸制度終結，正義之道並非將非裔美國人送回不再為他們而存在的歷史軌跡，而是要往前看，承認他們是完整而平等的公民。就馴化動物而言，我們面對類似的道德挑戰。

當然，這需要激進地改變我們對待馴化動物的方式，包括潛在的目的（為人類利益服務）、手段（強迫監禁與育種），以及普遍的對待形式（作為食物、實驗與勞力進行剝削與屠宰）。但我們將看到，這種改變是可能的。

四、門檻取徑

並非所有的動物權理論家都支持廢止主義者／滅絕主義者的立場。我們將某些人的辯護稱之為「門檻」取徑，他們主張人類與馴化動物間的關係有可能徹底改變，以符合正義的要求。門檻取徑無意讓馴化動物完全消失，而是在人類與馴化動物間尋求互惠互利的共生。從這種觀點來看，其目標是要定義某些門檻合理「使用」馴化動物，同時禁止「剝削」或「犧牲」牠們。比如說，史蒂夫．薩龐齊便主張解放馴化動物不會排除所有的動物使用：

> 目標是提供動物同樣的保護，避免牠們只為人類享受而一再犧牲權益。正如同我們的最佳利益通常不是躲起來隱居，而是在某方面利益他人。因此，動物的最佳利益也很可能是在某方面利益我們……。然而究竟哪些利益真的是互惠的，當然是很有爭議的事。（Sapontzis 1987: 102）

薩龐齊本人沒有進一步發展人類與馴化動物間互惠關係的理論，他將這個問題交給直到整體的剝削形式終結時，「比我們更好的世界」（Sapontzis 1987: 86）。這點在非廢止主義者的動物權理論文獻中相當常見：理論家承認需要某種互利互惠的關係理論，然後又說要留待未來討論。[26]

儘管如此，就人類與馴化動物間的關係具體說明管制原則，仍有過幾次重要嘗試。我們將在這一節中討論大衛・德格拉西亞、札奇・薩米爾與瑪莎・納斯邦的想法。以上諸位的主張都提供珍貴的洞見，也面臨嚴重的限制。我們特別要主張的是，他們曲解了正義社群的本質。在我們看來，馴化的結果讓現在的馴化動物完全可視為我們社會中的一員，而成員資格包括了居住權（這是牠們的家，牠們屬於這裡）、決定社群集體公益時須納入其權益的權利，以及與時俱進地形塑互動規則的權利。在人類的案例中，社會成員資格的事實濃縮在公民資格的理念中，我們主張這也是思考馴化動物的合適框架。我們將看到，現有動物權理論的主張中，使用動物的合適門檻並未肯認成員資格的重要性，因此最後仍將某些不義的形式正當化。

德格拉西亞與薩米爾論使用與剝削

門檻論假定我們可以區分（可容許的）「使用」與（不可容許的）「剝削」或壓迫馴化動

物。這種使用動物的想法，似乎根本性地用令人無法接受的工具性眼光看待動物，將其視為人類自身目的的手段。但這並不正確。包括家人、朋友、點頭之交，與陌生人，我們常態性地在容許範圍內使用其他人，以達成我們自己的目標。多數關係中都帶有工具性的面向，但只要不完全將他者的存在本身當成工具，就不會有太大的問題。這種使用是社會互惠性的一部分，只會在特定的情況下轉而成為剝削。在人類的脈絡中，我們不會因為剛好可以用而使用其他人，我們之所以將新人引入社群中，至少有部分原因是為了利用他們。比如說，家長在決定生養小孩時往往有多重動機。他們可能單純希望賦予生命給下一代，但生養小孩同時也遂行其目的：想當父母的欲望、需要陪伴的欲望、期待子嗣繼承家族傳統或企業、諸如此類。移民政策是另一個例子。國家偏好的移民，往往是特定年齡、擁有特定技能者，端視所在國的勞工需求而定。我們將個體引入社群中，期待在特定產業或社會整體中善用他們。正因為他者有使用上的利益，兒童與移民更易於受到剝削的危害。但解決之道並非終結生育或移民，或不再允許兒童與移民協助達成我們的目標。相反地，正義需要定義一組判準與保障，以確保使用是互惠的，確實為共享社群成員間社會生活公平交換的一部分，而非強者對弱者的單方面剝削。

原則上沒有理由主張，類似的區辨不能用在馴化動物的案例中，讓我們區別可容許的動物使用與不能容許的剝削。馴化動物或許可用於陪伴、特定形式的勞動（例如保護綿羊）、生產特定產品（例如糞便），同時排除實質危害動物自由與福祉的剝削（如：過長工時、危險環境、缺乏選擇）。

但在馴化動物的案例中，我們應該如何劃下界線呢？前面提過，在人類的例子裡，這個問題可藉由成員資格的理想來回答：「使用」是共享社群成員間社會生活的公平交換，「剝削」則是預設（或導致）對方降級為奴隸或低階成員的次等公民對待。因此，避免剝削需要一組判準與保障，旨在肯認成員資格與公民資格的理念，並確保使用局限於成員間彼此社會生活的公平交換。然而，這並非現有馴化動物權門檻論所使用的框架。德格拉西亞（1996）與薩米爾（2007）等理論家提出判準與保障相對地弱許多，我們相信這些判準會複製從屬與剝削的關係。

德格拉西亞與薩米爾都接受人類因馴化導致的後果對動物負有特殊義務，禁止剝削動物。然而，在他們各自對剝削的定義中，均未參照共享社群成員資格的公平交換理想，而是運用以下兩個判準：(1)某種確保動物生命值得存在且滿足其最基本需求的「福祉底限」；與(2)某種與事實相反的假設條件，設若沒有人類行動的事態。也就是說，動物的處境沒有比牠們在缺乏人類照護與控制的情況下來得更糟。

我們認為第二個判準值得探究與憂心。[27]兩位理論家以不同方式定義與事實相反的條件。對德格拉西亞來說，此判準涉及與野生狀態下的比較。如果動物棲息在野外會過得比較好，那麼我們拿來當寵物或養在農場或動物園裡，便是在傷害牠。但只要我們的對待沒有讓動物過得比在野外更糟，那麼使用動物就是可容許的。[28]德格拉西亞自己也承認，至少對馴化動物來說，這是一個非常弱的要求。這個判準或許設下很強的推定，反對把野生動物捕捉到動物園展示，因為這些動物的處境在野地中幾乎永遠比較好。然而，以馴化動物而言，許多在野外都無法生存，更不用說繁盛了，畢竟牠們經過幾世紀的育種後愈來愈依賴人類。即使完全將狗當馱獸使用（甚至耗損），讓牠從事苦力，沒有玩樂或陪伴的機會。相較於讓牠流落街頭自生自滅，牠可能仍會在前面的狀況下活得比較久。[29]

對薩米爾來說，相關的參照點是馴化動物消失不存在。以馴化動物而言，其存在本身仰賴人類的涉入，因此薩米爾的提問為：為了供人類使用，動物本身是否有利益存在？他主張，只要人類使用形式不會讓動物受苦或受傷害的程度，導致其生命不值得存在，一般來說動物均可從其生存機會中獲益。[30]就薩米爾看來，許多馴化動物的使用方式都可以通過這項門檻。如無殺戮牛奶與蛋牧、飼養寵物，以及使用狗或馬的動物輔助治療。他承認這些活動或許會傷害動物，但程度不足以讓其生命本質上劣化。如果這些傷害是人類願意將動物帶到世界上的「合理」先決條件，就可以被證成。比如說，除非有足夠多數量產生蛋品營運的經濟規模，人類不會養家禽雞隻。這可能意味著殘忍的去喙是必要之惡，但作為雞隻得以存在的交換條件是值得的。除非將犢牛從母牛身邊移開，牠們會喝掉大部分的牛奶，這可能讓酪農營運陷入困難。薩米爾認為，如果我們相信將犢牛從母牛身邊移開，比較偏向暫時的痛苦而非永久的創傷，那麼骨肉分離對母牛可能是可以接受的，因為牠們得以生存。換句話說，他允許各種權利侵害（骨肉分離、非合意手術、強迫性訓練），以交換生存的機會。薩米爾排除了極端的侵犯（如：殺害動物，或讓牠們持續受苦），但容許較不嚴重的侵害，因為若與不存在的假設條件相比，（號稱）符合動物整體利益。

在與事實相反的假設條件上，德格拉西亞和薩米爾的版本有重大差異。然而，應該立刻很清楚可以看到，兩者強度都非常弱；且用在人類案例中，兩者和我們對於使用與剝削間區別的想法都有很大的差距。且讓我們試著類比。前面提過，我們將新成員引入社會，往往有部分是因為期待他們可為我們所用。然而，當孩子出生，或移民取得永居權，他們也成為社會的共同成員。利用他們必須受到公民資格的管制規範。我們不容許家長侵害其子女的權利，家長也不能主張如果不能這樣做，一開始就不會生下子女。想像某人移除孩子的聲帶，並主張如果早知道要忍受孩子哭泣或尖叫，一開始就不會想當父母。而且即使沒了聲帶，孩子的生命還是很有價值。在人類的案例中，我們無法接受孩子存在的價值可以合理化這種傷害。

想像一對有兩個親生子女的伴侶，從中途之家領養第三個孩子卻加以忽視。這對伴侶照顧了領養兒的基本需求，讓他不至於生不如死，也比他在中途之家的待遇更好。然而，如果談到音樂課、運動，或大學教育，家長僅資助親生子女，還將領養兒充當家僕。假設某富國執行積極的移民計畫從窮國引進勞工，主要讓他們從事本國人不願意做的工作，並允許勞工永久居留。富國確保移民薪資足以應付基本需求，但就加班與休假政策、勞工保險、職場訓練機會、退休金等，均不賦予法律保障與管道。勞工的處境比回到原生窮國好，也符合了基本需求。然而，他們是次等公民，無論他們在此住了多久、有多少貢獻，均無權享有宗主社會的財富與機會。在兩個案例中，我們理應譴責領養兒或移民所受的遭遇，認為這是不義的。

正如這些例子所示，我們對家庭或更大社群的正義感，遠遠不只需要滿足德格拉西亞或薩米爾的門檻，而是受到成員資格概念的支配。無論條件是個體的不存在，還是驅逐或返回某種離開社群的先前狀態，正義不能用與事實相反的假設條件加以衡量；正義須藉由社群的平等主義觀點加以衡量。當我們（透過生育或移民）將新人引入社群時，必須容許他們成為完整成員，而不能讓他們淪為永久的次等公民。那麼為什麼對於我們引入社群的動物，標準會有所不同？有什麼理據可以證成這種差別待遇，讓人類成為一等公民（納入平等主義概念），而動物成為次等公民（享有較弱的基本需求門檻以及兩項與事實相反的假設條件）？這種取徑不但沒有為動物被剝削發聲，反而將其從屬地位正當化與體制化。

在我們看來，這兩種與事實相反的假設條件，都忽略了人類將馴化動物引進混雜社會的既成事實。任何可信的馴化動物權利主張，都必須以此為起點。牠們在這裡與人類共處已久，是漫長互動與相依下的歷史產物。德格拉西亞與薩米爾所言，彷彿人類可以輕易離開馴化動物，而如果我們決定繼續與牠們互動，唯一的義務便是不要讓牠們的處境比人類真的離開時更糟。這個觀點非常怪異，忽略了整體來說，人類社會因幾世紀以來的捕捉與育種，對馴化動物負有特殊義務的事實。人類世代以來的行為，排除了許多馴化動物回到野外生活的可能性。我們無法藉由個人選擇不養寵物或家禽，來逃避這項責任。這是源自人類對馴化動物所累積的影響，而產生的集體責任。[31]

同樣地，對比人類移民也很有啟發性。當新成員進入社群時，往往有特定個人有特殊責任應協助他們（例如贊助的家庭成員或教會團體）。然而，社會中的成員也對新成員有集體責任，協助他們融入並順利成為社會中的一員。這項集體責任，往往透過政府的語言訓練、公民教育、定居協助、職業訓練等計畫加以履行。同樣地，對兒童的責任亦從公私兩端分頭進行，包括父母對其子女的責任，以及社會透過教育、醫療等服務的提供，栽培其社會化與發展的責任。德格拉西亞與薩米爾忽略了這個社會－政治面向，馴化動物是我們共享社群的一份子，這個混合的社群已經存在多時，產生了集體與跨世代的義務。因此，我們不僅有身為個體的義務，不讓他者因我們的個人行動過得更差；也有因為馴化過程而產生的集體責任，訂立公平的成員資格條件。

現有門檻觀點的這些問題，也許可以解釋為何許多動物權理論家支持廢除主義者／滅絕主義者的取徑。由於馴化受到人類目的驅使，又有龐大的誘因剝削動物，門檻觀點隨時都可能成為持續剝削的託詞，而對傷害的評估則會受到人類利益所蒙蔽（比如薩米爾推斷犢牛與母牛分離只會造成暫時的痛苦，或「御」馬不是嚴重的傷害）。各式門檻的提出，很可能僅是另一個版本的福利主義改革。我們前面已經看到，這無助於解決動物剝削。無論是為了減少「不必要受苦」的福利主義改革，還是為了減少「剝削」的門檻主張，都不能有效阻絕人類對馴化動物的宰制。唯有完全廢除／滅絕馴化動物，才能終結不義。

我們非常認真看待這項異議。然而，我們也看到，廢除主義者的取徑本身，仍是在拋棄人類對馴化動物的責任，甚至可能加深原初的不義。在我們看來，門檻或廢除主義者的主張都不足以正視人類對馴化動物持續的責任，兩者分別提供了人類不同方式逃避。我們在第五章所發展的公民資格模型提供了根本上不同的取徑。

五、納斯邦與物種常規原則

在詳細闡述我們自己的公民資格模型之前，我們想簡短地考量另一種取徑，由瑪莎・納斯邦在《正義的界限》（Nussbaum 2006）一書所開展。納斯邦與薩米爾或德格拉西亞的差異在於，她試圖在動物與人類身上應用相同的普遍框架：我們對兩者的義務均為讓個體盡可能地實踐其「能力」。我們對動物的義務，並不受限於某些人為設定、與事實相反的假設，比如「不存在」或是「生活在野外」。和對待人類一樣，我們有持續的義務透過能力的賦予讓物種繁盛。

從這個非常抽象的層次來看，我們相當認同納斯邦的「能力取徑」。[32]然而，我們相信她的取徑和德格拉西亞或薩米爾一樣，忽略了人類與馴化動物早已共組混合型的社會，因此沒有意識到這個共享社會政治脈絡對動物正義造成的影響。簡言之，問題在於納斯邦將正義的能力理論與她所謂的「物種常規」結合。根據納斯邦的說法，個體會以典型於其物種成員的方式茁壯。因此正義要求我們讓個體（盡其所能地）達到根據其物種常規成員的樣態所定義的能力。她取徑的提問不是：個體需要什麼才能茁壯；而是此（物）種個體通常需要什麼才能茁壯。

納斯邦運用物種常規的理念來確保：即使對於不具備物種「正常」能力的那些個體（比如說有嚴重身心障礙的人類），社會政策的目標應是確保他們盡可能地達成根據物種所定義的能力。為了能過美滿人生，人類需要學習語言並在人類社會中交際，才能享受與其他人類的接觸與關係，人類個體是否能達成這些能力關乎正義。而對那些嚴重心理失能者而言，達到完全的能力恐怕有困難，但投入必要的時間資源協助他們盡可能地達到這項能力，提供他們盡可能「正常」的生活，則是我們對正義的義務。「我們應該牢記，任何生在特定物種的孩子，無論是否具備相關於該物種的『基本能力』，都有相關於該物種的尊嚴。因此，無論是透過個體本身努力或監護，都應享有所有相關於該物種的能力。」（Nussbaum 2006: 347）應用在動物身上，這代表動物正義要求能夠近用其特定物種成員的典型能力：

> 簡言之，（經過適當評估的）物種常規能告訴我們，判斷某生物是否有良好機會過美好生活的適切標竿為何。這同樣也適用於非人類動物：在各案例中，需要的是物種專屬的核心能力說明……。接著是即使有特殊障礙阻撓，也盡力培養該物種成員達成規範的承諾。（Nussbaum 2006: 365）

對納斯邦來說，物種成員資格不僅設下了正義的底限，也設下正義的上限。比如說，她認為：「對黑猩猩而言，語言使用不過是錦上添花，由人類科學家所建構的能力。牠們本身在其社群繁盛的獨特模式無須仰賴這種能力。」（Nussbaum 2006: 364）黑猩猩手語（或電腦輔助語言）是錦上添花，因為正常的黑猩猩不比手語，或共享人類語言。相反地，正常的狗行動自如，如果你的陪伴犬受傷了，納斯邦主張如果可以讓狗回復正常的行動力，那麼就須提供義肢。在受傷或失能情況下，一如在比較一般的情況下，對於特定干預是否合宜，物種常規是適切的引導。

我們認為，這個對物種常規的執念，在人類與動物分隔的世界可能還說得通：黑猩猩可以根據其物種常規「在牠們自己的社群中」繁盛。但馴化動物的挑戰正是在於：我們社會中包含動物與人類是既成事實，必須想辦法在正義的條件下共存共榮。這意味著能力理論需要建立在為人類與馴化動物賦能，讓兩者在混合的社群中繁盛，而非讓物種各自「在牠們自己的社群中」繁盛。

對於棲息在野外的黑猩猩來說，將繁盛的概念連結到物種常規，可能是種合理的標準。物種成員資格是有用的簡便分類，對任何特定個體的可能需求與能力，做出粗略且可用的評估。但就馴化動物而言，物種常規的概念無法完整呈現我們對其所負之積極義務。牠們確實是某物種的成員，但牠們同時也是跨物種社群中的成員。任何特定動物的有用能力，均會受到此脈絡的深遠影響。狼或野狗主要可能須與其他狼隻或野狗溝通，但陪伴犬需要與人類和其他同住的物種溝通，並在人類與動物混合的社會中運作。對於在鄉村農場避難所的狗或驢子而言，有用能力可能是與其他多種動物（或物種）相處、了解農場機具的危險，或學習有用的技能，如保護綿羊或驅趕烏鴉遠離玉米飼料槽；對城市的狗來說，學習搭乘地下鐵、開啟可進入的門鎖裝置，或學習在哪裡如廁的細節，可能都是有用的能力。換言之，是否能好好生活的能力，不僅受到物種成員資格所定義，也同樣受到社會脈絡所定義。我們讓馴化動物成為人類社會的一員，我們有義務確保牠們可以在跨物種脈絡中好好生活，這將涉及無關於其野外近親的能力。[33]

此外，這種需要跨物種能力的主張是雙向的。我們對於**人類**繁盛的概念必須考量到以下事實：人類住在混合社群，且與其他物種正義地互動既是責任，也是機會。我們對人類繁盛的概念，不應假定自己最重要的關係對象必然是其他人類，而非其他物種的個體，對許多人類來說這顯非事實，沒有理由將此視為他們無法達成物種常規，而非僅是一種個人傾向或選擇。

以納斯邦對侄子亞瑟的討論為例。亞瑟有亞斯柏格與妥瑞症的多種症狀，他的智力相當驚人，但就與人類的社會關係而言，卻面臨巨大的挑戰。納斯邦說：

> 如果有意願，亞瑟身而為人確實可以過得很好。然而這項事實意味著，他必須付出特殊努力發展其社會能力。如果沒有的話，他顯然無法締結友誼、更廣的社會關係，或有用的政治關係。這樣的匱乏對亞瑟將有所影響，因為人類社群就是他的社群。他無法選擇前往尋找宇宙某處的某個智慧外星人社群，僅須最少的社交能力（諸如史巴克先生）。人類對他有所期待，因此即使設計此類教育非常昂貴，教育仍應戮力滋養這些能力。物種常規的重要之處，在於定義了脈絡、政治與社會社群，決定人們在其中是否可以與盛。（Nussbaum 2006: 364-365）

儘管此立場有助於為身心障礙者建立一套強而有力的權利基準，它還是過於死板，並可能因無視個體能力與權益而顯得殘酷。與其成效不彰地耗費無數時間，試圖學習人類社會互動的繁文褥節，在嚴重自閉傾向光譜一端者，或許在與狗、馬或雞群的互動，更能直覺溝通且獲得回饋，從中得到更大的幸福與滿足感。根據物種常規，而非個體實際的能力與偏好為他們設下標竿，可能只會讓他們充滿挫折與失敗。他們獨特的個體性可能包括在動物陪伴下更能實現的能力與傾向，若然，比起納入更完整物種的社群概念，遵循死板的物種常規反而會阻礙他們的繁盛。

我們無法為亞瑟的情況代言，但患有嚴重（人類）社交障礙者，若在所謂正常人類接觸程度之外有替代方案，可能可以過得很好。或許透過與電腦、了解並接納其狀況的聰明人，或是其他與他同受人類社交障礙者互動，可以讓像亞瑟這種人找到智性上的挑戰與滿足；由於狗、豬或其他動物的社交期待較為有限，但愛與依附的能力卻很充沛，亞瑟的某些情感需求可以透過與牠們的友誼來加以滿足。為什麼這不能是有效的人類個體繁盛概念？為什麼物種要迴避諸如社群、社交性、友誼，與愛的概念？[34]在歷史長河中，無數人類選擇了動物而非人類陪伴，正如同今日許多人類偏好與動物而非人類伴侶、小孩或室友同住。將這些偏好斥為病態且偏離「人類常規」，無異畫地自限，排除跨物種社交的潛在收穫。對（人類）孩童的研究凸顯了他們自然地視自己與動物同享社會，需要經過社會化，才會清楚區隔人類與其他動物，並劃下純人類社會的疆界

（Pallotta 2008），我們沒有理由以這種方式劃下社會的疆界。[35]

納斯邦對物種常規的著重，同時忽視了跨物種的連結與物種內的多元性。以黑猩猩嬰兒來說，如果在野外失怙且受傷而被人類領養，由於其傷勢與社會化，不可能回到野外成為野生黑猩猩。此時合宜的繁盛概念並非根據物種而來的能力清單，而是為這隻特定黑猩猩量身訂做的能力清單，因為牠將在人類社會中度過牠大部分的生活。對牠而言，學習基本的人類語言（與各種其他的人類文化面向）並不能說是錦上添花，而是繁盛的必要條件：也就是能在牠身處的環境中成長茁壯。我們不只是某物種的一員，我們也是社會中的一員，兩種資格未必會重疊。正義理論需要將我們的社會脈絡納入考量，不能只是考慮物種成員資格。

同樣地，常規的差異未必只在於「失能」，失能的合宜補救措施是試圖複製常規，個體差異也可以導向完全不同或甚至更優越的能力。為什麼正義不該滿足這些獨特的能力，非得將個體塞進物種常規中？這已成為身心障礙研究領域中對納斯邦取徑的常見批判。如席維斯與法蘭西斯所言：「就納斯邦的能力取徑而言，正義地對待身心障礙者，似乎意味著容許、鼓勵，或要求非身心障礙者盡力改善前者，無論他們能不能，或想不想被改善。」（Silvers and Francis 2005: 55；參較 Arneil 2009）

無論是對人類還是動物，正義均要求繁盛概念敏於跨物種社群成員資格與物種內個體差異。

繁盛亦應隨跨物種社群新形態的產生與時俱進，開啟新的動物與人類繁盛形式的可能性。我們會在第五章論證，這正是公民資格模型提出的主張。

六、結論：現有動物權理論取徑的限制

我們前面所略加描述的廢止主義者、門檻論，與物種常規取徑，在許多方面上都迥然不同。廢止主義者尋求馴化動物的終結，門檻論與物種常規取徑則接受人類與動物的接觸無可避免，有時甚至是可欲的。然而，在另一個層次上，它們同享某些重要假設。三者均認為馴化動物的地位某種程度上偏離了其真實或自然的野生社群，並以此為預設立場，思考人類的道德義務。這也與另一個廢止主義者與門檻取徑的假設有關，他們認為馴化動物是人類行動與決策下的產物，不可能是行動者。兩個理論皆假設在人類與動物社群中，人類將無可避免地「做出所有選擇」（Zamir 2007: 100），因此提出一張可接受（而非剝削性）的行為清單，而沒有尋求了解個別動物本身的偏好。

在我們看來，人類需要一個全新的出發點。人類和馴化動物已經組成了一個共享社群，我們已經將馴化動物帶進了我們的社會，我們必須賦予牠們成員資格。現在這裡是牠們的家，牠們屬

於此處，牠們的權益必須納入我們對社群共善的考量。我們得從這個前提出發，因而需要讓動物能形塑我們共享社會的演進，共同決定牠們（與我們）的生活該怎麼過。我們需要照應動物本身想要與人類（以及其他動物）維持什麼樣的關係，這可能會隨著時間而發展，並隨著個體而有所差異。結果雖難以預料，但幾乎可以確定的是，這會跟野生動物的生活，或是物種常規所蘊含的靜態概念有所不同。簡言之，我們必須承認馴化動物是社群的共同公民。

第五章　馴化動物公民

我們在本章的目標是更詳盡地闡釋馴化動物的公民資格模型。先前提到，我們的取徑基於兩個主要的理念：

1. 人類必須視馴化動物為社群的一員。因為我們將牠們帶進社會，（至少在可預見的未來）剝奪了牠們其他可能的存在形式，人類有義務以公平的條款將牠們納入政治與社會安排中。因此，牠們享有**成員資格**的權利，即超越普世動物權的權利，其性質是關係性且差異化的；
2. 思考這些關係性成員資格權的合宜概念架構是**公民資格**，其中有至少三項核心要素：居住權（這是牠們的家，牠們屬於這裡）、納入主權人民（決定公益時應納入其權益），與能動性（牠們應能形塑合作規則）。

在這兩個層面上，我們都將馴化動物比擬為先前的奴隸、強迫契約勞工，或一開始以低等階級身分被帶進社群中的外國移民，這些人都有權要求被納入政治社群的「我們」之中。當我們將新進者永久帶進社會時，我們必須在普世人權之外，以公民資格的形式，賦予他們及其後代成員資格。我們的目標是將此原則延伸適用於馴化動物。

某種程度來說，這兩個理念是可以分開討論的。有些人可以接受馴化動物享有成員資格權，卻不認為公民資格是將這些成員資格權概念化的適當架構。有人可能主張，儘管馴化動物與人類的關係有道德上的重要性，因此產生關係性成員資格權，但不可能是共同公民的關係。我們在前面的確看到，就馴化動物而言，目前的動物權理論家出乎意料地不願提起公民資格的理念，可能是因為公民資格似乎需要預設一套許多動物缺乏的能力。一般認為，公民資格需要能對本身利益進行反思，並在民主程序中闡述該利益；此外還有正義感，以及遵守公平合作條款的能力，況且條款本身還須經過理性協調與共識支持。這麼看來，由於動物缺乏上述能力，其成員資格不可能以公民資格形式產生，但或許可以構思為監護權。兩者的差異在於就社群的律法與制度而言，公民是主動的共同協作者；而被監護人則是保護弱小義務下的被動接受者。[1]

我們將在本章主張公民資格模型的合宜性。但值得一提的是無論監護權或公民資格均蘊含關係性權利的理念，因此超越了許多既有的動物權理論。我們在本書一開始說，我們的目標是展現：在傳統動物權理論所辯護的普世權之外，人類與動物間的關係會產生重要的道德差異，因此補充差異化的動物權理論有其必要性。欲闡釋關係中獨特的道德重要性，監護權也是其中一種可能架構，有其權利與義務，超越對所有具情識動物的普世權尊重。

事實上，監護權與公民資格至少在某些議題上可能產生類似結論。比如說，兩者可能都會要求我們對馴化動物提供不同形式的照護義務（諸如醫療干預），但我們對野生動物或城際野生動物就沒有這種責任。然而，我們強力支持選用公民資格模型。我們相信之所以不願視馴化動物為共同公民，根本上乃是基於兩個有害的誤解。首先，我們不願承認馴化動物在混雜人類與動物的環境中，可以具備能動性、合作與參與的能力。生物學家早已指出，人類正是因為這些能力才選擇馴化特定動物物種。監護權模型忽略了這些能力，並認為馴化動物完全被動而依賴人類。其次，與第一點相關，我們不願接受人類與馴化動物已經組成一個混合社群，屬於其中每一位成員。監護權模型或隱或顯地視馴化動物為多出來的東西，位於（無論事實或比喻上的）人類社會邊緣。關於較大社群的治理方式與公共空間，牠們無權做出要求。此模型視馴化動物為受保護的外人或賓客，牠們並不真的屬於此處，但我們有義務人道地對待牠們。[2]

我們本章的目標是要顯示，無論就經驗事實或是道德律令，公民資格模型都比較能夠符合人類與馴化動物之間的關係。為此，我們先從探索公民資格所需的能力開始討論，援引身心障礙理論的近期研究成果，我們要證明即使個體認知能力程度各有不同，仍可將他們視為公民對待，並運用許多方式行使公民資格。我們沒有理由認為馴化動物無法納入這種比較廣義的公民資格理念中（第一至第三節）。接著我們將探究此公民資格模式在特定議題上的意義，包括馴化動物的社會化與訓練、移動權利、醫療照顧與傷害預防，以及生殖（第四節）。我們在所有的案例中均主張，相較於第四章討論過的廢止主義／滅絕主義或門檻論，公民資格模式都提供了更可行的解方。

一、重新思考公民資格

動物可以成為公民嗎？我們已經在第三章討論過，公民資格不僅涉及權利與資格清單列表，更是要持續擔任社群的共同創造者，集體參與形塑社會及其文化與制度。公民資格因此是一個積極的角色，個體在其中提供自身貢獻，而非僅是被動接受利益。這種積極角色顯然需要特定能力，我們需要詳細清楚地加以說明。

如果我們檢視關於人類公民資格的常見說法，往往需要至少三種基本能力，或羅爾斯所稱的「道德能力」[3]：

1. 擁有主觀的善並加以溝通的能力；
2. 遵循社會規範／合作的能力；
3. 共同參與制定律法的能力。

我們並不質疑這個基本清單。我們所質疑的是，一般對於這三種能力的詮釋方式。多數政治哲學文獻均以高度智性主義或理性主義的方式來詮釋這些能力。比如說，一般認為擁有主觀的善的能力要求個體反思性支持善概念。擁有善是不夠的，你需要有反思性的善。同樣地，遵循社會規範的能力被理解為需要個體理性地了解規範的理由，並根據這些理由遵循規範。至於共同參與制定律法的能力，則是被理解為要求個體能夠參與「公共理性」或其他形式的「溝通理性」，因此要能闡述自己的理由來辯護某些律法，並理解及評估其他人的理由。在社會生活中合作還不夠，你得要能夠反思並審議合作的條件。

如果用這種高度認知主義的方式來詮釋，動物似乎的確沒有能力成為公民。然而，為數眾多的人類也會被排除：兒童、心智障礙者、失智症患者，與那些因病或受傷而暫時失能者。[4]因此，認知主義對公民資格的限制逐漸受到挑戰與揚棄，其中大部分來自障礙者權利運動的法律與政治抗爭，他們明確地要求公民資格，而非僅是人道主義式的保護。[5]用麥可．普林斯的話來說，在障礙者權利運動中「為『完整的公民資格』奮鬥，是政治行動的典範模式，運動人士採納公民資格作為核心組織原則與標竿」（Prince 2009: 3, 7）。

心智障礙者從兩個層面上來挑戰認知主義式的公民資格概念，兩者均相當值得動物權借鏡。首先，障礙權利運動堅守心智障礙者實際擁有的能力（如：擁有主觀的善的能力、加以溝通的能力、參與及共同創造公共生活的能力，以及形成信任與合作關係的能力），以及這些能力與「健全者」能力之間的連續性。其次，運動對於這些能力如何能維持公民資格的認可與行使進行重構（例如，在適當的狀況下，心智障礙者如何運用其公民資格）。

在這些公民資格能力的新主張下，其核心為以信任為基礎的「依賴者能動性」。這種觀點認為即使患有嚴重的認知障礙，還是可以有能動性，只是這種能動性的行使，乃是透過與個體信任的特定他者之關係達成，而該特定他者則具備必要知識與技能認可並協助能動性的表達。只要支持性的信任關係存在，心智障礙者便有公民資格所需之能力，包括：(1)透過各種行為與溝通形式的揭露，表達主觀的善的能力；(2)透過信任關係演進而遵循社會規範的能力；(3)參與形塑互動條件的能力。

我們將在下面詳加闡釋這些理念，因為我們認為這可以應用在馴化動物上。馴化過程中有一個重點，正是馴化恰好預設並強化了此類依賴者能動性的能力。馴化所適用的動物，要能社交、能溝通，且能習慣並信任人類。隨著時間過去，馴化更強化了這些能力（Clutton-Brock 1987: 15）。[6]因此，馴化動物與人類所建立的關係，能夠讓牠們表達主觀的善、合作與參與。簡言之，牠們能夠成為公民。

並非所有動物都與人類有這種關係，可以發展依賴者能動性及隨之而來的公民資格。在接下來兩章中，我們主張這種關係實際上不存在於非馴化動物中，無論是住在野外或在城市鎮郊皆然，也不應存在。對這些動物而言，在共享政治社群中賦予其公民資格窒礙難行，我們得找出別的方式承認其權利與利益。但對馴化動物而言，公民資格既是可能的，我們更主張這是一種道德要求。

二、晚近公民資格的障礙權理論

在更詳細審視馴化動物案例之前，我們將簡短探究障礙權理論的重要新文獻，討論重度智能障礙者的公民資格，因為這強烈地形塑了我們本身的理念。我們前面提到，這些文獻對傳統公民資格理論提出兩項重大挑戰，呼籲我們肯認重度智能障礙者與生俱來的能力，也呼籲我們認可這些能力能夠維繫公民資格的實踐。

首先是擁有主觀的善並加以溝通的能力。理論家強調，即使重度智能障礙者缺乏「就其自身權益形成判斷所需更具體的能力」（Vorhaus 2005），且無法在無旁人協助下闡述其主觀的善（Francis and Silvers 2007），他們仍有人生計畫與偏好。為了傳達這種善，發展出各種「依賴者能動性」的模式。比如說，艾娃．費得．奇塔強調照護者透過親密的認識與細心的觀護，貫徹其澄澈的角色，以傳達重度智能障礙者的偏好（Kittay 2005b）。這可能包括肢體語言的詮釋，表情、手勢，與聲音的細微之處。正如法蘭西斯與席維斯所言：「合作者的角色是注意這些表現，彙整為持續的偏好主張，以構成善的個人化想法，並思考如何在現有情境下實現這項益品。」（Francis and Silvers 2007: 325）

約翰．沃豪（2007）以重度智能障礙孩童凱莉為例，她無法回答一天要怎麼過這種問題。但如果給她看代表不同選項的圖片，她可以用手勢指出偏好。[7]傳統理論假設，重度智能障礙者的主觀的善不是不存在，就是無法得知，因此無法作為公民資格的基礎；障礙權理論卻主張，這種漠視出自於過度依賴語言表達模式（Clifford 2009），還有就我們如何理解主觀的善而言，過度個人主義式（且內在論）的概念（Francis and Silvers 2007）。若正確的賦能條件到位，重度智能障礙者的主觀的善也得以順利表達，並有助於我們形塑正義的概念。[8]

公民資格不只是關於闡釋或促進某人本身的善，還牽涉到同意並遵循公平合作條件的能力。

傳統的正義理論往往提出社會契約協商的理念，作為想像我們達成正義原則協議的方式。我們首先就適當的合作條款進行理性論辯，而後集體支持眾所偏好的正義原則，並（基於正確的理由）遵循這些原則。這個模式顯然不適用於重度智能障礙者，但如席維斯與法蘭西斯所言，除了「協商」模式，社會合作的發展方式有別的選擇。他們提出「信任」模式，各方首先與特定他者發展信任關係，透過信任關係的演進，從而參與形塑與維持較大的合作計畫。在傳統的協商模式中，「各方的樣貌是各言其志、詳加檢視，最後選出基本原則，然後立即生效」。相對地，信任模式「強調合作與協助的條件需要時間發展，而社會活動隨之演進，作為合作原則的典範，將人們互賴的自然傾向加以強化並體系化。人們未必需要闡釋或反思這些原則，也能承諾實踐」（Silvers and Francis 2005: 67）。這種信任模式起於「擁有不同能力的各方自由決定是否承諾信任彼此」，但這些特定的互動「豐富了另一種實體，即合作計畫（或社會氛圍、社群文化，或社會本體）」（Silvers and Francis 2005: 45）。

在信任模式中，重度智能障礙者在持續合作關係的脈絡下，可以藉由實踐與修正社會規範的形態與過程，同意並遵循社會合作計畫，而非僅透過一次性協商為之。重度智能障礙者用愛、信任與互相依存的關係，參與並豐富合作計畫，這些能力受到傳統的公民參與模型所忽視。[9]

前面僅簡短勾勒近期的智能障礙者公民資格理論發展，但我們已經可以看到嶄新共融式公民資格概念的萌芽。在傳統的主張中，重度智能障礙者不是完全受到忽略，就是被當成「離群值」或「極端案例」，因而納入「道德病患」的類別，必須依據他們本身無法參與形塑的社會規範受到永久監護。新的取徑重構公民資格，賦予個體更廣泛的能力扮演完整公民，並受到認可。這需要視公民為不同且獨特的個體，而非某種一般類別下的案例。尊重人的公民資格意味著顧及其主觀的善（而非不顧特定位格本身所表達的意願，反而根據某種客觀的善或能力清單為之），並考量其個人化的能力（而非不顧特定位格面對人生挑戰的實際能力，根據一般性的障礙診斷，進行適格或不適格的普世判斷）。將某人視為公民，就是尋找其個體主觀的善之證據，尋找並支持其個體能動性的可行方案。[10]

新取徑的主要優點是能夠將正義與成員資格擴及過去屈於從屬的弱勢群體。但值得注意的是，它可說更精準地闡釋公民資格對所有人的意義何在。我們所有人都需要他者的協助來闡釋自己的主觀的善；我們所有人都需要支持性的社會結構以參與社會合作計畫。我們全都相互依存，仰賴他者賦予並維繫我們行使（多樣且鑲嵌脈絡中的）能動性之能力。

這的確是障礙權利運動中所強調的核心論點：藉由探索如何支持心智障礙者的認同與能動性，我們更能從中體認到整體的人類處境。儘管傳統理論強調自主性與主觀的善之道德價值，承認依賴的事實不應視為對其之反挫。藉由凸顯社會關係與社會結構是否支持上述價值觀的不同方式，反而是豐富公民資格理論的機會。如同法蘭西斯與席維斯所言，相互依存的事實「本身並不會讓人失去個體性或差異性。相反地，了解主觀的善可以透過依賴者能動性獲得，而非受到排除或破壞。這豐富了我們思考善的方式」（Francis and Silvers 2007: 334）。同樣地，芭芭拉．阿尼爾也提到由於人類高度依賴結構來賦予我們獨立運作的能力，依賴不應被視為「自主的反義辭，而在某種程度上為其前件」（Arneil 2009: 236）。一個合宜的公民資格理論，必須解釋在不同形式與程度的依賴下，人類如何能發揮能動性，而非一廂情願地認為依賴不存在。

換言之，互相依存的新公民資格模式，其意義不僅在於擴展了納入公民資格理論的個體數量，也會改變我們每個人對於公民資格的概念，不再計較依賴狀態和與生俱來的能力。原本政體中的個體是以獨立或依賴來區分，或誰是行動者、誰又是病患；新的公民資格概念承認我們全都互相依存，並根據脈絡與生命歷程，經歷不同形式與程度的能動性。將重度智能障礙者帶進公民資格的領域不只扭轉了我們對其能力的概念（因為這強迫我們建立輔助條件，讓他們的能力可以受到承認與強化），也凸顯其他個體的能力並非單純與生俱來，而是受到社會的輔助。[11]

三、馴化動物可以成為公民嗎？

這些來自障礙權利理論的新公民資格概念，對於我們該如何思考馴化動物有重要意涵，因為理論提供了一種模式，在無須理性反思的前提下，便能實踐公民資格的核心能力。重度智能障礙者可以成為公民，他們可以擁有並表達主觀的善；他們可以遵循社會合作的計畫；他們可以用行動者身分參與社會生活，且均無須理性反思的能力。若然，馴化動物是否也可以行使這些能力，因此成為公民呢？

我們的答案是肯定的，甚至可以說，現在應該相當明朗。我們稍早提過，自古選擇進行馴化的動物物種正是因為牠們擁有這些能力而被相中。然而將動物視為公民的想法還很新，可能值得我們先檢視證據。

擁有與表達主觀的善

與馴化動物相處過的人都知道牠們有偏好、利益，與欲望，也會用各種方式溝通傳達其意圖。牠們走向柵門暗示牠們想外出，在冰箱前喵喵叫要求食物，牠們靠著你的臂彎撒嬌，牠們嘎嘎叫地振翅衝來要你退後，牠們從櫃中拉出拴繩要求散步，牠們低頭鞠躬要跟你玩，牠們望向沙發或床上詢問你可不可以跳上去，如果你在公園溜達時不小心轉錯彎，牠們會突然停下來，牠們會穿過田野磨蹭你的口袋要點心吃，牠們會聚集在穀倉門口要求要進去躲雨。馴化動物透過各式各樣的聲音、樣態、動作，與信號，告訴人類其欲望與需求。

這種主觀的善之傳達需要我們的關注，並學習了解牠們的溝通方式。首先我們必須認可動物試圖溝通，接著我們需要經過仔細觀察來詮釋個體的語彙，最後我們需要加以適當回應，確認動物試圖與我們溝通並非徒勞。經過一段時間，透過承認與回應的協力過程，知識、信任，與期待都會增加，擴展了溝通語彙。這是依賴者能動性的經典範例。如果我們以動物缺乏能動性作為前提，因此不會關注其所釋出之信號，這個信念便會自我實現，而動物也會放棄嘗試。反之，若能動性愈受到期待與開發，隨之而來表達主觀的善的能力也就愈強。

考量下面的例子。許多人類認為其愛犬不會挑剔食物，即使牠們很挑，也還是要由人類來控制牠們的飲食，在此主宰的是家長主義式的框架。然而儘管某種程度的家長主義無法避免，我們對動物生命所施行的控制還是遠超過保護其安全的必要程度。人類的確需要確保狗兒達到營養需求、飲食不過量、不會吃下讓牠們中毒的食物，但這仍留下許多空間讓狗兒表達其食物偏好並做出自己的選擇。透過試誤（以及在幾個選項中挑選），我們很清楚可以得知我們的狗寇迪最愛的食物包括：茴香、羽衣甘藍莖，與胡蘿蔔。由於牠熱愛豌豆，還會自己跑到菜園中享用，不過牠對水果倒是一點興趣都沒有。反觀牠的好夥伴羅利，簡直是對香蕉痴狂。狗兒有個體偏好，也有（不同程度的）能力根據其偏好進行選擇。

我們的朋友克里絲汀善於健行，她與（已故）愛犬朱里斯每天在外行走數小時。克里絲汀一向認為健行是為了朱里斯，也構成牠一天中的特別時光。她會盡可能遵循其意願，包括健行路線、時間長短、路上是否要嬉遊、是否要泳渡過河等。朱里斯通常都沒有被拴繩、直接領路。如果牠落在後方聞聞嗅嗅，而克里絲汀在路線分岔點選錯了路，朱里斯會停在分岔點坐下等克里絲汀回頭，發現自己走錯了，然後返回加入牠所選的今日路線。換言之，牠不僅在進行路線選擇，也理解這是牠的特權。

從公民資格的角度來思考，食物選擇與健行路線可能看起來非常枝微末節，但真的如此嗎？在愛犬的生命中，食物與每日主要活動的問題難道不會至關緊要？

能動性的潛在範圍有外延限制嗎？這不是一個可以在抽象上回答的問題。唯有參與整個過程才能解答：期待能動性、尋找能動性，並開發能動性。也確實有些出色的人事例證，在探索狗兒（與其他馴化動物）行使能動性的潛能範圍上大步邁進。莎菲是芭芭拉．史穆茲從動物庇護中心領養來的狗，她形容自己與莎菲的關係不是「訓練」，而是非常有耐心地與牠溝通、重複手語，並關注莎菲的回應：

〔莎菲〕了解（表現為適當回應）許多英文片語，牠也耐心地教會我了解其肢體語言（牠鮮少使用聲音）。有些狗兒想要外出時會吠叫，但莎菲則是凝視著門再看向我，即使離門還有一段距離（我花了一點時間才懂）。我們在外散步時，如果我太過沉浸在自己的思緒中，或與其他人聊得太起勁，牠會用鼻子輕輕頂我膝蓋後側來喚起我的注意。在我寫下這段文字時，牠離開自己過去一小時休息的位置，溫柔地用鼻子推我的手肘，暗示想要互動的欲望。當我有相同欲望接近牠時，牠幾乎都會願意停下正在做的事來照應我的需求，所以我也如此待牠。我停止打字向牠凝望，呼喚牠的名字，用嘴唇刷過牠的頭頂。這短暫的交會顯然滿足了牠的需求，牠接下來一兩個小時都沒有再來打斷我，這是只有在我寫作時才會有的節制。（Smuts 1999: 116）

伊莉莎白・馬歇爾・湯瑪斯也進行一項長期計畫，試圖了解如何尊重愛犬的能動性。她在《狗兒的祕密生活》一書中詳細地記錄觀察，如果賦予狗兒能動性的空間，而非訓練牠們符合自己的期待，牠們會有什麼樣的個體能力與選擇：

留在我身邊的狗兒，我會給牠們食物、水與庇蔭。但計畫開始後，我完全不訓練牠們，連起居範圍或召回訓練都沒有，我不需要這麼做。年輕的狗兒模仿比較年長的狗兒，這樣就完全確立了起居範圍。所有的狗兒多半自然就會喚之即來，不從的原因可能是我們的要求與對牠們而言真的很重要的事情互相牴觸。可以自行區辨兩者的狗兒，在一天中所展現出的思緒與感受，遠遠多於經過嚴格訓練、有高度紀律的狗兒一輩子所能展現的更多。（Thomas 1993: xx-xxi）

湯瑪斯發現，就與誰生活以及如何生活的能力與偏好上，她的狗兒都有顯著的個體差異。狗兒往往獲准在麻州劍橋周圍自在漫遊探索，米沙是探險大師，每每踏上長途旅程，從來不會迷路，或因城市生活中的車輛或其他危害而遇險。瑪利亞也熱愛漫遊，但她是路痴，如果沒有米沙陪伴一定會迷路。牠的辦法是在房子前的門廊等著，直到有人注意牠、查看牠的狗牌，然後請湯瑪斯前來接牠。事實證明這是瑪利亞可以時常仰賴的可靠機制，這是依賴者能動性的經典範例。瑪利亞熱愛漫遊，但方向感不佳，因此解決方法便是請人類扮演關鍵的輔助角色，作為支持其自主性的某種框架。

能動性的能力不限於陪伴動物。農場動物也可以表達其主觀的善。羅絲蒙．楊花了幾十年觀察伍斯特郡家族農場裡的母牛與其他動物，牠們的愛恨情仇、各種活動上的個體差異、不同的個性與智慧。風箏巢農場提供「允許所有動物自由溝通，或自由選擇離開我們的環境」（Young 2003: 22）。在這個以自由形塑的空間裡，個體性與能動性就此浮現。

> 許多年來，我們注意到，如果給母牛機會與時間在幾個方案中選擇，比如說，要待在外面還是入內庇護，要在草地上、稻草堆還是水泥地上走，或是飲食的選擇，牠們會做出對自己最好的選擇，而且完全不會選擇同樣的東西……。動物不斷面對的決策過程是到底要吃什麼。藉由嚼食各種不同的花花草草與樹籬樹葉，牠們可以在日常飲食中適量地自行獲得重要微量元素，我們無法如此有效地做成這樣的決定。動物都是個體，對整個動物群一體適用的餵食「規則」或許可以適合多數，但我們一向會關注少數。我們觀察到母牛與綿羊以驚人的食量食用奇特的植物，母牛會整片整片地食用深色蔬菜及長滿刺的蕁麻；綿羊常常選擇尖利的薊尖或高聳堅韌的大黃葉，當牠們分娩後氣力放盡時尤然……。一項特別令人滿足的事實是，我們發現如果動物受傷了，牠們喜歡食用相當大量的柳葉，我們希望這與阿斯匹靈的起源有關。（Young 2003: 10, 52）

這些作者都提供了深具說服力的依賴者能動性案例，這種能動性來自互相尊重的關係。史穆茲以位格間平等相待的關係來描述這種尊重：

> 視其他存在為位格，與我們是否將牠們擬人化一點關係都沒有，而是認可了牠們跟我們一樣是社會中的主體，在人類與動物的關係中，牠們對我們獨特而主觀的經驗，與我們對牠們的主觀經驗，扮演著同樣的角色。如果牠們視我們為個體，我們也視牠們為個體，我們之間就可能有位格的關係。如果任一方無法考慮到對方的社會主體性，這樣的關係就被排除了。因此儘管我們往往認為位格這種重要特質，在對方身上不是「發現」就是「找不到」。此處主張的觀點是，位格指涉一種與他者產生關係的方式，因此除了主體本身外，沒有人可以賦予或奪走。換言之，當人類視非人類個體為無特徵客體，而非擁有自身主體性的存在時，是人類而非其他動物放棄了位格。（Smuts 1999: 118）[12]

馴化動物可能無法**反思**善，但牠們**擁有**利益、偏好，與欲望等善，以及為了實踐善而行動或溝通的能力。前面提到，阿尼爾主張依賴性是自主性的前件而非反義詞。馴化動物依賴人類為牠們建立安全與舒適的基本架構。有了這樣的架構，牠們能夠在生命的許多領域中行使能動性，無論是直接（例如母牛選擇牠們需要食用哪些植物），或透過受到支持的能動性（例如瑪利亞運用

「坐在陌生人門廊」的方式讓牠得以被載回家）。

政治參與

所以動物既能擁有也可以表達主觀的善。但這樣就能轉譯成政治參與嗎？參與涉及公民同意受到民主治理的理念。傳統觀點多半認為主體須有充分資訊，據此參與選舉，才有助於形塑共享的政治社群。在此我們再次看到公民資格的概念強烈地偏向理性主義，參與是理性反思、協調，與同意的智性過程。

稍早之前，我們提到障礙權倡議者提出不同的政治參與概念，將參與及同意用較為「包容性」的語彙重新定義。克里佛（2009）認為嚴重智能障礙者的存在本身便改變了政治過程與論辯。席維斯與法蘭西斯（2005）提出社會契約的信任模式來取代協商模式，即公民藉由建立社會關係來參與並形塑政治社群。換言之，同意用長期信任關係的存續重新定義，而非恆久不變的協議。

我們可以用這種眼光看待馴化動物嗎？關於現代社會「看不見」馴化動物，許多人已多所著墨。隨意瀏覽十九世紀的報紙，便凸顯出這樣的改變，報導中充斥「不受控」的牛豬在城鎮中亂竄。農業產業化的歷史也是將馴化動物從人類空間分隔出去的歷史，與日俱增的限制與囚禁，逐漸將動物從都會區的核心與邊陲移出。城鎮通過愈來愈多限制性的地方法規，管制馴化動物的身體。這也包括陪伴動物，牠們相較於農場動物來說較為可見，但無論是行動與出入還是受到顯著限縮。近年來，逐漸開始有人挑戰囚禁與隱形的趨勢。比如說，人們開始在後院飼養雞群，質疑禁止養豬作為同伴的地方法規。這股趨勢在陪伴犬的例子中最明顯，迅速壯大的運動要求可以近用無拴繩公園、公眾運輸，與度假地點。

馴化動物的隱形與排除可以在身心障礙者的歷史中找到類比，後者也在十九世紀開始逐漸被分離、囚禁與隱形；到了二十世紀晚期才受到挑戰，要求重新融入社會以及行動與近用權。當身心障礙者從公共空間「被消失」，政治社群的形態亦因此改變。缺席的身體不再能進入政治生活，成為矯治性存在或形塑的力量。分離與隱形的強化，恰好也是優生運動高漲和障礙權遭受攻擊最烈時，這顯非巧合。現代的障礙權運動強調重新融入社會與近用權，並不僅是因為這會對特定個體生命造成差異，更是因為身心障礙者的出現，將改變我們對政治社群的概念，以及公共生活的制度與結構。換言之，僅僅出現就構成了某種參與形式。

目前有逐漸增長的運動，挑戰拴繩與各種其他限制的法令，這些法令意在控制犬隻在公共空間的出入與活動。考量此倡議時，我們可能會用人類公民資格加以概念化。是人類在代表自己與愛犬在進行倡議，人類是行動者，進行闡述與倡議。犬隻是能動性的客體而非行動者本身。但這種想法忽略了，犬隻光是藉由現身便是倡議者與改變的行動者。舉幾個例子。北美洲人民前往歐洲特別是法國旅遊時，往往會震驚於公共空間中犬隻無所不在。犬隻可以坐公車和火車，陪伴人類去電影院、商店與餐廳。在北美洲，動物融入公共空間受到一系列地方法規的嚴格限制，其法源依據是公共安全與衛生。現在，如果你從未去過法國，你可能未經思考便接受排除動物的標準理據。你可能相信犬隻如果融入公共空間，會造成疾病傳染與傷害。但去法國看見到處都有犬隻時，你發現文明沒有崩潰，你將被迫重新考量北美洲對待動物的高度限制。請注意，在這個情境中，態度的轉變並非來自人類倡議。北美洲人民未必需要和法國公民討論其社會中的犬隻融入。犬隻本身的出現就是改變的因子，牠們並非刻意為之，牠們過自己的生活、做自己的事情，但牠們仍是改變的因素，因為在公領域中行使這種能動性，而成為政治審議的催化劑。

透過服務犬的能動性，類似的過程也發生在北美洲。由於先前嚴格的禁狗令鬆綁，讓協助障礙者或為人類執行其他任務的服務犬出現在公共空間。讓這些犬隻融入的理據是為了利益人類，但牠們的出現往往也讓人們開始質疑對犬隻更普遍的限制。[13]當你不斷看到相反的事證時，很難繼續堅稱犬隻在公共空間的危險性。某方面來說，可以說服務犬在公領域扮演能動者，改變了態度，也改變了公共論辯的條件。事實上，「服務犬」的類別在爭取重新融入社會時，亦成為公民不服從的場域，在一個安大略省東邊小鎮，當地起司店的老闆有一隻愛犬賈絲汀，牠喜歡在店裡閒晃。照理說這會違反當地的衛生法規，但賈絲汀有張假的服務犬證明，指出牠可以預先警告人類癲癇即將發作，以此為由獲准在原本的禁制區中陪伴人類。[14]賈絲汀透過具體的現身，教育起司店顧客牠對他們的健康沒有威脅，更是應融入社會的新血。

珍妮佛．沃奇（Wolch 2002）討論都會犬隻公園運動時，提出了一個很有意思的故事，描述身為政治參與者與改變因素的犬隻。某公園原本是吸毒者與娼妓的聚集地，家庭與其他使用者由於畏懼不法活動敬而遠之。後來一個由狗主人組成的非正式團體「重新奪回」公園：

他們投資了改善設施與安全，非法使用無拴繩的大型犬，驅趕非法的勾當。矛盾的是，當公園變得愈來愈有吸引力，其他當地的居民也提出他們想要使用公園的欲望，卻反對無拴繩的犬隻進入，將議題設定為「狗狗vs.小孩」。狗主人最終勝出，有部分原因是他們將犬隻正常化，認定牠們是美國家庭與都會社群的正當成員。如同其他的都會狗公園，這座獨特的公園現在人狗皆宜，也依然是都會公園與娛樂設施治理草根參與的核心。（Wolch 2002: 730-1）

在這個故事中，儘管人類是不可或缺的「增能者」，但沒有犬隻的參與改變還是不會發生。其現身與行動在政治過程中扮演著關鍵角色，不僅讓牠們重新融入公共生活與空間，也導致城市中草根運動的整體轉變。誠然，犬隻無法反思運動目標或牠們在其中的角色，但這不影響牠們是過程的參與者。牠們並非受迫或遭俘的參與者，牠們是做自己想做的能動者：探索、嬉遊，與人類及狗朋友相聚，藉由現身過自己的生活，協助形塑了與人類共有的社群。

最近有研究便以陪伴動物對社群凝聚與互動的漣漪效應為題進行探索（Wood et al. 2007）。陪伴動物的出現能促進社群中的社會互動，如犬隻可以作為聊天的破冰者，牠們的出現鼓勵鄰居間的互惠關係，諸如在全家度假時幫忙餵魚。因為人類及其愛犬出現在街頭與公園中，更能讓其他社群成員覺得自己住在有活力、凝聚力與安全的鄰區。最後，陪伴動物可以激勵人類參與社群活動。從以上各種方式，陪伴動物積極強化了社群中的接觸、信任，與互惠，這些都是公民關係的必要接著劑。

政治參與也包括抗爭與異議。傑森．赫里柏便探討服務動物的政治能動性，包括諸如罷工與怠工、破壞設備、企圖逃逸，與暴力等行動（Hribal 2007, 2010）。赫里柏主張二十世紀初期從馬力到內燃機的快速轉型，有部分原因來自於管理階層亟欲擺脫經常挑戰其工作條件而被迫中斷的勞動力（Hribal 2007）。赫里柏也檢視了動物園與馬戲團中的動物反抗。他主張動物／馬戲團當局刻意模糊大象、海豚，與靈長類動物的反抗行動，託詞為無心意外或隨機直覺的行為，無視其中明顯的意圖與計畫。當局很清楚如果大眾知道動物亟欲逃離其處境並進行積極反抗，對機構的支持度將大受打擊（Hribal 2010）。

合作、自我規範，與互惠

公民參與社會生活的合作計畫，意味著他們必須在行動、要求與期待上，進行各種形式的自我節制，以強化彼此間的合作與信任。講白話一點，公民資格除了權利之外還有責任，這也包括遵守公平合作條件的責任。前面提過，傳統公民資格理論在互惠理念上有強烈的理性主義偏向。光是約束本身行為來強化社會合作還不夠，公民應基於正確的理由為之，亦即出於正義與尊重公民同胞的考量。

然而，即使沒有經過理性反思，還是可能自我節制、遵守社會規範，以及合作。理性反思未必每次都會納入考量，而且永遠是程度上的問題。不僅在個體間有巨大差異，即使同一個體在不同處境下也會隨之不同。政治哲學往往將動機為理性反思的互惠行為理想化，但以社會的持續運作而言，行為而非動機才是重點。

我們多數人在日常生活中都會尊重社會規範，不會對他者從事暴力、偷竊或騷擾等行為。社會生活之所以可能，來自於我們整體而言了解並尊重這些規範。我們遵守這些規範的多數時候都未經深思，無意識、自動且慣性地進行。如果我們被要求思索，可能偶爾會坐下來檢視這些實踐，或當情境改變時，也可能讓我們停下來反思。然而，如果我們每做一件事就停下來反思行動倫理，將癱瘓所有進程。多數道德行為是慣性的，以英雄式的道德行為來說更是如此。冒生命危險拯救他者的人們，他們會衝進烈燄沖天的屋內、跳入刺骨的河中、從陣仗中救出受傷的同袍，他們事後往往會說自己沒有停下來思考。他們認為自己可以行動，便直接應對緊急狀況。我們認為這些人是道德英雄。道德行為不僅是出於對抽象證成的承諾而行事，也是道德品格與行動，更可以出於諸如愛、憐憫、恐懼與忠誠等動機。我們都認識審慎思考過道德本質卻在關係或社會行動上很自私的人，我們也都認識從事慷慨利他的社會行動卻對反思其行為倫理性沒有半點興趣的人。

以人類而言，我們承認道德在這方面錯綜複雜，牽涉到的問題有動機（理性與感性）、品格、行動，與後果。然而談到動物時，我們僅著重在理性反思的單一面向，並總結由於動物似乎無法反思善的本質，他們便無法成為道德行動者。即使在動物倡議文獻中，多數都假設動物是道德病患（人類道德行為的客體），絕不可能本身就是道德行動者。

這種觀點受到近期動物行為科學發現的強力挑戰，研究指出，動物可以體驗到廣泛的情緒，並展現多種道德行為，諸如同理、信任、利他、互惠，與公平感。[15]動物間合作與利他行為確實存在，這點沒有太大爭議。我們都知道狼群、殺人鯨，與無數其他動物均進行合作狩獵與其他活動。而許多動物即使本身會付出極高代價，仍會幫助對方或人類，我們對這樣的故事耳熟能詳。[16]比較少聽到的是關於互惠與公平的研究，貝可夫與皮爾斯總結了某些由莎拉・布洛斯南和法蘭斯・德沃所進行的靈長類研究：

> 捲尾猴是具高度社交合作性的物種，分享食物很普遍。捲尾猴會仔細監控同儕間的平等與公平待遇……。布洛斯南首先訓練一組捲尾猴使用小石塊作為兌換食物的代幣，再要求一對雌猴以物易物。首先與其中一隻用石塊換葡萄，第二隻的石塊則換了黃瓜，對捲尾猴來說這是比葡萄差的交易。第二隻捲尾猴眼見這樣的差別待遇，會拒絕與研究者合作，並拒吃小黃瓜，甚至往往還會將小黃瓜丟還人類。總而言之，捲尾猴希望受到公平待遇，牠們會與身邊猴子衡量並比較獎勵。如果只有一隻猴子拿石塊換小黃瓜，那麼牠對結果會感到滿意。只有在其他猴子拿到更好的食物時，小黃瓜才會突然變得不討喜。（Bekoff and Pierce 2009: 127-8）

互惠利他主義與對不均的厭惡（捲尾猴認知到不平等待遇時的反應）暗示，社會性動物密切注意著社會之善的公平分享。但互惠規範不只適用於食物的分享，社會性動物在生活的許多層面上都遵守此規範，諸如交配、嬉戲與理毛。我們往往將這些行為貶抑為本能（宰制或生殖的衝動），事實上這過程反映了有意識的學習、協商與發展社會規範。貝可夫詳細觀察了狼群、郊狼，與犬隻的嬉戲行為，對此有動人的描繪。嬉戲與道德相關，因為兩者均涉及規則與期待體系，以及對於侵害的制裁。透過嬉戲，社群成員得以理解互惠與公平的社會規範。[17]社會嬉戲：

> 仰賴公平、合作，與信任的基礎，如果有個體投機取巧可能終將瓦解。在社會嬉戲中，個體可以從中學到是非對錯，哪些是他者可以接受的，而成果則是發展並維持能有效運作的社會群體（遊戲）。因此，公平與其他形式的合作提供了社會嬉戲的基礎。動物必須就其嬉戲意圖持續進行協議，才能維繫合作與信任。牠們會學習輪流並設下「讓步」使嬉戲公平；牠們也學會原諒。（Bekoff and Pierce 2009: 116）

犬科動物藉低頭來邀請對方嬉戲，暗示有特定規則的嬉戲就此開始。規則諸如你必須控制力量與啃咬確保對方不會受傷；你必須認清在嬉戲中可以踰越平時適用於嬉戲情境外的規則（如：從屬動物挑戰宰制動物，或宰制動物屈服從屬動物）。換言之，嬉戲就是一個公平的場域。權力與地位的自我退讓確保在其他情境下深具威脅性的行為（啃咬、騎坐，或撕抓），在此處只是鬧著玩。違規不會受到容忍，比如說有犬隻展現過度侵略性，或試圖將騎坐轉為真的性行為。違規發生時嬉戲會暫時中斷，動物持續協商並讓彼此放心牠們還是在嬉戲。貝可夫觀察到犬科動物嬉戲中普遍都會使用低頭的動作，不只用在啟始嬉戲，也用在持續地協商中。如果犬隻有點打或咬得太用力，而對方感到困惑，違規者會低頭道歉請對方放心：「對不起，是我的錯，讓我們繼續玩。」一如果牠準備做出明顯具侵略性的動作，牠會先低頭暗示：「放心，只是鬧著玩。」違反公平嬉戲規則的犬科動物會被排除在嬉戲之外，有時甚至會完全被驅逐出該社會群體。（Bekoff and Pierce 2009; Horowitz 2009）[18]

稍微離題討論犬科動物嬉戲的迷人世界，顯示出犬隻有能力理解並協議社會性規則，且遵守與回應社會群體中他者的期待。但就馴化動物在人獸混合的社群中是否能有公民資格，這項資訊又告訴我們什麼？狗可能理解同類間好公民的規則，但這要怎麼轉化到混合社會上？事實上狗在人狗社會中也會協商社會性規則，並展現出非常類似的能力。狗與其他野生犬科動物最驚人的不同中，有一項便是狗能夠高度適應人類，在後者身上尋找社會性線索與指引，狼與郊狼即使經過馴化依然無法做到。換言之，狗的社會合作技能組合（學習與協商規範，使之可接受且公平；顧及他者期待）在人狗混合的社群中也演進了。狗非常善於解讀人類行為，並協商合作條款。[19]

在一個由珍娜・艾爾傑與史蒂芬・艾爾傑所做的出色研究中，探討住在同一屋簷下狗與貓的友誼。狗與貓朋友通常蜷在一起或坐或臥，頻繁地彼此接觸與打招呼。牠們喜歡一起散步，會保護彼此不受外在威脅。最重要的是，牠們喜歡玩在一起。狗與貓在各自與同類玩時，有特定的嬉戲形式。要跨越物種的區隔，牠們必須正確溝通並解讀嬉戲的開始與行為。比如說，即使貓自己不會低頭，但牠們很快便能理解狗低頭是嬉戲的邀請。同樣地，當貓一溜煙跑過，或躺在地上伸展四肢時，狗也可以正確解讀貓在邀請嬉戲。同居的貓狗不會了解彼此所有的行為，但牠們會彼此協調出一組能溝通的共識。此外，這組共識不限於使用在本身物種嬉戲時的嚴格腳本。比如說，珍娜・艾爾傑與史蒂芬・艾爾傑就發現貓成功地運用貓打招呼與親暱行為（例如頭錘或捲尾），邀請狗一起嬉戲，但牠們卻不會用同樣的行為，邀請其他貓來嬉戲（Alger and Alger 2005；也參見 Feuerstein and Terkel 2008）。

不是只有狗或貓認識到自己是人類（以及彼此）合作社群中的一員，多數馴化動物知道如何尋求人類的協助，無論是為了自己或他者。楊在幾個例子中提到，母牛知道自己即將面臨艱難的產程，或關注其他母牛的福祉，進而尋求人類協助（Young 2003）。馬森描述母豬露露的案例，牠救了人類同伴喬安・奧茲曼。奧茲曼有一天在廚房中覺得身體不適。露露意識到事情很不對勁。牠從狗門中鑽出，在過程中劃傷自己流血。牠跑到路中間躺下來，直到有車停下，將駕駛領回廚房，救了當時心臟病發的奧茲曼（Masson 2003）。即使過程（固定傷肢、接受注射、拔毫豬刺）不舒服，多數動物都了解獸醫試圖幫助牠們。換言之，牠們了解自己是與人類合作社會中的一員。

我們可以在前面提到的某些犬隻故事中看出這點。很顯然在互相尊重的前提下，動物可以認識到合作社會是持續協商出來的。朱里斯知道與克里絲汀健行是牠一天中的特別時光，牠有特權可以協商應如何度過這段時間。伊莉莎白．馬歇爾．湯瑪斯描述她的狗在聽到呼喚時多半會回應，因為她不會做出不合理的要求。牠們只有在基於合理原因下，才會無視她的要求。芭芭拉．史穆茲為這種有爭議的協商提供美好故事，諸如她的狗莎菲如何與松鼠、貓或其他動物互動，共享環境。而社會生活的協商是雙向的，莎菲也以各種方式訓練史穆茲：在牠睡覺時不要跨過牠、只能用軟布清除牠腹部的汙泥，至於牠憎惡的洗澡：

我把牠帶進浴室，請牠跳進浴缸裡，通常牠都是百般不情願地照做。但有時候牠會拒絕，自顧自地跑到廚房待著，直到泥巴乾到我可以刷下來為止。同樣地，在玩你丟我撿時，當我要牠放下玩具時，大概有一半的機率莎菲會照做。如果牠拒絕放下，要不是代表牠邀我玩走開的遊戲，不然就是牠想跟玩具休息一下，等等再追。既然玩具是牠的，牠也不曾拿我的新鞋子當替代品，讓牠決定何時自己玩、何時跟我玩，也是很合理的事

情。（Smuts 1999: 117）

這些案例在在挑戰「人類發號施令讓狗兒遵守」的傳統概念。這些狗兒顯然能取悅並配合人類同伴，但牠們也隨時能表達自己的偏好，並（一再）協商合作條款，也就是說，行使某種同時包含權利與責任的公民資格形式。

我們看到這些故事會說，顯然這些動物全都是特例。或許如此。但更恰當的回應可能是說，顯然這些人類全都是特例。意思是說，這些人認識到狗有個體偏好、能夠加以溝通，並協議出與人類同伴共同生存的條款。這不單純是因為這些動物有特別的內在能力（儘管這無疑是原因之一），也因為牠們的人類同伴準備好輔助發展這些能力。[20]

那麼有多少動物有自制與協議合作生活的能力？我們無法回答，因為這個問題才剛剛被提出。一旦我們承認馴化動物為共同公民，而非私人財產、奴隸，或外邦侵略者，這個問題就會有廣大的可能空間。

其中最重要的未知數便是：一旦賦予馴化動物更大的自由與輔助能動性，牠們是否會繼續選擇融入人獸混合的社會。伊莉莎白．馬歇爾．湯瑪斯搬到鄉下，開發廣闊的圈地，讓她的狗可以自由建立自己選擇的生活。結果是儘管牠們沒有與她切斷聯繫，繼續仰賴她供應食物與緊急協助，牠們某種程度上還是抽離了，逐漸將重心圍繞彼此而非人類同伴重建生活（Thomas 1993）。喬治．皮契在《留下的狗》一書中講的故事則有相反結局：流浪狗露娜逐漸信任並接納皮契與其伴侶（Pitcher 1996）。莉塔．梅．布朗描寫她十一歲的狗哥吉拉將鄰居當成主要互動對象，但幾乎每天都會回到農場上拜訪布朗（Brown 2009）。湯瑪斯也寫過類似的經驗，她自由來去的貓普拉選擇住在同一條路上的另一個家中，但遇到湯瑪斯還是會熱情招呼（Thomas 20）。在後面兩個例子中，哥吉拉與普拉離開多動物房舍，前往只有牠們在的家中，成為人類照護的唯一焦點。

關於馴化動物的可能未來，動物避難所或可提供洞見。在加州舞星避難所中，驢子過的生活介於傳統農場與野外之間。驢子可以自由以自己的方式和人類互動，往往也會這麼做（特別是牠們偏好的人），牠們依賴人類提供特定協助（野放飲食外的補充、安全、獸醫照護）。在此同時，牠們也納入更大的生態系統。鹿、火雞、山貓、山獅，與無數的小型鳥類與動物都住在這個避難所中（Tobias and Morrison 2006）。楊對於風箏巢農場中母牛的描述指出，牠們也沒有隔離於周遭的生態系統，而是融入其中。楊自由野放的母牛在漫步時會遇到鹿、驢、狐狸、野貓，與許多其他動物。牠們分跨兩邊世界，一邊是與人類的共享社會，一邊是人類聚落之外更大的生態系統角色（Young 2003）。若對自己的生活有更多掌控權，某些馴化動物可能會選擇完全退出人獸共享的社會。馬森主張這可能是馬的案例，牠們的生理與心理特徵足以讓牠們脫離人類社會，成功地「重新野化」。不過狗就不一樣了，牠們與人類有強烈羈絆（Masson 2010）。

簡言之，目前無法掌握馴化動物的能動性範圍。我們對動物能力了解愈多，就可以看到愈多可能性。此外，依賴者能動性的本質在於透過關係而產生，無法從個體的內生能力推導。如史穆茲所言，主體性／位格並非我們在對方身上「發現」或「找不到」的能力，而是與他者「進入一段關係」的方式。[21]所以我們必須對於動物能動性的潛在範圍保持開放心胸，認知到其高度的差異性，依個體、脈絡與結構因素而各有不同。認可馴化動物為公民意味著我們有義務培養其能動性，永遠警覺這些能力隨個體與時間而相異，且其能力也往往會因我們的行動，無意間或不可預測地受到削弱或增強。我們應謹記，這無論對人類或動物公民都適用。

四、邁向馴化動物公民資格理論

總結目前的討論，我們主張：(1)馴化動物正義要求人類接受牠們是社會的成員，納入公平條件的政治與社會安排；與(2)若馴化動物有成為公民的必要能力，公民資格是將成員資格概念化的適當框架。上述必要能力包括：擁有並表達主觀的善、參與並合作。

但真正實踐後會是什麼樣貌？何謂用成員資格與公民資格的視角認識馴化動物？以什麼樣的形式使用馴化動物公民或與之互動，在什麼樣的條件下是可以被允許的？很自然會有人想透過擬定固定的公民權利與義務清單來回答這個問題。我們認為這麼做的時機還沒到，因為唯有在發展所有共同公民的能動性與參與過程後，才能產出這樣的清單。如果馴化動物只是被動的受監護者，我們可以在牠們投入或參與之前，事先擬定對牠們的人道義務。但如果動物是共同公民，擁有形塑集體政治社會安排的權利，那麼就牠們表達主觀的善，以及遵循或挑戰社會規範的可能方式，我們需要有更多了解。這會是無法預測最終成果的持續過程。

然而，我們至少可以思考成員資格／公民資格理念所蘊含或預設（或相反地與其不一致）的想法。我們將試圖在九大領域中指出公民資格的預設：

1. 基本社會化
2. 行動能力與共享公共空間
3. 保護義務
4. 使用動物產品
5. 使用動物勞力

6. 醫療照護
7. 性與生殖
8. 掠食／飲食
9. 政治代議

這張清單並未窮盡所有可能，但涵蓋了多個關於人類與馴化動物關係中，最為迫切的道德議題。我們的目標不是要就以上各項，針對所有涉及的挑戰提供確切結論，而是展現公民資格的架構如何提供獨特視角，以思考我們的義務。這種視角比傳統的動物權理論更進一步，也比我們在第四章討論過的各種廢止主義、門檻論，與「物種常規」觀點更具說服力。

基本社會化

所有社群的成員資格均涉及社會化過程，因此所有公民資格理論也必須論及個體取得成員資格的社會化過程。既有成員必須將在社會中適應與繁盛所需的基本技能與知識，傳承給兒童或新進者，以人類為例，未能將兒童社會化，如同未加餵食、保護，或養育，同樣都是虐待，這也適用在馴化動物上。動物如同人類嬰兒，在來到世界上時，便已準備學習、探索、了解規則、安身立命。如果我們未能適當將這種準備加以引導，就是種傷害。在這個意義下，社會化是成員資格的權利之一。未能將馴化動物社會化阻絕其在人獸社會中繁盛的機會。

我們應該在此提醒，基本社會化不同於進行特定形式的勞動訓練（諸如訓練狗成為導盲犬）。社會化指的是個體需要（盡可能）學習的基本與一般性技能／知識，以求受到社會性社群的接納。如控制生理過程與衝動、學習基本溝通、社會互動的原則，與尊重他者。相反地，訓練是開發特定個體的能力與利益。社會化是社會成員資格最低限度的基本前提（我們將在本章稍後回到訓練馴化動物的問題上）。

我們都有為進入社群而社會化的基本權，問題是進入哪一個社群？我們的公民資格模型在這點上明顯與其他主張有所不同。我們定義政治社群疆界與成員資格的方式，將形塑我們對於構成為特定個體適當社會化要素的理解。比如說，如果我們以物種嚴格定義貓類社群，那麼我們便會認為貓的社會化是學習貓類社會的基本規範與知識，而這個過程由成貓所引導。但如果我們也認為貓是人獸混合社群中的一員，那麼基本社會化的權利便包括，貓在混合社會中繁盛所需要的規範與知識，而不只能適用於貓類社會。此外，人類成員在混合社會中也是同樣的道理。學習如何與動物在社群中共存，目前僅是某群人類的社會化過程一環，存在於某些家庭或次文化中，但顯然不是所有人的課題。然而，若我們承認馴化動物為共同政治社群中的一員，那麼一定程度的雙向基本社會化便是必要的，這是互相承認與尊重對方為共同公民的一部分。正如公民資格的社會化涉及學習與不同種族和宗教的人們彼此尊重、合作，和參與。同樣地，公民資格也應與前面討論過的馴化動物，學習建立合作關係。

然而，構成適當社會化的內容究竟是什麼，則是個開放性的問題，隨著情境不同而異。若生在可以自在漫遊的避難所，馬兒與人類的接觸有限，無須太多進入與人類混合社會的社會化過程，因為牠主要透過與其他馬匹互動行使能動性，牠們會照應牠的基本社會化需求（包括與其他如響尾蛇或山獅等動物相處，因為牠們可能共享空間上的棲地）。另一方面，進入人類家庭生活的狗兒，則相對需要學習更多如何在人獸混合社會中生活的技巧。牠的社群可以讓牠過好生活，也讓牠必須學習尊重他者的某些基本權。這個社群不只包含其他的狗與人類，可能也有貓、松鼠、鳥等動物。比如說，牠需要了解起居範圍、學會不咬或撲向人類、注意車輛、不追逐家貓（除非是在嬉戲）！牠不會只向其他的狗學習，也會向其他人類學習，學習對象甚至可能還有貓。換言之，即使我們視所有馴化動物為人獸混合政治社群中的成員，要求某種程度的相互社會化，適當社會化的實際內容仍會隨情境而天差地別。

社會化的內容可隨個體或脈絡因素調整，儘管如此，還是應有些一般性原則引導整個過程。第一點在前面提過，不應將社會化視為家長或國家形塑個體的權利，而是家長或國家承認個體為社群成員的責任，因此應盡可能給予其所需之技能與知識，以在社群中繁盛。

其次，社會化不是終生的控制與干預，而是暫時性的發展過程，得以讓個體取得社群的完整成員資格。社會化本身並非目的，其成立的理由是可以輔助能動性的產生與參與的能力。到了某個時點，個體是否將基本規範內化大勢底定。無論如何，他者形塑個體的責任亦隨著個體成年而結束。到了某個時點，尊重要求我們接受人們本來的樣貌，他們是完整公民，美醜皆然。在那之後，違反基本規範的個體或被包容，或被迴避，若他們造成危害，或被關押。但繼續視他們為兒童是種輕侮。這項一般原則當然也有例外，如當童年創傷、虐待，或疏忽嚴重延遲或限制了社會化。但一般而言，我們在年幼時受到「形塑」，成年時便被視為自治的能動者對待。

認可馴養動物為公民也蘊含類似取徑，亦即我們在幼獸期關照基本社會化，但不會讓牠們終生受到形塑。家長主義容許成人在某段限定期間對幼者進行社會化，但如果終其一生都是單向的形塑，這種家長主義就是有害的，甚至是種宰制。然而在這個意義上，許多人似乎認為馴養動物是永遠的毛小孩，即使過了成年，仍持續讓牠們接受形塑（重度智能障礙者也時常蒙受這種有害的家長主義）。[22]

除了限制社會化的期間，在人類的脈絡中，也對社會化**如何**進行有嚴格的限制。在不同時間與不同文化中，都有不同的社會化方法。在自由主義民主政體中，就此過程該如何運作，有明確的趨勢避免強制與威權，朝向正向強化與溫和的矯治模型。嚴厲的懲罰與威脅往往被視為非必要且無用的（更不用說是種虐待）。在大部分的情況中，野生動物對成員進行社會化時，也不會使用暴力與強制。從貝可夫對犬科動物的討論可以明顯看出，嬉戲是社會化過程的關鍵要素，引導幼獸在非脅迫性情境下了解社會規範。諸如人類的許多社會性動物，通常都能順從正向強化與溫和矯治的社會化過程。[23]我們來到這世界上，便帶有強烈動機學習融入，這種狀態需要明智的引導，而非威脅或強迫。人類對馴化動物所進行的社會化往往嚴厲而強制，這事實點出的不是動物能力的缺乏，而是人類的無知、性急與不敬。[24]

移動自由與共享公共空間

接受馴化動物為我們社群中的成員，意味著接受牠們屬於此處，並有共享公共空間的初確（prima facie）權利。將個體局限在私人空間或專屬區隔，與承認成員資格是有邏輯矛盾的，然而這正是當代社會對待馴化動物的典型。我們透過**物理性限制**或**行動禁令**，前者如狹欄籠居、圍籬、鎖鏈、拴繩等，後者則如禁入公共空間、商號、海灘、公園、大眾運輸，甚至是都市規劃限制（例如針對農場動物），大幅度限縮馴化動物的自由移動。事實上，我們投入大量的時間與精力控制馴化動物，讓牠們留在牠們「應在之處」。這種極端的封鎖有助於保持牠們的隱形，讓我們自我催眠，無視牠們在人類生活中的重要性與無所不在。[25]

這個龐大的囚禁體系構成對馴化動物基本權的嚴重侵害，甚至侵犯了不受殘酷對待的最低標準。但公民資格模型容許什麼樣的移動自由與近用規範？我們如何區別限制是否能被接受？我們首先考量反對限制或拘禁的消極權利，接著考量較為積極的移動權利。

以人類來說，我們認為不受拘禁／限制的權利是基本權，除非符合嚴苛的必要性測試與比例原則，才會加以褫奪。比如對自己或他人構成嚴重威脅的個體，無論是有意（如：暴力犯、有自殘傾向）或無意（如：感染致命傳染病患者，或受酒精藥物影響、準備從事高風險行為者），我們可能都會加以限制。此類限制多半僅為暫時性成立，無立即風險後旋即解除。但加諸比較長期的物理性拘禁，亦為可證立的家長主義形式。我們對嬰兒與孩童進行數年的限制與拘禁，直到他們可以安全地在環境中自處。然而，這種限制需要明確的證成。過去身心障礙者受拘禁的形式，遠遠超過可接受家長主義的範圍。這應當在有人呼籲拘禁／限制是為了受限者利益時，讓我們有所警覺。[26]

移動的積極權利相較於反限制的消極權利，就沒有那麼絕對。我們的移動權利可以用多種方式加以限制，最明顯的就是國界以及私有產權法令。兩者均為當代的發展，讓某些評論者認為現代性便是對我們的移動權利構成逐漸強化的限制。然而，移動一向會受限。在現代世界中是以地理／政治疆界的形式為之，而過去則是以社會地位（例如，移動嚴格受到社會地位的控制，端視你是農奴、士兵、貴族，或神職人員）為之。無論如何，自由移動向來受到社會政治（更別提現實）因素所限制。

儘管某些世界主義理論家呼籲完全不受限的移動權利，多數理論家認為移動之所以重要，在於它能提供我們為了過好生活所需合理範圍內的選項。我們有權享有適度而充分的移動，而非無限制的移動（Baubock 2009; Miller 2005, 2007）。當然，移動限制可以用來維繫國內或國與國之間不義的不平等。在不義的條件下，移動限制可能是富人將他者趕出其私有地，或富國不讓窮國人民移入，在在成為維繫特權的關鍵機制。然而，此處根本的問題是不平等，而非移動限制本身。如果我們想像國與國之間，或某國內部公民之間，所有不義的不平等都被消除，那麼這個世界中的移動限制本身並無不義之處。能夠自由在國內移動與工作，或前往世界他處旅遊見識，對許多人來說是很重要的。但這並不表示我們有權選擇成為任何國家的公民，或應該廢除所有的私有產權，或政府不應該封閉危險海灘或道路、管控進入脆弱生態系統與文化遺址。換言之，我們需要足夠的移動能力來過生活、營生、社交、學習、成長，與享樂。但設若已有合理範圍內的移動能力，我們無權隨心所欲前往或搬到任何地方。物理性限制永遠推定為有害，但受限的移動能力則否，只要人們在限制範圍內有充分的好機會即可。

移動能力也是社會地位與融合的重要相對指標。受壓迫的團體毫不意外地會發現自己的移動權利受限，比如一九三〇年代納粹對猶太人的限制、南非的種族隔離、印度的種姓限制、美國的《吉姆．克勞法》，或沙烏地阿拉伯對女人的旅遊限制令。換言之，移動能力的重要性，不僅在於我們需要用它來實現想過的生活，也因為它可以區辨完整公民或從屬群體，尤其是限制後者進入公共空間時。特定的限制有可能符合「充分選項」測試（即未對某人過好生活的能力強加不合理限制），卻無法通過社會融合測試。比如說，即使《吉姆．克勞法》下的黑人專用午餐櫃檯與白人的一樣好（「隔離但平等」），依舊會成為社會排除與不平等的印記。這些排除形式旨在傳達出一個訊息：特定個體或群體不屬於我們這裡，他們得留在他們（從屬）的位置。

除了公然故意的歧視性移動限制外，也有非刻意的移動歧視形式存在。比如身障者所在的現代城市，若思考結構時針對健全者設計，便成為身障者移動與近用的障礙。這種忽略可能不是故意的，但凸顯出對於誰是完整公民的假設未經深思熟慮。完整公民的衡量，不只要看有沒有列在法定權利擁有者的清單中，也要看構思共享社會體制時有否被納入考量。是否被認可為完整公民，有一部分在於對公共空間與移動的形態討論，意見與需求在設計之初就被納入。

因此，移動的差別性限制有可能成為直接的社會排除形式，或間接的不平等印記。但並非所有形式的差別性限制都是對尊嚴的攻擊或不平等的印記，移動權利往往與職業角色互相連結。比如說，保全或維修工、劇場表演者、學者，或其他眾多職業群體都能近用其他公民無法進入的公共空間，這點並無疑義。此類限制並未威脅到任何人近用其充分選項，亦未成為社會排除的工具。同樣地，限制兒童進入脫衣舞俱樂部或成人戲院也是可接受的家長主義，可以通過充分選項與社會排除測試。另外我們在拘禁／限制的議題中討論過，有時成人的移動權利可基於家長主義的原因或保護他者的需求加以限縮。如果有人無法證明駕駛能力，我們會限制他駕車；如果有人身體狀況有異（或即將生產），我們會限制他搭機；我們會發出禁制令，避免個體接近他們過去威脅過的他人。在另一些案例中，我們雖允許人們自由移動，卻須配戴監控裝置（例如特定假釋犯），或進行化學去勢（例如監禁性侵累犯的替代方案）。

我們的目的不是要為自由社會中，任何特定的移動權利或限制類別辯護，而是大略描繪出我們如何思考自由移動。總而言之，在人類的案例中，我們可以看到三項基本原則：

1. 有很強烈的預設反對任何形式的限制或拘禁，除非個體對自身或他者的基本自由構成可見威脅；
2. 有充分移動的積極權利，提供足夠的所需選項以過好生活；
3. 即使移動限制為個體留下充分選項，依然必須反對：(1)因為該限制是為了傳達次等或從屬的公民資格（例如《吉姆．克勞法》式的隔離）；或(2)由於特定群體在空間或地點近用設計時完全沒有被納入考量，造成限制在無意間產生（例如障礙者的近用）。這類限制與認可社群中所有個體的完整公民資格，在邏輯上並不一致。

我們認為同樣的基本原則，既能夠，也應該適用在馴化動物的移動權利思考上，雖然在細節上的應用自然有所不同。第一項原則其實無須承認馴化動物為共同公民：無論是監護模型，或任何禁止傷害具情識存在的取徑，都可以證立。但我們相信第二與第三項原則，必須先承認馴化動物為共同公民。後兩者反映了人類把馴化動物帶入社群中，才須承擔的積極義務，因此我們有責任（重新）形塑集體社會，公平地納入馴化動物。

人類目前對待馴化動物的方式，違反了上述所有原則。首先是反對拘禁與限制的強烈推定預設，我們非但沒有推定目前做法不正當，反而似乎有種一般假設認為這種限制基於人類的方便必要且合理。我們用口套、拴繩、鎖鏈、籠居與獸圈來限制／拘禁馴化動物。我們也違反了提供充分積極移動能力的要求，這樣的做法有些出於刻意歧視（動物不屬於此處，牠們需要被關在從屬的地方），有些則是無意的（我們就是沒有在設計公共空間近用時考量其權益）。[27]這些都以理所當然的方式進行，沒有意識到這種非同小可的限制需要有非同小可的理據。我們有普遍的規約

（如：「所有的狗都應上拴繩」、「禁止寵物進入」、「城市裡不得養雞」）限制動物的自由移動，完全沒有考量個別動物的能力，得以不受限制地在人獸混合環境中安全出入；也沒有考量到這些限制是否影響動物繁盛的機會，及其身為共享社群成員的地位。

如果我們承認馴化動物為共同公民，便無法繼續接受這種取徑。這並不是說不能完全證成限制，如同人類一樣，動物需要足夠的移動能力，不是無限制的移動能力。藉由設置大型的圍籬牧場、草地與公園，便可適度達成這項需求。移動限制也可基於保護馴化動物不受掠食者、公路，或其他危險侵害，或反之保護人類不受動物危害而獲證立。某些形式的拘禁與限制可合理視為家長主義式的發展措施（例如，讓狗社會化，使牠能在一段時間後行使負責的成犬能動性）。限制亦可施加於學不會如何在街頭走跳、不去追逐松鼠、避免撲向人類的成犬。換言之，狗在協調社交生活互動疆界的能力上有極大差距。有些狗基於保護自身或他者，需要更多的限制。重點在於，動物身為公民，應預設擁有協調社交生活的技能、學習前述技能的權利，以及對其自由移動之恣意限制的上訴機會。無疑還有許多對馴化動物移動的合理限制，但其狀態永遠是暫時性的，可供上訴、協商與持續演進。我們真的不知道在這樣的條件下，人獸社會會有什麼樣的最終樣貌。

對某些馴化動物來說，可能很難實現充分移動原則，比如說金魚或晚近被馴化的長尾鸚鵡。一方面，馴化的長尾鸚鵡與金魚失去了野外求生的適應性，因此我們不能直接放生；另一方面，提供牠們符合充分移動測試的魚缸或鳥舍是一項浩大工程。在這種案例中，可能無法達成公民資格取徑的承諾。因為牠們既沒有機會重新野化，我們也無法提供其所需的移動條件，使馴化的存在繁盛，公民資格的模型可能無法適用，我們可能被迫採取廢止主義／滅絕主義的立場，然而，沒有理由假設所有或多數的馴化動物皆是如此。[28]

公民資格取徑不僅挑戰我們對動物自由移動限制的接受度，也要求我們學習如何擴大近用與減少移動障礙。我們需要自問如何改變基礎建設、慣習，與期待，以協助馴化動物成為負責的共同公民（即遵循社會性社群的基本規則、不會危害到自身或他者），並確保人類並未對其移動能力強加恣意或非必要的阻礙。套句凱瑟琳．麥金儂的名言：「美國社會的結構是給男人的優惠性差別待遇計畫。」（MacKinnon 1987: 36）一種很有意思的思考方向是：人類社會是優惠性差別待遇計畫，專屬用兩條腿走路（而非四條腿、使用輪椅或助行器）、視線在五呎以上、主要仰賴視覺標誌（而非聽覺或嗅覺）或人類語言（而非符號或手語）等等。當你開始這樣思考，議題便不會完全將人類或動物截然二分。狗、貓與兒童由於高度因素，有較大風險會被倒退中的車子輾過。輪椅使用者視階梯為巨大阻礙，有些動物也是。外國遊客往往對語言資訊困惑不已，多數動物也是。與障礙者有時會發生的狀況一樣，動物也可能有代償性能力。以動物來說，包括更敏銳的嗅覺、敏於肢體語言、速度與敏捷性等等。動物在許多情境下比人類更能行動自如（如：穿過車流、跳過障礙、在狹地保持平衡、尋找食物來源）。換言之，將馴化動物納入政體，牽涉到在多層面上重新思考我們的共享空間，不僅是消除移動能力的障礙，而是思考動物可以為設計帶入哪些特殊能力。

同樣地，我們需要思考，對行動與近用的限制，會不會以及如何成為體現尊卑的印記。如北美洲對陪伴動物不得陪人類進入餐廳的禁令，理由通常是為了食物安全。然而如我們在先前的討論，法國等國雖無此禁令，也沒有造成疫病爆發。事實上這裡的重點在於「動物專屬地點」的特定想法，或看到動物接近食物時感到噁心的反應。換言之，此類一體適用的禁令比較接近「黑人座位在巴士後方」或「猶太人不得進入」，而非「員工如廁後須洗手」或「所有乘客必須在抗菌墊上把腳擦乾淨」。此類限制不但違反了前面討論過的展現必要性與比例性原則，也是階級的社會標記。除了禁止特定群體享有完整公民資格，同時更讓被禁者直接隱形。事實上我們彷彿回到維多利亞時期的宅邸，奴僕只能使用後方階梯，次等且隱形。[29]

總之，承認動物為公民對移動權有三個關鍵意涵：第一，要將反限制／拘禁的一般預設，以及過好生活所需的充分積極移動權，延伸適用到馴化動物身上；第二，公民資格理論鼓勵我們關注結構性不平等的問題，即：社會建構的方式是否非必要地限制了特定個體或群體的移動？最後，理論要求我們關注承認與尊重的問題，即：社會是否恣意使用某些對移動的限制，作為標記優劣地位的方式？

保護義務

承認馴化動物為共同公民，也會產生保護牠們免受傷害的義務，包括無論是人類或其他動物造成的傷害，或是更廣泛來自意外或自然災害的傷害，我們都會加以概述。和移動議題相同，有些義務並不用承認馴化動物的公民資格地位，僅須主張其存在擁有主觀的善，基本權需要受到尊重即可。然而，還是有些義務與成員資格的事實緊密相連。

公民享有完整的法律利益與保護，這意味人類不傷害動物的義務不僅是一種道義責任，而應該成為法律責任。傷害動物像傷害人類一樣應該入罪，這包括故意與過失傷害或致死罪。但我們都知道，白紙黑字的法律與實際執行的法律往往天差地別。反婚姻暴力法施行多年卻被完全忽略，鮮少據以調查或起訴，目前存在的許多反動物殘酷法也是同樣的情形。個體是否確實獲得共同公民的承認，其中一項指標正是他們是否獲得法律的實質保障。

人類的社會在面對傷害人類的嚴重犯行時，會在一開始就投入龐大資源預防這些犯行。若傷害真的發生後也會揪出犯行者，讓他們接受刑事審判，並在必要時支付其監禁或訴訟費用。我們龐大的刑事正義系統有幾項功能：保護弱小、阻嚇犯罪、執行符合有罪者罪責比例的應報，並在犯行後回復社群的整全性。但或許其最大功能是藉執法機制實踐我們對基本權保護的承諾，以展現社會認真看待此事的程度。我們都在這些機制的庇蔭下成長，自幼便學習尊重他者基本權，作為社會生活的重要黏著劑。我們多數人會內化這些訓諭，不會想牴觸。承認馴化動物為共同公民意味著，牠們也視同享有法律的完整保護，若其基本權遭到侵害，刑法的使用反映並維護牠們在社群中的成員資格。

那麼這項原則是否蘊含故意殺害貓狗者應受到與殺人同樣的處罰？卡瓦里耶利最近有篇文章提到，英國有隻黑猩猩在逃脫監禁後遭到射殺。她質疑為何不追捕起訴行凶者，並期待「有一天這種殺戮會獲得正確的評價：謀殺」（Cavalieri 2007）。我們同樣期待這一天的到來。但入罪與刑罰間的關係很複雜，刑罰有許多功能：阻卻未來犯行、象徵性傳達社會對特定行為的憎惡、按有罪者的可責罰性比例執行適當報應、讓受害者（及其家屬）感到事件終了。這些不同功能在人類的案例中往往會朝不同方向拉扯，相信在動物的案例中也是如此。比方說，個體違反其經過社會化洗禮須遵循的既定社會規範時，我們往往以其故意或惡意程度來理解犯行的可責罰性。如果社會規範尚未穩固，或個體還沒有經過社會化洗禮而沒能遵守規範，犯行者可能沒有那麼罪有應得。然而，正是在這些情況下，嚇阻功能需要更嚴厲的懲罰，更穩固地建立新的社會規範，以尊重動物的生命。這暗示量刑標準可能會隨著時間，根據不斷演進的社會規範與社會化模式而改變。[30]

我們將在第六章與第七章討論，故意殺害非公民動物（即野生動物與城際野生動物）也應該入罪，正如殺害與傷害的禁令同樣適用於人類訪客與外國人，不只是公民身上。[31]但其他的保護義務可能僅適用於身為共同公民的馴化動物，而非所有動物。比如說，馴化動物公民所需的保護不限於人類傷害，也包括其他動物造成的傷害。我們需要採取措施來防止牠們受到掠食者、疾病、意外、洪水，與火災的侵擾。在這些例子中，我們的保護與救援義務來自牠們身為社會成員的地位，而不只是牠們身為具情識存在的內在道德地位。

在寫本章時，出現兩個有趣的爭議可以用來說明我們的主題。其一是新聞報導洛杉磯消防單位從洪水中救出一隻狗，類似的爭議由來已久，爭點在於是否應於諸如卡崔娜颶風等災難時救援馴化動物。[32]有些辯護的聲音主張救援動物為救援人類提供良好訓練。我們認為，這項道德命令更為單純：我們把動物帶入社會，我們便應負起責任保護牠們。我們會在第六章看到，我們沒有相應的義務保護野外松鼠免受洪災或森林大火，或是其自然掠食者之害。第二個例子涉及對郊狼的處置，牠從鄰近的森林裡進入多倫多的街區，據傳獵殺多隻當地的貓狗。在郊狼群在北美擴張之際，類似狀況持續發生。我們認為人類有義務保護馴化動物免受這種掠食（我們將在第七章討論多種不侵害到都會區郊狼權利的可行做法）。同樣地，共同成員負有這樣的義務。我們沒有相應的責任保護田鼠免受郊狼獵食，也沒有權利干涉野生郊狼的獵食活動。

使用動物產品

我們在第四章討論過，好幾位動物權理論家試圖區辨動物（正當）「使用」與（不正當）「剝削」。這些論者正確指出，在人類的脈絡中，我們常常用各種方法使用他者，來滿足我們的需求與欲望，這在道德上未必有問題。人類社會中許多經濟與其他形式的交換均提供無害使用的例證，包括人類毛髮與血液的交換。問題是：使用何時會變成剝削？

我們主張儘管這是有效的區辨，卻只能在成員資格理論的基礎下運用。比如說，怎樣算是對移民的剝削，不能只看他們有沒有比在原國家的待遇要好（對逃離饑荒或內戰的難民而言，幾乎任何形式的存在，即使是奴役，可能都會是種改善）。怎樣算是對兒童的剝削，不能只看他們有沒有比不被生出來好（同樣地，即使兒童過著奴隸般的生活，或許都還是比不被生出來好）。這麼說來，我們需要問，什麼樣的使用形式與社會的完整成員資格一致；而什麼樣的使用形式，讓人淪落到永久從屬的種姓或階級。

在人類的例子中，我們有許多準則與保障來進行此項區辨。比如說，兒童或移民可能暫時沒有完整公民權（在他們成年或融入新社會之前），但不是永久性的剝奪。在某個時間點，所有公民必須享有為自己生命做選擇的（居住、工作、社交等）自由，自行判斷他們要怎麼為他人「使用」。換言之，對抗剝削的首要保障是個體有選擇權，以及離開剝削境遇的自由。我們可能懷著從兒童或移民身上獲益的期待，將他們帶入社群中。但一旦他們進入了社群，便成為享有完整權利的成員。我們可以從他們的勞動中獲益，但我們不能單向地對他們強加生命規劃，或限制他們使用公民資格的完整利益。

我們相信這同樣也適用於馴化動物。使用他者的正當性在於關係條件反映且維持兩造的成員資格地位，而非永久讓一方從屬於另一方，這因此需要（盡可能）尊重其能動性與選擇。因為馴化動物一生都會相當程度地依賴人類，牠們特別容易受到剝削。動物很難行使出走權，或對剝削條件進行有效的抵抗。忽略動物能動性的傾向（用薩米爾的話來說是由人類「當家作主」）幾乎勢不可擋。由於人類在使用動物上有重大利益，因此也有無時無刻的風險讓他們以自利角度看待動物需求與偏好，這就是我們強調須承認並發展動物能動性的原因。我們有責任試圖理解哪種動物可以向我們傳達其需求與偏好，並協助牠們實現牠們自己的生命計畫。

這並不是說我們不能使用動物，或從牠們身上獲益。重點在於我們只能在符合其能動性和成員資格的條件下這麼做。首先讓我們考慮某些落在無害類別中的利用，許多人在狗公園中看狗自由奔跑嬉戲，便可從中得到莫大的樂趣。某方面來說，我們在利用狗娛樂我們，但這種利用完全沒有妨礙或傷害牠們。也沒有強加完全工具化的概念，意思是我們從牠們身上得到樂趣，並不會讓「狗只為了娛樂人類而存在」。人類可能為了愉悅（或陪伴、愛，與鼓舞）將狗帶入他們的生活中，但這與狗為自己本身存在並不相悖（與在人類身上的例子中是一樣的）。

現在讓我們考慮更明確的利用案例。假設綿羊鎮裡有一群綿羊是完整公民，與人類共享社群。牠們的基本權受到保障，牠們享有完整的公民資格利益，在不同的大片草原上自由放牧。牠們有許多庇蔭處、多樣的食物來源、有人類注意保護免受掠食者攻擊、醫療需求受到照料，連飲食也有適當的營養補充。但牠們也以其他方式回饋社群。每年某段時間綿羊會在公有公園中放牧，保持草地長度。或如同丹麥的山索島，牠們在太陽能板附近的草地吃草，以免草長得太長遮蔽太陽能板。或如歐洲許多地方，牠們吃草只是為了協助維持開放的草地，使其有其他花草植被的多樣性（Fraser 2009; Lund and Olsson 2006）。除了放牧活動，人類可以藉收集綿羊糞便獲益，用來作為花園與菜園的肥料。這些利用應該都完全無害，綿羊做牠們本來就在做的事，而人類從這些非強迫性的活動中獲益。

現在讓我們考慮比較棘手的例子。綿羊鎮的人類應該使用綿羊身上的羊毛嗎？商業羊毛作業在許多層面上都會傷害綿羊，須讓動物經歷痛苦並飽受驚嚇的流程，才能讓收集羊毛成為有利可圖的事業（更不用說綿羊最後還會被送到屠宰場）。但我們可以想像立下某些道德條件後，人類仍能從使用羊毛中獲益。野生綿羊會自然脫毛，但馴化的綿羊透過選擇性育種以增加羊毛的產量，許多品種都失去了脫毛的能力，[33]牠們需要每年讓人剪毛才不會生病或過熱。在紐約州北邊的農場庇護所，綿羊每年會被剪毛，因為剪毛符合其利益，甚至可以說如果不剪毛才是種虐待。庇護所盡可能將剪毛的不適與壓力降到最低，他們的剪毛專家非常小心地讓動物保持平靜，確保牠們不會被弄傷。剪毛後，綿羊顯然對於褪去羊毛如釋重負。但剪下的羊毛要怎麼處理呢？由於農場庇護所的哲學是反對任何人類對動物的利用，因此將不供人使用，而是鋪在森林中，作為鳥類與其他動物的毛墊。[34]

當現實世界幾乎壓倒性地用工具性眼光看待馴化動物時，這可能是種適當的表態，鬆動人類有權使用動物的普遍態度。然而，如果我們試圖想像綿羊鎮上正義的人獸間社會關係，即使羊毛無論如何需要為了綿羊自身利益而剪，卻禁止人類使用羊毛，看起來就不近情理了。其背後的預設不是(1)任何利用必然都是剝削性的；就是(2)利用無可避免會導向剝削的滑坡。關於第一點(1)，我們已藉由對照人類的案例，挑戰了這項混淆。利用未必是剝削性的，拒絕利用他者，亦讓他們無法對整體社會公義有所貢獻，甚至可能是種拒絕完整公民權的形式，一種例子是拒絕某些群體從事特定工作。比如說，排除猶太人在某些專業之外，或禁止以色列裔阿拉伯人從軍，都是次等公民的印記。公民資格是合作性的社會計畫，其中所有個體都受到平等的認可，所有個體都從社會性生活的好處中獲益，而所有個體根據其能力與傾向，都可以對整體利益有所貢獻。讓某群體擔任為他者勞動、永久從屬的次等階級，是對公民資格的否定。但拒絕考慮該群體成為可能的共善貢獻者，也是另一種對公民資格的否定。

貢獻可以有各種不同的模式，有些單純只是進入關愛與信任的關係，有些可能會以更具體的方式貢獻。[35]重點在於所有個體都受到充分賦能，可以用自己適合的方式做出貢獻。這是尊嚴的關鍵環節，不只是我們從貢獻中所獲得的自尊（畢竟，不是所有個體都有感受自尊的心智能力），也是他者由於我們的貢獻所展現的尊重。農場庇護所將馴化動物歸為受保護的特殊群體，而未將牠們視為人獸混合政體中的共同公民。但保護未必與利用水火不容，如果綿羊鎮允許人類使用羊毛，所有個體的利益仍能受到平等衡量，所有個體的權利仍能受到保護。此外，所有個體會被視為對社會公益有所貢獻，個體無論就能力、能動性，與獨立或依賴程度上，都有巨大的差別。但他們全都可以成為社會計畫中有意願的參與者，而非被排除在公共生活交換外的特殊階級。

這仍然會留下第二項憂慮：從利用到剝削的滑坡風險。但如同所有的滑坡憂慮，我們需要仔細考慮現有的阻絕機制。滑坡壓力的主要原因是商業化，引入利潤動機後，就會有強烈的壓力導致剝削。比如說，若想將綿羊剪毛過程中的不適降到最低，這些步驟會花比較多錢。如果想增加利潤，可能就會有略去這些步驟的誘因。類似壓力顯然存在於人類的經濟活動中：增加工時、降低報酬、工安放水等等。在人類的案例中，（在正義社會中的）勞工可以透過集體協商、政治行動，或出走權來拒絕滑坡，動物同樣也可以進行各種反抗形式（Hribal 2007, 2010）。此外，綿羊鎮也可以透過受託人代理的協商、鼓吹，或倡議，確保綿羊擁有類似保障。如果基於某些原因，無法保護綿羊免於出於利潤動機的剝削壓力，那麼直接禁止羊毛相關產品即可。在年度剪毛後，綿羊鎮可以允許居民以適當方式利用羊毛，但禁止販售原料及相關產品（或也可以進行非營利的安排，將盈餘全數用於綿羊的維護上）。

羊毛產品的商業化與尊重綿羊公民權之間是否必然對立，是可以商榷的。也就是說，若某公民群體特別容易受到剝削，商業化的壓力是否一定會危害到其權益？在人類的脈絡中，我們看到對於脆弱群體的類似憂慮。究竟是禁止兒童為錢工作比較好，還是審慎規範工作本身比較好？或在重度智能障礙者的案例中，應該禁止僱用、非營利僱用，還是營利僱用？禁止排除了個體行使互惠公民資格的機會。利潤動機讓我們有責任謹慎監督保護脆弱勞工，使其免於剝削。

那麼諸如牛奶與雞蛋等其他動物產品怎麼辦？如同綿羊的案例，商業化在此處會迅速提高風險。如果將雞與牛帶入這個世界，是為了從雞蛋與牛奶中獲利，那麼幾乎必然造成犧牲其基本權的後果。目前，雞蛋生產系統不僅駭人地監禁並虐待母雞，甚至殺害公小雞，以及蛋產量下降的母雞，一切都是為了維持獲利率。

但讓我們想像權利受到完整保護的雞公民，享有與其他公民同樣可以過好生活可能的權利。馴化母雞生產許多雞蛋，若牠們有權孵受精蛋並有機會養育下一代，還是會有許多多出來的蛋。技術上可能辨識蛋中胚胎的性別，讓母雞（大部分）只孵雌性蛋。那麼人類使用這些多出來的蛋是道德錯誤嗎（或如下方討論所言去餵貓）？在農場庇護所，與處理羊毛的立場一致，他們禁止人類使用雞蛋（這些雞蛋會作為雞食）。我們則主張從羊毛的討論類推，人類使用雞蛋本身並不具剝削性。人類在農場或廣大後院中可以有雞作伴，這些雞過得很好，有充分的空間可以做雞喜歡的事情，在人類的悉心看顧下探索、嬉戲、構成社會連結，與養小雞，人類也提供保障、庇護、供應食物與醫療需求。在此同時，人類可以使用一些雞蛋。這段關係確實可能有部分建立在使用上，也就是說許多人類選擇有雞作伴，至少有部分原因是想要一些雞蛋，但這項使用事實未必會威脅到雞權的完整保障與社群成員資格。與綿羊的案例相同，主要考量會是確保監控與執行這些權利的完整機制到位，並管制可能侵蝕這些權利的商業壓力。[36]

使用牛奶會有較多疑慮。乳牛育種就是為了豐沛的牛奶，而這種做法會損及其健康與壽命（比如說，過量產乳會降低鈣含量，導致骨骼脆弱）。[37]此外，要讓牛乳生產成為商業上可行的模式，小公牛會被宰殺製成肉品，母牛則須持續受孕以保持乳量（這會讓牠們疲憊不堪，導致許多疾病），而且小牛會與母牛強制分離，以將人類可得的乳量最大化。我們有可能想像出母牛的非剝削性環境嗎？也就是承認牠們為完整公民，使牠們能過類似前述綿羊或雞的好生活？以母牛的體型與需求來看，這將牽涉到人類方龐大的現實與財務工作，且這麼做牛奶也產量有限。[38]假設母牛在交配上順從天性，並扶養自己的小牛，即使有多餘的牛奶，可能也不會很多。同時，母牛與小牛（無論公母，除非有可能以非侵入性手法選擇性別）在照顧上需要相當的空間與資源。換句話說，除非是為了陪伴上的樂趣（或他們準備為了一點點牛奶大費周章），很難想像任何人養母牛作伴。

這不代表母牛會絕跡，只是不會有很多。總是會有人想要養牛（或豬）作伴，但現實是由於動物（在非剝削性條件下）比較「沒用」，就不會有那麼多被帶入人獸社群。[39]另一方面，審慎的商業化會導致牛奶使用成為奢侈品，形成有限但穩定的乳牛社群。[40]

動物勞役

截至目前為止，人類從使用動物中獲益的案例聚焦在牠們的自然行為上：吃草、長毛、排便、生蛋，與泌乳。有種不同的使用形式牽涉到訓練動物為人類執行不同的工作，諸如狗的輔助與治療訓練或馬匹的巡警訓練。有些工作無須大量訓練，狗或其他動物便可執行。比如說，回到綿羊鎮，我們可以想像社群中也包含了一些狗或驢子，牠們負責保護綿羊。這種保護行為是本能

（特定狗種經過選擇性育種後更是明顯），無須太多訓練。我們也可以想像狗或驢子過的完整好生活中，包含執行這些守衛任務。我們會需要有某些保障措施，確保狗或驢子在綿羊鎮中不受剝削。比如說，只考慮使用享受這種工作的狗或驢子，牠們喜歡綿羊（與其他工作犬或驢子）的陪伴。這些動物需要有其他活動選項（待在床上，與人類閒晃，或待在只有同類的牧場等），作為評估其牧羊偏好的方式。且無論如何，工時必須受到嚴格限制，驢子或狗才不會覺得牠們永遠都在備勤。有了這些但書，我們可以想像限制時數的守衛職責與動物圓滿的一生並不相悖，這種生活提供了多樣性、從受指示活動中獲得滿足感，以及充足的社會性接觸。

其他類型的狗職或許也能歸入此類。比如說，社交犬可能會享受陪伴其主人到醫院或老人之家進行社工訪視。也有工作是狗（或老鼠）運用其優異嗅覺，無須過多訓練便可協助人類察覺腫瘤，或早期發作，或危險物品，或追查失蹤人口。然而我們要強調，剝削的可能性非常高，為了這些目的利用動物需要審慎的規範。為確保此類利用的非剝削性，動物必須明示牠們享受該活動、對刺激與接觸甘之如飴，且工作不是牠們所必須付出的代價，以獲得牠們應得（所需）的關愛、肯定、獎勵，以及照護。工作必須與充足的休息時間平衡，讓狗可以從事其他活動，並與牠們的人類與狗朋友社交。換言之，狗（與其他勞役動物）應該和人類公民有同樣的機會，得以掌握牠們為社會貢獻的條件，並追隨自己的意向過生活，自己決定與誰共處。

有種危險是我們可能形塑與操弄這些需求與偏好來遂行自己的目的。這是「調適性偏好」的經典問題，在人類正義的領域中討論已久。不正義最糟的形式，莫過於操弄或洗腦受壓迫者，讓他們接受壓迫是自然、正常，或應該的。女性、底層階級，或其他群體經過社會化而接受從屬時，便造成了正義理論化時的問題。

這顯然也是動物正義的問題（Nussbaum 2006: 343-4）。稍早我們討論到，所有馴化動物均有受基本社會化的權利，方能成為適任公民。此外我們也討論到個別動物擁有培養自身特殊利益與能力的權利，但這是個微妙的過程。在人類的案例中，培養個體潛能，以及透過強制、形塑，或洗腦，規定個體擔任特定角色，我們認為兩者間確有差異。有些很聰明的動物熱愛學習、測試，並發展其能力，牠們能完成任務，並從事目標導向的合作行為。比如說，我們可以想像非常聰明且活力充沛的狗，在與人類同伴進行敏捷訓練時開心無比。[41]學習過程中可能會有一些必要的限制、矯正，與操弄，但狗兒可以從人類適量「堅持下去」的壓力中獲益，正如孩子在放棄鋼琴課之前，若父母溫和施壓請她繼續嘗試，也可能從中獲益一樣。比如說，父母可能察覺到其音樂才能，並知道即使短期內小孩可能不以為然，長期而言她可以從學會彈鋼琴中獲得莫大滿足感。我們相信父母能夠取得正確的平衡，因為整體脈絡是我們知道父母會以小孩的利益優先。如果我們懷疑父母的意圖完全是為了製造年輕演奏家，以滿足自己聽音樂的夢想，或彈鋼琴是為了在財務上獲利，或與其他父母聊天時當成炫耀的話題，我們很快就會失去對父母的信任。這些對父母的好處可能都會發生，但教育的主要動機應該要是孩子的利益與發展。

從這個角度觀之，多數馴化動物的訓練都是剝削性的。大都治療與協助動物的訓練，不是為了發展動物自身的潛能與利益，而是為了遂行人類目的而形塑牠們（騎馬、娛樂產業中的動物，以及多數其他的勞役動物）。秉性特別馴良的動物很早就被挑揀，然後以未來的任務加以栽培。往往長達數月的密集訓練，涉及相當的限制與拘禁，以及頻繁的嚴厲矯正與剝奪。即使是所謂的正向強化，也常常只是偽裝拙劣的強制。如果狗唯有透過執行任務取悅他者，才能得到獎勵、嬉戲時間，或感情，這根本是勒索而非教育。許多勞役動物都沒有真正的休息時間，可以自由奔跑，與其他個體社交，或單純探索與體驗世界。工作往往讓牠們身陷高壓甚至危險的情境，就牠們的友誼與環境而言，常常缺乏穩定性與延續性，在訓練師、工作地與人類雇主間兜兜轉轉。這些動物非但沒有培養發展其潛能，反而受到塑造屈從。其能動性沒有被開發，反而受到壓抑，讓牠們成為群眾控制、人類娛樂、騎馬治療，或障礙輔助的有用工具。

一端是驢子現身綿羊牧場驅趕掠食者，一端是導盲犬經歷數月的密集訓練，以貢獻大半生作為他者工具，我們跨越了從利用到剝削的界線。要知道何時確切越了界通常很困難，如同我們很難知道某人何時確切地禿了，但不精確的界線不表示我們不能區辨茂密的髮量與禿頭。整體來說，當我們將馴化動物帶入社群，卻沒有待牠們如完整公民，便是越了界。問題不在於從動物身上獲益，而是我們幾乎總是犧牲牠們來獲益。

醫療照護／干預

承認馴化動物為社群成員，蘊含接受牠們有平等的權利能取得共同資源與福利的社會基礎，例如醫療照護。今天，農場與陪伴動物接受大量的獸醫處置與藥物，多數都不是為了其利益著想，而是為了人類利益，讓牠們變得更有生產力、更服從，或更吸引人（如：生長荷爾蒙、去勢、除爪、去喙、剪尾、剪耳等等）。有些干預以為動物好為由而合理化（如：對乳腺炎與其他感染施放抗生素、為雞去喙以免互相傷害），但當然這些問題一開始就是因為人類虐待動物才造成的（如：過度擁擠、壓力、不當飲食），因此也很難說是出於對社群成員福祉的真正關心。然而，動物也接受了許多真正符合其利益的獸醫照護，如疫苗接種或緊急照護。往往有人批評，花在寵物醫療上的金額是不分道德輕重緩急的例證（例如 Hadley and O'Sullivan 2009）。許多家庭為了貓狗的福祉做出重大犧牲，同時卻興高采烈地參與虐待農場動物，這的確是深切的錯誤。對某些批評者來說，陪伴動物在醫療上的開銷完全是自認動物愛好者的矯揉作態，因為他們同時也支持集約農業或動物實驗。

即使人類為陪伴動物提供醫療照護的動機在這方面偽善且不一致，卻絕未削減馴化動物享有醫療照護的權利主張。醫療照護是當代社會成員資格的權利，這解釋了為什麼我們有義務為家犬與家貓提供醫療照護，而不用給（至少不用永遠）野地裡的狼或豹（我們將在第六章討論對這些野生動物的義務）。這些義務可能透過某種動物健保計畫而實現。[42]

然而，這項義務的本質與範疇卻有諸多困難的議題。首先，動物無法對治療表達知情同意，因此人類必須代理動物做出決定，如同家長對小孩的代理一樣。儘管家長主義的框架在此無可避免，我們不應該排除動物在某種程度上可以傳達其意願給我們的可能性。比如說，即使特定手術短期內不適且痛苦，許多動物能夠理解獸醫在試圖協助牠們，因此牠們慢慢地願意接受獸醫治療。但現在想像一隻狗在晚年罹患慢性健康疾病，從某個時點起開始主動拒絕前往獸醫處接受治療。這應該讓人警覺治療可能是強加的，即使治療有效的機會很高，能給牠多幾個月或幾年壽命，仍然不是牠的選擇。

即使我們盡可能去理解陪伴動物希望我們怎麼做，也不會顯著地改變基本的家長主義式框架，人類還是必須決定怎麼做對同伴才是好的。成人面對可能的侵入性手術以及隨之而來的漫長復健與不適，可以理解自己的處境，並期待復原後的生活，動物則否，因此我們應該推定此過程對牠們而言更恐怖而有壓力。侵入性手術對心理素質強韌、餘命多年的年輕動物來說，可能是正確的選擇；對膽怯年邁的狗來說，經歷可怕的干預後僅換得幾個月的生命，可能就不是正確的選擇。

在人類的案例中，就絕症末期的安樂死有許多倫理辯論。一方面，即使當事人無法同意或要求干預，想要免除他們在生命最終不必要的痛苦似乎是對的；另一方面，將安樂死合法化也可能會導致濫用。在馴化動物的案例中，我們到處都可以看到「安樂死」一詞的使用，這些殺戮與避免絕症末期的受苦一點關係都沒有。動物被（所謂的）安樂死，只是因為沒人要、被遺棄、老了、不方便，或太貴養不起。然而，儘管多數馴化動物的殺戮是可怕的凌虐，不代表在馴化動物被承認為完整公民的正義社會中，應該要完全禁止安樂死。如同人類的案例，這意味著安樂死攸關道德且充滿爭議，如果合法化，需要嚴密地加以管制。

這裡有個矛盾。獸醫學的發展代表許多以前會死於心臟病的動物，現在可以成功運用藥物加以控制，增加數月或數年的壽命。然而，儘管不會因心臟病發作猝死，牠們更可能死於痛苦且漫長的疾病，如腎衰竭或腦瘤。我們的各種干預（無論是好是壞，前者如心臟藥物，後者如讓動物吃太多或運動太少）會影響牠們生命終點的樣態。我們在那個階段應該扮演什麼角色是非常艱難的問題，究竟要盡可能舒緩疼痛，還是加速死亡以結束苦難。無論如何，我們不能逃避做決定的責任。在人類的例子裡，這個問題已然有諸多爭議，在馴化動物的案例中也不大可能比較容易。

性與生殖

生殖權可說是各種動物權理論面對最艱難的議題，公民資格取徑也不例外。人類有很大的權力掌控馴養動物的性與生殖生活：**有沒有辦法**做、**能不能**做、在**什麼時間**、用**什麼方式**、**對象是誰**。許多廢止主義／滅絕主義動物權理論家嚴正譴責育種的全面干預，並以此為馴養本質上就是壓迫的證據。然而，我們在第四章提到，他們要讓馴養物種消失的呼籲，隱含預設了同樣系統性的強制與拘禁計畫，才能**防止**馴養動物的生殖。如果目前的做法強迫動物以服務人類為目的而生殖，廢止主義／滅絕主義的取徑就是強迫動物不要生殖。[43]

這兩種取徑都未認真看待馴養動物的正當利益。如果任何人提議對人類的性與生殖生活進行這種等級的干預，一定會被斥為荒唐。究竟人類對馴養動物的性生活設下哪些管制是合理的？在面對這個問題之前，我們可以先簡短思考人類與野生動物的案例。

人類的性與生殖會在哪些方面受到管制？一方面，人能就性事進行選擇很重要，包括意願、時機、對象、是否共組家庭等，但這並不表示可以完全隨心所欲。我們保護兒童免於性剝削與侵犯；我們堅持性事要合意：性愛自由不是絕對的，必須找到有意願的對象才行；我們要求人們為自己生的孩子負責。我們審慎規範性與生殖的哪些面向可以進入市場，尤其是牽涉到兒童的時候（如：販售精卵、生殖服務，或領養服務）。我們管制可以製造特定結果的生殖技術可以用到什麼程度（例如，發現天生缺陷時，我們用選擇性墮胎來終結孕程，卻不允許用來作為性別選擇的工具。使用胎兒手術「增強」能力，而不僅是矯治異常，已成為倫理論辯的另一個領域）。上述的許多管制界線都有高度的爭議性。

總體來說，牽涉性事及其後果時，我們期待個體自我管制並為之負責。如果他們不能，國家才會干預（如：保護兒童、保護不知情伴侶感染ＨＩＶ、防止非合意性暴力發生）。沒有純粹的「性權」這回事，而是必須有權免於性強制，或免於沒有根據的性規範。儘管多數人堅稱我們有「成家權」（記錄在《聯合國人權宣言》中），這個權利的前提也是要找到合意的伴侶（或捐贈者，或被領養人）。任何成家權的範疇主張顯然都有重大爭論，在什麼程度上，這個權利會被隨之而來、照顧後代的責任所限制？當社會族群過剩，是否應限制生育（或反過來當族群銳減時**是否有**生育責任）？社會廣泛使用誘因（有時是更強制的措施），鼓勵或防止人們生育。其實我們的性與生育是受到高度管制的，雖然管制採取的形式絕大多數都內化為自我管制以及對社會壓力與誘因的回應。[44]

透過生育的自我管制，人類（理論上）可以確保族群量不會超出可維持水平，或他們（集體與個人）照顧所生兒童的能力範圍。在野生動物的性與生殖上，我們看到社會控制與自我管制程度的巨大多樣性。對於某些物種，幾乎所有成年雌性都會交配生產。通常會生出數量龐大的後代，而成獸幾乎完全不花力氣照顧。藉由被掠食、暴露在外、疾病，與飢餓，維持族群的數量。這是許多魚類與爬蟲類的演化策略，社會性物種的樣態就很不一樣了，狼群是很有趣的例子，牠們嚴格管制性與生殖活動。在狼族裡，常常只有雄性領袖與母狼交配產子。出生的幼獸不會太多，狼群因此會全力照顧，整個狼族合作扶養領袖之子。許多成狼終其一生都不會交配。狼群在這方面有高度的自我與社會管制。族群數量並非由外在力量所控制，而是受到社會群體的嚴格規範，並應對當下情境與可用資源。

轉而討論馴化動物時，重要的是要記得牠們屬於社會性物種，其遠祖對生殖施加某種程度的社會控制，也可能互相合作扶養幼獸。然而，人類干預劇烈擾動了這些物種的繁衍機制，無論在天性或後天學習上皆然。換言之，正如人類干預讓馴化動物更仰賴人類的餵食、庇護，與免受掠食的保護，干預也讓牠們跳脫以往野生狀態下的族群控制機制（結合自我管制、社會合作與外部控制）。

由於承認馴化動物為公民，我們應該試圖在可能範圍內盡力回復其對於性與生殖生活的自主控制。然而，我們只能根據個體的能力培養能動性，在性與生殖的自我管制能力上，馴化動物的程度差異極大。我們讓動物脫離野生條件，因此族群數量既不會受到為回應外部壓力所進行的自我管制（類似狼群），也不會受到外部壓力（以掠食者或食物短缺等形式）的直接影響。餓死或被掠食者吃掉不是能動性的行使，馴化動物也不會因為回到這種條件而獲益。但如果沒有這種機制，該以什麼取代？如果給牠們機會住在社會性社群中，讓牠們自己選擇跟誰共棲，與誰交配、生養幼獸，我們不知道牠們會怎麼管制這些活動。因此承認牠們為公民的部分意義，在於動物如果對生活有更大的控制權時，要實驗並學習牠們會怎麼做。然而，這不是人類可以置之不理的藉口，當馴化動物無法行使有意義的能動性，人類有責任代理其利益。身為社群成員，馴化動物有權受到保護，包括在必要時的家長主義式保護。此外，當牠們無法內化地自我管制，便須服從社會生活的限制（例如，對牠們施以規範，以保護他者的基本權，以及合作計畫的永續性）。

公民資格在這裡跟他處一樣，是一套包含權利與義務組合，無法分割。身為公民的馴化動物享有權利，包括性與生殖活動無須因非必要理由削減，及其後代在人獸混合的社會中受到照顧與保護。但作為公民，馴化動物也有義務在行使權利時，不會對他者增加不公平或不合理的成本，也不會對合作計畫產生無法維持的負擔。若動物無法自我管制生殖，他者將承擔照顧與維護動物後代，這種成本相當高昂。我們相信在這種情況下，對動物生殖施加某些限制在更大的合作計畫中合乎情理。如同行動限制的案例，生殖限制需要審慎的理據，且須在可行方法中運用最不具限制性的一種。這個證成顯著不同於廢止主義者的呼籲，後者要求以全面的生育控制／絕育促成滅絕。廢止主義者並未考慮動物個體的利益便限制其自由。在公民資格模式中，限制唯有考慮到個體利益才能被證成，我們也要理解這些利益包括參與合作性社會計畫，而計畫同時牽涉到權利與義務。

馴化動物如何生殖，以及有多少馴化動物應該存在，是兩個值得區辨的問題。目前，馴化動物是地球上數量最多的哺乳類與鳥類，遠遠超過其他動物。因此很難主張應該要有更多。牠們的數量以生態觀點來看難以維持（可能跟人類一樣）。牠們以這種數目存在的唯一理由是因為我們以密集飼養來剝削牠們。因此，無論如何，動物解放將大量減少馴化動物的數量。我們推測族群量應該會朝向(1)生態上可持續與(2)社會上可持續（即在人類的照護義務，與動物為人獸共同社會的貢獻之間，反映出某種均衡）。人類將馴化動物數量管制在可持續的水平，是符合牠們利益的行為，而非默許生態浩劫或社會崩潰的發生。

有許多相對非侵入性的方式可以讓我們控制馴養動物的生育率：避孕疫苗、暫時性實體隔離、不讓雞蛋受精等。此外，在可能範圍內，如果動物在成家後似乎願意結紮，我們可以施以節育措施。換言之，目前情況是少數馴化動物專事育種，絕大多數完全不進行生殖。應轉為讓生養後代的權利分散到多數動物身上，但在數量上加以限制。

當馴化動物沒有進行社會性的自我管制，我們可以合理控制其整體數量，但這不代表我們得控制這個流程的所有面向，如是否交配、交配對象、交配時機等。我們再次面臨動物在這方面行使能動性程度的棘手問題，在《狗兒的祕密生活》中，伊莉莎白·馬歇爾·湯瑪斯（1993）描述了兩種截然不同的情境。其一是她的狗瑪利亞與米沙是形影不離的愛侶，明顯從性事中互相得到愉悅與滿足，自然地懷孕產下小狗。另一方面，她的狗威娃遇到不知名公狗跳過籬笆闖進院子強暴牠而身心受創，後來當了母親也是飽受驚嚇而不安。第一個情況可視為狗在安全處境下有機會行使負責的能動性，人類的介入扮演著關鍵角色，創造可以行使能動性的條件，也就是提供穩定而安全的環境，讓狗得以選擇伴侶，同時保護牠們免於不請自來的性侵犯。換言之，人類的介入未必會限制能動性，反而可能是輔助成立的關鍵。

此處有許多未知數。對某些馴化動物物種而言，代代都是透過人類輔助受精（甚至到了某些動物無法不透過協助而生殖的程度），無論是就意願、時機或對象，我們在交回性事主控權時得謹慎進行。馴化動物行使有意義能動性的已知程度與條件為何，我們所扮演的角色也應該受其指引。同時，我們無疑應持續控制交配對象。即使創造出讓動物有諸多選擇的條件，我們仍控制了可交配伴侶的選項，以及伴侶關係是否懷孕生子的可能性。行使這種控制時，應尊重目前動物的權利，並希望能造福未來的動物。

比如說，人類對動物的育種造成廣泛的健康問題：呼吸問題、壽命縮短、無法適應極端高低溫、提高的肉骨比例代表動物成年後無法支撐自己的體重等等。動物無法藉由有意識的交配決定來反轉這些惡果。我們從自然條件中移除了交配決定，不讓演化壓力定義並選擇適者。對馴化動物來說，適應力的定義是讓牠們在人獸混合的社會中繁盛。這代表人類至少在可預見的未來，需要為了馴化動物的利益行使某些育種控制。提供動物可能伴侶選項讓牠們交配時，人類應根據動物公民資格而非動物剝削為原則過濾，促進潛在後代健康以及在混合社會中生活能力之利益。如果為了未來動物的利益考量，且在尊重動物交配意願與時機的條件下進行，這樣的育種管理可以被證成。[45]

馴化動物的飲食

在我們對馴化動物的許多義務中，也包括確保牠們有適當的營養。此處我們遭遇另一個兩難：我們有義務餵馴化動物吃肉嗎？尤其是如果這屬於牠們（所謂）自然飲食的一部分？我們一定要讓某些動物淪為俎上肉，以實踐我們對馴化動物公民的義務嗎？

現在先退一步考量一般動物飲食的議題。有些馴化動物（尤其是雞、牛、山羊、綿羊，與馬）如果能施展更大範圍的能動性，將可以自行照料多數的營養需求。先前我們引述了羅絲蒙·楊的描述，她自由放牧的母牛自行量身訂做，打造均衡飲食、自理病痛、準備生產等（Young 2003）。然而，其他動物在可預見的未來需要仰賴我們滿足其營養需求。陪伴貓犬已經離開野外許久，在那裡牠們原可透過狩獵與拾荒適當地餵飽自己。流浪貓狗通常可以自己活下來，但除非有人類補給飲食，牠們很少可以過得很好。貓狗長久以來適應與人類的家庭生活並分享食物。過去幾十年來，我們習慣特別為牠們準備貓食與狗食（這部分反映了大眾逐漸了解貓狗與人類有不同的營養需求，也部分反映工業化肉類系統尋找副產品市場的動機）。但在大半人類與寵物的歷史中，貓狗都是吃家庭剩菜以及自己覓食，狗尤其演化為具有高度彈性的雜食動物，有充分的證據顯示狗（妥善規劃地）吃素也可以茁壯。也有逐漸增加的證據顯示儘管貓是肉食動物，仍可以食用高蛋白素食，搭配牛磺酸與其他營養素下達成均衡飲食。[46]如果是這樣，就餵食陪伴動物而言，人獸世界的正義轉型不會造成無法跨越的道德兩難。

批評者會抱怨素食對貓狗而言不天然。但貓狗存在我們的世界已經好幾個世紀，適應各種形態的文化飲食（更不用說商業寵物食物一點都不天然）。對陪伴動物來說，沒有所謂的天然飲食。重點是其飲食符合所有的營養需求，同時讓牠們覺得美味愉悅。貓狗有個別的品味，但有許多證據顯示牠們偏愛素食與提味劑（如：營養酵母、海菜、素魚素肉、起司口味）。當然即使素食營養美味，也很可能不是許多貓狗的第一選擇。如果可以選，牠們可能會吃肉。我們強調過要促進動物能動性，讓牠們在可能範圍內選擇自己的食物。那麼為什麼在飲食方面，我們竟提倡肉類不應開放讓牠們自由選擇？因為公民自由永遠受到尊重他者自由所局限，人獸混合社會中的貓狗成員沒有權利為了吃而殺害其他動物。我們將在第六章討論，掠食者與獵物的關係在野生動物的世界必然存在，但馴化動物是人獸混合社會的公民，此處存在正義情境。我們反覆強調，正義要求承認馴化動物的權利，但正義也要求馴化動物如同所有其他公民一樣，尊重所有成員的基本權。許多人類也偏好吃肉，但若可取得營養替代品，吃肉就是不道德的事。

然而，如果有些貓在飲食中沒有動物性蛋白，真的無法得到充足營養的話又要怎麼處理？我們要如何履行餵貓義務，而不會侵犯其他動物不被殺害的權利？可能的選項包括：(1)讓貓狩獵、(2)幫牠們找屍體、(3)從幹細胞研發人造肉，或(4)讓貓吃馴化雞供應的蛋。第一個選項是讓陪伴貓獵食老鼠與鳥，這跟我們自己殺害相比好不了多少。貓是我們社群中的一員，這代表我們需要在能力範圍內限制牠們對其他動物使用暴力，就像我們會限制自己的孩子施暴一樣。換言之，身為人獸混合社會的成員，我們有一部分的責任是訂立規範，讓無法自我管制的成員尊重他者的基本自由（如：在貓身上繫鈴鐺，在牠們接近時警告老鼠與鳥，或在出外時約束牠們）。

找屍體指食用自然老死或路殺意外的動物肉，這個選項會造成有趣的問題。對屍體表達敬意是我們展現尊重的其中一種方式，有些人主張由於動物無法理解對屍體不敬的概念，也就不可能因為我們處理死後屍體的方式而損害其尊嚴，互相敬重的關係唯有在位格雙方都理解尊重概念時才會存在。但這個想法受到障礙權理論家的挑戰，他們主張尊重可以內化在兩人間的關係中，即使其中一人並無此自我了解亦然。即使不被尊重的人不真正理解不尊重，被輕賤以待還是會有嚴重後果，他們是否真的被視為社群的完整成員也有待商榷。這種尊重概念也可對處理動物屍體有所啟發，如果整體來說，我們對處理動物和人類的屍體有不同標準，這既標記了不同程度的尊重，也顯示我們無法視動物為社群中的完整成員。因此，允許動物與人類屍體有不同處理方式的意涵必須謹慎以對。另一方面，我們對於尊重人類屍體的想法每個文化各有不同，也隨著時間而改變。進行解剖、使用大體做科學研究、器官移植，這些行為都一度是對屍體不敬的例證。基於同樣的理由，將屍體轉為堆肥的新技術也充滿爭議，可不可以回收人類屍體轉成肥料呢？

此處還有另一個問題：屍體的處理是所有個體的基本權範圍嗎？還是一種與公民資格相關的權利，劃出社群疆界與成員對彼此的義務？兩者似乎在不同層次上都能成立。一方面，有些事不能對人類屍體做，可能是普世公認輕蔑不敬的。另一方面，我們對屍體的積極義務，也就是**應該**怎麼做才能展現敬重，在文化上（或宗教上）各有不同，也劃出了社群的界線。這可能意味著，儘管有些事情我們絕對不能做，無論是人類或動物、公民或外人。我們對社群成員還是負有一些特別義務。比如說，如果有人在國外去世，將遺體運回家鄉，或根據當事人所屬的文化／宗教／社群加以處置，而非他所處異鄉的文化，可能比較適當。

因此，無論在哪個社會或社群，或許我們應該以對待人類遺體的同樣方式，來對待馴化動物的遺體。但同樣的義務不適用於社群外的屍體。我的貓身在人獸共享社會中，用彰顯其公民資格的方式加以對待可能恰當，但同樣的方式就不適用於野生動物。野生動物屬於不同的社會，在那裡的生命網絡中，動物遺體被食用或回收沒有什麼有失尊嚴的問題。所以這代表我們可以撿拾遺體餵貓嗎？還是這無可避免會導致我們眼中野生動物生命的廉價化？

我們該如何處置屍體，而這又會如何損及我們對生者的尊重，這些考量會引出另一個相關考量：人造肉品的發明，也就是在實驗室中由幹細胞培養出的肉品。一方面，這種發展似乎為肉類消費問題提供了可能出路。此處的主要想法是只有組織、沒有具情識的存在產生，因此沒有人因肉品產生直接受害。然而，其中一個問題是這種發展會對尊重生者造成外溢效果。如果用動物而非人類的幹細胞來培養人造肉品，這難道沒有劃分位格尊嚴的關鍵差異嗎？我們似乎不可能從人類幹細胞中培養消費性肉品，這將觸犯食人的禁忌，因為人類不是食物。但如果是這樣的話，食用從動物幹細胞培養的肉品不也是同樣的違反嗎？對某些純素主義者來說，即使是合成肉（或毛皮）都令人作嘔。對其他人來說，這些產品沒有什麼問題。噁心的議題與尊重的議題密切相關，人們無疑將繼續爭論當中合適的界線。

想用如雞蛋等非肉動物性蛋白質餵貓，顯然要看在人獸社會中，是否有什麼條件可以道德地使用雞提供這些食物來源。我們稍早討論過這個議題，並總結在少部分情境下可以這麼做。然而，商業化的蛋（乳）品產業不大可行（也會招致濫用），所以不可能有大規模生產解決貓的動物性蛋白攝取問題。然而，對於想要有貓陪伴同住的人，一部分的責任是需要找到道德生產的蛋源，或許他們也可以養自己的雞。[47]

在馴養動物中，貓是唯一真正的肉食性動物，因此在人獸社會中構成獨特的挑戰。作為人獸社會中的一份子，人類可能無法在養貓作伴之餘，不去面對貓在飲食與其他必要限制上一定程度的道德難題。此類限制不只與飲食有關，也包括審慎監控貓在戶外的行動，以保護其他動物遭到掠食。這種程度的限制會危害到貓在混合社會中繁盛的可能性嗎？這意味著讓牠們滅種是合理的嗎？起碼這意味著任何人類個體在思考養貓作伴時，需要負擔龐大的責任與工作，確保貓在必要限制下能過得好（努力搜尋美味營養的適當食物，為牠們創造機會享受戶外生活的同時不危害到他者）。

政治代議

我們強調公民資格提供了一種觀點，以了解個體自由與繁盛在社會生活的互惠合作計畫下如何開展。這需要個體內化社會生活的基本規則（如：不侵犯他者權利、參與社會生活），以享受其自由與機會。但基本規則永遠是暫時性的，須透過所有公民的民主參與持續進行協商。我們也強調，如果馴化動物的「合作者」學會解讀其偏好表達並加以協助，馴化動物有能力參與這項過程。但這種依賴者能動性要在政治上有效，必須有連結馴化動物及其合作者和政治決策者的制度性機制。簡言之，我們須以某種方式確保馴化動物有效的政治代議制。

顯然，這不會是將投票權延伸到馴化動物上，因為動物無法理解不同候選人或政黨的政治平台，在這點上動物與重度智能障礙者相同。如沃豪所提，後者也需要不被投票權定義或窮盡的代議概念（Vorhaus 2005）。那我們究竟應該怎麼思考動物共同公民的政治代議呢？

這個議題在動物權理論中著墨甚少，反映出消極權利的優先性，以及推定人獸關係的未來是將接觸減到最低，而非政治與社會的整合。然而，環境文獻中就如何「給自然公民權」有些相關論辯。如羅賓．艾克斯利便建議以憲法鞏固如「環境捍衛者辦公室」的公部門獨立機關，其職責在於確保未來世代與非人物種之權益納入決策考量（Eckersley 1999, 2004: 244）。設立環境「律師」、「託管人」或「監察員」的類似提案，也受到其他作者的討論（如：Norton 1991: 226-7; Dobson 1996; Goodin 1996; Smith 2003）。雖然批評者認為到頭來，要確保未來世代或非人物種權益納入考量，只有改變一般選舉人的態度才是唯一可靠的方式（Barry 1999: 221; Smith 2003: 116）。

我們前面提到，這些提議出自環保／生態文獻，而非動物權理論文獻，這也反映了前者的優先順序，即這些提議鮮少聚焦在馴化動物基本權的辯護，更不用說其公民資格的地位。其焦點往往放在保持生態系統的永續性，而生態系統大都指的是野外。我們在第二章已經看到，這種承諾通常會支持侵害個別動物的權利（比如支持永續狩獵，以及對數量過多或入侵物種進行治療性撲殺）。

從比較偏向動物權的觀點來看，瑞士蘇黎士州的「動物律師」辦公室是個有趣案例。律師有權代表動物出庭，其授權項目專注於動物福祉而非環境永續性。[48]但工作比較多在於確保既有反殘酷與傷害的法律保障能有效執行，而非政治代議。制度並未授權動物律師藉由在立法程序中代表動物作為共同公民，重新協商成員資格的條款。

這些例子清楚說明，到頭來重點不在於設立某種特定的制度性機制，如以「監察員」取代「辯護者」，而是建立人獸關係的基本圖像，以驅動制度性改革。畢竟，多數法域已有完善的動物福利官僚系統，但他們的角色嚴格受到福利主義哲學假設的嚴格限縮，將動物為了服務人類目的而存在視為理所當然，因此動物福利自然只代表消除「非必要」的動物受苦。

要跳脫這樣的桎梏，我們首先需要釐清任何新代議體制的目標。我們主張此目標應建立在賦予馴化動物共同公民資格的理念上，在這個體制下有效代議需要每個層次上的制度性改革。這將涉及立法程序的代議，也需要有人代表動物，參與如地方土地規劃決策，或各種專業與公共服務（警政、急救、醫療、法律、都市計畫、社會服務等）的管理委員會。[49]在以上所有現行制度中，馴化動物都是隱形的，權益也全遭忽略。

五、結論

當馴化動物成為共同公民時，應做出哪些改變，以上只是部分清單。我們希望就公民資格觀點的運作，以及它與目前主宰動物權理論的廢止主義／滅絕主義和門檻論之間有所差異，這些例子可以提供一些指引。有一點很重要，我們認為，公民資格模式的核心並非靜態的權利義務清單，而是要建構某種持續的關係，彰顯完整成員資格與共同公民權的理想。我們檢視的議題包括動物訓練與社會化、動物產品與勞動、動物醫療與生殖。藉由對供給與保障的提問，我們區辨哪些可以維繫馴養動物在人獸社群中身為完整成員的地位，哪些又會侵蝕其地位，讓動物淪為永久從屬的次等階級。

對於所有的議題，將馴養動物視為共同公民並不會是徹底解決所有道德兩難的神奇公式。如同人類的案例，尊重共同公民權所需要的將是辯論與合理的異議。但我們主張，用這些條件思考，的確可以釐清理應引導我們判斷的目標與保障，並協助我們避免困擾動物權理論現有取徑已久的矛盾與死結。

此外，此取徑有助於我們理解目前對待動物時，某些看似矛盾之處。常聽到有人批評人類社會對貓狗之類的馴化動物寵過頭，這種對待方式濫情、偽善，且自溺。這個批評有兩個面向。首先，它指出人儘管願意支付昂貴的寵物癌症治療費用，卻同時坐下來享用豬排或雞翅。第二個面向不是相對性的，而是絕對性的，指出陪伴動物既不值得，也不適合這種程度的關照，畢竟牠們不過就是動物而已。

我們同意目前對待馴養動物的方式很有問題，但認為前面兩項批評搞錯方向。就第一點而言，公民資格取徑主張對偽善的適當回應不是減少我們對陪伴動物的關心，而是須視所有馴化動物為公民，享有完整的成員權益與義務。就第二點而言，公民資格取徑主張對社群中所有成員一視同仁，同等關注尊重所有公民不是濫情的沉溺，而是正義的問題。許多人類給予陪伴動物的愛與關注不是方向錯誤的情感，不應受到鄙視，而是應被培養拓展的強烈道德力量。

第六章　野生動物主權

前兩章的討論著重在馴化動物上，現在我們要來關注非馴化動物。這些動物相對而言不受人類直接管理，自行覓食、棲身並組成社會結構。在非馴化動物的廣泛類型中，有很多不同種類的人獸間關係。第七章討論城際野生動物，也就是與人類過從甚密的野生動物。我們在本章討論的是「真正的野生動物」，即那些避開人類及其聚落，在日益縮減的棲地或領域中（盡可能）遺世獨立生存的動物。我們之前針對馴化動物描繪的「依賴能動性」模式，以及在人獸混居社群中的「共同公民資格」，在野生動物身上既不可行也不理想。

儘管野生動物閃避人類，且不依賴我們而生存，但牠們仍然很容易受人類活動所影響。隨著與人類活動位置的接近程度、特定物種對生態系改變程度及速度的適應性，其脆弱性各不相同。脆弱性可能來自以下三大類別的影響：

1. 直接蓄意的暴力行為：漁獵與設陷阱捕獵；從野外將動物捉進動物園與馬戲團，或滿足飼養珍奇異獸與搜集戰利品的需求；或使用其他野生動物的身體部位；殺戮動物以進行野生動物管理計畫；以及以科學研究之名對野生動物進行有害實驗。

2. 棲地喪失：無論是為了居住、採集資源、休憩活動或其他消遣，人類持續步步進逼動物居住的領域，破壞動物棲地，剝奪動物生存所需的空間、資源與生態系統活力。

3. 外溢傷害：人類的基礎建設與活動無止境地增加了動物的風險（從航道、高樓與車道，到如汙染與氣候變遷等等外溢效果）。

以上三種人類對野生動物的巨大衝擊是消極的，我們也可以想像有第四種潛在的積極影響：

4. 積極介入：人類嘗試幫助野生動物，可能是個人行動（比方說，拯救摔落冰層下的鹿）或系統性活動（比方說，替野生動物族群接種疫苗以對抗疾病），目的可能是回應自然災害與過程（像是火山爆發、食物鏈、掠食者），或試圖逆轉或預防由人類所導致的傷害（比方說，野化與恢復棲息地）。

合宜的動物權理論必須對以上四類影響提出指引。

本章認為傳統動物權理論在這方面並未著墨，本章為了符合此要求，將會提出該如何延伸與修正論述。我們將說明，傳統動物權理論聚焦於第一類影響，也就是對基本權的直接侵犯。對於其他三類影響的討論則少得多。這並非偶然的疏忽，而是反映出若僅以動物的內在道德地位為基礎來定義動物權，理論會產生的局限。要能適切地處理其他三類影響，必須更清楚闡明動物權利中的關係性，這種論述主張，存在於人類社群與野生動物社群間的種種關係既可行，也是在道德上可辯護的。我們將看到這其實是政治問題，唯有指出人類社會與野生動物社群間政治關係的適當結構，才有辦法處理。我們主張，將野生動物視為主權社群，有助於我們辨識人獸關係。牠們與人類主權社群之間的關係應該受國際正義的準則所規範。如同我們在第五章的討論，「公民資格理論」有助於界定我們對馴化動物的義務；在本章，我們主張主權與國際正義的概念有助於指出我們對野生動物的義務。

將益發清晰的是，我們的目標在於擴充動物權理論，而非取而代之。就這點而言，即使我們與多數的生態文獻出於類似關懷，取徑仍有所不同。有些生態理論家對傳統動物權理論的批評很有道理，認為傳統動物權理論忽視棲地破壞與其他的非蓄意傷害，同時在人類活動對野生動物（與生態系統）所帶來衝擊的複雜與毀滅性上，也沒有完整的理解。我們廣泛地採納這些洞見。

然而，如同我們在第二章所言，環境保護理論普遍傾向無差別地把動物納入自然或生態系統中的廣大類別中，因此貶抑了動物主體中獨特的道德分量，也剝奪了（非人類）個體存在的不容侵犯性。[1]事實上，很多生態學者堅稱，對於健全生態系統的整體考量，和賦予動物個體權利的理念無法相容。如為了保護脆弱的生態系統，或許必須移除侵入性植物；同樣地，人類可能也必須進行所謂的「治療性族群控制」，淘汰危害生態體系的物種。

然而，從動物權理論的角度來看，生態系統裡許多不同種類的實體中，有些具有主觀性存在，因而需要獨特的道德回應，包括尊重他們不受侵犯的權利。事實上，生態學者早已接受這樣的理念；畢竟，他們並不會為了保護脆弱的生態系統，提議用「治療性族群控制」來淘汰人類。涉及人類時，他們同意保護生態系統的承諾，可能且必須在個體擁有不容侵犯權利的限制下為之。我們相信，類似的原則既可以也應該應用在動物身上。因此，本章的目標在於指出擴充後的動物權理論如何處理棲地與生態系統繁衍的根本性問題，同時依舊維持動物權理論對主體不容侵犯性的承諾。

我們首先將概述傳統動物權理論在野生動物議題上的取徑限制，接著我們將發展出以主權為基礎的替代模型、解釋我們所謂的主權為何、釐清主權可賦予野生動物社群什麼樣的意義，並指出這套模型中令人信服的原則，清楚說明如何協助我們處理人類對野生動物的各層面影響與彼此間的互動。

一、傳統動物權理論對野生動物的取徑

在人類對野生動物的四類影響中，動物權理論主要著墨在第一項，也就是對生命權與自由權的直接侵犯。倡議者對於野生動物不應受到捕獵者、珍奇異獸交易商、動物園、馬戲團與野生動物管理者所染指，下了很大的功夫。這無可厚非，因為這些行為而遭殺害與受傷的動物多不勝數。[2]這樣的關注自然是來自動物權理論強調所有動物的消極基本權，並且為野生動物倡議行動提供了適切的出發點。[3]

不過，對於傳統動物權理論家而言，對抗基本權的直接侵犯不只是動物倡議行動的起點，同時也是終點。他們的基本立場是人類應該停止直接傷害野生動物，之後就不要再管牠們，就算這意味著牠們很容易受到人類活動的間接傷害，或是遭受大自然力量（像是洪水或疾病）或其他動物（掠食）的傷害。因此，湯姆．雷根用「順其自然」來總結我們對野生動物的義務。[4]彼得．辛格同樣也認為，有鑑於介入自然的活動有其複雜性，我們「要是能減少對其他動物不必要的殺戮與殘忍行為，就已足夠」（Singer 1990: 227）。而且「我們應該要盡最大可能不要管動物」

（Singer 1975: 251）。[5]蓋瑞・范西恩認為，我們不必然對野生動物「有道德或法律義務要幫助牠們，或介入保護使牠們不受傷害」（Francione 2000: 185），而他當然也建議「我們確實該離野生動物遠一點」（Francione 2008: 13）。

簡言之，傳統動物權理論對野生動物採取「不干涉」取徑：嚴格禁止直接傷害，但更進一步的積極義務卻付之闕如。克萊兒・鮑莫稱之為「放任直覺」，並且提到這在傳統動物權理論的文獻中由來已久（Palmer 2010）。然而，這種取徑廣受批評為過猶不及。不及之處在於「離動物遠一點」的禁令，至少在傳統上對動物權理論的理解，並未論及人類可能透過某些其他方式傷害到野生動物，像是人口擴張與棲息地喪失。如同我們先前所見，直接侵犯基本權只是人類對野生動物造成的三項消極影響之一，就算我們停止狩獵或捕捉野生動物，人類還是可能透過空氣與水汙染、交通網絡、都市與工業區的擴張與農業活動，對野生動物造成巨大的傷害。當然，我們可以擴大詮釋「離動物遠一點」的概念，納入這些間接影響；但起碼到目前為止，當這些間接風險與傷害構成了不正義時，該如何判斷或補救，動物權理論迄今對此著墨不深。

這種取徑也有太過的可能，因為如果我們主張野生動物有生命權，那為何只產生不干預介入的消極責任，而沒有積極責任？動物權理論家可能用「離動物遠一點」來形容他們的理論，但批評者指出了賦予生命權所需要的，似乎不僅僅是阻止人類殺戮動物，還應該在動物生命遭逢威脅時出手干預，包括系統性介入以終結掠食，以及保護動物不受饑荒、洪水或嚴寒等天災所害（Cohen and Regan 2001; Callicott 1980）。我們若是為了保護羚羊的生命權與自由權不受侵犯而阻止人類獵捕，那麼我們難道不該也試著把所有的獅子都關在隔離的空間或全部關進動物園，好阻止獅群捕獵羚羊？可以用**歸謬法**設想創造出富含豆類蛋白質的蟲給鳥類吃，或是為了履行人類積極協助野生動物生命權的責任，而在野地架設中央空調系統（Sagoff 1984: 92-3；參較 Wenz 1988: 198-9）。援引生命權作為禁止捕獵野生動物的依據，似乎會導致人類無窮無盡的義務來干涉自然。[6]

動物權理論家回應了以上兩項批評，且在論證中改良了觀點，但我們將看到，這些修正說法既不恰當也不嚴謹，不過這些觀點仍能為我們指出更為適切的「關係式觀點」。我們將簡單回顧這些改良的主張，然後說明這些主張如何自然導向我們的「主權模式」。

回應棲地喪失，動物權理論家承認繁榮的生態體系是個體成長茁壯的先決條件，因此動物權理論必須設法納入這些生態考量（如：Midgley 1983; Benton 1993; Jamieson 1998; Nussbaum 2006）。近來的動物權理論家聲稱保護棲地是野生動物的重要權利。比方說，杜納耶主張：「對自由的非人類物種而言，除了不被人類殺死之外，最重要的權利或許就是保有棲息地的權利。」（Dunayer 2004: 143）約翰・哈德利則認為，保有棲地的權利對野生動物來說就像是財產權，能夠保護牠們不因人類擴張與生態破壞而被迫遷徙（Hadley 2005；亦參見 Sapontzis 1987: 104）。

然而，動物權理論中，這些把棲地視作財產權的新近概念，一般而言還有很大的發展空間，也並未處理到某些關鍵問題。主張被某種動物家族獨占使用的特定領域範圍擁有財產權是一回事，如鳥類對鳥巢，或狼對其巢穴擁有財產權。但動物生存需要的棲地遠比這些特定且獨占的領域大得多，動物通常需要在與其他多數動物共享的遼闊大地上飛翔或漫遊。若是附近的水坑遭到汙染，或高樓大廈擋住了鳥類飛行路線的話，保護鳥巢其實沒什麼幫助，我們並不清楚財產權的概念在這裡有什麼效果。該視哪一塊土地屬於野生動物，且又是屬於哪種野生動物的？在那裡該如何限制人類活動？限制到何等程度？我們該如何監控這些界線，並規範往返界線間的移動？對於在自己棲地中的動物，我們又負有哪些額外的責任（如果財產權賦予動物不因人類擴張而被迫遷徙的權利，那麼我們是否也應該保護動物不因其他動物的活動或氣候變遷而被迫遷徙）？

我們認為，動物權理論家很大程度上並未處理這些問題，因為僅聚焦於動物內在道德立場的理論框架中，無法回答這些問題。如同我們之前所見，這個問題削弱我們對某些動物（或某些人類）所持有的道德義務，這些義務根據我們與對造關係的本質而有所不同。動物權理論提到財產權或棲地所有權，隱然反映出應該用更關係性與政治性的詞彙來理解我們與野生動物間的關係。然而我們也將看到，完全把重點放在財產權上來闡釋這些政治性關係掛一漏萬，甚至誤入歧途。

我們首先要問人類社群與野生動物社群間的適當關係是什麼，在我們看來最好是以主權為架構，然後才在這樣的框架下處理棲地議題。

至於認可生命權是否蘊含干預掠食的責任，我們在這樣的憂慮中也看到了類似的僵局。動物權理論家一般而言支持「放任直覺」，主張我們不應干預自然，即使是為了保護動物免於餓死或遭受掠食亦然。然而這樣的直覺，似乎與堅持動物生命在道德上有其意義，以及動物具有基本生命自由權互相衝突。動物權理論家以一系列論述回應此憂慮，說明他們為何不矢志堅持全面干預自然。

其中一組論證試圖說明，即使對脆弱的動物伸出援手可能應受讚揚，為何我們還是沒有**義務**干預饑饉或掠食。雷根在他的經典著作《為動物權利辯護》第一版中提到，我們防範不正義的義務，便是防範對權利的不道德侵犯。這往往強過我們防止純粹不幸的義務。所以我們有責任保護野生動物不受人類獵捕，因為進行這種不正義行為者，是該負責任的道德主體；然而，我們沒有類似的義務要保護野生動物免受由自然因素所導致的掠食行為與苦難，因為後者並非道德主體所導致的結果，因此是不幸而非不義。[7]

同樣地，范西恩指出，即使是對其他人類，美國法律也限制了我們的「援助義務」：

> 如果我走在街上時，看到某個人失去知覺，面朝下躺在一小攤水中即將溺斃，法律並沒有強制我有義務協助那個人，就算我只需要把她翻過身來，對我來說是零風險也不過分麻煩的事……。動物不被當作物品的基本權，意味著我們不能把動物當作是資源，卻未必代表我們有道德或法律義務幫助動物，或替動物消災解厄。（Francione 2000: 185）

其他動物權理論家也同樣主張，儘管我們有絕對義務不能侵犯他者（無論是人類或動物）基本權利，但對於協助需要幫助的他者，我們只有相對或可裁量義務。一般來說，我們對他者的消極義務（不殺戮、不拘禁、不折磨、不奴役，或剝奪其生命必需品）是「並行不悖」的，也就是說這些義務彼此間不相衝突。履行不殺某人的義務，不會讓我無法履行不殺另一個人的義務。但反過來說，許多積極義務無法並行不悖。讓某動物不受特定潛在傷害的威脅，很可能會與幫助其他動物的其他方式互相衝突。我有限的時間與資金可能支持一些援助計畫，但不會是全部，而這限制了干預行動的初確義務，將干預行動局限在鄰近、低風險且為人所知的案例（Sapontzis 1987: 247）。

主張協助的積極義務薄弱且相對，通常也伴隨著積極義務的「同心圓」模型。在卡利可（1992）、溫茲（1988）與鮑莫（2010）所建的模型中，我們與受助者之間（在情感上、空間上或因果關係上）的親近性，決定了我們的道德義務。我們對陪伴動物等比較親近的動物，負有積極義務；但離我們較遠的那些動物，例如野生動物，我們只承擔不傷害的消極義務。

以上諸多回應有兩個嚴重的問題。首先，要挽救對野生動物採取「放任直覺」的說法，只能透過大幅削弱我們對人類涉險時伸出援手的道德義務為之。主張避免不義相較於防止不幸有更強的義務，此言或許為真；但事實上就算是自然災禍而非不義之舉，我們顯然仍有很強的義務營救在海灘溺水者或被落石擊中者。美國法律目前並未強制人們對陷入險境者負有慈善義務，在這點上范西恩沒說錯，但其他的司法體系中是有的，並普遍被視為真實的道德義務，而不僅是可自行裁量的選項。同理，我們同意對鄰近他者或許有更強的援助義務，但對於遙遠國度中正在受苦受難的人們當然也有積極義務。或許我與偏遠國家中飽受飢餓之苦的人們沒有個人連結，對於他們所處的困境也沒有因果關係上的責任，但地處偏遠不會免除我援助他們的積極義務。我們有援助自然災禍受害者或在遠處受難者（無論是地理上或因果關係上）的一般道德義務，削弱此義務以辯護對野生動物採取「放任直覺」，是有違常理的。

其次，這些回應並未確實切中要點，因為反對動物權理論的理由，並不在於這會使幫助野生動物而干預自然成為**義務**，而使干預行動在道德上值得鼓勵讚揚。我們多半會覺得在街上幫助困頓的人類同胞是好事（即使法律並不強制），然而大多數人會認為系統性地干預「掠食者－獵物關係」是壞事。我們不應該為了確保獅子永遠不能獵食羚羊，而試圖隔離兩者。將野生動物援助僅當作是裁量性行為而非義務，並未認清這點。動物權理論的回應認為援助行動是可容許的而非道德義務，但批評者認為，至少在某些情況下不應容許干預活動，也就是說，就算我們擁有裁量權也不應干預。

因此，有些動物權理論家試圖從動物權理論的角度，闡釋限制人類干預自然的好理由。當然，為了要與動物權理論保持一致，任何此類論述勢必得以「減低動物的苦難有其初確的道德理由」為前提開始。既然動物權理論的道德基礎在於承認動物在這世上擁有主觀經驗，這個經驗的內涵顯然有其道德上的重要性。諸如食物鏈或掠食等自然歷程將導致動物受苦，也不是無害或神聖的。然而，在野生動物的案例中，有各種原則性與實務上的理由顯示為何干預義務很可能極為受限。現在，我們將簡略討論兩種限制。

易錯性論證

最常見的論證或許會提及人類干預自然的高度易錯性。人類一旦試圖干預自然，其結果往往不只是不盡人意，甚至會傷天害理。想想那些人為引進物種的案例，都造成嚴重的生態衝擊；很多據稱是科學管理的技巧也導致了災難。舉例來說，歐福德討論在納米比亞的國家公園中，「為什麼撲殺者搞砸了」。這些撲殺者的干預行動根據的是不精準的靜態動物族群量模型，然而演化卻是以族群量在急速擴張與暴減的巨大變異為基礎，要創造生態系中適合其他生物生存的棲地與環境條件，這兩個極端是關鍵所在（Orford 1999）。[8]自然體系極為複雜，而我們對自然的理解非常有限。在這些狀況下，我們的干預行動利弊參半，甚至很可能弊大於利。

易錯性論證強而有力。我們的確很難預測干預行動的效應。嚇退一群狼來拯救一頭鹿的益處似無疑義，但要是狼群因而餓死呢？或者，要是狼群因此在隔壁山頭殺了另一頭更年輕、更健康的鹿呢？抑或是，鹿因你的救援而免於驚恐的猝死，卻將因為漫長的冬天食物稀少而餓死，或飽受長期慢性疾病之苦呢？更何況，這些只是對小規模或零星干預行動的無知。若我們思考的是較大規模的人類干預行動，那麼干預的風險大幅增加。我們過去操弄生態系，諸如引進侵略性物種或摧毀關鍵物種，應該足以讓我們更謙遜地面對生態系複雜性，並更加謹慎地辨認干預中任何特定行動的相關變數。弗雷澤（2009: 179-94）以許多非洲河流中的頂級掠食者鱷魚為例，討論整個生態系（例如奧卡萬戈三角洲）如何因為鱷魚絕跡而崩潰。一方面，除掉鱷魚減輕了其獵物（例如鯰魚）所面臨的立即威脅；但另一方面，鯰魚本身是中階掠食者，牠們的數量不受控制地增加，導致其他無數物種（例如老虎魚或鯛魚）的消失。同時，通常以鱷魚寶寶為食的魚類與鳥類（鷺、鸛、老鷹）也跟著滅絕。鱷魚身軀龐大，能夠在奧卡萬戈三角洲的蘆葦叢中維持水道暢通，這對於其他物種而言至關重要。鱷魚除了清除廢物與把養分回收再利用之外，對於維持三角洲中所有生物賴以生存的水質而言，必須保持水道通暢。[9]由於生態系的複雜性，干預掠食行為在最好的情況下也只不過是轉嫁，而非大幅減輕苦難；最壞的情況則可能產生倒行逆施的效果。

因此，很多動物權理論家認為，生態上的相互依存與預防原則反對干預自然。為了預防苦難而必須出手干預的義務，受到避免引發更多苦難的義務所局限（Sapontzis 1987: 234; Singer 1975; Nussbaum 2006: 373; Simmons 2009; McMahan 2010: 4）。

然而，如同鮑莫（2010）所言，易錯性論證似乎還是沒有切中要害。這個論證似乎暗示，只要我們有更多資訊，就能著手改造自然世界，防止野生動物為了食物資源或生存領域的稀缺而競爭，或把掠食動物跟獵物隔離，賦予每一隻野生動物安全的棲地，將大自然轉變成管理得當的動物園，安全圈養其中的每隻動物，並保證食物來源。或許我們還不知道該怎麼做，不過如果唯一的反對理由是易錯性，那麼我們至少能從小規模實驗性質的計畫開始做起，以建立如何改造大自然以全面減少苦難的知識。事實上，麥克馬漢認為，既然人類對荒野的影響已無孔不入，那麼我們應該用將來的干預行動來減少自然世界裡的痛苦（McMahan 2010: 3）。換言之，由於我們的影響已無孔不入且不可避免，我們不能躲在易錯性論證後面嚷著不要介入干預。

繁盛論證

無論裁量性論證或易錯性論證都沒有切中問題核心。多數人拒絕干預野生動物所受的苦，不只是基於易錯性或成本，更是基於原則性的理由，即干預行動會威脅到野生動物的繁盛。繁盛論證或許是最重要的，卻也是最不完整的論述。究竟讓野生動物受苦該如何導致其繁盛？

根據珍妮佛・艾佛瑞的說法，野生動物能否繁盛，依據的是牠們是否能按照自身特質與能力而行動，而這來自於獵食過程中的精準演化，無論在集體或個體層次皆然。野生動物社群只要能夠自行調節便得以繁盛，而動物個體若能按照天性行動就能繁盛。艾佛瑞就生物本性的特質說明之，主張「除非協助有其必要性，能夠幫助生物按其天性繁盛，我們才有初確義務伸出援手。」我們不應該從掠食動物口中救下一隻鹿，因為「就算沒有人類保護牠們不受非人類掠食，鹿作為鹿還是得以繁盛。事實上，如果能輕易得到援助，動物能否按其天性繁盛大有問題」（Everett 2001: 54-5）。

這個論證講到了重點，但仍需要斟酌與釐清。我們很難主張避免一隻鹿死亡對其繁盛有害，畢竟鹿如果死了就無法繁盛。而許多動物權理論家堅稱繁盛論證不能在這個層次上排除所有干預行動。[10]艾佛瑞似乎在此讓步，提及「持續性」的干預行動，或許只有系統性干預才會威脅動物繁盛。把大自然改造成動物園會讓鹿群無法按其天性繁盛；但拯救一隻困在冰上的鹿可能沒那麼嚴重。援引繁盛論證反對所有干預行動的危險在於：幾近於把自然過程神聖化，使其具有本質上的道德性。即使鹿的天性由掠食過程所形塑，並不意味著鹿被生吞活剝時會覺得心滿意足。

所以，我們必須更謹慎地思考，哪些干預行動在哪種層次會阻礙生物繁盛。人類的例子中也有類似的需要，必須區分個人層次與國家層次的干預。我們可能會在個別案件中倡議援助他人的義務，但不認為國家應該扮演保護者或風險排除者。雷根指出，若有人偶然碰到老虎抓走小孩，那麼他有介入且營救小孩的義務；但不會因此導出國家有義務撲殺所有老虎以降低小孩被抓走的威脅（Regan 2004: xxxviii）（或許要補充，我們也不會因此支持公共政策標記與追蹤所有老虎，以警告人們其行蹤；或禁止人們進入森林的禁令）。生活本來就有風險，消除風險或將涉及嚴重的自由剝奪，包括充分發展與探索能耐的自由。在危害發生的當下，保護人類孩童的個別行動，對人類的繁盛有所貢獻；禁止產生傷害風險的行動或過程而採取集體行動，則可能會危害人類的繁盛，這對動物而言亦是如此。

然而，我們一旦認清這點，就必須把分析轉向更具關係性與政治意涵的層次。問題不再是考量野生動物本質上對折磨的耐受度，人類對牠們負有何種義務。如同我們所見，當今的「動物權理論」對這個問題的回應，很隨機又具選擇性。我們反而該問：人類與動物社群間的適當關係為何？我們認為，目前「動物權理論」的論述正反映了用更具政治意義的詞彙來理解其中關係的必要性，將這個關係當作是獨特的自治社群間的關係，但沒有把關係的條件講清楚說明白。就像是用財產權概念來處理棲息地異議的問題，會表現出更趨近政治的理解；提及過度干預行動所導致的危險，也指出了我們必須把野生動物社群當作是有組織且自治的社群，與人類社會間的關係必須透過主權與公平互動的準則來規範。

我們的確可以在動物權理論文獻中約略見到這個概念。[11]比方說，雷根在講完名言「讓動物順其自然，讓人類獵捕者離牠們遠一點」之後，隨即補充說我們應該「讓這些『他族』打造自身命運」（Regan 1983: 357）。這意味除了不侵犯個體動物生命權的義務之外，我們也有尊重其集體自治的義務。納斯邦也說過類似的話：「人類對動物施行開明專制，供應其需求。這概念在道德上是令人反感的：物種主權如同民族主權一樣有其道德重量。對生物而言，繁盛的意義就某部分來說就是在沒有人類干預（即使是仁善之舉）的情況下，自行決定某些非常重要的事情。」（Nussbaum 2006: 373）我們在此可以看到動物權理論中尊重集體自治權與主權的方向，而非僅尊重有意識的個體生命。[12]不過，雷根與納斯邦均未明確指出把動物當作「他族」或「有主權的物種」是什麼意思，且他們作品中的其他段落也與此圖像格格不入。[13]

簡言之，動物權理論對野生動物議題的論述，發展得並不完整。在本章開頭，我們描述了野生動物易受人類活動影響的四類主要狀況，包括：直接且蓄意的暴力、棲息地侵入、其他非蓄意傷害，與積極的干預活動。動物權理論重視所有動物的基本權，因此強力制約了直接暴力。然而，在其他議題上，動物權理論提供的架構並不適切。很多動物權理論者強調保護野生動物棲地的重要性，卻鮮少探究該如何實現此一想法。其他非蓄意傷害野生動物的問題，就更少受到關注了。在援助野生動物（對抗掠食者、大自然食物鏈與自然災害）的積極義務上，動物權理論者說明了積極干預的各種局限，論證雖有充分理據，卻零散而充滿選擇性。目前缺乏的是一個更具系統性的理論來解釋人類與野生動物社群間的關係，能整合目前各種零散的論述，且能更進一步處理動物權理論迄今為止忽略的一系列議題與衝突。

我們將在本章勾勒出我們的取徑：主權論。理論主張野生動物個體的繁盛與整體社群的繁盛密不可分，並以社群間公平互動的角度重構野生動物權。這將對人獸互動產生全面性的影響。承認動物主權會限制人類侵犯野生動物領域的行為，且將產生義務，要求人類合理地預防對野生動物的非蓄意傷害（例如改變航道或在道路結構中建造動物廊道）。但這麼做也會限制人類幫助野生動物的積極義務。在進入野生動物主權領域（或分享重疊領土）時，我們會受到限制；但同理，野生動物進入人類主權社會也有其條件。這將強制人類尊重動物基本權，但反過來也保護人類不受侵犯。換言之，野生動物主權的理論提供了一個主要框架，導引我們與野生動物間的互動，讓我們平衡對野生動物所負有之積極與消極義務，且能藉此敏於分辨個別行動者的道德義務與國家層級的干預行動。

二、野生動物社群的主權論

在第三章中曾提到，公民資格與主權理念是我們理解個人與自決社群權利的核心組織原則，我們的目標是將這些原則擴及野生動物。在第四章與第五章中，我們聚焦於自治社群**內部**的公民資格本質，審視馴化動物所受的不義對待，近似於其他在歷史上被邊緣化或輕視的種姓與階級；以及公民資格理論可提供何種框架來處理這些不義，並建立更具包容性的政治社群，接納其中所有成員。本章我們則把焦點放在自治社群**之間**的外部關係。在此，我們同樣認為野生動物蒙受的不義，近似於各類受難的人類社群，他們的自治與領土主權在歷史上未獲承認。

我們無須細述人類殖民與征服的悲慘歷史，故事中強大民族對弱小民族多行不義。這些侵略行動，征服了所謂「原始」或「未開化」的民族，把他們納入殖民統治之下，而理據往往是這些受害者不配自治。舉例來說，納粹征服東歐時，某些群體（猶太人、吉普賽人）被當作目標趕盡殺絕；而其他像是波蘭人、烏克蘭人與其他斯拉夫人的民族，則是被剝奪民族主權，貶為如封建制度中的農奴或奴隸。在其他征服的例子中，如原住民族等現存居民，則是幾乎完全受到忽略無視。澳洲殖民者把這塊大陸想像成「無主地」：一塊沒有人類（或其他物種）公民的版圖。

面對這些不義，國際社會發展出了一套演進中的國際法系，藉以保衛弱勢民族不受強勢民族宰制，其中有兩個重點。首先是承認民族主權（因此將侵略或殖民入罪）；同時也清楚闡明一系列原則，規範民族間的互動。包括公平的貿易與合作條件、設立超國家組織處理（諸如因汙染或移民而產生的）跨國衝突，並訂立規則，在國家失敗或嚴重違反人權時進行合法的外部干預行動。以上構成了「萬民法」，或可說是國際正義演進系統的核心。

國與國關係在以上這些面向上極受爭議，且不斷演變。它們是半成品，回應幾世紀以來的征服與剝削，人類在歷程中為了定居或採集資源，利用粗暴的力量奪取新領土，無視當地被殺戮、遷徙、奴役或殖民的原住民。

我們主張，野生動物遭受類似的不義，因此需要類似的國際規範。如同珍妮佛·沃奇所言，主張殖民動物棲地的理由，和以「無主地」為正當理由殖民原住民土地，兩者有驚人的雷同之處：

> 在主流的（都市）理論中，都市化透過名為「發展」的過程，把「空無一人」的土地變成「經過整治的土地」，（至少在新古典理論中）開發者受命要把土地利用到「淋漓盡致」。這種說法扭曲事實，因為荒野並非「空地」，反而滿是非人類生命體；「開發」

> 涉及了對環境進行徹底的去自然化；從土壤品質、排水能力、植被來看，「經過整治的土地」往往貧瘠不堪；「淋漓盡致」這種說法，則反映出利益中心價值與純人類利益考量。（Wolch 1998: 119）[14]

即使承認野地有動物棲息，卻否定動物對其棲身之地擁有主權控制與居住權。舉例來說，開發活動與動物棲地間發生衝突時，常見的「不殺」之道是將動物移居到不同棲地，彷彿迫遷本身不是一種權利侵害。哈德利主張，規範在發展過程中不傷害動物，其保護力遠不如尊重動物對土地的所有權（Hadley 2005）。而我們將在接下來的篇幅中討論，尊重土地所有權又比承認領土主權薄弱。

以人類的案例來看，「無主地」條款與迫遷是國際法嚴格禁止的不義。試想強迫某個民族非自願從故鄉遷徙至他處，比方說我想要開發甲地，而甲地上目前住有某原住民社群，於是我把居民集中起來移往目前也有不同社群居住的乙地。這兩處住民均未受到公民資格重分配的諮詢，甲地居民失去了自己的故鄉，成為難民；而乙地居民在無發言權的情況下發現難民湧入，激烈的資源與文化衝突很可能就此上演。在人類的例子中，我們立刻能指出其中的錯誤：對土地與資源的無恥竊占以及對主權的侵犯。就算再怎麼小心處理遷徙行動「把傷害降到最低」都不是重點，我們完全無權掌控已有他者居住的土地。

然而無論是國際法抑或政治理論，均未在野生動物的案例中譴責這些厚顏的不義（諷刺的是，彰顯人類主權的國際法本身似乎反而縱容對動物主權的否定）。[15]

我們主張，如同人類的案例，最能夠處理這些社群間不正義的方式，是讓野生動物也能享有主權，並在不同主權社會間定義公平的互動條款。接下來我們將闡明其中細節，不過在開始之前，先來介紹某些環保理論（與公共政策）文獻中可見的「託管模型」，並與我們的模式兩相對照，或許有所助益。在託管模型中，棲地以野生動物庇護所、避難所或國家公園系統為形式為野生動物保留之。這些野地受到人類管理或照看，以求人類與動物的共同利益。人類進入或利用土地可能受到嚴格限制，但並不是因為認可動物主權，而是為了實踐人類的管理。這種託管形式在干涉程度上或嚴或鬆，不過都還是將關係視為「人類主權社會撥出某地以供特定用途，而人類社會保留單方面重新定義疆界與使用的權利」。

相反地，在主權模型中，承認另一社群的領土主權即承認我們無權治理該區域，遑論單方面以監護者身分替被管理者做決定。身為某國公民，我們或許能自由造訪甚至居住在不同主權國家的領土上，但我們可不能根據自身或自認為該國著想的需求或想望，任意支配、屯墾，或單方面改造當地。加拿大遊客造訪瑞典時，可以自由地在這個國家中移動與享樂，但不具有公民權。遊客不能開店、修法、投票、要求公共服務以英法文提供，或享受社會福利。瑞典公民決定自己社會的樣貌，且訂下造訪規則。

同樣地，若論及承認野生動物對棲地的主權，我們不是要設立公園，讓人類保有主權，託管動物與自然界；我們主張對最終權威有類似請求權的實體間關係。這意味著當人類造訪動物領地時，我們的身分不是管理者，而是造訪外國土地的訪客。[16]

就這點而言，野生動物的託管模型與馴化動物的監護權模型問題類似，我們曾在第五章中討論過後者。兩者的基本問題是認為動物無行為能力，且是人類（無論益害）行為下的被動接受者。相反地，野生動物的主權模型就如同馴化動物的公民資格模型，彰顯了動物追求自身利益與形塑其社群的能力。

承認以領土為基礎的社群主權，即承認該領域的居住者有權留下，有權亦有能力決定其共同生活的樣貌。承認這點意味著主權社群一方面有權免於殖民、侵略與剝削，另一方面亦不受外來的家長式管理。主權獨立的民族若未侵犯其他主權獨立民族的權利，便有權自行決定其共同生活的本質。這也包括犯錯，以及走上外人看來或許是歧途的權利。

無論是人類或是動物，主權獨立的民族所擁有的自治權並非絕對。在很多情況下，外來的協助或干預或許適切，我們將會討論許多與野生動物相關的例子。然而，作為普遍原則的主權理論，承認民族自決的重要性一如個體自決，這反過來影響且限制人類對其所受苦難的回應方式。

動物主權的概念無疑讓許多讀者感到陌生，甚或徹底違背直覺。確實，若根據某些定義方式，動物主權是不合邏輯的推理。主權的定義有時是至高無上或絕對的立法權力，而所謂法律則不同於單純的習俗、習慣或社會慣例。用這種方式理解的話，主權需要有權威結構的存在，「自外且高於社群本身」，因為「唯有在這種指揮結構出現的前提下，我們才能找到可以定錨主權的制度」（Pemberton 2009: 17）。社會生活大都是透過不言自明與非正式的方式來規範，包括社會化、傳統、同儕影響、各群體成員的商議與爭奪。然而，主權似乎與此截然不同：唯有「建立有別於社會且能行使絕對政治權力的治理權威」，才會產生主權（Loughlin 2003: 56）。就此意義而言，主權「與社會發展中純屬機械性或自發性的活動迴然相異」（Bickerton, Cunliffe, and Gourevitch 2007: 11）。

若以此為定義，動物社群顯然缺乏主權所需的制度。野生動物社群的自我管制儘管並非「純屬機械性或自發性」，卻是不言自明而非正式的，其基礎不是外於社會的權威機構所頒布的明確法令。但我們相信此定義過於狹隘，不僅針對野生動物而言，對於人類社群的正當訴求也將無法處理。因此，首先我們將會討論在人類的案例中，為什麼我們需要用更廣泛與更彈性的方式來解釋主權，接著討論此解釋可以也應該普及適用於野生動物社群上。

若說只有制度複雜分化的社會有資格宣稱主權，那麼某些人類社群將無法通過此門檻。事實上，歷史上大多數的人類社群是沒有國家的社會，由習俗所支配。這難道意味他們無法有效主張主權嗎？這曾是歐洲帝國主義者所採取的觀點。歐洲人殖民美洲大陸時，否認自己侵犯原住民族的主權，所持的理由就是原住民族缺乏主權的概念或實踐——在原住民的社會中，看不到擁有「絕對政治權力」的個人或機構，可以頒布約制所有成員的法律命令。他們的自我約束被視為是「純屬機械性或自發性的」。[17]

帝國主義者利用主權理論剝奪原住民族的土地與自治權並非偶然。主權理論的發展，正是為了要合理化對原住民族的殖民（Keal 2003; Anaya 2004）。推動主權理論、甚至更廣的國際法進一步發展的基本動力，乃是為了合理化歐洲統治者為何一方面善待彼此（視彼此為文明人，以平等與同意待之），另一方面卻用截然不同的方式對待非歐洲人（視作可被征服與殖民的次等人）。主權理論便是在帝國主義遊戲的脈絡中發展。

有些評論者認為，只要用到「主權」這個詞彙，本身就帶有歐洲中心的意識形態與階級。因此，任何關心原住民族正義的人都應該揚棄這個詞彙（Alfred 2001, 2005）。在這個觀點中，原住民族不應該透過堅持主張原住民族主權來回應殖民議題，而是應該透過駁斥「主權」這個概念為之。[18]其他人則認為，即使是在歐洲原產地，主權也逐漸過時。國際人權法的出現，以及跨國治理的新形態（例如歐盟），讓「絕對的政治權力」這個概念失去意義。事實上，包括後現代主義者、女性主義者、建構主義者與世界主義者在內的各種評論，均「深信主權的特質在道德上是危險的、概念上是空洞的、經驗上是無關的」（Bickerton, Cunliffe, and Gourevitch 2007: 4；也參見 Smith 2009）。

然而我們主張，主權概念是可以修復的，並且為某些道德目的服務。但我們得先更明確地指出這些道德目的。那麼，主權的道德目的為何？根據潘伯頓的說法，主權「僅是一提供安全空間的手段，讓社群得以在這個空間中成長繁盛。因此真正關鍵的決定性價值，其實是自治權」（Pemberton 2009: 7）。這確實是近來多數主張主權道德目的之理論家所持的觀點：主權是社群繁盛的工具，藉以保護自治權。[19]社群內成員的繁盛，與其在領土上維持其社會組織形式的能力緊密連結。一旦強加外來規則在他們身上，就是在造成傷害與不義，而主權正是我們用來防禦這種不義的工具。

以此觀之，主權的道德衝動歸根結柢是反帝國主義的。事實上，丹尼爾・菲爾波特主張，歷史上主權概念有兩大「革命」：一是首次建立公認主權原則的《西發利亞條約》，二是將此原則廣傳全球的戰後去殖民化運動。兩者都是受地方自治浪潮對抗帝國主義勢力的鬥爭所啟發（Philpott 2001: 254）。[20]

我們深信，任何在規範上站得住腳的主權概念，均須有助於實現此道德目的。若然，那麼堅稱社群為符合取得主權資格而必須展現特定的「指揮結構」，顯然就是種道德扭曲，盲從法律形式勝於道德實質。原住民族是否符合複雜的制度分化標準並不重要，真正重要的是他們的自治權益。如同潘伯頓指出：「原住民族獨立存在的事實，以及他們拒絕被國家框架，以證明他們重視獨立生存價值的程度，便足以支持他們保持原樣的權利。」沒有國家形式的社會或許不會發展出高度現代性的歐式主權概念，不過「若懷抱善意，也不能因此視之為無社會組織與可資辨識權益的統計數字」（Pemberton 2009: 130）。只要人們「獨立存在」、「重視獨立存在的價值」、「抵抗」外來統治、在自己的「社會組織結構」中有「可資辨識權益」時，我們就有採納主權的道德目的。

簡言之，在衡量是否與如何賦予特定社群擁有主權的權利時，重要的並非恰巧完備的法律制度，而是他們是否有自治權益。這點反倒取決於：其發展與繁盛是否與在領土上維持自身社會組織形式與自我規範的能力密不可分。在人類的案例中，這類權益顯然不僅限於有特定現代國家形式的那些社會。於是，我們清楚看到一股新趨勢，要為原住民族、遊牧民族與牧民發展出可以在民族國家境內或跨國境運作的新主權理念。[21]

以保護國與附屬國而言，也可以看到將主權重新概念化的類似必要性。綜觀歷史，較小或脆弱的社群出於某些目的，會與較大的社群進行連結以尋求保護，但同時仍堅決主張其內部自治政府的權利，世界各地仍有許多這樣的例子。儘管主權理論者對於這類社群是否放棄了主權而感到困惑，而聯合國非自治領土委員會有時會鼓勵這類社群（重新）主張其完整獨立性，但沒有理由說明為何這類協議無法回應主權所蘊含的道德目的。[22]我們在歐洲看到類似的創舉，人們試圖釐清主權如何在歐盟各個不同層次中分割與重組，當中沒有任何一個層次有資格宣稱其第一順位不容置疑。

在這些案例中，我們必須停止對特定法律形式的迷戀，而是要先從宣稱主權有助於實現的道德目的開始提問，然後思考實際上何種模式的主權，有助於實現這些目的。結論將無可避免地會是一系列迥然相異的安排，其中主權會在各種形式的自治體、附屬國、保護國、聯邦與結盟中環環相扣、混合與共享。[23]

我們認為，以上討論對野生動物有明確意涵。野生動物就像無國家制度的人類社群一樣，或許缺乏主權概念，也沒有區分「國家」與「社會」的制度分化。但是，如同人類社群，「若懷抱善意，也不能因此視之為無社會組織與可資辨識權益的統計數字」（Pemberton 2009: 130）。野生動物也是「獨立的存在」，且透過抵抗外來統治展現牠們認同的價值。跟人類社群一樣，野生動物的集體繁盛有賴於對其土地與自治權的保護（事實上，多數野生動物的福祉有賴於維護特定的傳統棲地，在這件事的程度上或許比人類更高）。[24]因此，也應視牠們「有保持原貌的權利」。

簡言之，一旦我們明確指出主權的道德目的，那麼我們就沒有理由否認野生動物同樣具有資格。野生動物有在其領土上維持自身社會組織之正當權益，牠們也很容易蒙受外來統治施加在牠們身上與其土地上的不義。主權是保護其權益、對抗不義傷害的適切工具。無論是在人類還是動物的狀況中，堅稱特定的「指揮結構」是主權的必要條件，在道德上都是武斷的。

可以想像有些讀者會回應：無國家制度的人類社會與野生動物社群間仍有根本性的差異；前者或許沒有制度上明確的法律秩序，但他們有能力對其自治進行理性的反思；就算主權不需要以國家狀態作為必要條件，至少要有理性思考與自覺的決策能力；賦予或尊重某社群的主權，所涉及的勢必遠超過直覺行為中「僅為機械性或自發性」的表現；就算帝國主義者是錯的，不該堅持原住民族應符合歐洲中心的「文明標準」，總有些能力標準是這些權利請求者必須符合的吧？

我們希望在第五章中介紹的公民資格能力，已經回覆了以上某些異議。如同我們之前討論的，「動物缺乏能動性」是錯誤的假設。但先前的討論聚焦在馴化動物在人獸社群之中可能具備的能動性。我們認為，馴化動物有能力表達主觀的善，而人類為共同利益所做出的政治決定可以也應該包括這些主觀的善。但是，這與依賴能動性的概念密切相關，在這個概念中，人類扮演積極的角色，詮釋動物的主觀的善，從而開啟動物共同公民資格的實踐可能性，因為概念本身仰賴人獸間作為馴養前提的信任關係。

相反地，若賦予野生動物主權，正是要否定「依賴能動性」模型。這意味野生動物個體不想或無須人類協助來詮釋其善。顯然，野生動物在此的必要能力，與為了能實踐共同公民資格馴化動物所需能力有所不同。若要賦予野生動物主權，我們得證明牠們有能力照顧自己並獨立管理其社群，與人類有所區分。這跟混居社會中「依賴能動性」所需能力非常不同。

必須具備哪種能力才能擁有主權？我們主張，對野生動物而言（對人類亦然），主權的重點在於當社群面臨挑戰時的應變能力，並提供社會環境讓其中個體能成長茁壯。就這點來看，似乎可以清楚看到野生動物符合資格。這個能力有時是「機械性且自發性的」，包括動物對自身的身體衝動與周遭環境中的機會、挑戰、改變，做出直覺反應；這個能力有時是有意識學習而來的（例如黃石公園裡的熊學會跳上小箱型車的車頂，打開車門，且將此習得技能傳授給其他的熊）。

野生動物在個體與群體層次都是有此能力的。舉例來說，在個體層次，牠們知道什麼食物可以吃、哪裡可以覓食、如何貯存食物過冬；知道怎麼找到或建造庇蔭處；知道怎麼照顧幼獸；長途飛行時知道怎麼定位方向；知道如何降低被獵捕的風險（提高警戒心、躲藏、繞道、反擊），也知道如何防衛才能避免浪費體力。舉例來說，鹿在躲避有潛在危險的人類時，會逃到遠離人類視線的適當距離，但不會浪費體力逃得更遠（Thomas 2009）。在群體層次，至少以群居動物而言，野生動物也有能力。牠們知道怎麼互相合作獵食或躲避掠食者、照顧群體中的弱者或受傷的成員。新知識在同物種間快速傳遞，比方說，渡鴉會在夜裡棲息時，分享食物來源的資訊（Heinrich 1999）；在英國，只要有一隻藍雀學會怎麼把牛奶瓶的封膜撕開後，很快地附近藍雀群都會用這個新技巧，突襲剛送到家門前的牛奶瓶的上層凝脂。[25]有時，野生動物會跟不同物種合作，例如渡鴉與土狼共同以腐肉為食的關係（在第四章的注解22中曾描述過），或是石斑魚與熱帶海鰻的共同獵食行動（Braithwaite 2010）。

無論是野生動物個體或群體，都運用林林總總的方式在荒野之中面臨生命的挑戰，成功解決自身需求且把風險降到最低。就這點而言，如同雷根所強調，將野生動物與孩童畫上等號，認為牠們需要我們保護且毫無防衛能力的是錯的。[26]野生動物社群包括了各年齡層與不同能力等級的動物。親代與社群讓幼獸適應社會生活，且把生存必備的能力傳遞下去。或許在某些情況下，來自人類的外部協助有所助益且是可欲的（如：大規模的自然災害發生、可預防的疾病肆虐，或是對陷入險境的動物個體伸出援手）。我們將在以下篇幅討論這類例子。不過，一般而言，若以荒野的日常風險管理而言，比較合理的看法是把野生動物視為分工制度中有能力的行動者；在分工中，牠們在自身社群裡負有相互幫助的責任，事實上也更勝於人類的代理。

有些人可能會有如下回應：要是野生動物無法保護群體中的所有成員不餓死或遭獵捕，就不能說牠們有能力行使主權。[27]要是人類社群無法達成這一點，我們可能會將之視為「失敗國家」，或需要某種程度的外來干預。但是，在生態體系的脈絡中，食物循環與「掠食者－獵物關係」不是「失敗」的指標，而是野生動物社群生存脈絡的定性特徵，形塑野生動物在個體與集體層次勢必得回應的挑戰，而事實證明牠們是有能力回應的。[28]

這個關於能力的論述，對於某些動物比較有解釋力。很多哺乳類動物生育不多，無論是親輩個體或更大的社會群體，都投注大量心力照顧子輩。幼獸得以真正有機會在生命前幾年的挑戰中生存下來，成長茁壯。與其相比，很多兩棲類與爬蟲類則是產下大量的卵，讓這些卵自求多福。大多數的卵從未孵化，而大多數剛孵化的幼體很快就被掠食動物給吃掉了。很多魚類、烏龜、蜥蜴的生命短暫，不過是從殼裡剛探出頭，到大魚、鳥類、爬蟲大快朵頤就結束了。

「有能力的能動性」的範圍，隨著物種不同而有所差異，但只要存在，就應該受到認可與支持。對於某些物種而言，這是尊重其自治權堅定的論述基礎；對其他物種而言，這個論述則較為薄弱。然而，總體而言，由於先前易錯性與繁盛論述的強烈支持，我們仍應該尊重野生動物主權，也包括那些證據不足以顯示其具有「有能力的能動性」的物種。有鑑於自然過程的複雜度與相互依存，以及對自然的誤解極易發生，我們有充分理由假設，為了保護野生動物採取的任何家長式干預，將導致意外甚至可能是扭曲的效果。若是大規模進行家長式干預，幾乎必然會削弱野生動物在回應環境時所精準演化出來的能力與秉性。我們若尊重野生動物身為其社群內成員，自治且自我規範，那麼對其社群形式的定性特徵進行干預，就意味著終結了其獨立性，終結了動物之所以為動物的能力，反而讓牠們處於依賴人類持續干預的狀態。[29]

再者，必須提到的是，以我們所知的野生動物偏好而言，可以看出牠們並不同意這類干預。[30]我們對野生動物的定義正是躲避接觸人類的動物。野生動物迥異於為了人類生活環境而飼育的馴化動物，也與尋找人類開發地的伺機型城際野生動物（我們將在第七章討論之）不同。野生動物顯然想要獨立於人類之外。可以說在主權的問題上，牠們「用腳投票」。牠們若已展現出沒有意願加入我們的社會，我們便要尊重牠們，讓牠們組成自己的主權社群。

在我們看來，對野生動物能力的推論，以及牠們對人類干預所表現出來的反感，足以讓牠們對擁有主權正當性權威的請求受到肯認。[31]

這或許看起來像在兜圈子，我們又回到了原點。也就是說，長久以來動物權理論主張，我們應該讓野生動物「順其自然」。但是，如同我們所見，動物權理論援引的論述相當武斷，也未獲得良好的發展；承認主權，則是為此觀點提供了更可靠的規範性與概念基礎。再者，動物權理論並未解釋要**如何**讓動物順其自然。尊重自治權是有效的道德目的，但我們需要法律與政治工具來執行。如同我們之前所指出，有些動物權理論家提議我們可以透過財產權歸屬來保護野生動物（Dunayer 2004; Hadley 2005）。但是，要是我們再次思考歐洲帝國主義的例子，便可以看到這個取徑的限制。歐洲帝國主義者就算拒絕承認原住民族擁有主權，通常願意接受他們擁有財產權。這麼做的後果是，原住民個人或家族可以保有一小塊地，但失去了集體自治權，因為歐洲人把他們自己的法律、文化與語言強加在原住民族身上。[32]同樣地，野生動物所需要的不是（或不只是）對於個別巢穴的財產權，而是保護牠們得以在自己的土地上維持其生活方式的權利。簡言之，牠們需要主權。

再者，不管是對於人類還是動物，尊重主權不只是「讓他們順其自然」的律令而已。對主權的尊重不是要孤立或專制，反而符合各種形式的互動與協助，甚至是干預行動。這在人類的案例中非常明確，自治社群可透過進入合作與協議的密集網絡（包括對人道主義干預規則的協議）來行使主權。但是，即使在野生動物的情況中，主張對主權的尊重需要完全「撒手不管」的取徑，也是錯誤的。不是所有形式的人類干預都會威脅到自治與自決的價值。相反地，有些形式的積極干預反而可能促進這些價值。想像某種具有系統侵略性的新細菌就要入侵摧毀某個生態體系，人類的干預行動能夠阻止災難發生；或者，試想人類干預行動能夠讓某個大型隕石偏離方向，不會墜落在有無數野生動物居住的荒野。在這些情況下（以下我們將討論更多的例子），人類干預行動可以被視為是保護野生動物的能力，讓動物得以在牠們的土地上維持其生活方式。

更廣泛來說，主權提供了架構，讓人類可以在這個架構中處理社群間無可避免會發生的種種爭議，諸如邊界問題與非預期影響，還有干預行動的正當範疇。如同我們在本章一開頭所言，傳統動物權理論中「讓動物順其自然」的律令，極少或根本沒有對這些問題提供指導方針。事實上，我們相信，不管哪個版本的動物權理論，若僅聚焦在個體能力與個體利益的議題上，就無法處理這些問題。只援引普世性的個體權利來試圖處理領土問題、邊界問題、非預期效果與干預行動，無可避免終將會陷入我們之前討論「過猶不及」的兩難困境。不過，要是把這些問題放在更大的架構中來看，以主權社群間的公平關係來討論的話，就容易處理多了。

總之，我們將在本章接下來的部分，檢視一系列關於人獸間關係的具體議題，試著加以說明。就像第五章中的公民資格模型一樣，主權理論並非解決某些棘手問題的萬靈丹。但是，我們試著闡述主權的確提供了更有用的視角，相較於目前的動物權理論或生態學取徑，提供了更一致且具說服力的答案。我們會從干預行動的議題開始，探討主權概念如何對於反抗殖民行動或家長式管理的一般性假設提出正當理由，同時也為支持主權的干預行動，提供是否可接受的評判準則（第三節）。之後，我們會轉向邊界與領土議題（第四節），以及非預期影響的問題（第五節）。

三、積極協助與干預

如同我們之前所指出，動物權理論面對的基本挑戰是野生動物的積極義務問題。一方面，若我們認為動物是脆弱的主體，那麼牠們所受的痛苦與折磨當然需要關照。即使是由自然過程所造成的，也應該竭力減輕或消除之。用納斯邦的話來說，這意味著動物權理論應該「一般而言著眼於逐漸以正義取代自然」（Nussbaum 2006: 400）；但另一方面，主張我們有義務介入提供野生動物食物與庇護，又看似動物權本身的**歸謬**。面臨這樣的兩難，動物權理論者提出各式各樣的論述支持「放任直覺」，認為我們應該讓動物順其自然，包括關於自治、繁衍、易錯性與裁量性的論述。不過，這些論述通常看起來相當任意，未必是以清晰或一致的方式架構。

再者，只要思索所有可能的干預行動，就會發現「由單一簡單原則判斷」的想法似乎絕無可能。無論是干預論者所支持的「由正義取代自然」，或非干預論者所支持的「順其自然」皆然。不同種類的干預行動之間，有很重要的差異與變化，有些可能比較能讓人接受，而我們需要某個動物權理論版本，來掌握這些差異的道德重要性。

在野生動物的社會中，不是所有的人類干預活動都會威脅到牠們的自治權或棲地。人類在野生動物土地上的活動，有些或許是良善之舉：欣賞荒野或節制資源採集（如：永續採集堅果、水果、蕈類、海草之類的野生食物，留下「充足且同等的資源」）。有些干預行動實際上可能是有積極效益的，比方說在封閉的森林環境中選擇性伐木，增加光線與空氣流通，讓生態系統更豐富，有益於生活其中的動物。雖然野生動物躲避人類的接觸，但牠們有時候還是能受惠於人類的行動，比方說動物跌落薄冰後為人類所救，或人類為野生動物提供緊急食物或庇護。

這類小規模干預似乎是無害的，而有些大規模的干預，像是我們之前提到的改變隕石軌跡，也似乎是可欲的。我們必須非常謹慎地證成介入野生動物社群的正當性，但這不代表所有的干預行動都不正當。可惜的是，目前各種版本的動物權理論，實際上並未對判斷干預行動適當與否提供指引。野生動物的主權理論會比較好嗎？若主權只是「讓動物順其自然」的委婉說詞，顯然不會有任何幫助。但前面已經討論過，主權的意思不僅止於此：主權根植於明確的道德目的之中。無論是特定權益（社群在自己的領土上，維持其社會結構的正當權益）或特定威脅（社群容易受到外來統治強加於自身與領土的不義所斲喪），主權均與之息息相關。主權作為工具，可以適切地保護這些特定權益，並對抗為不義所傷的威脅。

如此看來，主權遠不僅是「讓動物順其自然」，而是更加豐富的概念。對主權的尊重，指的不是孤立或專制，也不會禁止所有形式的互動、甚至是干預介入。更精確地說，重要的是維護社群自決的價值。雖然某些形式的干預介入因此會被排除，但或許也因此容許、甚至或要求其他形式的協助行動。

區分主權獨立社群中干預行動是否正當的原則，即使是對人類而言也備受爭議。不過，我們可以確立一些基本原則。一方面，主權獨立的社群有保護自身不受外邦侵略（征戰、殖民、盜竊資源）的權利，以及保護自身不受較輕微帝國主義的暴力形式（由外來者進行家長式管理或干預內部事務，無論是否出自善意）所害。換言之，主權是某種形式的保護，對抗滅絕、剝削或同化的外來威脅，為社群撐出空間，使其得以朝民族自決的路徑發展，讓他們與外來者的互動受到控制，而非承受強大外來者不受控制的力量（無論這些外來者的意圖為何）。

然而，主權的目標並不是要排除國與國之間的所有互動。就貿易、人口流動增加，以及積極援助的可能性而言，國與國之間的互助合作有很多潛在效益。因此，常常可以看到國家積極尋求外國正面協助的例子。互助約定可以用條約來形式化，或單純用長年互動與互助加以鞏固。這樣的約定不會削弱主權，反而是國家替公民行使主權的方式。

比較棘手的部分是：當某個國家突然受到外在威脅、自然災害或內部瓦解時，不請自來或不在雙方同意的協定中進行積極干預。一般認為縱使受災國沒能正式尋求協助，國際社會在這些情況下有義務伸出援手。但是，出手干預幫助沒有要求我們幫忙的他者（或某些案例中，尋求外界協助會製造衝突），有可能會有倫理問題。提供積極協助的主張，經常被用來掩飾帝國主義強權的所作所為。比方說，侵略伊拉克，或納粹入侵捷克斯洛伐克與波蘭，都是以國家未能盡責保護其國內少數族群為由。另一方面，一般普遍認為國際社會當初應出手干預盧安達，保護圖西人，因為該國未能在突如其來的災難中保護其公民。為了保護公民基本權利的外來軍事干預行動，或許是最難處理的議題，因為這些干預行動的發生，幾乎無可避免地違逆當地政府的意願。不過，因應自然災害或開發失敗的支持協助行動也同樣讓人憂心忡忡。國際社會對二〇〇四年亞洲毀滅性大海嘯的回應，是國際援助行動的範例：援助行動受到受害者與當地社會的歡迎，用有效且對當地社群主權沒有威脅的方式執行。然而，過去曾有無數的例子頂著所謂援助的名義，實際上出手幫忙的國家卻是毫不掩飾地進入新市場、掌控資源、創造依賴關係或強索債務。

這些議題在人類的國際關係中極其複雜，我們沒有理由認為人獸間關係就比較單純。然而，我們可以確立一些廣獲認同的基本原則。首先，若某國人民正遭逢（無論人為或自然的）巨大災難，我們能夠伸出援手且未被拒絕，那我們就應該竭盡所能與資源加以幫助；其次，我們提供協助的方式，應該要讓受援助社群能夠恢復自立。也就是說，用支持其能耐與生存能力的方式，視之為擁有自決權的主權國家。我們不應該趁人之危削弱該國獨立性、讓他們欠債、弱化他們，或把我們自己對於善的概念強加在他們身上。這些原則執行起來未必容易：不只是該不該伸出援手，還有該怎麼幫與由誰來幫等問題都很複雜。在每個階段中，援助行動既可能尊重受助者尊嚴

（包括他們身為自決社群的公民權），也可能削弱對方的尊嚴。

然而比較顯而易見的是，在主權國家受大災難衝擊（例如自然慘劇）或遭逢內部秩序與／或正當性全面瓦解（「失敗國家」、滅族屠殺等）的例子中，積極干預行動就與尊重當地人民主權的理路一致。干預行動可視為是保護與協助恢復主權的方式。在這些例子中，假設干預行動可能產生效果，那我們就有義務伸出援手。

我們認為這些基本原則同樣也適用於野生動物社群。舉例來說，防止隕石撞地球似乎屬於「尊重且幫助恢復主權的干預行動」；相反地，要終結掠食行為或控制自然界食物循環而進行干預，便只能透過破壞主權，強迫野生動物永久依賴並受家長式管理才能達成。如同我們先前的討論，掠食行為與食物循環是野生動物社群自我調節穩定結構中的一環。動物在這些條件下演化以求生存，也有能力這麼做。動物個體受這些自然過程所苦，但掠食行為與食物循環的存在，並不同於主權獨立社群遭遇巨大災變或突如其來的失能。野生動物不在正義情境中，某些個體的存活無可避免地涉及其他個體的死亡。這是自然界令人遺憾的特質，但若從事任何企圖改變自然界事實的集體介入行動，我們都必須徹底而持續地加以干預與管理。這不僅絕無可能，就算可能，也會徹底削弱野生動物社群的主權。為了終結掠食行為與食物循環而干預自然，從動機與效果來說，都站不住腳，並不符合觸發干預行動所需的條件（巨大災難、社群分崩離析，以及／或需要外來協助），同時也無法達成干預行動的目標，即協助主權獨立社群恢復生機，並重獲自決能力。

因此，尊重主權的要求排除為終結掠食或自然界食物循環（至少就目前可想見的行動而言）而進行的系統性干預。然而，若積極協助不會威脅到野生動物社群的穩定性，也不會削弱此後社群主權獨立的生機，此類積極協助則仍未有定論。我們已經考量某些通過檢驗的干預行動：在外太空爆破隕石，或在某個失控的病毒侵犯脆弱生態系前予以阻止。這些事聽起來像是科幻小說的場景，[33]但我們也可以想像比較平淡無奇的小規模干預，人類可以在不削弱野生動物社群主權的前提下使其受益。[34]此處規模大小是關鍵。作為人類個體，我可以不打亂自然界平衡，也就是在不損及野生動物社群主權的前提下，拯救一隻快餓死的鹿。然而，要是政府執行餵養鹿群的大規模計畫，就可能產生一連串嚴重影響，包括鹿群數量、獵鹿物種、鹿群食用的植物，以及與鹿群競爭食用植物的物種，以此類推。為了管理隨之而來的後果，便需要系統性與持續不斷的人類干預活動。

這意味無論從個體或集體角度，我們都必須用複雜的方式衡量行為的權重。一方面，我身為個體的行為不大可能會損及野生動物社群的主權；另一方面，我跟其他很多人一起做出同樣的行為，就有可能造成傷害。餵鹿並不會因此成為禁令。比方說，我可能從可靠消息來源了解其他餵鹿人不多，而我的個人行為宏觀來看是無害的，不會如滾雪球般不斷擴大成全面的人類干預行動。

然而，有單一或眾多的個體行動者只是一個考慮面向而已，還有易錯性論證的考量：我的行為就算屬於個體層次，是否將會導致我的意圖後果？或者，雖然我力圖減輕苦難，是否可能導致更多傷害？伊莉莎白・馬歇爾・湯瑪斯詳實記錄她考慮是否餵食新罕布夏州家鄉鹿群時的推論過程。[35]她考慮到某些潛在的非意圖後果，包括：打亂當地鹿群的社會關係與權力動態、導致鹿群飲食不平衡、讓鹿群為了到達食物站而冒著被凍傷或被獵食者發現的風險、助長疾病在餵食站中的鹿群間傳染。總體而言，她決定盡可能採取預防措施，然後開始餵鹿。她問：

> 為什麼我不顧所有的建議，還是要餵這些動物？因為我們住在同一個地方，因為牠們是獨立的個體，因為牠們也有親屬、生命經驗、往日歲月與欲望，因為牠們又冷又餓；因為牠們在秋日裡找不到足夠的食物來吃，因為每一隻鹿都只活這麼一次。（Thomas 2009: 53）

簡言之，在衡量行動後果之後，最後驅使她行動的純粹就是憐憫之心。她與這些鹿發展出了個別的關係：牠們在受苦，而她認為自己能夠伸出援手，幫助牠們。於是，她就行動了。最終，在是否提供積極協助的決定上，我們得相信自己作為獨立個體的判斷，評估特定條件，做出正確決定。我已經研究清楚了嗎？我對餵鹿這件事，真的了解夠清楚，好讓我可以把可能事實上是在傷害牠們的風險降到最低嗎？我努力幫助牠們，減輕其痛苦，是否把重點放錯地方？我有想過這些行為可能會衍生出更大的後果，以及這些行為與他者行為間的交互作用嗎？

荷普．萊登的書中，以她與紐約州北部百合池塘中的河狸群落相處的經驗為例，細緻描寫了上述的兩難困境（Ryden 1989）。她與河狸漸漸習慣了彼此的存在。她花了數個月的時間，從友善的距離觀察這些河狸，彙集了一些關於河狸生活習慣與社會關係的驚人紀錄。萊登身為科學家，盡力不讓自己成為河狸生活中顯著的干擾，同時以自然狀態觀察河狸。她想要觀察而非操縱牠們的生活。雖然在數月的夜間觀察過程中（河狸在夜裡最為活躍），她自然而然地變得與河狸非常親近。然後，危機發生了。那是冬月將盡的時節，禍不單行，春天遲來，不尋常的厚冰導致河狸在巢穴中斷糧（除非冰層表面破裂，不然河狸沒辦法逃離巢穴，所以要是牠們在冬天開始時沒有貯存足夠的食物，牠們就會餓死）。萊登可以從河狸巢穴中不再發出聲音這件事，判斷牠們已奄奄一息了。她猶豫不決，但發現自己沒辦法袖手旁觀，於是她把河狸巢穴旁的冰層敲開一部分，並且拿了足夠的樹枝過去，讓河狸得以撐上幾天，等待天氣改變。儘管她嚴守不干預的基本原則，但她發覺自己處在覺得必須出手干涉的特殊情況下。有些人會說這種行為是矛盾的，或說她沒有堅守自己的職責立場。但這其實並不矛盾，因為萊登並不是為人類在河狸食物循環中的干預行動，訂立普遍性義務的規則；更精確地說，她處在與特定河狸群非常具體的關係之中：她很了解這群河狸，也很清楚她的行動不大可能造成災難性的非預期效果。再者，她與這群河狸的關係，以及從關係中所獲得的利益，開啟了她的照顧義務。

很多科學家與自然學家採用極端複雜的計畫協助野生動物，而對象通常是那些瀕危物種。試想為了幫助隱鷸重新學習牠們傳統的遷徙路線，讓牠們尾隨坐在超輕型飛行器裡的人類之後。鷸鳥並不是高超的飛行者，經常會被風吹到偏離航道。到目前為止，有些鷸鳥主要是從箱型貨車後面學習遷徙路線！[36]我們或許會問，這些計畫是否有充分處理易錯性與裁量論證？也就是說，這些干預行動真的利大於弊嗎？努力與資源是否該放在其他地方？我們或許也會關注，動物個體受助的基本權利（相較於整個物種）是否受到尊重？換言之，個體權利是否因為整個物種的權益而受到損害？這些全都是重要的問題。不過，我們從這些努力中應該明白，只要我們肯花心思，人類有能力對自然世界採取極富創意與細緻的干預活動。而在正確的情況之下，這些干預活動無論在個體層次或主權獨立的集體層次，都能充分尊重動物權，同時也大大增加我們對動物的了解程度與人類往後的支援能力。

自然學家喬．胡托決定從某個農地中救出被遺棄的野生火雞蛋，將之孵化，然後餵養這些火雞，讓牠們能在荒野中生活（Hutto 1995）。這精采說明了此類干預行動。胡托對自己的行動所蘊含的意義極有決心。他知道這些火雞會有一整年的時間依賴他，他不僅提供食物與庇護，還幫助牠們長成完全獨立的生物，能夠自行覓食與自我防衛，且要讓牠們在整個過程中不會變得習慣於人類。他圈了一塊地讓火雞棲息，在晚上他可以安心地把牠們留在那裡。白天，他擔任火雞家長的角色，逐漸向小火雞們介紹周遭環境，花了無數時間陪伴牠們在樹林與田地中探索與覓食。整整一年，胡托活得像隻野生火雞。他學會了怎麼待在這群火雞中間、怎麼移動、到哪裡覓食、如何注意周遭環境的變化、看到蛇或莓果或其他值得注意的事情時，怎麼發出信號。用這種方式，他可以在這些火雞還很脆弱的前幾個月，小心翼翼地照看牠們，同時讓牠們充分發展出野生火雞會有的行為模式與經驗。不出一年，這些火雞就成功自立生活，融入野地。胡托之後的文字描述，大大增加了我們對野生火雞的認識與理解。事實上，這例子看起來像是真正互惠的關係。這些火雞不這樣是沒有機會活下來的，而且牠們不是在樊籠裡度過發育不良的一生，而是完滿的火雞一生；而胡托則有機會學習，且跨越物種藩籬建立連結。

我們可以想像某個故事，開頭也是一樣的干預行動（拯救那些蛋），但接下來卻往非常不同的方向發展，導致成年火雞終其一生都被關在動物園裡，或過於習慣人類，以至於就算把牠們野放也活不久，因為待在人類居住地太久的牠們，無可避免會在荒野中碰到意外或蓄意傷害。又或者，我們可以想像火雞在最脆弱的前幾個月時沒有受到良好照顧，或沒有準備好進入荒野中生活，因此在第一隻土狼或老鷹出現時，變成唾手可得的獵物。種種殘酷的可能性提醒我們，為什麼一般來說對野生動物採取不干預原則比較好。但胡托的故事卻提醒了我們，對個體而言，在他們與野生動物之間的關係中，「不干預」並非唯一合乎道德的選擇。

生態學家不接受人類干預自然的程度往往比動物權理論者更加嚴苛。這主要是受易錯性的考量所驅使，即人類造成的傷害無可避免會多於好處。[37]另一方面，有部分也是因為反對人類濫情。根據這一支比較陽剛的生態學思想，自然法則很殘酷，一廂情願希望逆天是軟弱而神經質的。個人出於憐憫之心對動物個體干預無法改變整體架構，因此就算這些行為不會真的傷害到動物或生態，也只不過是白費力氣的濫情罷了。想要做出這些行為的欲望，顯示對自然界欠缺理解，甚至展現對自然過程的憎惡（Hettinger 1994）。

這個觀點很有問題。首先，憎惡自然界的某些面向（例如動物受苦）並不等同於憎惡自然界本身（Everett 2001）；其次，此觀點隱含了站不住腳的假設，即人類與其行動自外於自然界：看到其他物種受苦時所引發的惻隱之心，本身就是人性的一部分，而其他物種同樣也具備（例如協助救人的野生海豚）這種反應；第三，這個觀點展現了對個體命運的冷酷無情。我們無法改變獵食行為或食物循環的自然過程，因而無法大規模改變動物命運。這點並不代表照顧動物個體的行為就不相干或不一致。這對於被餵食或掉落冰層後被拯救的動物而言無比重要。有些生態學家之所以落入迷思，是因為他們將自然法則或（非人類）生態過程具象化，甚至是神聖化。我們所提出的理論主張應尊重動物社群作為主權獨立與擁有自決能力的社群，兩者間非常不同。

尊重野生動物的主權並非只是讓牠們順其自然。對於保護自由、自治、野生動物的繁盛而言，主權至關重要，且一般而言意味著人類在干預自然時應力求謹慎。不過，很多種類的協助行為不會傷害到野生動物主權。我們已經提出一些不會削弱野生動物社群主權的例子，大至自然災害防治，小至出於惻隱之心的舉動與協助。我們認為這些干預行動絕非因濫情誤導或言行不一，而是來自同情心（對他者遭受的痛苦付出周密的回應）與正義感（下面將詳加討論，這類積極干預行動可以緩和人類無可避免地強加在野生動物身上的嚴重風險與非預期影響）所驅使的介入行動。野生動物主權有助於解釋為何我們會有以下兩種衝動：(1)一般而言，讓大自然「順其自然」（保留空間讓動物行使能動性，決定其生命歷程，以及不在人類「發號施令」的情況下，決定整個社群的未來）；同時(2)為了減少苦難或防止災難，在謹慎考量過後果之後，以時期與／或範圍限定的方式做出回應。這兩種衝動不會互不相容，反而是對重要價值間謹慎平衡的反思（一邊是自治與自由，另一邊是減輕他者痛苦），這些價值在荒野中往往是互相衝突的，因為動物並未處於正義情境之中。

簡言之，我們相信主權提供了適切的框架，讓我們得以徹底思考對野生動物所負之積極義務，而這個框架避免了現行動物權理論中的缺口與猶疑。我們不應削弱野生動物自治權，實質將牠們納入人類永久且系統性的管轄之下，來介入野生動物社群的內部運作（例如掠食行為或食物循環）。然而，若相符於尊重主權（且仔細衡量過易錯性與自決論證後），我們便有義務提供積極協助。這些要求無法用簡單籠統的公式來表現，諸如「永遠採取行動以減少苦難」或「絕對不要干預自然」。我們對自然界的「神聖律法」不負服從義務，反而是對野生動物負有正義的義務。總的來說，尊重主權意味著我們在採取行動干預自然時，應該非常小心謹慎。但是，尊重主權與採取各種時期或範圍限定的個別協助行動並不相悖，不會削弱野生動物社群以獨立且自我規範之姿繁衍茁壯的能力。只要能在不篡奪野生動物自治權或不造成更大傷害的情況下幫助牠們，那麼我們就應該被受難個體所處的困境觸動。

四、邊界與領土

到目前為止，我們試圖說明野生動物主權根植於更複雜的道德目的體系中，且相較於傳統動物權理論的口號「讓動物順其自然」，在概念上更為廣泛與豐富。然而，主權架構也有自身的困境，我們希望其道德目的是清晰的，但實務上該如何操作就沒有那麼清楚了。我們前面都是用相當鬆散的方式，討論主權概念如何能規範明顯不同的「社群」間互動，而這些社群在各自的「領土」上，維持自己的社會組織形式。彷彿可以想像以下圖像：世界被整齊地切割成對各自領土行使主權的分立社群。然而真實圖像絕非如此。自然界沒有分派領地給不同物種。不同種類的野生動物族群占據（且互相競奪）同一塊土地，另外很多物種必須穿越被其他動物或人類占據的土地，遷徙到遠方。因此，若說主權有任何實際意義，那麼它不會是「整齊區分的社群與領土」。

因此，在本章剩餘的部分，我們打算處理落實主權架構時所面臨的某些關鍵挑戰，議題包括邊界、領土與非預期效果。

邊界的本質：共享與交疊的主權

在日常對話中提到主權國家，想到的是傳統政治地圖上用實線將領域區分成明確界定的國家。如北緯四十九度以北是加拿大，以南則是美國。但是，實際情況當然遠比此例複雜得多。國家邊界與擁有固有自決權族群的邊界，不會整齊疊合對應。很多國家實際上是多民族國家，其主權由不同種族或民族共享或彼此交疊，而每個民族都能主張其主權與自決權。在美國或加拿大的國界中，我們看到了各種不同類型的次國家民族：在加拿大有魁北克人、因紐特人與第一民族；在美國則有美洲印第安部落或波多黎各人。一般來說，這些次國家主權依然以領土為本，也就是說，我們可以在地圖上指出某塊土地，其（部分或共享的）主權屬於不同的原住民族或少數民族。就這點來看，我們的主權概念仍然與家鄉或傳統領土的概念密切連結。「國中之國」的存在，讓主權與領土間的關聯錯綜複雜，卻沒有因而取代兩者的關聯。

當我們轉而思考動物的案例時，狀況就更加複雜了。在某些陸生動物的例子中，我們可以用「次國家領土主權」的形式來思考。主權獨立的動物社群邊界與其他民族一樣，被納入更大的主權國家邊界之內，或彼此交疊，如同魁北克、薩米之地或波多黎各的例子。但若涉及鳥類與魚類，相關的邊界就不再能用簡單的二維地理條件來界定。水族與飛禽居住的生態空間，在人類對主權領土的觀念中通常是次要的。再者，任何與邊界相關的觀念，勢必要納入遷徙的事實。主權的功能在於保護某個社群維護其社會組織形式的能力，讓成員得以在其中繁衍茁壯。若然，那麼我們必須承認這些形式也包括跨越不同物種或民族領土的遷徙活動。

試想以下這些例子。灰白喉林鶯在撒哈拉沙漠以南的沙赫爾地區過冬，每年春天時會飛越埃及與西歐，遷徙回英國的林地。牠們的「主權領土」在哪？我們或許會說，牠們在沙赫爾地區與英國的兩個主要棲地，構成其主要的「主權領土」；但是，牠們享有該主權領土的能力顯然取決於牠們對兩地間陸空的使用權。棲地的某些部分誠然與人類居住地有所分隔，但絕大部分與人類的主權領土相重疊，所以我們需要解釋在這些地區當中，主權如何共享。林鶯飛越時不會對我們造成傷害，所以除了保護牠們的兩個主要棲地之外，我們還應禁止在牠們的飛行途徑上設立障礙物，或禁止破壞牠們重要休息地點的水域與食物來源。

或者試想北大西洋露脊鯨，牠們在夏天的棲地（新英格蘭與新斯科細亞沿岸）與冬天的繁殖地（佛羅里達與喬治亞州海岸）之間巡游。這個遷徙過程很危險，因為牠們承受被繁忙的東部海岸航道中船隻撞擊的風險。在共享領土使用的同時，我們同樣需要一些方法來確認海洋動物的主權。就跟林鶯與露脊鯨一樣，人類有為了謀生而遷徙移動的權利。我們或許可以用「地表移動權」，作為移動穿越主權獨立的野生動物領地的概念。但是，這項人類移動的「通行權」是有限制的。人類在行使這項權利時，不能不考慮我們所經過的那些領土上的動物。在露脊鯨的例子當中，人類目前正在採取重要措施，保護牠們不會跟船隻致命對撞，像是改變大西洋航線的路徑，以及建立鯨魚監看系統，在船隻接近鯨群時發出警告。如此一來，我們可以說人類已經承認了尊重鯨群主權的義務，在穿越露脊鯨棲地時，把這項義務當作是人類活動的附帶限制。

又或者在無數案例中，高速公路為了連結人類各社群而穿越荒野。這在本質上無可厚非，但應該視其為穿越主權獨立的野生動物領土的廊道通行權。如同海洋中的航道，我們有責任重新設計這些道路，以減輕對野生動物造成的傷害。我們不應以野生動物的生命權與移動權為代價，行使我們自己的移動權利。這或許代表在各方面重新思考高速公路：遷移高速公路、遠離有大量野生動物生活的地方、設立緩衝區、生態廊道與隧道、降低速限、重新設計車輛。

無論是對人類或對動物，尊重主權很可能涉及結合劃定的領土與廊道／通行權權利。如同人類需要廊道才能穿越野生動物的領土，野生動物也需要廊道穿過人類密集定居的區域，讓牠們能彈性因應族群壓力、氣候變遷等問題。

要發展出能夠顧及這些複雜性的主權架構並非易事。然而，在人類的案例中，有些耐人尋味的類比與先例。我們可以在很多例子中發現，牧民、種族或宗教上的少數民族獲得土地廊道、通行權、緩衝區與共享的主權，藉此保護他們前往傳統領域、港口、聖地或同族人的路徑。[38]舉例來說，羅姆人、貝都因人、薩米人與無數其他民族，他們的傳統遷徙模式跨越現代國家的邊界。在遊牧民族與其他被國際邊界分隔的社群案例中，成員資格的事實橫跨國際邊界，因此須努力發展出承認這項事實的新形態公民資格。[39]這些民族當中，有些人沒有國籍，有些人在某地是公民、在他處則是訪客身分，另外一些人則有多重公民資格。這是還在進行當中的工作，但人類的政治理論正緩慢地發展出新的概念，容納（而非否認或壓抑）社群與領土所具備的交疊性與流動性，來思考主權與公民資格。

顯而易見的是，我們終將揚棄「主權必須是單一且絕對的」。人類與動物主權將必然會涉及某種程度的「平行主權」。主權與領土有重要關聯，因為在沒有土地作為根基的狀況下，社群（動物社群尤然）無法在生態上存續，遑論自主地自我規範。但是，主權的定義未必是「獨占性地近用或控制特定領土」，反而應該定義為「自主社群能自我規範所需近用或控制的程度或本質」。[40]

試想倭黑猩猩與人類在剛果河以南共享森林一例。承認倭黑猩猩主權的一種方式，是在森林中劃出一大塊土地，完全排除人類，包括傳統上世代居住在此、生活方式與這片土地休戚與共的人類。有些國際保育組織的確採取了這種做法。但是，為了滿足倭黑猩猩的權利而讓人類流離失所，也是種不正義。[41]針對這個問題，一種解決辦法是補償。也就是說，用他處的土地或機會，補償這些土地被剝奪的人類。不過，更好的解方或許是承認倭黑猩猩與當地人類社群在此處共享互相交疊的主權。儘管倭黑猩猩近年來因為戰爭、資源開發，與野味交易，飽受數量銳減的巨大壓力，但還是有例子顯示，某些傳統社會世代長期與倭黑猩猩和諧共處，傷害牠們是禁忌。沒有理由顯示為何兩邊的社會不能和平共存、共享土地與資源、各自追求其獨立進程（假設人類的足跡仍在平衡狀態）。在與彼此的關係上，主權是共享或相互重疊的；但是，在與外在世界的關係上，兩者的聯合主權可以保護他們不受外來干預與侵略所擾（如：由外來的人類行動者所進行的侵略、屯墾、暴力、開發或資源掠奪）。[42]

當然，剛果民主共和國也是其他無數動物的家，在複雜的生態網中互相連結。因此，我們應該用「多物種動物生態」而非「單一物種」的主權社群加以思考。在這裡，我們一樣可以找到相對應的人類例子。很多國家都支持「原住民或民族團體擁有固有自決權」的原則，但若這些團體太小而無法有效自行統治，或在地理上與其他類似團體交雜，那麼解決之道是建立「多民族自治政權」，將單一地理實體視為保護與促進不同民族主權的工具。比方說，我們在墨西哥（Stephen 2008）、尼加拉瓜（Hooker 2009）與衣索匹亞（Vaughan 2006）都看到了這樣的例子。[43]

無論某個特定地區是擁有單一主權的多物種社群，或是一系列主權相互重疊的社群，關鍵在於避免此處落入外來統治或掠奪，且在內部能自由依循其自身的自治進程發展。

簡言之，我們不必用嚴格的地理分隔來設想主權。與動物共享地球會牽涉到各式各樣的主權關係。在一些例子當中有嚴格的領土區分。如人類可及性非常受限的荒野地區；在其他地區，可能是由特定的人類與動物社群共享主權，卻限制外來者近用；在其他脈絡中，主權可能有多面向，以容納遷徙模式、交通廊道或其他種類的共享使用。

為了有機會達成這些選項，我們對野生動物主權邊界的觀念，不應受到過度簡化的領土概念（例如國家公園的邊界）所限制，而必須有更多層次，能夠說明 (1) 生態活力、(2) 領土的多維性、(3) 人類與動物移動的事實、(4) 永續合作式並行共居的可能性。

劃定邊界：領土的公平分配

要承認人類與動物的主權，儘管不可化約為地圖上的線條，仍須劃定邊界。即使各種野生動物與人類社群的主權在某些地方是相互重疊的，我們仍然需要某些方式，來判斷哪些動物或人類社群對哪塊區域擁有權利。但是，我們應該如何劃定主權獨立的人類與動物社群的邊界？

這是動物權利的政治理論所面臨的重大挑戰，原因也部分來自這個人類政治理論所面臨的主要挑戰懸而未決。用艾弗利．柯勒的話來說，領土權利議題是當代政治哲學中，「令人震驚的盲點」，甚至是「最危險」的疏漏（Kolers 2009: 1）。

在人類的案例中，顯然我們無法制定數學公式，求出每人平均或每國平均的公平分額土地，來解決這個問題。新加坡的人口密度是每平方英里一萬八千人，而美國人口密度是每平方英里八十一人（澳洲的密度僅每平方英里八人）。這並不意味著新加坡應該取得美國或澳洲的部分主權，好讓人均土地的數字相等。提出下列問題不會有什麼建設性：加拿大的土地是否有像現在這麼大的資格？盧森堡難道不應該再大一點嗎？中國人口與印度人口是不是該少一點，而瑞士人口或烏干達人口是不是該多一點？換言之，我們不會抽象地問主權領土究竟應該多大，或是每個種族／民族／文化應該要有多少人。

同樣地，提出下列問題也不會有什麼斬獲：該有多少數量的野生動物與人類？或者，該賦予各種野生動物與人類多少的土地？相反地，我們必須從在地事實出發。在其他條件都相同的情況下，既存的人類與動物有權待在原處，而主權理論的基本任務就是要保護這項權利，不受剝奪或征服的威脅。

當然，不是所有其他條件都相等，所以這些在地事實只是道德分析的出發點，而不是整件事情的終點。我們或許需要重新思考既有的居住與用途模式，以彌補某些不正義或滿足持續變化中的未來需求。記得我們在導論中提及的統計數字：從一九六〇年起，地球上的人口數量翻了一倍，把人類聚落推向以前是野生動物棲息的土地上，而動物數量急遽下降了三分之一。事實上，人類大規模征服動物所占據的土地，導致動物數量大幅銳減。因此，當我們想到主權獨立的動物領土邊界時，我們立刻會面臨以下問題：邊界的劃設是否與目前的動物數量及牠們的棲地相符，或我們是否妥善處理不義征服的歷史。

這個問題同樣也不斷困擾著人類的政治理論。既存國家目前的邊界最初是透過征戰、殖民，或強迫性同化而不義地建立。然而，隨著時間流逝，當初不義的定居卻演變成正當的主張。從歐洲人征服美洲，乃至於蘇維埃殖民波羅的海三小國，原本該為不義殖民／屯墾負責的那個世代，下一代早已只認該處為家，且本身也沒有做出殖民占領與征服等不義行為。同樣地，在人獸關係中，我們必須承認，雖然人類定居在動物棲息的土地上曾經是（現在也是）錯誤的，但無論如何這些開拓者的後代子孫成為了新的「既成事實」。正義要求我們考慮歷史上的不義，但我們不可能在不侵犯既存個體權利的情況下溯及既往。

可行的領土政治理論必須從既成事實出發（人的現居地、既存社群與國家的邊界），同時也要回溯或前瞻地關照正義的考量。一方面，我們必須承認過去行動所導致的不義，或許在某些狀況中提供補償或賠款；另一方面，我們必須從當下出發，從居住在特定領土上，目前活著的個體出發，從今而後致力於全體的正義。我們稍後會回來討論補償歷史上不正義。但首先，讓我們先考慮賦予野生動物前瞻性正義的問題。

讓我們從「既成事實」出發。人類已經嚴重進犯並傷害野生動物的棲地，但仍有大片未開發的土地上有野生動物居住，不單單是「原始荒野」，也包括人類採集資源（林業、採礦、放牧家畜等）但極少定居的大片土地。野生動物是這些地區的實質居民。因此，「目前沒有人類居住或開發的棲息地，全部都應視為主權獨立的動物領土：天空、海洋、湖泊、河川，與其餘所有具備生態活力的荒野（無論是『原始荒野』或是重新綠化的土地；無論是大片土地或微小圈地）」。[44]我們從此命題出發，這些土地目前被野生動物占據，而我們無權在這些地方殖民或迫遷。事實上這代表人類屯墾擴張的終結。我們入侵動物主權區域的行為，比方說，為了伐木、採礦，或放牧馴化動物，其衝擊與影響遠超出人類活動領域的邊界，進入無數野生動物的棲地。一旦我們承認動物的基本消極權利，這類活動大都會受到大幅限縮或改變。放牧馴化動物的數量將會大幅降低；伐木、採礦與採集野生食物須大幅改變，限制對動物造成的傷害。然而，若承認這些區域是動物主權領土，道德要求將會比在資源採集過程中停止對動物造成直接傷害更嚴格。雖然人類在這些地區的活動未必就此停歇，但將需要根據當地擁有獨立主權或共享主權的野生動物社群的權益，重新協商。這些權益遠遠超過傷害的避免，而須擴及到保護生態系統活力與野生動物社群的自決能力。換言之，必須以主權平等的群體間互惠關係為基礎，進行重新協商。

因此，承認野生動物主權，將構成人類活動的兩個重大檢核判準。首先，針對人類的居地擴張，主張「就這麼多了，不能再得寸進尺」。這意味著人類要建造更巧妙、更有效率的房屋，我們可以在淪為廢墟之處重建，但不能再往外圍擴張，不能把動物居住的土地納為己用。其次，這意味著人類在動物主權領土（或共享領土）上的活動，必須以平等關係中的公平合作原則進行。這遠遠超過對野生動物直接暴力的終止，而意味人類「管理」野生動物領土時，必須通過類似去殖民化的程序，用公平交易取代單方面的資源榨取，以及用永續與互惠的做法，取代對生態有破壞且成本外部化的做法。[45]

雖然我們可以從人類與野生動物居住地的現存模式出發，但我們將無可避免地想要重新思考某些既定邊界。地球上有些生態區可以維繫豐富的生命，但有些的環境則較為惡劣。或許，豐饒或脆弱的生態系統中若有既存的人類聚落，新邊界應溯及既往。如此一來，人類才能逐漸撤除在這些地區的足跡。相反地，或許在某些地區中，人類能提高野生動物群體生命力及多樣性，又同時擴張居住區域。舉例來說，試想那些目前被畜牧業家畜所影響的廣大土地，包括單一耕作種植牲畜穀物飼料的大片土地，還有拿來放牧的許多土地，都讓野生動物的數量與多樣性大幅銳減。只要終止畜牧業，這些區域就可以歸還給野生動物；抑或是，在農業、資源採集或荒野／娛樂活動的永續模式下，與人類共享。比方說，林間的灌木樹籬、受管理的森林、多樣化的免耕農業操作，都有助於維護極佳的物種多樣性。事實上，終止畜牧業可以釋出大量土地，讓我們在這些地方與野生動物協議建立新的關係（Sapontzis 1987: 103）。

我們應當牢記，在人類的例子中，很多不幸來自於在地圖上劃定武斷而任意的界線，而這些界線不是無法反映出人類種族與民族社群的地理分布狀態，就是無法提供這些社群能夠存續的土地基礎。所幸，我們正在大量了解「動物地理」，以及棲地、流域、生態系統與生物圈的特質，可以協助對於野生動物社群重要邊界的思考。[46]我們為主權獨立的動物社群劃定的政治邊界，可以對應到以生態為基礎的邊界上，確保主權獨立的動物社群具備活力與穩定性。我們對生態系統的了解與日俱增，[47]能夠幫助我們決定：應該「野化」哪些土地、在穩定的共生關係中共享哪些土地，以及哪些土地該維持在廣義的人類發展或管理之下。

目前居住模式的調整，不只是為了未來需求與生態永續性，也是為了要補償歷史上的不義。誠然，並非所有以前針對野生動物的暴力行動或摧毀棲地，都是不正義的行為。在很多時空背景，人類面對野生動物並不處於正義情境中。人類為了食物、衣物、自我防衛，若不殺戮動物是無法生存下來的。話雖如此，人類倒是很少限制自己僅出於必要而殺戮。[48]人類總是為了娛樂、方便，甚至毫無理由地殺害動物。事實上，我們對野生動物犯下的歷史暴行很驚人，只要看看抹香鯨物種便可知一二。粗略的統計數字顯示，西元一七〇〇年時抹香鯨的數量大約是一百五十萬頭。美國人在十八與十九世紀的捕鯨活動，據估計讓抹香鯨的數量減少約四分之一。十九世紀下半葉，捕鯨活動減少，因為石油與煤油取代了用來燃燒照明與潤滑的鯨蠟。[49]然而，在二十世紀，隨著現代工業化捕鯨活動的出現，這個產業再度活躍了起來。在國際捕鯨委員會訂立條約加以保護之前，約有七十五萬頭抹香鯨在世紀中葉被殺害。抹香鯨的數量減少到剩下原來的四分之一，目前終於再度增長，但速度非常緩慢。

鯨蠟與鯨骨製成的束腹對人類來說是很有用的產品，但絕非生活必需品。捕鯨活動的歷史顯然是人類為了己身便利而恣意摧殘野生動物。將近一百五十萬頭抹香鯨曾在海洋中漫遊，但今日卻不到五十萬頭。前瞻式正義著重於如何善待現存的鯨魚，尊重其普世基本權，及其在海洋棲地中的群體主權。但是，針對人類在歷史上大量殺戮抹香鯨，正義的要求為何？我們無法讓當初的受害動物死而復生或補償牠們。在某些歷史上不正義的例子中，我們可以找出現存群體如何因為其祖先所遭受的對待，過得比原本可能的生活更差，[50]因此或許能用補償目前生者的方式，作為適切的彌補辦法。然而，在抹香鯨的例子中，我們並不清楚這些當初受害者的後代子孫是否與如何被其先祖所遭受的不義所傷。

似乎在這種情況下，「現有的情勢凌駕了」歷史的不義（Waldron 2004: 67），而我們努力的重點應該放在前瞻式正義上。即使如此，至少我們有很強的理由，透過教育、紀念館、集體道歉與其他形式的象徵性補償，承認歷史上不義的事實。路卡斯・梅耶指出，即使是在無法彌補的狀況下：

> 象徵性補償要表現的是，我們理解自己如果可能的話，願意且會採取真正的補償行動。若能成功，我們將能堅定表現出一種對自我位格的理解，即提供真正補償給過往的人或民族。我們也將傳達堅定承諾，不再讓此種不義發生。（Meyer 2008）

或許現在我們無法做些什麼來修復二百五十年來捕鯨活動所造成的傷害；但是，承認錯誤至少能夠強化我們的承諾與義務，確保我們完全尊重現存鯨群的主權。[51]

在思考正義問題時，時間點很重要。在不義甫發生的時候，我們或許能加以修復或彌補。時間拉長，既成事實就會改變，而前瞻式正義將施以更強大的拉力。因此，這意味我們在不義發生時更須急迫介入。攻擊者與侵略者知曉時間流逝與情勢改變的重要性，他們有很強的動機去改變既成事實（例如移居到占領的土地上或進行種族清洗），然後穩固現狀直到正義的均衡點往未來移動（在比較世俗的層次上，我們也可以在日常生活中看到這種行為。比方說，某人違反城市區劃的禁令蓋違建，希望創造出新的既成事實，好對主管機關施壓要求破例）。前瞻式正義的其中一項義務，就是要強力遏止讓這類既定事實成立的行為。

五、主權獨立社群間合作的公平條款

到目前為止，我們認為主權的架構在思考上，提供了極具說服力的方式闡述「不干預」論證，後者在動物權理論文獻中儘管普遍但理論化程度很低。然而，我們認為主權在處理外溢效果也提供了規範性架構，這是另一個欠缺理論化的重要議題。如前所述，野生動物所受的傷害，不只來自於直接侵害基本權或棲地占有，也來自於因人類活動影響所致的非蓄意傷害，包括氣候變遷、汙染（如：漏油事件、農田逕流）、資源採集與基礎建設（如：水壩、圍籬、道路、建築物、航道）所造成的風險。

停止侵占野生動物棲地，確實可以縮減其中某些風險；但是，我們必須了解，將人類領土與野生動物領土一刀兩斷地隔開絕無可能。一則許多野生動物會長距離遷徙，橫跨或穿過人類居住的區域。我們再回想一下白喉林鶯的例子，牠們從撒哈拉遷徙到英國；或是北大西洋露脊鯨，牠們從新英格蘭的沿岸地區遷徙到佛羅里達。假設主權獨立的動物社群既存在於人類社群之中，又與人類社群互不干涉，那麼所有領土在某個意義上全是邊疆交界。我們之前主張，在主權重疊的區域（遷徙路徑、通行廊道、共享的生態系統等），人類社群不能罔顧當地共享主權的野生動物社群權益，逕自追求本身利益。事實上，幾乎所有地方的人類活動，都會對主權獨立的野生動物社群造成直接且立即的影響，增加動物受傷與死亡的重大風險。

我們應該注意，這些風險並非都是單向的。野生動物也會對人類活動（如：在路上撞到鹿或麋、鳥類捲進飛機引擎裡）或公共衛生（例如動物病毒）造成威脅，或者實際上直接攻擊人類（例如灰熊或大象）。

只要人類與野生動物繼續共享地球，這些風險就是無可迴避的。於是，動物權理論的一項重要任務便是要訂立適切的原則，管控這些風險。我們在設計建築物、道路、航道、汙染法規等人造物時，該如何把野生動物的權益也納入考慮？把風險「降到最低」是我們的責任嗎？還是該僅對動物施加「合理」風險？還是該徹底鏟除對其風險？另外，我們可以正當地採取哪些行動，以降低來自野生動物的風險？這些問題深刻且重要，然而「讓動物順其自然」這個傳統動物權理論中的律令，依舊沒有處理這些問題。

目前，我們處理兩個議題的方式天差地別。當野生動物對人類施加風險時，無論風險多小，我們通常認為自己有權採取一切措施以消除風險，即使這些措施會置動物於死地也在所不惜。[52]土狼或草原土撥鼠若是對人類（或馴化動物）造成風險，哪怕只是一丁點兒，我們都認為自己有權趕盡殺絕。然而，當我們的活動對野生動物造成莫大威脅時，我們卻通常不予理會，視之為進步的代價。

相反地，主權架構強調我們要把主權獨立社群間的風險分配視為正義的議題。在此我們可以從人類的例子中，了解現行取徑如何處理風險施加與非蓄意傷害。[53]無論是在境內或國際的脈絡中，社會生活總會涉及風險。舉幾個明顯的例子來說，如意外死亡與受傷、疾病傳染、財產與生計遭摧毀。比方說，允許車輛行駛速限超過每小時十英里，增加了對其他駕駛人、行人與鄰近房屋屋主的風險，但我們大都認為，若對比禁止更快速的移動，所犧牲的個人自由與經濟生產力，這樣的風險是值得的。嘗試將風險降到零，會讓社會生活陷入癱瘓。但並非所有形式的風險施加都是可允許的或正義的。把風險施加在他者身上，必須符合一些條件，包括：

1. 風險施加確有其必要性，以達成某些正當利益，且符合比例原則，而非只是疏忽或冷酷漠視的結果。
2. 風險與隨之而來的效益由所有人平均分擔，在某些情境下遭受風險的人，在其他情境下受益，而不是一群人持續受害於風險之中。
3. 只要有可能，社會須補償非蓄意傷害下的受害者。

我們將會論及這些原則在人類案例中如何運作，並說明它們在思考人類與野生動物主權社群間互動的公平條款時，也能提供指導方針。

在評估風險時，首先我們必須質問這些風險是否有助於實現真實且正當的利益。讓我們再回想高速公路的例子，我們可以拆掉高速公路，隨之而來的交通事故與汙染也會徹底消失。但是，這麼做會付出龐大的經濟與自由代價（也可能會導致更多而非更少的直接死亡，因為大幅降低了緊急救援的可能性）。因此，社會整體要針對高速公路做出困難的抉擇：是否要興建、擴張高速公路系統或以鐵路網逐漸取而代之？興建公路時要投資多少以盡可能增加安全性（拓寬、增加車道、降低速限、砍掉路旁的樹、改善車輛安全性）？要對駕駛人進行多少管制（就年齡、身心障礙與易分心程度而言）？

這些決定或許能降低風險，卻無法不去過度犧牲移動性的正當利益，而徹底消除風險。這能通過第一項測試，即風險必要且與正當利益成比例。不過，事情還沒結束，我們也必須考慮這些負荷與效益的分配。很多人受益於高速公路，但其他人必然會受其所害，甚至因此死亡。那麼，為什麼這樣不算不正義？

這件事之所以未必構成不義，理由之一是因為沒有人事先被單獨挑出來，為了他人利益而付出終極代價。我們並未選出某個特定的人獻祭來平息神的憤怒，或為求野獸讓路而提供活人性命。相反地，儘管存在受傷風險，（幾乎）所有人都是為了從移動性中得到好處而選擇駕駛（或被載）上路。所有人一起分擔了駕駛所帶來的好處與風險，與某些人為了他者利益被挑選出來送死，截然不同。

確實，風險並非由所有人平均分擔。有些人在從未開車上高速公路的情況下，仍然享有高速公路所帶來的經濟利益（例如當地店家因為車流量增加而獲益）；有些人就算從沒開上高速公路，還是因此受害（例如希望車流量與汙染少一點的當地隱者）。但是，種種差異是否違反了我們的公平感，很可能取決於「社會中的風險如何分配」這個更普遍的態度。公平未必是社會中所有受影響的成員平均分擔每個集體決策所導致的風險與利益，反而取決於某種一般性觀感：既然不可能消除所有的風險，既然每個人都以不同的方式受益於社會、以不同的方式承擔風險，那麼風險與利益在經過時間與橫跨空間之後，應該要能損益兩平（我們指的不是結果均等，而是大致上共同分擔一般層次上的風險）。或許在車輛這件事上，風險承擔高於平均值者，在其他傷害事件（比方說公務意外事故、食物中毒、環境病原）上，承擔了低於平均值的風險，取決於他們住在哪裡以及在哪裡工作。這些變數只有在持續針對同一個群體時，才會轉變成不正義，或許是因為該群體在社會中已經很脆弱、被汙名化、處於劣勢，所以施加在他們身上的風險就不受重視或被直接忽略。若我們開始認為某特定種族被挑選出來，承擔主要是他者受惠的社會政策或經濟發展所帶來的風險，那麼關於正義的擔憂就會出現。這種情況有可能發生在國內或國際上。比方說，某個主要是對中產階級有利的企業，可能會把不安全的廢棄物傾倒在窮苦的弱勢社區中；或者某國可能會把汙染產業設置在國境上，希望空氣或水能把汙染物帶到弱勢的鄰近國家中。

就算社會風險大致上公平分配，且有助於實現正當的公共利益，正義仍有進一步的必要條件，包括照顧與補償的義務。對發生車禍且嚴重傷殘的受害者（或其家屬）而言，風險公平分擔並不會帶來多大的安慰。這讓社會扛下重擔，既要避免不必要的風險，亦須補償受害者。試想若是高速公路的潛在風險不是來自於結冰與落石（我們可能將其視為本質上無法掌控的風險），而是來自於一個屢屢證明致命的髮夾彎，只要增加一些標誌並稍微拓寬道路，便能大幅改善情況。在這個狀況下，我們很可能會說這個風險不再合理。即使風險公平分配，如果用小成本就能消除嚴重風險，不這樣做也是疏失。隨著限制風險所需的成本增加，我們對於合理性的想法也會跟著改變，因為我們會思考這些成本若用在其他地方是否會更好。我們在此處的判斷，將會隨著某個特定社會的富裕狀況與政策選項的相對成本而改變。比方說，社會A或許得權衡修繕道路與數千個抗瘧疾蚊網的成本；而社會B或許得權衡修繕道路與其大街遊行節慶裝飾的成本。對於修繕道路是否值得，他們會做出不同的決定。

「補償」是這個方程式的另一面。集體生活把無可避免的風險加諸我們全體，但當中只有某些人會付出高昂代價，比方說，在交通事故中死亡或受傷。社會的責任不只是減少意外發生的機會，還要在不可避免的事故發生時補償受害者。透過集體承擔受害者醫療與復健費用，或是補償受害者家屬的責任，社會便能夠盡綿薄之力，幫助恢復利益與風險間更加公正的平衡。一個社會若無法達成這點，便未能滿足「促進社會生活中風險平均分攤」的原始但書。這些人類案例中常見的原則，在思考對野生動物所應負之正義義務時，提供了有用的基礎。我們強調過，人類以無數方式對動物造成非預期性傷害。環境汙染是明顯的例子：水汙染、使用殺蟲劑、空氣汙染與快速的氣候變遷，對動物而言都是大災難，多數動物在面對環境惡化時比人類更加脆弱。人類居住模式與基礎建設也會把風險施加在動物身上，比方說：核能冷卻設備扼殺海洋生物、摩天大樓的玻璃帷幕與夜間照明殺死無數候鳥。

不過，既然我們之前以高速公路為例，那我們就繼續沿用這個例子。事實上，高速公路是很典型的案例，呈現人類的基礎建設／活動如何以「路殺」的形式，對野生動物造成巨大傷害。為了讓讀者對於這個問題的嚴重性有點概念，試舉例如下：在安大略省的長岬有條長三點五公里的公路，分隔了伊利湖與毗鄰的溼地（「世界生物圈保留區」的一部分）。根據統計，每年有一萬隻動物（分屬一百種不同物種，包括豹蛙、地圖龜、狐蛇與許多小型哺乳類動物）在這一小段路上被碾死。即使長岬是個格外嚴重的特例，仍然能讓我們了解到人類道路對野生動物造成了令人難以置信的大屠殺。[54]

這個令人難以置信的大屠殺，是否違反了我們對動物所負之正義義務？依照我們之前所討論的原則，答案無庸置疑是肯定的。但是，讓我們更仔細地考慮這個情況，闡明不義的本質，以及我們可能用什麼方式加以克服。問題明顯在於整體成本與效益未受到公平分配。道路對人類有利，無論是直接受益，或更廣泛在社會合作中所分擔的風險與效益。然而，野生動物並未從高速公路中得到好處。[55]或更籠統地說，沒有從人類社會當中得到任何好處。我們施加在牠們身上的風險，也沒有和牠們施加在我們身上的風險相互抵銷。總的來說，野生動物施加在我們身上的風險，遠遠不及我們加諸於牠們身上的，這種懸殊的風險不對等應該要能激發我們的正義感。這就類似某國在沒有任何利益或風險交換的情況下，把汙染物往下游或下風處輸出到鄰國。

在這種情況下，我們在分配與施加風險時，如何能達成正義？最顯而易見的建議，是我們有義務盡可能減少施加在野生動物身上的不對等風險。這包括了各種對人類發展行動的修正，例如：按照動物習性與遷徙模式來設置與設計建造物、在道路底下建造動物通行道、設立野生動物廊道、在車輛上裝設野生動物警告裝置。翻新改造或許很貴，但若這些修正調整在初期的設計與開發階段就能納入考慮，成本並不高。這麼做既能確保風險的分配更為公平，也能確保我們並未忽視他者所承擔的風險。在大多數的人類開發行動中，從未考慮動物所承擔的代價，[56]現實是人類並未審慎評估動物所承受的風險，是否符合牠們所得到的好處，這些風險直接被忽略不計。

不過，這只是最低限度。富裕人類社會的發展活動，未必要增加不合理的成本，才能採取行動，減輕對野生動物的非蓄意傷害。停止汙染人類與動物共享的環境、重新設計車輛與建築物以降低影響、建造繞行道或隔柵，保護魚類不受發電廠之害、重新設計農業耕作方式與收成技巧，更能保護小型齧齒動物或嗷嗷待哺的小鳥。這些措施或許得花上一些錢，但不會讓我們傾家蕩產。就像很多改變一樣，過渡期充滿挑戰，然而一旦新的思考方式成形，就會習慣成自然。

試想從標準的北美飲食轉換到素食。一開始，人們可能會對食物感到心神不寧，心心念念想著不能吃的洛克福乾酪或豬肋排、專注在學習新食譜與烹調技巧、注意身體上的改變等等。但隨著時間過去，新的飲食習慣成為常態，長期的素食者不會比任何人花更多時間在食物與營養的規劃／準備上。倘若純素主義的轉變以社會規模實現，伴隨著重新想像食物儀式、人類的聰明才智重新導向創造美味的素食料理，那麼被剝奪感會完全消失。當我們考量人類做出某些改變所需付出的代價時，我們必須區別過渡期與長遠角度。在過渡期，我們可能會覺得以前的自由與機會被剝奪了，且對新做法感到強烈負擔，因此需要過渡期策略加以因應（如：漸進式改變、大量試驗與補償等）。不過，在評斷實現正義情境該付出哪些合理努力時，基本議題不在於過渡期的成本（這可以被抵銷），而是這些過渡後是否能導向長期的公平永續實踐。

到目前為止，我們把焦點放在互惠方程式的其中一邊：人類在野生動物社群身上施加風險，而這些風險不會被相互合作的利益共享所抵銷。因為野生動物不是人類共同社群（所有風險在其中是平衡的）的一部分，所以我們無法緩和施加在野生動物身上的風險，必須減少這些風險。

現在讓我們轉向事情的另一面：野生動物施加在我們身上的風險。人類過去處在各種野生動物帶來的大量風險之中。我們消滅了許多天敵，但風險依然存在，從毒蛇到老虎、灰熊、大象與鱷魚皆然。我們往往無法接受野生動物所帶來的任何風險。然而，考量到人類為動物帶來的巨大風險，實在沒有理由期待另一邊是零風險。相反地，在主權重疊的區域，我們應該接受野生動物的存在會帶來一定程度的風險。這並不意味著人類在遭受攻擊時沒有自我防衛的權利，[57]只不過人類社群沒有權利在主權重疊的地區，消除因為野生動物存在而帶來的一般性風險。所以，舉例來說，若我們選擇的居住地區，與有土狼、山獅、大象出沒的荒地相毗鄰，那麼我們就必須接受我們自己、孩子與陪伴動物承擔一定程度的風險。我們不能要求把土狼殺光，好讓我們自己可以活得沒有風險。如果我們選擇在黃昏時刻開車上鄉間道路，我們就必須接受因為意外撞到鹿或麋而受傷的風險。我們不能只為降低自己的風險，要求選擇性捕殺這些動物。換言之，我們不能在要求讓自己處於零風險的同時，人類社會卻把驚人風險施加在野生動物社群身上。[58]

在風險施加的層次上，永遠不會有全然的公平。但我們可以藉由把加諸野生動物身上的風險降到最低，來減少不對稱的狀態，同時學習如何與牠們加諸我們身上的風險共處。[59]藉由思考我們可以如何為野生動物帶來好處，也可以減少不對稱性。我們先前指出，人類發展所帶來的風險之所以不義，某種程度上來自野生動物並未從中獲得好處。但是，我們也討論過，或許人類有辦法為野生動物帶來好處。雖然動物權理論對人類干預野生動物社會的行為，正確地保持小心翼翼的態度。但我們認為並非所有的積極干預行動都不正當。有些干預行動可以保護野生動物社群的利益與自治權，像是阻擋致命病毒蔓延擴散。另一個例子是「野化計畫」，人類可以藉此讓惡化的棲地更加豐富或恢復生機。在這些例子中，人類可以幫助野生動物，風險施加的龐大不對稱性就能緩解。我們（在嚴格規範下）幫助野生動物的能力，為兩邊關係提供了一些互惠的機會。這不會消除我們應減少對動物施加風險的責任，在很多情況下，風險施加仍是無法避免的。有充分理由的積極干預行動，讓我們有機會能部分地修正平衡。

最後，我們來考慮補償的議題。就算我們減少施加在野生動物身上的風險，非蓄意傷害還是無可避免。那麼，我們對野生動物的行為，該負擔什麼義務呢？讓我們再想一想長岬公路的案例。目前為止的討論清楚指明，人類在決策的不同階段，對在地的野生動植物負有許多義務。事實上，長岬的公路正在重建中，加上野生動物護欄與隧道。這能讓人類在不毀滅其他動物的情況下，得以繼續進入長岬。[60]不過，就算是設計最精良的公路，仍會導致某些動物受傷或死亡，所以我們有義務補償個體，以緩和風險分擔的不平均。在這個脈絡中的補償，意思是盡可能地治療受傷動物，讓牠們康復，並照顧失怙失恃的動物。這絕不是什麼新奇概念：已經有很多野生動物庇護所在做這類工作。然而，目前的動物救援能接觸到的受害動物很少，部分是因為這有賴一小撮擁有無比同情心的個人，回應受傷的動物；而非一般性社會政策，履行人類因施加風險造成動物苦果，所產生照護動物的義務。

擔負補償責任會創造出很多新問題。我們必須考慮該**如何**予以補償的細節。被人類道路或其他活動所傷的野生動物，有些能夠痊癒，安全放回荒野之中。這些是容易理解的例子。但在很多例子中，動物殘廢了，不可能再次回到荒野。雖然一般來說，把動物從荒野中移走並強制關押牠們，一向違反野生動物的基本權（例如寵物或動物園展示），但殘廢的動物是特殊案例。因為這些動物不可能在荒野中生活，所以我們有義務在某種庇護所中，對牠們提供適切照顧。顯然，這類庇護所的設計，應該盡可能符合傷殘動物的利益，提供食物、庇護、照顧、移動的自由、隱私，以及陪伴。

在庇護所的環境中確認野生動物的利益並非易事。舉例來說，我們為野生動物重新建造盡可能近似野外的生活，這或許並不符合牠們的利益。此處有緬懷過去的危險，太過聚焦於失去的，而沒有前瞻性思考對動物有利的環境。若牠們不能回歸荒野，需要人類照顧，那麼這些動物某種程度上便成了難民，不再能過從前的生活。這時，我們就有義務歡迎牠們成為我們社群中的公民。顯然，牠們從一開始就沒有變成難民會更好，但既然木已成舟，我們就需要往前看，而不是緬懷過去。我們看待牠們的方式，應從原為追尋自身前途，不同且具自治權的社群（或民族）成員，轉變成我們社群中的共同成員或公民，與我們一起合作創造新的前途。[61]

過度強調重建失去的生活方式，會讓我們變得盲目，看不見在已改變的環境中動物所面對的新機會。我們不應該盲目迷戀野生動物，把受傷的牠們當作（瑕疵）翻版，而應該視其為在新環境中有特殊需求與權益的個體予以回應。比方說，這些動物大都會避開人類接觸，這是牠們的選擇；但是，其中有些可能會變得更習慣與人類接觸（在救援與復健的過程中經常是無法避免的），甚至可能靠著與人類互動成長茁壯；另一些動物可能與人類或其他物種的動物培養出友情。某隻在車禍中殘廢的土狼，再也無法遊蕩、狩獵或保衛領土，在某種程度上成了另一種生物。在野生動物庇護所中，這隻土狼可能會與人類、兔子、松鼠聚在一起，也可能發展出對障礙訓練、坐車兜風、看搖滾音樂錄影帶的愛好。一隻殘廢的鸚鵡可能會樂於接受學習西班牙文或解謎的挑戰。重點是，一旦某個不幸的意外迫使我們把這些動物帶回人獸的共同社會中，接受人類照顧，我們就必須全然以對待個體的方式對待牠們，不讓牠們淪為幻想重回荒野的犧牲品。我們對動物的義務應該要以「評估牠們生活在共同社會中的當前利益」為基礎，而不是投射如「自然」或「物種常規」等概念上，這些概念忽略了動物社群已經改變的事實。[62]動物庇護所的設計不應是對自然界的拙劣模仿，而是具有激勵性的多元環境，讓獨一無二的動物按照自己的意願，在其中找到新的生存方式。[63]

簡言之，針對風險施加與非蓄意傷害，主權取徑能夠協助我們確立某些原則，管理人類與野生動物主權社群間互動的公平條款，即平等、互惠與補償原則。比方說，這意味我們應該搬遷、重新設計車輛、道路、建築物與其他基礎建設，以降低對動物的影響、建造有效的動物廊道與緩衝區。這也意味，當動物因為接觸到人類活動而受到非蓄意傷害時，儘管我們已盡可能地將這些風險降到最低，仍應設立野生動物救援中心，協助動物復健，並希望重新野放。另外，我們也必須學習與因野生動物所帶來的合理風險共處。

六、結論

我們在本章一開始時，勾勒出野生動物受到人類影響的方式，林林總總，包括直接暴力、棲地被摧毀、非蓄意傷害與積極的介入行為。動物權理論主要聚焦在對野生動物的直接暴力上。我們贊成應該終止這些侵犯行為，但這只是解決人類與野生動物關係複雜性的開端。我們主張，欲理解人類對野生動物所負之各種義務，主權取徑提供了指導方針。尊重野生動物主權（野生動物社群過著自治與自主生活的權利）對於人類活動與人類介入荒野，構成強而有力的檢核。首先，主權鞏固了個體權利，使其歸屬特定領土與自治社群，該社群不應受他者侵略、殖民或掠奪。因此，承認野生動物主權能夠遏止人類摧毀野生動物的棲地。這會迫使人類承認這些是有動物棲息的土地，而既存的棲息動物有權在這塊土地上維持其社群生活形式。其次，主權針對社群間以平等與不剝削為基礎的合作也提供了架構。如此一來，將會對人類在主權重疊地區的活動設下重要限制；或是在跨邊境影響的脈絡中，把我們對野生動物的非蓄意傷害降到最低，並補償我們所傷害的動物。

在徹底思考人類對野生動物進行積極干預的義務時，主權也提供了適切架構。我們介入野生動物社群的內部運作時，不得削弱野生動物主權，讓牠們實質受到人類長久管理。然而，某些形式的積極協助行為，則符合尊重主權的意旨。削弱動物主權社群活力（且人類有能力提供救援）的自然災害，可能會觸發我們伸出援手的義務；又或者，具有破壞性的侵略者（如：異常的細菌、巨大的隕石、遑論人類侵略者）對野生動物社群造成的外來威脅，也會觸發我們的義務。我們沒有義務「維持動物世界的治安」（Nussbaum 2006: 379），但我們有義務保護野生動物對抗威脅其主權之情事。我們可以把保護與協助野生動物的義務，視為在主權獨立社群的系統中國家間互惠的一環。我們因為野生動物的存在以及與牠們共享的資源而受惠。我們有時被野生動物所傷，即使這些傷害與我們對牠們造成的傷害相比不值一哂。我們的義務是：意識到人類對野生動物造成的傷害，並將之最小化，並在可能範圍內透過積極協助的適切行為，試圖平衡這些傷害。

最後，我們直覺認為「絕對不要干涉自然」這種一般性準則無法涵蓋個別的協助行為，主權論證可以加以解釋。我們沒有義務遵守某種自然法則，而是對野生動物負有正義義務。一般而言，尊重其主權意味著我們對自然界採取干預行動時，應該非常小心謹慎。但是，尊重主權與採取許多個別且規模有限的協助行動並不相悖，不會削弱野生動物社群以獨立且自決之樣態繁盛的能力。

從各方面來看，我們認為主權取徑相較於當今的動物權理論文獻，提供更具說服力的答案。後者大都完全忽略干預的議題與非蓄意傷害，不然就是簡化成「讓動物順其自然」這樣的口號。

如同我們所見，在釐清人類對周遭的野生動物社群所負擔的倫理責任時，這句口號沒有太大的幫助。

我們在第一章指出，其他作者也承認，僅聚焦在個體能力與權益上的動物權取徑有其限制，並支持更具關係性的取徑。最詳細的例子或許是克萊兒．鮑莫（2010）的著作。她針對不同的動物群體，創造出關係性義務。這些義務取決於人類在動物產生特定脆弱性時所扮演的角色。透過馴化讓家畜與陪伴動物依賴我們，人類因此有責任滿足其需求；透過讓野生動物喪失棲地因而變得脆弱，我們或許該為彌補這些傷害負責。但是，若脆弱性沒有因果關係上的關聯，那麼我們對牠們就沒有積極義務。從這個角度來看，事實上鮑莫的「關係性」理論在本質上是種補救：我們具備關係式的義務，只因為我們必須補救本該負責的傷害，而這些傷害理論上根本就不該發生。既然最好的選項「毫無關係」已無可能，那麼關係性義務就是次佳回應，而它們在本質上是種補救。[64]

對比之下，我們的主張以更深刻的方式呈現關係。鮑莫主張若沒有人類所造成的不義，我們對野生動物不負積極的道德義務，為「放任直覺」辯護。我們的取徑則為野生動物的主權辯護，認為野生動物社群的自治有至關重要的道德價值，而尊重這些道德價值的最佳解便是建立主權間的關係。尊重野生動物的主權，如同尊重馴化動物的共同公民資格一樣，體現了有道德價值的關係，藉由對動物權益、偏好與能動性的尊重，讓我們履行涉及動物的（積極）義務。這些積極價值在鮑莫對關係性義務的補救式主張中都付之闕如：她沒有以道德的善或目的為基礎，說明與野生動物的主權間關係（或馴化動物的共同公民資格）。因此在我們看來，針對事實上對野生與馴化動物所負有之義務，她的說明是有嚴重缺陷的。到頭來，她對野生動物的正義主張如同傳統的動物權理論，只強調避免直接傷害個別動物的基本消極權，一旦我們造成傷害，便需要想辦法補救。除此之外就著墨甚少。

鮑莫的觀點，是關係性義務中「同心圓模型」的一種版本。在這個模型中，卡利可（1992）、溫茲（1988）還有鮑莫（2010）發現，我們與不同類動物之間的距離（情感上、空間上或因果關係上），決定了我們的道德義務。我們對比較接近的動物（像是馴化動物）負有積極義務，但對距離較遠的野生動物，只負有消極義務。但是，如同賈克・史華特（2005）所指出，這是嚴重的誤解。更精確地說，我們應該在這兩種情況下都有照顧與保持正義的義務，但所需採取的行動種類不同。史華特本人用動物依賴性的本質，來解釋這個差異。馴化動物與我們之間的關係是依賴，仰賴我們提供食物與庇護，所以我們對牠們有「特定」照顧的義務；野生動物則是依賴牠們所處的自然環境，所以在這種情況下我們的照顧義務「並非特定的」，且著重於「努力維持牠們的生存條件與牠們和環境間的依賴關係」（Swart 2005: 258）。在這兩種情況下，我們都有積極義務，確保動物能夠獲得牠們所依賴之物事。這有部分意味著，要達成照顧他者的義務就是顧及他者所依賴的關係，對野生動物或馴化動物皆然，牠們不過是依賴不同種類的關係罷了。與鮑莫的觀點相反，儘管我們對野生動物應負的照顧責任並非特定的，但這是對其需求的回應，而非證明我們缺乏回應牠們需求的積極義務。

就這點而言，我們的關係性觀點顯然比較接近史華特而非鮑莫。事實上，我們主張彰顯野生動物社群領土主權的義務，可被視為是更「政治」地重述史華特的概念：我們有義務尊重野生動物對其所處環境的依賴性（同樣地，我們在第五章所說明的賦予馴化動物共同公民資格的義務，可被視為是更政治地重述他的概念：我們對依賴人類的動物有特定的照顧義務）。如同「共同公民資格」這種政治語言有助於明確指出對馴化動物的特定照顧義務，「主權」這種政治語言則有助於明確指出對野生動物的非特定照顧義務，讓我們能夠處理某些基本的政治議題，例如：權利、財產、領土、風險與移動性。就這點而言，無論是鮑莫還是史華特，甚至是動物權理論中其他的關係性理論，仍然深陷應用倫理的領域中動彈不得，與支配我們法律與政治生活的政治理論脫節。

不消說，採取主權取徑不是萬靈丹，而我們迄今為止的討論留下了很多問題懸而未決，尤其是該如何**執行**野生動物主權的政治問題。在人類傳統的政治理論中，要受承認具備主權權威，一向都與對內及對外主張主權的能力息息相關。國家因為對其領土握有有效控制權，所以受到主權獨立的認可。在人類的例子中，無庸置疑有很多不同方式執行主權。就外部挑戰來看，國家可以透過擁有足夠的軍事力量，主張其主權，但也可以透過締結互相保護與區域安全（例如北大西洋公約組織的會員）條約，或是透過在多民族國家中的向上委託（例如加拿大的「第一民族」向上委託加拿大國家政府負責其防禦），或透過參加個別國家的主權重疊或「集合」在一起的國際性組織，來主張主權。

關於野生動物主權，可相比擬的政治程序會是什麼？野生動物通常無法在實質上自我防衛人類的干預活動；牠們無法在外交談判或國際性組織中代表牠們自己；牠們無法做出集體決定，把保護其主權利益的責任委託出去。所以，主張或執行動物主權的政治機制，會是什麼？

答案就在由致力於動物主權原則的人類進行某種形式的代理人代議。目前，我們對於這樣的代理表意系統沒什麼概念。如同我們在第五章所指出的，關於共同公民資格方案中的馴化動物政治代議，有個相關的問題會出現。各式各樣的提議在那樣的脈絡下被提出，像是動物「監察員」或「律師」。古汀、卡蘿．帕特曼與羅伊．帕特曼（1997）在他們想像類人猿主權的文章中，主張主權獨立的類人猿族群將無可避免地採取保護國的形式，由人類擔任受託人。這樣的受託人（或「監察員」或「律師」）應可受託保護野生動物不被殖民、不被征服、不被施加不公平的風險，同時也受託評估提出的積極干預所帶來的影響。[65]

我們對於這樣的制度化機制，並無詳細的藍圖。如同我們在第五章所主張，現階段我們的重點不在於倡議建立這類制度化機制，而在於釐清推動制度性改革的人獸關係的根本樣貌。首先，我們必須確認任何新代議方案的目標，應該以野生動物主權的概念訂立，這點我們已經說明。在這個計畫中，有效的代議制度將會需要在各層面進行制度性改革，無論是國內還是國際性的，包括環境、發展、交通、公共衛生等議題。在所有的制度中，野生動物作為主權獨立社群的權利，都需要有人代言。

第七章　外籍住民：城際野生動物

在前兩章，我們敘述了針對馴化動物的共同公民資格架構，以及野生動物的主權架構。在大眾的想像中，這兩種動物或多或少就是全部的動物了：動物若不是受到挑選生活在我們周遭的馴化動物，就是不和我們一起生活，而是住在森林、天空與海洋等荒野之地的野生動物，牠們獨立於人類活動與意圖之外，避免與人類的接觸。

這個馴化／野生的二分法，忽視了生活在我們周遭有為數眾多的野生動物，牠們甚至就住在市中心：松鼠、浣熊、大老鼠、椋鳥、麻雀、海鷗、遊隼與小鼠，多不勝數。如果我們把郊區動物也算進來，像是鹿、土狼、狐狸、北美臭鼬與其他數不清的動物，顯然我們將要處理的不是少數幾個反常的物種，而是一群適應在人類周遭生活的非馴化物種，種類各異。野生動物就生活在我們周遭，而且由來已久。

我們把這種動物稱作「城際野生動物」，以示其介於兩端的狀態：既非野生動物，也不是馴化動物。有時候，牠們之所以住在我們周遭，是因為人類侵占或包圍了牠們的傳統棲地，讓牠們別無選擇，只好盡可能地適應人類的居住地。但也有一種情形是，野生動物會主動尋找人類的居住地，因為那裡與傳統荒野棲地相比，提供了更多更好的食物來源與藏身之所，並不受天敵獵捕。我們將看到，事實上城際野生動物會經由很多不同的途徑來到我們周遭生活。

某種意義而言，城際野生動物的狀況可視為成功範例。儘管野生動物的數量持續減少，很多城際野生動物的數量卻一直在增加，並證明牠們成功適應人類居住地。然而，這不代表人類與城際野生動物之間的關係和睦，至少從動物權的角度來看並非如此。相反地，城際野生動物遭受各式各樣的虐待與不義，且人類堅稱對牠們不負有獨特的關係性義務。

有個問題在前面已經提過：這些動物在我們日常的世界觀中是「隱形的」。由於我們用二分法來劃分自然界與人類文明，都會空間被明確定義為與「荒野／自然」相對立，我們因而「看不到」城際野生動物，在思考與討論該如何計畫與治理社會時更是如此。舉例來說，都市計畫很少會考慮人類的決定對城際野生動物所造成的影響，而都市計畫者也很少受到相關訓練。[1]城際野生動物因而往往淪為非蓄意傷害下的受害者，傷害來自於我們的建築物、道路、鐵絲網、柵欄、汙染、流浪動物，諸如此類。作為物種，城際野生動物或許已經適應了與人類一起生活時會面臨的危險，但仍有許多個體無辜且殘忍地受害。

城際野生動物的「隱形」不只導致人類漠不關心或忽視，更糟的是，往往使牠們存在本身失去正當性。因為我們假設野生動物應該在遙遠荒野中遠離我們生活，所以城際野生動物常會被汙名為外來侵入者，誤闖人類領土，且無權留下。這導致牠們與人類發生衝突時，我們就覺得有權趕走牠們，如大量誘捕／遷徙他處，甚至是滅絕計畫（射殺、毒害）。因為牠們不屬於這個空間，我們便認為有權利用等同於是動物種族清洗的方式，消滅這些所謂的有害生物。[2]

因此，城際野生動物的處境極為矛盾。從一般性演化觀點來看，牠們一直是最成功的物種，找到新的生存方式且在人類統治的世界中繁盛。但是，從法律與道德觀點來看，牠們是最不受認可與保護的動物。我們再怎麼不當對待馴化動物與野生動物，至少還勉為其難地承認牠們有權待在牠們的所在地。但是，城際野生動物的概念本身意味著生活在我們周遭的野生動物，許多人否定其正當性，違逆了我們對人類空間的觀念。[3]因此，很少有人呼籲要求保護牠們不受人類定期進行的種族清洗所害，也沒什麼法律能提供牠們任何保護。[4]超都會者法蘭・萊伯維茲以下的言論很極端，但遺憾的是表現出典型動物和都會性的不相容：

> 我不喜歡動物，不管哪種動物都一樣。我甚至不喜歡「動物」這個概念。動物不是我的朋友。牠們在我的屋裡不受歡迎，在我心中沒有任何位子。動物被我除名了……，我應

該要更精確地聲明我不喜歡動物，但有兩個例外情況。第一是我喜歡作為「過去式」的牠們，其形式為美味香脆的豬肋排與廉價皮鞋。第二是在「戶外」，像是森林那種「戶外」，或最好是在南美叢林。畢竟這樣才公平。我不去那邊，牠們憑什麼來這裡？（引自 Philo and Wilbert 2000: 6）

我們認為，主張城際野生動物不屬於人類聚落，這樣的概念有基本瑕疵。首先，這完全不切實際。我們接下來會看到，大量遷徙或滅絕計畫徒勞無功，完全行不通，且往往會讓情況變得更糟。但更重要的是，這在道德上站不住腳。城際野生動物並非另屬他處的外來者或闖入者。在多數情況下，牠們沒有別的地方可住，都會區就是牠們的家與棲地。

我們因此需要找出能夠承認牠們合法存在以及與牠們共存的辦法。事實上，任何看似合理的動物權理論，其重要任務在於要針對這個共存狀態發展指引。然而，動物權理論至今對於城際野生動物未曾著墨。在思索盛行的「馴化／野生」二分法時，動物權理論者討論需要從人類手中解放的馴化動物，也討論需要遺世獨立過自己生活的野生動物，就是沒有提到城際野生動物。

事實上，城際野生動物這個類別本身，很難被納入許多動物權理論者的想像之中，因為他們預設了人類與野生動物世界之間有自然的地理區隔。比方說，根據范西恩的說法，馴化的其中一個問題，是違反了這個自然的地理區隔，導致動物「在人類世界中動彈不得」，而牠們「不屬於這裡」（Francione 2007:4）。[5]其中隱含的假設是：外面的荒野對動物而言才是適合或自然的地方；動物在人類社群中的存在，完全來自人類非法捕捉、馴化與育種所造成的結果。這幅人類與動物的自然區隔圖像，讓城際野生動物隱形了。

動物權理論者沒有完全忽視城際野生動物的狀況。當動物權理論者說所有動物都有不可侵犯的生命權，因此人類除非是自衛否則不得殺害動物時，他們通常會強調這是貨真價實的普世權利，無論是馴化動物、野生動物，還是城際野生動物，適用於眾生。[6]但是，這種說法只是重申了動物權理論基本上全力支持不可侵犯的基本權利，而沒有說明我們對城際野生動物義務的獨特本質，及其與對野生或馴化動物的義務本質有何不同。針對後者的討論，要麼不存在，不然就是放在注解或附帶說明之中。比方說，杜納耶有略微提及城際野生動物，暗示牠們是可欲人獸分隔的例外。然而，除了傳統動物權理論對直接干預或侵犯不可侵犯的權利所下的禁令外，她似乎不大確定該說些什麼：

> 在最終的解放之後，所有非人類動物就能真正自由地生活，不受「馴養」。**自由生活的非人類動物不會完全與人類隔離**。鵝群造訪「我們的」池塘、松鼠進入我們的後院、

鴿子在我們的建築物上棲身。我們在森林裡會遇見熊、在海灘上遇見螃蟹。無論身處何處，非人類動物都需要被保護免受人類傷害，牠們需要能**防止人類干預的法律權利**。

（Dunayer 2004:141，粗黑體為本書作者所強調）

這段話發人深省，點出傳統動物權理論的局限。要說城際野生動物「無法完全與人類隔離開來」是極度保守的說法，顯露出動物權理論在理論層次上的問題由「不單只是選擇生活在人類附近，且貌似在人類建造的環境中（在物種層次）活得很好的動物」這樣的說法所構成。而說牠們需要「法律權利以防止人類干預」，則引發以下問題：怎樣才算是「人類干預」鴿子、松鼠與家雀？防止鴿子在建築物上棲息而架網，或是把老鼠進出地下室的洞口封起來，算是干預嗎？放上老鷹的剪影以防止鳴禽飛向平板玻璃窗，算是干預嗎？在公園裡讓狗或小孩追著松鼠跑，是干預嗎？無論我們對城際野生動物具備怎樣的義務，不干預原則都無法捕捉其精髓。每當我們豎起籬笆、蓋房子或公園時，我們就在妨礙城際野生動物的活動，有時候對牠們有利，有時候則對牠們造成傷害。

如同我們在第六章中所述，動物權理論者向來認為回應荒野中動物的適切方式，是「給牠們空間」，而杜納耶顯然希望同樣的不干預原則也適用於城際野生動物。但在城際野生動物的例子中，這個概念不怎麼行得通。在荒野的情形中，「給牠們空間」是「我們應該尊重動物對其棲地的主權，抵制併吞或殖民其領地的行為」的簡略說法。但是，在城際野生動物的情形中，牠們的棲地就是我們的城市，事實上是我們的家與後院——簡言之，與人類主權社群必然且具正當性行使自治的地方，實體上在同一個地點。人類社會的統治將無可避免地對周遭城際野生動物的活動，造成種種干擾，而動物權理論的任務，在於搞清楚要怎麼把這些影響納入考慮。

試著納入城際野生動物利益的一種方法，是讓公民資格擴及到牠們身上。若城際野生動物繼續在我們周遭生活，或許我們應該把牠們當成共同公民，與我們一同分享主權行使。畢竟，這是我們論及馴化動物時所提出的建議。然而，如同我們在第五章中所指出，擴及公民資格到馴化動物身上的可能性，正是基於牠們接受馴養這個事實。馴養以人與動物之間合作、溝通與信任的可能性為先決條件，且以此為基礎更進一步發展，而這些是公民資格關係的前提。公民資格以一定程度的社會性為前提，而某種程度的社會性正是互惠契約、學習規則與社會化的基礎。這需要具備能在實體上有接觸、在社交層次上有意義的互動能力。人類與馴化動物必須經過社會化進入共同公民資格的關係中，這需要信任與合作。

相較之下，城際野生動物沒有被馴化，所以不信任人類，一般來說會避免和人類直接接觸。我們可以試著改變城際野生動物，讓牠們更合群也更願意合作。事實上，久而久之我們亦可試著馴化牠們。但是，要達成這點，只能透過關押、拆散骨肉、育種控制、大幅改變飲食習慣與其他習性，以及我們在過去馴化過程中，強加在馴化動物身上的那些違反基本自由的行為。我們要保護家雀對抗老鷹，就得把其中一方或雙方關在籠子裡；我們若不對松鼠的食物供給與繁殖速度採取系統性管制，就無法保護牠們不受食物短缺之苦；在不把松鼠關起來的情況下，我們也無法保護牠們不被車撞或不被浣熊與黃鼠狼給吃掉。

所以，我們既不能把城際野生動物看作是其領土上的統治者，也不能看作是人類領土上的共同公民。我們不能從我們的社群中「解放」這些動物，也不能單純「給牠們空間」。我們需要全新的視角來思考我們與牠們之間的關係。

我們認為，外籍住民資格是把這個關係概念化的最佳辦法。城際野生動物是人類社群的共同居住者，但不是共同公民。牠們環繞在我們四周，但不是我們當中的一份子。外籍住民資格表現出這個獨特的狀態，且根本上不同於共同公民資格或外部主權。一如共同公民資格，外籍住民資格也是應該由正義規範所支配的關係；不過，外籍住民資格是比較寬鬆的關係，沒那麼密切或具有合作性，因此其特性是縮減的權利與責任。[7]外籍住民資格中任何計畫所具備的公正性，很大一部分取決於這些權利與責任被縮減的基礎。要是權利與責任被定義的方式，是讓外籍居民處於長久不變的次級團體的狀態，那麼外籍住民資格很快就會變成剝削與壓迫的來源。但要是權利與責任以更具互惠性的方式被縮減，且是為了以更佳方式容納外籍住民本身的獨特利益，那麼外籍住民資格就可作為實現正義關係的工具。

我們在本章的目標，是要勾勒出外籍住民資格模式的樣態、需要哪些權責（以及可以免除哪些權責）。在這個過程中，我們會用人類外籍住民資格的各種例子來說明。人類社會有很多例子，是特定社會中的居民想留在該處，但沒有完全參與現行的公民資格方案。就像城際野生動物希望能在不會被強迫加入我們的合作性公民資格社會計畫的情況下，生活在我們周遭，保有其社會化、互惠性、遵守規則的獨特模式。所以，有些人類團體也希望生活在我們周遭，但抗拒被收編進現代公民資格的實踐當中。在歷史上有很多這樣的例子，而西歐社會持續允許各式各樣的人實際上可以「自願退出」公民資格，通常是為了讓他們維持不符合公民資格要求的文化或宗教生活方式。

我們在第三章中已經間接提到一些人類的例子，這些人居住在與周遭社會有連結的中介區域，在沒有資格（或興趣）接受完全公民資格的情況下，住在某個社群之中——包括某些類型的難民、季節性移工、非法移民，以及像是阿米許人那樣的孤立主義者社群。就像城際野生動物的情況，這些人類外籍住民團體，其中也有些遭汙名為外來者與入侵者，非我族類。因此，在最好的狀況下他們受到忽略，最壞則是遭剝削或認定無權居住在我們周遭。但是，在其他的例子中，社會發展出了外籍住民資格模式，能夠以更佳方式反映與滿足這類團體的獨特想望。

我們認為，這些關於人類外籍住民資格的案例，能夠釐清城際野生動物外籍住民資格的適當條件，協助我們找出一套符合此種狀態特性的利益與不義。很遺憾地，政治理論的文獻很少研究這些人類外籍住民資格的例子，沒有發展出完善的理論來說明構成人類外籍住民資格的公平條件為何。所以，我們在本章中的討論，與馴化動物的公民資格以及野生動物的主權相比，更具暫行性與猜測性。不過，即使對人類來說，我們無疑也需要一個外籍住民資格理論：不是所有與我們共同居住的人，都能夠或願意成為我們的共同公民。一旦我們承認有必要理解人類外籍住民資格的狀態，我們就能更容易看出外籍住民資格對動物的重要性。

這樣的類比就某個意義上來說已經很常見。城際野生動物往往被貶為「外來入侵者」，牠們帶來的疾病、骯髒的習慣或愚劣惡行威脅著我們。[8]科林．傑洛馬克（2008）在一篇精采的文章〈鴿子如何變成老鼠〉中，記錄美國人對松鼠與鴿子態度的褒貶浮動，並說明人們針對「有害」鳥類所表現出來的語言與態度，與那些受到汙名化的人類群體（如：移民、遊民、同性戀者）的稱呼高度相似。[9]惹人厭的動物被汙名化，與討人厭的人類畫上等號（反之亦然）。

我們的計畫則是從反方向進行。我們不會透過比較城際野生動物與令人害怕且被鄙視的人類團體，意圖與牠們保持距離。相反地，我們希望採取某些包容性與共存的策略，把正義延伸擴及到人類的化外之民身上，並使用這些策略來思索對於城際野生動物的正義。我們對作為隱喻的人類中介狀態不感興趣；我們感興趣的是，實際上可以怎麼使用外籍住民的資格模型，以容納社會中更廣泛的多樣性，以及把被視為是偏差者、外來者、次等人、令人生厭或危險者的人，帶進身體政治的正義關係之中。

一、城際野生動物的多樣性

在發展我們的外籍住民資格觀念之前，我們必須多談一下城際野生動物，牠們是一群涵蓋範圍相當廣的複雜群體。在日常討論中，我們往往會覺得生活在我們周遭的非馴化動物，不是其實應屬他處的伺機型侵入者，就是其存在本身對我們造成衝突與不便的害蟲，或兩者皆是。然而實際上，野生動物透過很多不同途徑來到我們周遭生活，是各種形式的人類與動物能動性所造成的結果，導致很多不同形式的互賴與互動，帶來的衝突或好處不一而足。城際野生動物的類別包括所謂的害蟲，像是我們試圖趕出去的老鼠；但同樣也包括我們熱切歡迎的鳴禽；亦包括引發人類群體矛盾直覺的許多物種：有些居民會餵食鴿子，但他們的鄰居會毒殺鴿子。人類對城際野生動物的態度經常是強烈的，但很少是單純或一致的。對很多人而言，城際野生動物為都市環境增色不少；但對其他人而言，城際野生動物的存在與他們的城市形象相牴觸。對這些人而言，城市是人類文明的綠洲，凌越於自然之上，或至少嚴格管控著自然。

所以，哪些才算是城際野生動物？正如我們之前所指出的，我們把城際野生動物與真正的野生動物（那些迴避人類居住地，以及／或無法適應人類居住地的動物）以及被馴化的動物區分開來。我們必須強調這些不是嚴格的生物學分類。同一物種或相關物種的成員，在這三種分類中都會出現：比方說，荒野中有真正的野兔，都會公園裡也有城際野兔，還有馴化的兔子。再說，動物也有可能沿著這個光譜移動。所以，我們在此有一個人獸關係的矩陣，不同動物在當中展現出不同程度且演變中的互賴、能動性與關係。

無論如何，城際野生動物的處境的確反映出某種獨特且增長中的人類－動物關係，其特性由野生（非馴化）動物對人類環境所具備的特定類型適應性所界定。城際野生動物的定義便是：不由人類直接照顧，卻適應在人類周遭生活的動物。

應該注意的是，並非所有在都會／郊區接觸地帶的野生動物都是城際野生動物，至少我們在使用這個詞彙的時候如此。如同第六章中所討論的，很多真正野生的動物也待在都會與郊區。試想有隻一時失去方向感的麋鹿，迷路離開荒野，被人從後院游泳池中救上來；或是有隻安島信天翁，被暴風雨掃到而嚴重偏離飛行路線，沖上了某個安大略湖聚落的海岸。[10]不計其數的野生動物隨著遷徙路線，時不時會進入鄰近人類開發地區的區域。另外很多動物的土地，則是被人類開發活動所占據，迫使牠們就此成為流離失所的難民，努力在一小塊棲地上活下去。

這些動物在人類定居的區域試圖生活，並非基於投機的理由，且這種與人類共生的狀態對牠們而言，通常也沒什麼好處。相反地，牠們是在偶然的情況下被迫與人類接觸，又或者是因為無止境的人類擴張所致。牠們通常會掙扎，以求在與人類接觸後生存下來，但不怎麼成功。[11]我們在第六章中主張，應該視牠們為野生動物主權領土上的公民，而人類對牠們具有民族對民族的義務，包括：(1)尊重領土邊界（例如終止侵略與殖民行為）、(2)限制外溢成本（例如跨國界的汙染或路殺）、(3)對主要的邊際廊道共享主權（例如遷徙路徑）、(4)尊重訪客的基本權利、(5)擴大對難民的協助行動。換言之，我們的義務是讓牠們能夠以野生動物社群之姿生存下去，同時限制在牠們無可避免地與我們接觸時，所產生的負面成本。

不過，我們在本章中的焦點，不是針對暫時與人類有所接觸的真正野生動物，而是針對生活在我們周遭的城際野生動物。城際野生動物有項特徵很有辨識性：從演化的角度來看，牠們憑藉與人類接近所得到的機會，已經能夠生存下來，甚至在很多情況下枝繁葉茂。這些機會包括遮風避雨的地方與食物、安全躲避天敵，或單純只是因為我們已經占據了最佳水源與微氣候。[12]城際野生動物是那些受人類居住地吸引或是適應人類居住地的動物，而不是迴避逃離人類居住地（或棲地被人類摧毀）的動物。這導致其依賴與脆弱的形式，與馴化動物和真正野生的動物均有所區別。回想我們之前說過的，就直接傷害、非蓄意傷害與棲地喪失而言，野生動物非常容易受到人類活動的影響。要是人類明天就從地球表面消失，對大多數野生動物來說會是天大的好消息，大大降低了對其生存的威脅。[13]舉例來說，一項針對英國哺乳類動物（包括野生與城際野生的物種）的研究顯示，獵食行為、競爭行為與其他非人類因素對野生動物數量的影響，與人類造成的風險（像是氣候變遷、摧毀棲地、蓄意殺戮、汙染與殺蟲劑、路殺）相比，簡直小巫見大巫。這項研究著眼於整體數量的趨勢，而非個別的死亡率，但人類所造成的風險，顯然很多都涉及對個體的直接傷害。如果死亡率對物種整體的數量造成嚴重的風險，可以想見受到傷害的個體肯定非常多（Harris et al. 1995）。對大多數的野生動物而言，生活在荒野之中還比接近人類生活來得安全。

對於大多數的馴化動物而言，獨立於人類之外的生活選擇是嚴重受限的。隨著時間過去，在合宜的條件下，很多馴化動物就物種本身而言，或許能夠重新適應獨立的生活；但要是人類在一夕之間消失，那麼對於大多數馴化動物個體而言，後果不堪設想。牠們全面且特定地依賴人類餵食牠們、保護牠們、給牠們遮風避雨之處，以及處理在馴化過程中所產生的疾病。要是沒有人類，很多動物很快就會不敵飢餓、嚴寒、天敵或疾病。

從人類社群的角度來看，城際野生動物占據著不同的生態區位。就定義而言，牠們已經適應了人類活動所造成的環境改變，就這點來說，牠們需要人類，或至少可以說是從人類身上得到好處。但是，雖然城際野生動物依賴人類居住地及其提供的資源，這個依賴性卻往往是非特定的。不像馴化動物，城際野生動物不會依賴特定的人類個體照顧牠們。牠們的依賴性反而是比較概括式的——顯然依賴人類的居住地。在此脈絡中，牠們通常自立自強，獨立於人類個體之外生活（有些例外容後討論）。另一方面，牠們接近人類，與人類之間必然發生爭奪空間與資源的衝突，讓牠們經常成為殺戮與其他暴力控制行動的標的，同時也是非蓄意傷害下的受害者。因此，要是人類一夕之間消失，對於城際野生動物而言，後果的差異性會很大：有些動物會繼續在更翠綠的牧草地上活下去；有些會倚靠人類社會的餘燼而活，並逐漸適應新的生態事實；有些則會跟我們一起滅絕。

把城際野生動物當中的不同種類區分開來，將有助於更了解居處、適應與依賴的模式，以及外籍住民資格為何能恰當回應這些問題。城際野生動物包括：伺機而動者（具有高度適應性與移動性的動物，被城市生活中的機會吸引，例如土狼或加拿大雁）；生態區位專家，這類動物因為依賴特定形式的人類活動而較缺乏彈性；野化動物與其後代；逃脫或被引入的外來種。我們認為，應該認定以上每種動物均屬**此地**，而非屬於**他方**的外來者，所以驅逐計畫往往不義，且事實上徒勞無功。不過，賦予牠們共同公民資格也不是個有意義的選項，因為共同公民資格須以信任與合作能力為前提，這唯有透過馴化過程才會出現，強加於城際野生動物身上將是不正義的（而且很可能也沒有用）。因此，我們需要以外籍住民資格為基礎，形塑我們與城際野生動物間關係的新概念方法。

「伺機而動者」

伺機型動物是具有高度適應力的物種，知道怎麼在人類建立的環境中生存，甚至繁殖，且在這個過程中大幅擴張其種類與數量。牠們既是野生動物居民，也是都市居民。舉例來說：有野生土狼，也有都市土狼；有候鳥加拿大雁，也有生活在郊區的留鳥加拿大鵝。伺機型動物包括灰松鼠、浣熊、綠頭鴨、海鷗、烏鴉、蝙蝠、鹿、狐狸、鷹隼等。這些動物往往天生就是很能適應環境的通才，能夠抓準機會，在環境改變時修正牠們的飲食習慣、藏匿形式或築巢的方式。綠頭鴨不需要把巢築在滿布蘆葦的溼地上，而是可以棲身在當地啤酒店門前的樹蔭花園裡，或是某個友善市民家的陽台上；蝙蝠可能覺得橋梁的伸縮縫比起傳統洞穴，提供了更佳的溫度與黏附力；遊隼可以用高樓大廈來取代懸崖的陡面；浣熊可以藏身在舊棚屋裡，而非腐蝕的樹墩中；烏鴉沿著高速公路居住，在那裡牠們能夠以被路殺的動物屍體維生，這比在荒野中覓食容易許多。

這種彈性讓伺機型動物在人類開發區域繁衍，同時就物種本身而言，保有牠們在荒野環境下也能活得很好的能力。大多數的動物假以時日都能適應改變中的生態環境，但有些物種證明自己更是游刃有餘。這裡有一個光譜，而伺機型動物正屬於面對各式各樣環境與快速改變時，展現出有特別彈性的物種，對人類居住地的適應性尤其如此。

因為伺機型物種被視作「選擇」了生活在我們周遭，也因為牠們的同類有些還繼續住在荒野之中，於是，有時候人們會假定我們不因其存在具備積極義務或責任。牠們生活在我們周遭，大概是因為都市生活中混雜在一起的好處與風險比荒野中的生活更好，而且要是牠們不再覺得這樣有利可圖，還是可以回到荒野之中。比方說，克萊兒．鮑莫就援引這種推論，主張我們對城市裡的伺機型城際野生動物不具備關係性義務——牠們來此，是因為「人類支配的空間就是這個樣子」（Palmer 2003a: 72）。[14]

然而，這個論點過快地從物種層次跳到個體層次。伺機型動物在物種層次的移動能力與適應力都很高，但我們必須強調，動物在**個體層次**或許無法選擇在野生或城際野生的情境中來去自如。有時候，野生動物因為競爭的關係，被推往郊區或城市探索機會；但在很多情況下，都會區的伺機型動物是過往移居動物的後代，或是因為人類擴張到其棲地而落難的動物。現場的事實隨著時間推移而改變。假設有一隻狐狸沿著某條可供通行的棲地廊道遷徙到城市中；之後不久，那條廊道卻因為開發而消失了，這隻狐狸因此失去了回歸荒野的選項。很多城際野生動物最後住在都市或郊區的這種生態孤島上，牠們的選項被實體柵欄或鄰近土地上同類的數量壓力所截斷。而這隻狐狸移民的後代在移動上面臨了同樣的限制。因此，我們必須牢記在心，物種層次的選項與個體層次的選項之間是有差異的。在個體層次，把伺機型動物視為我們社群中的永久成員，沒有回歸荒野這個可行的選項，這樣才是合理的。我們不能只因為荒野中還有雁群或狼群活著，就假設生活在我們周遭某隻特定的雁或狼，能夠在重新安置後活下來。

伺機型動物往往在非專屬的意義下依賴人類。牠們靠人類居住地生活，但通常不會依賴任何一或多個特定個體的關係，且經常能夠適應人類活動的改變。[15]就算某個屋主決定要好好放置垃圾（或不再把寵物吃飯用的碗留在門廊，或在煙囪口架設鐵絲網），街道上還是會有別的屋主生活習慣較為邋遢；或者，有大型垃圾箱、露天市場、餐廳後巷、街道上的垃圾桶、暖氣通風口、廢棄的建築物、花園樹蔭與其他多不勝數的機會，提供給那些雜食動物與對藏身之所不會吹毛求疵的動物。

很多伺機型動物被視為是有害物種（例如留鳥鵝群）或潛在威脅（例如土狼），因此成為捕殺行動的標的，以控制牠們的數量。我們接下來將討論，或許可以採取正當（非殺戮）方法，以攔阻或防止這些物種中的新成員在我們周遭定居。不過，絕大多數伺機型城際野生動物屬於這裡：牠們是從荒野遷徙來城市的第一代城際野生動物子嗣，且／或由於棲地或族群數量的改變而失去了回歸荒野的選項。這裡是牠們現在唯一的家。

在伺機型動物這個大類中，有個共居物種的亞群值得一提（DeStefano 2010: 75）。不像其他伺機型動物，我們幾乎只會在人類的居住地看到共居動物，像是歐洲椋鳥、家雀、家鼠與挪威鼠等等。不像其他伺機型動物，共居動物能否在人類居住地之外繁衍還是個未知數。儘管我們可以輕易看到狐狸或白尾鹿同時有野生與城際野生的棲群，但家雀或挪威鼠卻不是這樣。無論如何，這兩種群體所共享的是高度的彈性：雀類雜食也能長得不錯；齧齒動物在爛葉堆中能築巢，但在建築物隔熱板間或舊毛毯中同樣也可以。

就像其他伺機型動物，共居動物就生活在我們周遭，無論是不請自來、積極提供支持，或希望牠們成為我們社群的一部分。很多人類認為這些動物的存在沒什麼好處，因此採取了嚴酷的撲滅與控制計畫來對付牠們。然而，我們必須接受牠們屬於此地，生活在我們周遭，更甚於其他伺機型動物的是：牠們沒有「荒野」這個選項，把牠們強行趕走幾乎就是叫牠們去死。

「生態區位專家」

到目前為止，我們考慮的物種往往具備移動能力與彈性，能夠適應各種環境下驚人的多樣性，並在其中繁衍。生態區位專家就沒那麼有彈性了，且很容易受環境改變所影響。牠們適應了人類活動中存在已久的模式，必須依賴人類維持這個角色。比方說，在傳統農耕方式穩定持續了好幾個世代的區域，有些物種已經適應了由這些農耕方式所創造出來的特定生態區位。英國綠籬是很典型的例子，提供棲地給各式各樣的動物，而這些動物以農作物、雜草、昆蟲、小型齧齒類動物為食。有些物種，例如（具有彈性的伺機型）狐狸，就沒那麼固定地依賴綠籬，牠們在荒野中也能活得不錯，在都會區亦然。然而，其他物種，例如榛睡鼠，已習慣依賴綠籬所創造出來的特定生態區位。要是綠籬不復存在，牠們也將會死絕。[16]換言之，生態區位專家無法輕易地遷徙到新的土地上，也無法適應快速的改變。

長腳秧雞是區位專家中另一個顯著的例子。在英國，這些鳥類隨著傳統農耕方式的擴張而大量繁衍。後來，卻如凱瑟琳·傑米的描述：

> 對長腳秧雞來說，機械化割草機儼然是死神的模樣。在用長柄大鐮刀割草的那個年代，當牧草長長且在季節稍晚時收割，然後堆在移動緩慢的運貨車上時，長腳秧雞可以躲進很長的草中，進行繁殖。幼鳥在乾草地收割前就會長出羽毛，且有充足的時間可以躲避刀刃揮舞。然而，隨著割草方式的機械化，且轉變成更早收割青貯飼料，長腳秧雞的成鳥、蛋、雛鳥全都被殺光了。（Jamie 2005: 90）

長腳秧雞瀕臨絕種，只殘存在赫布里群島的一些農田中，那裡的地太小，無法採用機械化割草。一般而言，從傳統農耕方式到機械化單一耕作的快速轉變，對各式各樣的生態區位專家來說極具毀滅性。牠們的棲地不是未被人類活動所改變的荒野，但無論如何是極其重要的棲地。人類對這個棲地所進行的改變，就跟侵入原始荒野一樣，對動物來說具有毀滅性。

快速改變對區位專家所產生的毀滅性效果，在物種與個體層次上都引發擔憂。牠們所處環境中的快速改變，不僅抑制了物種的增長（造成絕種的可能性與失去多樣性），也導致個體受苦受難。若綠籬被拆掉，生活在那裡的榛睡鼠便無家可歸，可能將會滅亡；若機械化割草機被引進長腳秧雞築巢的田地中，那麼這些鳥類將會被殺死。

區位專家很容易受人造環境中的改變所衝擊，特別是步調快速的改變。牠們不像能高度適應環境的侵略性物種，鮮少成為人類撲滅行動的蓄意目標。然而，牠們特別容易被非蓄意傷害以及人類忽視牠們在城際野生生態系統中的脆弱性所傷。大多數時候，我們完全沒有意識到人類活動改變對這些動物所造成的（正面或負面）影響。

被引進的外來種[17]

關於被引進的外來種，典型的例子包括了關在動物園裡的動物，或拿來當作寵物的奇珍異獸，後來野放或逃逸；也有刻意被野放的物種，例如：澳洲的兔子與海蟾蜍、佛羅里達沼澤的巨蟒、密西西比的鯉魚、關島的棕蛇。這些被野放的動物，有些物種表現得像是野生動物，但有些則是受人類改變過後的環境所吸引，諸如農地或郊區。牠們在此以野化的城際野生物種成長繁盛。這些物種當中，有些動物是刻意被引進的（如：獵人在其獵地上貯備中意的物種、農夫試圖引進外來掠食者以控制有害物種），有些則是由於疏忽（在交通過程中，或是飼養奇珍異獸當寵物的人喜新厭舊），或者是人類移動與大眾運輸下的副產品。

這些動物通常被視作環境的噩夢，但野放的外來種所造成的影響其實很不一樣。舉例來說，舊金山的紅面錐尾鸚鵡（是在厄瓜多與祕魯捕獲的野鳥後代），在對當地生態系統沒有任何明顯負面影響的情況下，適應了牠們在新棲地的生活。[18]另一種南美和尚鸚鵡則是在康乃狄克州與美國東部沿岸建立了城鎮與野生之間的中介聚居地。同樣地，這些新移民的加入，對當地的生態體系與原生種鳥類似乎沒什麼負面影響。[19]然而，在這兩個案例中，都有聲浪要求撲滅「外來」侵入者，彷彿牠們光是存在就汙染了事物的自然秩序。[20]對所謂侵入性物種的恐懼，可以說受到過分渲染。畢竟，生態改變（包括因為新物種移入所導致的改變）是生態活力的一部分，而我們必須能夠區分有利或中立的改變，與會對物種多樣性或生態活力造成真正毀滅性（且不可逆）影響的改變。

在某些情況中，引進的物種可能會消滅或抑制近緣原生種的數量，但不會在更廣的層次上削弱整個生態體系。[21]美洲灰松鼠似乎正是這樣的例子：牠們在被引進之後，往往就取代了紅松鼠，但對於整體生態體系的生命力或生物多樣性，並未造成巨大的影響。灰松鼠的適應能力更高，而且比紅松鼠更能抵抗疾病，因此逐漸壓過了紅松鼠的數量。人們啟動暴力行動（例如毒殺或射殺）來撲滅灰松鼠，特別是在英國，當地對紅松鼠的消失有感傷的情感依附，部分原因來自於碧翠絲・波特（BBC 2006）作品中的角色「松鼠胡來」。正如很多批評者所指出，這些撲滅行動通常是基於某些迷思，像是：作為闖入者的灰松鼠攻擊在地紅松鼠、讓紅松鼠染病，或者對原生種動植物群有毀滅性的影響。[22]

生物學者開始質疑人們對侵入性物種的某些歇斯底里，主張很多被引進的物種若是與近緣種雜交繁殖，能為基因庫的多樣性帶來良好的結果，甚至是積極正面的影響（Vellend et al. 2007）。事實上，隨著科學家更加了解如何預測被引進到新環境裡的物種的行為，有些生物學者甚至提倡刻意引進物種，以拯救將會被氣候變遷困死的物種（Goldenberg 2010）。

引進物種（特別是掠食者）而導致大災難的歷史，應該讓我們對刻意引進物種保持戒心，在現代世界中散布之廣與速度之快更應如此。當動物被引進一個沒有天敵的新環境中，而當地原生種又不適應其存在，被引進的外來種就極有潛力繁衍到威脅生態活力的程度。舉例來說，海蟾蜍很適應澳洲的環境，舉凡樹叢沼澤、海岸沙丘到農業區域，降低了這些區域生物多樣性。蟾蜍在都會區域也生龍活虎，牠們可以在水窪中繁殖，並以各式各樣的植物、動物、垃圾、狗食與腐肉為食[23]（然而，即使是在此例中，我們仍應注意：生態系統在一段時間後，往往會重新穩定下來，因為原生種動物學會在不被毒死的情況下怎麼捕食這些蟾蜍）。

所以，我們絕不贊成刻意引進外來種。相反地，人類一開始捕捉這些動物並把牠們運往新環境，然後要不是把牠們關起來，就是把牠們野放到全新的環境中，都侵犯了這些動物的基本權利。尤有甚者，要是被引進的物種是當地動物毫無招架能力的天敵，那麼我們在野放區域也侵犯了當地主權動物的權利。因此，我們應該盡可能設法禁止運送與引進外來種。不過，我們無法期待能完全杜絕這個問題。首先，值得注意的是，並非所有被引進的動物都是蓄意的結果，有些是因為人類非蓄意行為或透過動物偷渡的能動性而來。一旦有動物被引進，我們就不能用撲滅行動加以因應。我們必須找到替代方案來面對這些具有適應力的外來種所帶來的挑戰——無論挑戰是針對人類還是針對原生物種。

「野化動物」

我們用「野化」這個詞，指稱逃離人類直接控制的馴化動物及其後代。我們很容易會想到逃逸或被遺棄的貓狗，但野化的家畜棲群也很大，尤其是在澳洲，當地野化動物（包括豬、馬、牛、山羊、水牛與駱駝）的數量數以百萬計。[24]

第一代野化動物幾乎都是人類不義行為下的直接受害者：要不是遭人類主人遺棄，就是受人類虐待而不得不逃。很多野化動物無法靠自己活下去，尤其是在氣候狀況較為嚴峻的地區。於是，我們可以想像很多可怕的結局（凍死、餓死、病死、被吃掉、意外、被科學家捕捉與活體解剖、被動物管理人員捕捉與安樂死）。乍看之下情狀慘烈，於是基於正義人們可能會認為我們得讓這些野化動物回歸原本的馴養狀態（也就是我們所謂的馴養動物共同公民資格）。這對於許多野生動物來說可能是正解，如剛出逃或被遺棄的動物，以及那些身心不適應而無法生存下去的個體，肯定是如此。然而，我們不應該假設所有的野化動物都是如此。某個野化棲群若已經形成，而這些動物也開始適應了新的環境條件，那麼牠們實際上已經成為城際野生動物，或許沒有意願回到與人類更為密切的關係中，或接受在人獸混居社會中公民權利義務。

這些動物當中，有些是真的「野化」了，例如澳洲北領地的家畜後代，生活在遠離人類居住地的地方。其他野化的家禽家畜，例如鴿子，表現得則非常像是非馴化的共居動物，只有在人類居住地與人類共生時才能欣欣向榮。鴿子是適應力很高的通才，靠著吃各種種子、昆蟲、腐肉就能活，也能夠棲息在建築物的窗台上，而非其近親非馴化岩鴿所中意的岩石面。一般來說，鴿子以相對彈性且不特定的方式依賴人類。然而，情況並非總是如此，生活在倫敦特拉法加廣場上的鴿群就是個有趣的例子（Palmer 2003a）。因為人類有系統地餵食，這群鴿子的數量增加了。要是人類不再直接餵食，那麼這群鴿子就會餓死，因為鄰近區域就鴿子棲群而言已經飽和。換言之，這群特定鴿子的處境（類似的鴿群也出現在聖馬可廣場上與他處）事實上岌岌可危——牠們對人類的依賴相當固定且特定。

大多數的野化動物，例如貓與狗，往往會緊鄰人類居住地生活，牠們表現得就像是其他適應力很強的動物，包括以腐肉為食、獵食體型較小的動物、住在廢棄的建築物中等行為。如同適應力強的通才，牠們對人類的依賴往往是彈性且非特定的。然而，和特拉法加廣場上的鴿群一樣，有些個體會與人類建立較為特定且固定的依存關係。[25]舉例來說，野化的貓狗通常會與人類（屋主、園丁、雜貨店或餐廳老闆）發展出特定關係，仰賴這些人拿剩菜餵食或放置水盆。

有項針對英國霍爾市野化貓群的研究，發現就依賴人類餵食與提供居所，以及與人類接觸的程度而言，人類與野化貓隻之間的關係有著有趣的多樣性（Griffiths, Poulter, and Sibley 2000）。有些貓群生活在城市中荒廢的地區，避免與人類接觸；有些則生活在與人類較為接近的地方——比方說，接近居家、商店的地方，或是大型機構的廣場上。人們對這些族群知之甚詳，會提供食物、水與蔽身處給這些貓，而貓與人類之間的互動程度很高。這些貓群聚落當中，有些棲群由

「捕捉－絕育－釋放計畫」管理。大多數的貓看起來活得相當健康與獨立，與「所有野化寵物肯定過得很悽慘，需要人類來拯救」的刻板印象，恰好相反。

在羅馬市則有更為正式的安排。那裡有座貓隻庇護所，建在一大片由古老神殿廢墟所組成的城市區域中。這個區域比街道水平面低個幾英尺，用柵欄隔開，但柵欄上有足夠的貓洞，讓這些貓可以隨心所欲自由來去。庇護所的志工提供食物、遮蔽處與醫療照顧給這些貓，且落實接種與絕育計畫。這裡歡迎訪客來跟貓玩耍，有時候也會安排貓咪收養。[26]

佛羅里達西礁島上的野化雞群，則是另一個有趣的案例。這些雞的祖先是以前西礁島居民養來提供蛋、肉以及作為鬥雞用，後來逃走或被遺棄的雞。牠們作為野化棲群似乎繁衍得還不錯，偶爾會得到來自人類的幫助，照顧生病與受傷的動物。野化雞群讓蠍子與其他害蟲數量減少，且為西礁島增添了獨一無二的豐富面向。當然，不是所有人都喜愛這些雞，且雞群發出的粗嘎聲音與亂七八糟的樣子也常常被嘲弄。很多年來，人們一直有打算撲滅這些雞，但牠們目前在城市裡是受到保護的，且市民持續尋求與牠們和平共處的策略。

野化家畜／家禽的數量要是被認定過多，往往會變成控制行動的攻擊目標。全世界各個城市都有執行撲殺計畫，但這些計畫引起愈來愈多爭議。從巴勒摩、布加勒斯特到莫斯科，由於愈來愈多人試圖找尋與城際野生動物共處的方法，而非訴諸傳統暴力（且無效）的策略，[27]對於我們應如何回應野化犬群的問題有愈來愈多的辯論。野化動物除了被當作害蟲而成為攻擊目標之外，人們通常會用貶抑外來種的同樣理由來貶抑牠們，也就是說，把牠們當作是生態上的外來者，光是存在本身就汙染了自然生態體系，尤其當牠們跨越都會區的邊界，擴散到鄉下地方的時候。這樣的認知通常是過分渲染，就跟外來種的狀況一樣——野化動物對生態系統的影響，會因不同狀況而有巨大的差異（King 2009）。

最後，過去是馴化動物公民（或者是牠們的後代）的野化動物，或許能為我們對馴化動物的了解，提供獨特的窗口；也能提供人類與馴化動物之間可能的未來關係，在這個關係中，動物在與我們建立關係的條件方面，能夠行使更大的能動性與獨立性。

二、「外籍住民資格」模型的必要性

總之，城際野生動物基於各種不同的理由在人類周遭生活，展現出與廣大人類社會間各式各樣的互動。雖然這種種城際野生動物群體，在某些重要面向上大不相同，不過牠們通常都有兩個主要特點：(1)（動物個體本身）不屬於其他任何地方，所以我們不能理所當然地把牠們排除在外；但(2)共同公民資格模型對牠們而言，並不適用或不恰當。在這些情況下，我們需要一個新的模型來處理人類與動物之間的關係。這個模型要為城際野生動物提供居留安全性，同時豁免牠們共同公民資格的種種要求。我們認為，外籍住民資格的概念能夠達成這個目標。

誠然，這兩項通則都有一些可能的例外情況。我們未必得接納所有的城際野生動物屬於此處。以移動性高的伺機型動物而言，我們有初確權利管制牠們的移入。畢竟，如同後面討論，我們在人類的案例中也是這麼做。在國與國之間合理正義的條件下，各國有初確權利管制移入者。某個加拿大公民或許很想移民成為瑞典公民，但瑞典當局有權按照國際法與國際協定來管制這個程序，並在最後同意或反對。這個加拿大人不是沒有國籍，也不是國際不正義下的受害者，亦非難民。但是，她沒有無限制選擇國籍的移動權利。

荒野中的城際野生動物若是有「待在原地」的選項，那麼牠們或許就不算沒有國籍，也不是難民，亦非國際不正義下的受害者，就跟上述的加拿大公民一樣。如果是這樣，那麼人類社群就沒有義務要創造誘因吸引城際野生動物，也沒有義務要撤除阻礙牠們自由進入的藩籬，或歡迎牠們來當永久的外籍住民。相反地，人類社群可能會豎立藩籬，創造障礙因素以限制移入的城際野生動物數量。舉例來說，我們可以大幅提高對國際旅行與運輸的監控，以防止偷渡；我們可以建造實體的藩籬，阻止動物從靠近人口密集中心的野地移入；我們可以減少吸引遷徙型動物來到人類社群的誘因（比方說，我們可以不要在池塘邊種植一大片的肯塔基藍草草地——這個微環境對加拿大雁來說有難以抵抗的魅力）；又或者，我們可以使用積極的障礙因素（如：爆音器、免拴狗鍊的狗公園），來阻止城際野生動物上岸或落腳。

然而，就像在人類的例子中，這個支持人類社群有權使用藩籬與障礙因素以阻止移入的一般性推論，受到各種但書所限制。首先，管控措施必須尊重所有個體基本的不容侵犯權利：我們不能射殺企圖進入我們領地的人類或動物移民。再者，一旦城際野生動物在人類社群中定居下來（亦即，要是牠們成功地突破邊境管制），我們的盤算就開始改變了。或許在某些例子中，剛從荒野中遷徙來的動物，可以安全地趕回荒野；但對於大多數的動物來說，牠們一旦離開前往新的環境，就沒有回頭路了。如同我們之前所指出的，即使伺機型物種（或被引進的外來種）在野外可以活得很好，並不意味著個體擁有回歸荒野的選項。隨著時間過去，伺機型動物徹底融入這個社會當中，把牠們連根拔起（例如透過誘捕與野放回到荒野）的代價可能會很嚴重，包括骨肉分離、妻離子散，以及把牠們丟進未知且充滿敵意的環境之中。很多被誘捕與野放的動物之所以死亡，是因為牠們沒有準備好要對付天敵或同物種的競爭者、因為牠們失去同類支持網絡，或因為牠們在陌生環境中，找不到食物與庇護。

於是，在大多數的情況下，我們應該承認城際野生動物不是外來者，而是屬於我們這裡的，即使是移動力與適應力都很高的伺機型動物也一樣。一旦牠們在這裡落腳，我們就必須接受其存在的正當性，並採取共存的取徑，而不是把牠們排斥在外。

但是，若認定城際野生動物是我們社群中的永久住民，我們難道不應該像對馴化動物一樣、賦予牠們共同公民資格嗎？倘若我們能夠詢問牠們的意願，牠們難道不會吵著要入籍，以取得完全共同公民資格的福利？（免費醫療照顧！中央暖器空調！）我們是基於什麼理由，只賦予牠們外籍住民的身分？

正如我們之前所見，對於某些野化動物而言，共同公民資格或許確實可行，因為牠們屬於以馴養為目的而被繁殖的物種。但對於大多數的城際野生動物來說，共同公民資格既不可行亦不可欲。我們往往會把公民資格想成是無條件的善或好處，但我們必須記得，公民資格也涉及了責任，包括透過社會化，習得面對共同公民時所需具備的禮儀與互惠規範的責任。對於某些群體而言，被迫加入公民資格的合作計畫中，會付出很大的代價。正如我們以下會看到的，這對人類來說亦是如此，只不過在城際野生動物身上更清楚就是了。

我們有必要指出，大多數的城際野生動物往往會躲避與人類接觸，就跟牠們的野生近親一樣（野化家畜／家禽比較不會，雖然隨著時間過去，牠們在野化聚落生根之後，也往往會表現出趨避人類的樣子——這無疑是從與人類接觸所帶來的危險中，學到的血淚經驗）。個別的城際野生動物可以被馴養，但一般來說，松鼠、土狼、烏鴉與其他城際野生動物展現出警戒或趨避行為。

牠們容忍我們，因為伴隨著機會的人類環境中，我們是牠們生活所需付出的代價之一，但牠們並不尋求我們的陪伴或與我們合作。換個方式來說，城際野生動物從人類環境中獲益，但不是從與人類接觸本身（雖然這個通則肯定有個別的例外情況）。牠們面對人類時，沒有馴化動物特有的社會性。因此，我們（通常）無法讓牠們參與互惠協定、規則學習的行為與社會化的過程，雖然這種過程可以用在貓或豬身上。

我們可以試著改變這些城際野生動物，讓牠們更能社交與合作，也就是說，我們可以試圖馴化牠們。但正如我們之前所指出的，要達成這點，只有透過把牠們關起來、拆散牠們的家庭、節育，以及我們在過去的馴化過程中，強加在馴化動物身上的那些違反基本自由的行為。城際野生動物生活在我們周遭，但因為牠們沒有被馴化，所以還保有其社會組織、繁殖與養育子代的自我規範機制。讓牠們遵從標準公民資格的權利與責任規範，必須用人類管理來取代這些自我規範機制，大幅限縮其自由與自治（監禁、對飲食、交配、群落與其他習性的控制）。

這並不是說人類因此不負保護與促進城際野生動物福祉的積極義務。相反地，如下所述，所有合理的外籍住民資格模型都會涵蓋這些義務。但是，要達到公民資格的完整保護，我們無法不對牠們生活的所有面向進行系統性與強制性干預，而危害其他重要利益。

因此持平來看，我們認為讓城際野生動物具有外籍住民資格身分會比較好，既可以讓牠們免除公民資格的某些義務，同時也免除若城際野生動物擁有公民資格，人類須對牠們負擔的某些義務。顯然每個人對此都有不同判斷：我們無法詢問城際野生動物是否比較偏好共同公民資格，勝過於限縮福利與責任的外籍住民資格形式。就此而言，城際野生動物的外籍住民資格與我們接下來將討論的人類情況大不相同。在人類的案例中，外籍住民資格中權利與責任的縮減程度，會在談判的過程中浮現；而在動物的情況中，我們最多能做到的是：(1)回應行為線索，比如說，城際野生動物趨避人類的傾向；(2)想像對這些動物而言，一般公民資格中的利弊得失有什麼意義，以及對牠們是否有好處（如：以對移動、食物選擇與繁衍自由的嚴重限制為代價，換取安全與食物）；[28] (3)尊重伺機型城際野生動物的能力，相信牠們能面對所處環境中許多風險。若是由人類來幫牠們管理這些風險，這項能力會被削弱。[29]在我們看來，這些考慮因素清楚地傾向支持外籍住民資格模型。

因此，對廣大的城際野生動物群體來說，無論是排除或共同公民資格，都不是可行的選項。其中有些野化動物或許適用馴化動物共同公民資格（且能從中獲益），而我們也可以試著把初來乍到的伺機型動物或外來種動物排除在外。但是，廣大的城際野生動物群在此扎根，必須賦予牠們保障居留安全性的法律與政治地位，但牠們與人類之間沒有密切信任與合作形式，這是定義馴化動物共同公民資格的關鍵。簡言之，牠們需要外籍住民資格。

但是，這種外籍住民資格地位的公平條件會是什麼？外籍住民資格結合了安全的居留與公民資格中某些權利與責任的豁免（或縮減）。但是，可以免除哪些權利與責任，而哪些又得保留？外籍住民資格或許不會涉及公民資格當中信任與合作的密切關係，但仍是種關係，牽涉到共同分享實體空間與相互影響的密集網絡。講白一點，人類可以讓城際野生動物過得很悽慘，反之亦然。那麼，我們對彼此負有什麼義務？構成這段獨特關係的公平條件會是什麼？

正如我們之前所指出的，動物權理論的文獻幾乎沒有提到這個問題，更別說是加以處理了。不過，我們或許可以藉由思考人類外籍住民資格的某些相關例子，學到一些東西。

三、人類政治社群中的外籍住民資格

如前所述，城際野生動物在公共論述與傳統動物權理論中之所以消失，是因為我們往往把動物分為兩類：為了成為人類社會中的一部分而被繁殖的馴化動物，以及屬於他處的野生動物。城際野生動物完全無法歸於這兩類範疇中，牠們既不是我們社會中的一份子，也不是外來者；不全然在裡面，也不全然在外面。我們可以用外籍住民資格來回應這種複雜性。

我們可以在人類的例子中看到類似的形態。我們也有把人類分成兩類的傾向：他們要麼是共同公民，是自己人，不然就是屬於他處的外國人。國際世界秩序與傳統政治理論都以令人熟悉的圖像在運轉，在這個圖像中，人類被清楚地分派到各個分立的政治社群當中：理想情況下，這世界上的每一個人都是且只會是某個政治社群的一份子。這點反映在國際慣例上——一方面堅持沒有人應該是無國籍的，另一方面則堅持應該禁止雙重公民資格。[30]正如詹姆斯．史考特所言，現代國家希望其人口是「容易辨認的」：每個人都有自己的位置，且每個人都有一個位置（Scott 1998）。在這個想像中的世界，國境以內的人們都會是該國的完全公民，而所有其他的人會被堅定地排除在外，安全地待在他們「真正」所屬的國家境內。

不過，就像是城際野生動物，人類也頑固地拒絕落入這些由國家所設計的標準化範疇之中。總是會有某些人定居在某個國家境內，希望能待在那裡，但對於該國的完全公民資格適應不良或是不感興趣，而這樣的人無論是過去還是未來都會存在。他們希望在不變成「自己人」且無須完全參與合作性公民資格制度的情況下，在我群當中生活。為了因應這些情況，設計出各種形式的外籍住民資格。外籍住民享有居留權，但跟周遭社會的連結較為鬆散；他們沒有資格享有公民資格中某些標準權利，但相對應地也豁免某些標準責任。

我們將思考兩種出現在當代國家中的外籍住民資格：(1)自願退出的外籍住民資格、(2)移民的外籍住民資格。

「自願退出的外籍住民資格」

有一種外籍住民資格的類別，衍生自有些個體或群體傾向擺脫完全公民資格的某些層面。現代民主國家以某些參與、合作與聯繫的社會精神（ethos）為基礎。政府為民所治、為民所享，且視人民參與合作性的社會計畫。有些個人或群體不能或不贊成此計畫，希望能自願退出。舉例來說，他們抗拒承擔公民資格中某些標準責任，或許是因為他們視這些責任與其良知或宗教上的要求相衝突。若然，他們可能設法協議他們自己「自願退出」身分，請求免除公民資格中的權利與責任。

美國的阿米許人是個知名的例子，此教派極為傳統孤立，試圖與廣大社會以及國家機構的接觸降到最低，因為他們認為這些體制過於塵世而腐敗。於是，阿米許人拒絕履行公民資格責任的要求：他們不希望擔任陪審團成員或服兵役、不想繳錢給公共退休金計畫，也不要他們的孩子受現代公民實踐與精神價值的教育。但是，反過來說，他們也放棄公民資格中的很多權利：他們不投票、不參選、不使用公共法院來解決內部爭端、不利用公共福利或退休金計畫。

傑夫．史賓納認為阿米許人行使了某種形式的「部分公民資格」（Spinner 1994），但，他自己也指出，阿米許人試著自願退出的也正是「公民資格」這個概念。公民身分與其所伴隨的美德、實踐與社會化形式，並非他們的生活方式。就這方面而言，或許他們尋求的是某種形式的外籍住民資格。換言之，他們想要生活在我們周遭，但並非以共同公民的身分為之。

我們將之稱為**自願退出**的外籍住民資格。自願退出可以有各種形式，從單一議題到全面性的疏離、從暫時到永久、從合法認可到非法行動或提出異議。比方說，以拒絕從軍的和平主義者為例，疏離行為只涉及公民資格中一個特定的面向，即必要情況下以武力捍衛自己國家的義務，而非在更普遍的層次上拒絕公民資格身分。這種情況應視為對公民資格提出異議，或許還更為精確。相較之下，阿米許人的疏離行為則發生在各種議題上，從強制性的退休金繳款到孩子的離校年齡皆然。傳統的宗教生活方式要求他們孤立於廣大社會的制度與影響之外，而他們以此為名，與國家談判協商。他們在此所自願退出的是公民資格本身。其他的案例則在兩者之間。在歐洲，有些羅姆人社群曾（不怎麼成功地）試圖協商能夠接納他們流浪生活的另類歸屬形式，而這樣的生活方式不大能見容於標準的現代公民資格之中。

有些個體刻意違反某些法律或是拒絕在政治經濟領域參與上承擔公民資格責任（如：拒絕投票、參與地下經濟、成為隱士或餐風露宿），自願退出公民資格。這種抗議公民資格的方式可以是個人行為，也可以是以更集體與組織化的形式展現——就像是另類社群自己組成在家自學的團體、以物易物的經濟、脫離政治、拒絕接受國家福利。

簡言之，基於各種意識形態上、宗教或文化上的理由，有些人就是無法或不願加入現代國家中公民資格，無論是出於此社會制度的複雜性、要求、改變速度或道德妥協，於是寧願自願退出，並協商出某種取而代之的外籍住民資格。

一個健全的民主社會能否不冒著不正義或不穩定的風險，容納這種想望？這種自願退出的外籍住民資格，其公平條件會是什麼？如前所述，任何外籍住民資格身分的公正性，取決於權利與責任的交換。個體或群體所要求的公民資格責任豁免權愈多，他們應該放棄的權利也就愈多。個體或群體若要求豁免某些公民資格的責任，那麼用相當程度的福利縮減或提供替代的社會服務，就能維持互惠。比方說，拒絕服兵役的人或許得做發展工作，以取代加入軍隊；協議免除稅務的社群，必須接受相對應的福利縮減；不願意其成員經由社會化而符合公共審議精神的群體，就不應該期待能夠形塑該公共審議的內容。[31]

在我們看來，這種相應弱化的連結形式在本質上似乎不算不公平或不合理，儘管也不是所有主張外籍住民資格的要求都一樣有說服力，且如何協商外籍住民資格中的這些條件，可能會有相當大的裁量空間。一方面，若主張者能夠提出有說服力的證據，證明其疏離行為事關良知（而非只是偏好或文化實踐），因此是出於良心自由的要求，在這種情況下，或許就更有理由採納「自願退出的外籍住民資格」；另一方面，所有形式的「自願退出的外籍住民資格」都牽涉到搭便車的成分。從現代國家公民資格的社會計畫中脫離的那些人，無論如何還是依賴該社會制度的存在。要是美國沒有保護阿米許人的基本法律權利與財產權不受當地鄰居或外國的侵犯，那麼阿米許人就無法維持他們在賓州或威斯康辛州的傳統生活方式。從這個角度來看，那些自願退出的人在法律與政治穩定性的架構不勞而獲，而他們並未對此架構做出充分貢獻。

我們如何評估這些相互競爭的論點，很可能取決於一些因素，包括：(1)數量、(2)退場選項、(3)個體成員的脆弱性。關於數量，史賓納認為雖然民主社會能夠承受一些搭便車的人，但若是這種團體的數量持續增加，威脅到廣大社會提供政治架構好讓「自願退出」的替代方案得以存在的能力，那麼民主社會或許就得有更多限制。我們是否有義務採納自願退出的外籍住民資格，也取決於該團體替代方案的可得性。假設美國與一個嶄新的阿米許國接壤，而阿米許國歡迎同一教派的人移民，那麼，這樣或許會減低美國在自己境內採納阿米許人外籍住民資格替代方案的義務。第三個考量點是，從公民資格脫離出來的個體或群體，因為這個身分而處於非常脆弱的狀態之中。他們可能會被汙名化為逃避者或流浪者，最終被孤立，且很容易被剝削。最重要的是，脫離社群中的脆弱成員（如：智能障礙者、孩童、動物），可能會被原本應該保護他們的國家法律與政府機構所遺漏。國家或許會允許有能力的成人自願承擔這些與外籍住民資格相關的風險，但仍有責任確保這類團體中脆弱成員的基本權利受到保障。有能力的成年人或許能自由地放棄自身公民資格中的權利與責任，但他們不能單方面地替其子嗣、智能障礙者與馴化動物放棄這些權利。

決定種種因素該如何權衡並非易事。事實證明，國家意外地很願意協商各種形式的「自願退出的外籍住民資格」，然後形式上偶然且不均質，而且有很多挑戰尚未解決。「自願退出的外籍住民資格」或許是個很有吸引力的選項，在市場導向、個人主義式、自由民主的現代社會中，涵納無法適應的個人與團體。這種形式的外籍住民資格，挑戰在於予以接納的同時，不創造出不公平的負擔、不侵犯個人權利，且不會產生不寬容。

「移民的外籍住民資格」

第二種形式的外籍住民資格，則是與跨國界的移民活動息息相關。在這種情況下，移民針對現代公民資格的精神本身，並未持有宗教或文化上的異議，但他們可能不想在目前居住的國家中扮演公民的角色。即使在國外已經居住了一段很長的時間，他們仍將自己視為原籍國的公民，因此在他處只想取得外籍住民資格，而非公民資格。如果是這樣，我們就可以討論「移民的外籍住民資格」。

我們必須要強調，此處所討論的是某種特定類型的案例。不是所有形式的國際旅居都會導向外籍住民資格。要作為一個外籍住民，就我們使用這個詞彙的方式而言，移民必須不只是暫時性的外國訪客而已。其他國家的公民在旅行、洽公或求學時暫時居住在當地，所以是訪客，而非外籍住民。但是，外籍住民也與傳統的移民不一樣，後者是懷抱著對完全公民資格的期待與承諾，而被吸收進來。外籍住民資格則是落在這兩種群體中間：他們是長期住民，但不是公民。

當代世界充滿了這類移居的外籍住民。有些是非法移民，他們未經許可跨越國界，到他國領土上找尋工作機會；有些則是國家准許的移工，由國家以季節性或半永久的時間為基礎，在不預期賦予公民資格的情況下，請這些人來從事某些工作。[32]這些移工預計會在每一季結束或退休時，回到他們原本擁有公民資格的國家。在某些國家，例如阿拉伯聯合大公國、科威特與沙烏地阿拉伯，移工是該地經濟的支柱；在其他地區，例如歐洲與北美，移工往往填補的是勞動市場上較低層次的工作，通常是當地公民不願做的事（如：採收水果蔬菜、在屠宰場工作、清潔或其他家務工作）。舉例來說，來自墨西哥的工作者前往加拿大採收水果或收成蔬菜，在晚秋之際回到他們仍持有完整公民資格的墨西哥，與家人及親朋好友團聚；來自加勒比海與菲律賓的女性通常在加拿大待上很多年，擔任中度熟練的照護員，照顧孩童或老人，然後才返回她們自己的故鄉。

有些案例中，長期移民仍是外籍住民而非公民，這是不正義的。實際上，這些移民的現居國才是他們的家，這是他們建立家園與家庭的地方，也是他們生活的根植之處。在這種情況下，移民很可能會申請完整公民資格，且基於正義也應予以同意。在這些情況下拒絕給予公民資格，不只本身是不公平的行為，通常還會助長延續其他的不正義。全世界的移居外籍住民面臨了被剝削的高度可能性：從窮苦國家來的赤貧之徒，通常會願意接受非常嚴苛的生活與工作條件，而不具備公民資格意味著他們無法行使其名義上所擁有的任何法律權利。

基於這個理由，很多評論者認為，目標應該是讓移工盡可能以快速且容易的方式，變成公民；或者我們應該全面減少移工計畫（Lenard and Straehle 即將出版）。試圖填補勞動市場缺口的國家，應該接納永久的外來移民，而非移工，如此一來，所有的工作者才能在完整公民資格的大傘下，受到保護。

然而，我們不應假設移民的外籍住民資格在本質上絕對具有剝削性，或假設公民資格永遠是解方。有些移民不想在他們目前居住的國家中成家立業，也不希望在該社會中扎根或參與該社會中的合作性公民資格計畫。他們仍把其生命計畫的焦點放在原籍國。如同歐托涅利與托雷希（即將出版）所指出，季節性與暫時性的工作者或許有完全理性且正當的「暫時性移民計畫」。他們生活的重點擺在原籍國，而他們單純就是希望能賺錢或學習一技之長，以達成他們在家鄉的目標，例如蓋房子、養一大家子或做生意。他們不希望在異地永久居住下來，離鄉背井，拋棄原來的生活。相反地，他們之所以想要從事移民工作，是為了達成與其家鄉生活或家人密切連結的目標（或者，年紀輕輕就旅居在外的人，他們可能單純就是想要在安定下來前，經歷在國外旅行與生活，因此會尋求在國外工作的機會，為旅行籌錢）。

在這些情況下，對於某些政策，例如能更快地納入公民資格的國家計畫中，移工不大可能會感興趣。移民者若有暫時性的移民計畫，可能就旅居國中公民資格的規範，不會有興趣或不打算嫻熟，且厭惡強迫他們學習這些事務的各種努力。對他們來說，花時間或資源學習旅居國家的政治系統或官方語言，並不理性（在加拿大的墨西哥季節性工作者，不希望浪費時間去學習英語或法語）。簡言之，他們或許會想跟我們長期或季節性地生活在一起，但不想成為我們當中的一份子。移工以自己的方式，或許也希望能自願退出公民資格，儘管是基於不同的理由。

這些例子對傳統自由主義式的正義理論，提出了挑戰。傳統理論仰賴公民資格作為確保公正性的卓越手段。移民者極易受到不正義的傷害，但強加公民資格在他們身上很可能既無效（假設移民者未投入有效行使公民權所需的時間與資源），又／或不公平（如果國家強迫移民者投入時間或資源，學習當地語言，了解該國的政治系統）。試圖強迫移民者熟悉公民資格的任何努力，「會讓外來移民在某種程度上必須分擔代價，不公平地被迫從原先建立的生活計畫中，挪出相關的資源」（Ottonelli and Torresi 即將出版）。因此，「很難在民主的地圖上」找到這些移民的蹤跡（Carens 2008a）。

那麼，該怎麼做才能保護移民不受不正義之害？我們要如何確保為了接納移民所做出的種種努力，不會變質為從屬與階層關係，一如這世上天天在發生的事情？順著這個脈絡，要達成正義，勢必需要保障移工不受剝削的某種形式外籍住民資格，同時讓他們能自由地追求與其原籍國緊密相連的生活目標。[33]外籍住民資格與旅居社會間的獨特關係，相較於公民資格微弱，但不會不公平或充滿壓迫，因為它符合兩造的正當利益。

當然，主要還是得取決於這個外籍住民資格身分的精確條件。如前所見，外籍住民資格的公平性，需要公民資格中的權利與責任都以平衡或互惠的方式縮減，且得以回應兩造的正當利益，而非單方面地由其中一方強加在另一方身上。不會在縮減權利的同時，仍強制實行公民資格中的所有重擔：這樣是次等公民資格。[34]相反地，它涉及的是與廣大政治社群協議出一個不同且較弱、卻是互惠的關係：這段關係中的兩造對彼此均採較弱的主張。

舉例來說，我們可能會在社會權利的範圍中，將旅居國法律中的完整保護擴及到移工身上（如：健康照護福利，工作地點的安全性、訓練與補償措施，依親簽證的取得），但不讓他們取得完整公民資格的福利（如：永久居留權、擔保家庭移民的權利、選舉權或參選權）或責任（如：繳稅、服兵役或擔任陪審團的義務、語言能力）。

在這個脈絡中，移民的外籍住民資格通常涉及了國家之間的分工。比方說，就季節性工作者來說，目的國在季節性工作期間，將同樣的保護與地位擴及移工（如：與該國其他擁有公民資格的工作者享有一樣的薪資、保護、訓練，以及健康與安全規定），而派遣國則仍然在其他的生活領域中，作為公民資格的主要承載方（原籍國的工作生涯、家庭生活支援與福利、政治參與、退休福利等）。在這個模型中，移民者不會「被當作是無助的次等公民」，而是一群「身分上平等並非透過完全納入僑居社會中所保障，而是來自承認他們的特殊處境，且公眾意識到他們與社會間的關係是權宜且暫時」的人（Ottonelli and Torresi 即將出版）。

我們不希望低估這種外籍住民資格模型所涉及的風險。低技術移工向來容易受到剝削，因為他們在從事季節性工作的社會中缺乏人脈、在政治過程中缺乏權力、語言隔閡、缺乏教育或對權利的知識，諸如此類。就某種程度上來說，所有旅居者（包括商務人士、遊客或留學生）都有這種脆弱性，但移工特別容易受到影響，因為他們通常比較窮、選項較少，且有更大的機會在偏僻的地點從事體力要求高且危險的工作（高技術外國工作者比較不容易受到影響，因為他們的選項更多、談判能力更大、教育水準更高）。透過建立有效的國內或國際監督措施，確保移工的權利的完整傳達與尊重，或許能夠降低這種脆弱性。[35]

到目前為止，我們都把焦點放在經許可入境的移工的外籍住民資格上。未經許可入境或非法移民的狀況就更為複雜了，因為牽涉到一開始怎麼入境的問題。在非法移民有暫時移居計畫的情況下，我們認為，在某些條件下，移民外籍住民等資格是適切的身分。不過，要能詳細說明這些條件並非易事。

若討論自由民主主義在非法移民議題上的最佳實踐，那麼我們可以找到兩項的可行原則。首先，國家有正當權利試圖防止未經許可的入境；國家當然不能射殺非法移民，否則就是侵犯其權利，但可以訂立簽證所需條件、建立邊境管制與防止入境的關卡，以及採取維安監控行動，找出入境的非法移民並要求他們離開；國家也可以改變原本是非法入境誘因的社會條件。舉例來說，它可以懲處僱用非法移民的公司，或拒絕讓非法移民取得某些福利（例如駕照），好讓非法移民生活比較沒有吸引力。

然而，如果非法移民在經過一段時間後，還是有本事逃過偵查與驅逐出境，那麼就該進行第二項原則。這些移民遲早會取得道德上的「居留權」（類似占空屋者的權利），反映在國家提供給長期非法移民的定期特赦中（Carens 2008b, 2010）。移民當初進入這個社會時是非法的，但隨著時間過去，他們密切鑲嵌於社群，此時將他們連根拔起的道德成本變得太高。

在某些情況下，這種糾葛使得他們旅居國實質上成為他們唯一的家。他們可能已經在此成家立業，返回原籍國家時覺得自己像是陌生人。若是如此，那麼特赦應該導向完整的公民資格。但在其他案例中，非法移民與原籍國家仍然保持緊密的連結，且他們當初之所以從事非法移民，就是為了追尋與家鄉緊密連結的生活目標。在這種情況下，就如同經許可入境的移工一樣，外籍住民資格可能是正義的解方。

簡言之，國家可以運用關卡與不利因素讓非法移民卻步；然而他們一旦入境，隨著時間過去，整體盤算會開始改變，需要接受新的在地事實。[36]在某些狀況下，應該採取完整公民資格的形式予以接納；但在另外一些狀況下，外籍住民資格更為合適。

對於特許的移工與非法移民而言，移民的外籍住民資格身分都是可能的結果，因為或許關係中兩造都不想要對完整公民資格做出承諾，在不要求此資格的前提下對居留權提供堅定的保護（以及其他適當的社會權利）。

如同我們之前所指出，這些移民外籍住民資格的形式帶有風險：公平容納差異性將會轉成從屬關係與汙名。移居的外籍住民可能會被當作不值得尊重的外來者或非法入侵者對待，而不是有著獨特的生命計畫以及與其他社會相連結，在道德上與我們平等的個體。這會讓外籍住民資格關係中的互惠可能性受到侵蝕。這項風險尤其與非法移民相關，雖然同樣也適用在特許的移民身上。侵蝕破壞會不會發生，很大一部分取決於旅居國針對其移民政策是否秉誠行事。在現實狀況中，很多國家施行的移工政策帶有欺騙成分且偽善。他們對非法移民活動睜一隻眼閉一隻眼，因為合法移民活動很難讓公民買賬，但移工對整體經濟而言又至關重要。藉由讓移民入境但拒絕賦予他們法律身分，國家閃避了提供外籍住民資格中任何權利或福利的責任，而企業則是從勞工降薪的壓力中獲益。

更普遍地來說，國家通常公開表示反對移民活動，把它說成是經濟、民主自決原則，以及／或文化穩定性上的過度重擔，但卻為了收割好處與不想付出任何成本，暗自允許非法移民行為。除了明顯的不正義之外，這種雙重標準的國家政策毒害了公民對於移民者的態度。官方對移民活動的必要性與好處保持沉默，導致人們狹隘地將移民者視為造成社會負擔的違規者，甚或威脅到社會契約，而不是對社會有貢獻的一份子。在這些情況下，移民的外籍住民資格事實上是個脆弱且容易受到傷害的身分。但是，國家若能真誠地處理移民議題，那麼外籍住民資格可以為正義關係提供穩定的架構。

我們討論了現代自由民主社會中，外籍住民資格的兩種基本形式。跨國境的移民行動，以及以各種形式脫離公民資格具支配性的實踐，都會產生外籍住民資格。在我們看來，這些形式的外籍住民資格無可避免地會存在，由於羅爾斯所謂的「多元主義的事實」——人類文化、行為與實踐的多樣性，在自由的條件下必然會出現。如前所述，人類頑固地抗拒被國家與政治哲學家放進僵固且排他的類別之中。不是每一個人都能夠或願意接受在「完全公民資格」與「完全排除在外」這兩個選項之間做決定。面對「加入或退出」的決定時，有些人基於充分的理由，或許寧願協商第三個選項：外籍住民資格。

然而，即使基於多元主義的事實，外籍住民資格的身分或許無可避免，且遵從公平性與互惠性的基本標準，但它在本質上仍然很容易變成剝削。歷史記載告訴我們，完全公民資格依舊是保護道德平等最可靠的制度，而任何對外籍住民資格的接納承認，都必須做好強而有力的保護措施，以防止它腐化成從屬關係。這些保護措施到底意指為何，在文獻中並未多見，不過我們將會辨識三組議題：

1. 居留的安全性

在「移民外籍住民資格」的例子中，無論個體是如何來到這個社會中（合法或非法）定居下來，他們的居留權以及加入政治社群的權利，與日俱增，而他們居住在他處的機會則相應減少。永久住民不能被驅逐，而必須被賦予安全的居留，無論他們是公民還是外籍住民。

2. 外籍住民資格的互惠性

外籍住民在取得完整公民資格中的權利若有所限制，只有在以下的假設條件中才有其根據：(1)他們只是部分時間居留或臨時的居民，在外國享有完全公民資格所帶來的福利；以及／或(2)外籍住民資格的狀態以對雙方有利的方式，權衡利益與能力，反映出兩造對連結或合作，都想要某種弱化的形式。換言之，針對公民資格的福利與負擔，相應縮減，而這些代表了公平容納不同的利益，而非剝削的階層關係。

3. 反汙名的保護措施

國家具有特別責任，確保外籍住民不會因為其另類的身分而變得脆弱。保護措施必須被落實，以防止外籍住民資格變成汙名的來源或階序層級：外籍住民有區別地與政治社群相連結，但並不因此讓他們變得不如人或不受人尊重；他們的內在道德地位以及對社會的貢獻，必須獲得尊重。這些保護措施包括如反種族歧視的健全立法、法律給予完整與平等的保護、避免在公共辯論中，虛偽或惡意地評論外籍住民在社會中所扮演的角色。

若能落實這些保護措施，那麼外籍住民資格在容納人類團體與社群的多樣性上，無疑能夠扮演有效的角色，同時也能堅持道德平等與公平性的根本價值。

四、定義「動物外籍住民資格」的條件

這些關於人類外籍住民資格的討論，對城際野生動物的案例會有幫助嗎？我們認為是有的。

部分原因是城際野生動物與人類外籍住民一樣，同樣面臨許多排外或隱形的壓力。如同現代國家想要把每個人都放進嚴格而排他的公民資格類別中，期待個體若非全然是公民，就全然是外人。同理，社會也想要把所有動物都放在適當的位置上，若非全然是野生動物，就全然是馴化動物。城際野生動物在這種日常生活實踐中消失無蹤，且持續被認為「不在其位」。事實上，即使我們也不大確定牠們還有哪裡可以去，仍視牠們為屬於他處的外來者。於是，牠們就像人類外來者一樣遭受排斥，只不過以牠們的狀況來說，排斥不只是以不利因素、關卡、驅逐出境的形式展現，還有更極端的暴力與殺戮。

無論是人類或動物，潛藏的邏輯似乎是：任何想在此處居住的個體，都必須選擇「加入或退出」：要不是完全公民資格，不然就被排除在外。被迫選擇不足以處理人類關係中的多樣性，同樣地，在動物的例子中也不適切。事實上，就很多層面來說，在動物的例子中更加不適切。在人類外籍住民的例子中，強迫人們在驅逐出境與完整公民資格之間做抉擇，儘管強硬，但兩個選項都有可能行得通。人類外籍住民無論是回到原籍國，或是取得完整公民資格，或許都能夠適應，即使負擔與代價都很沉重（以及不公平）。相對而言，在動物的例子中，不管是哪一個選項，通常都行不通。「加入或退出」的選擇實際上意味著在驅逐與馴化之間做決定：被迫離開人類居住的區域，或是被迫承受把動物馴化成人類夥伴的監禁與育種。如同我們所見，不管用哪一個選項來回應城際野生動物的真實情況，都不適切。相反地，我們應該接受城際野生動物屬於這裡，但不在我們的管轄之下，且具有與馴化動物不一樣的地位。牠們實際上需要的是某種形式的外籍住民資格。

但是，這種動物外籍住民資格的公平條件，會是什麼？我們在人類的例子中所討論的公平外籍住民資格的那三種原則，能否在動物的例子中幫助我們釐清？我們認為可以。我們無法發展出系統性陳述，說明這些原則對各個種類相異的城際野生動物而言的意涵。如同我們之前所討論的，城際野生動物就脆弱性與適應性而言，彼此有所差異。生活在綠籬中的榛睡鼠，其外籍住民資格的形式顯然會與都市鴿群的大不相同。然而，我們要一一針對這些原則，簡單說明如下：

1. 安全居留

在人類與動物的例子中，外籍住民資格的核心特質是居留權，即「不被當作實際上屬於他處的外人或外國人，而是被當作屬於這裡的自己人」的權利。我們雖然可以採取正當行動來阻止伺機型或外來種城際野生動物初始進入與繁殖，但隨著時間過去，牠們就獲得了待下來的權利。無論個體是用什麼方式前來居住在社群中（合法地或非法地、受人喜愛的或不受歡迎的），牠們待下來的權利隨著時間而日益增加，另一方面居住在他處的機會則降低減少。

2. 互惠的公平條款

在人類與動物的例子中，外籍住民資格涉及了對權力與責任的取捨縮減，以滿足各團體想要擁有比完整公民資格更薄弱關係的期望。然而，與人類外籍住民資格相比，動物外籍住民資格往往在互動與相互義務形式上更為薄弱。若說外籍住民資格是選擇脫離完整公民資格中的某些面向，那麼與人類外籍住民相比，城際野生動物的疏離程度更高。這在與獵食相關的事情上，或許最為明顯。以人類外籍住民資格的情況而言，我們不會接受某些外籍住民被其他人獵食，或者有外籍住民因為飢餓或嚴寒而死亡。國家有義務要保護所有的人類住民（包括外籍住民），遠離這些對生存的基本威脅，外籍住民資格不會涉及放棄這類保護。對比之下，城際野生動物外籍住民仍然受獵食關係所支配：有些動物外籍住民是獵食者（鷹隼），有些則是獵物（家雀），還有一些兩者都是（野化的貓會吃鳥類，而牠們自己有時候會被土狼吃掉）。

要如何解釋這些差異？答案再度涉及到是哪些對自由與自治所造成的威脅。一般而言，我們可以保護人類外籍住民不受殺戮與饑饉的威脅，同時還能尊重自由選擇與自由移動的穩固權利。但是，值得注意的是，在只能藉由嚴格限制自由與自治才能保護人類生活的情況下，我們會傾向接受這些對生命與安全所造成的風險。舉例來說，我們不會強迫大家報告定期健康檢查的結果，縱然這是確保我們能即時掌握疾病的唯一辦法。同樣地，我們不會在每個人的家中裝設監視器，即使這麼做或許能確保每個嬰兒都得到足夠的愛與營養。人類社會一直在自由自治與安全之間尋找平衡（而不同的社會合理地做出不同的折衷權衡）。城際野生動物的生活涉及了各個層次的風險，而這些風險在人類的例子中是不被接受的。然而，降低這些風險會牽涉到很多層次上的監禁與強制逼迫，而我們也覺得這是無法接受的。因為用在城際野生動物身上的自由／風險計算如此不同，所以產生的權利與責任配套，也會不一樣。

對於城際野生動物來說，較為薄弱的外籍住民資格形式，很適合作為城際野生動物與人類在混居社會中的互惠協議。這種福利與義務都縮減了的互惠協議，會讓城際野生動物從為了遵守完整公民資格而必須嚴重縮減自由的情況中，得到解放；同時，就提供完整公民資格中的福利與保護而言，也減輕了人類社群的責任。我們基於以下假設，為這個論點辯護，假設城際野生動物：(1)傾向趨避人類；(2)寧願承受捕獵的風險，勝過於被監禁或其他對自由的嚴重限制；(3)有相當強的能力克服所處環境中的風險，而這項能力需要自由（與風險）才能發展。

然而，對於任何**特定的**城際野生動物而言，這個等式可能會因為環境變化而劇烈改變。畢竟，有些城際野生動物的確**想**與人類作伴，發展信任關係與相當程度的互相理解。在這些情況下，我們可以把動物的行動看成是贊成公民資格多過於外籍住民資格。又或者，試想失去雙親的浣熊或受傷的松鼠，牠們無法靠自己活下去，而我們可以安全地幫助牠們。對這些動物而言，公民資格的折衝權衡看起來會相當有吸引力，因為就牠們的處境來說，外籍住民資格牽涉到的不只是更大的風險，更是立即且必然的死亡。在某些情況下，我們或許可以幫助這些動物復健，然後讓牠們回到城際野生動物的外籍住民資格；但在另些情況下，讓牠們以正常公民的身分（伴隨著就自由受限而言的權衡得失），追求融入人類動物混居的社群中，或許更為恰當。這與我們在第六章中所提出的論點——我們對受傷的野生動物所具備的義務，有些類似。[37]

雖然我們得要注意有些非典型城際野生動物個體的處境，牠們或許需要或想要與人類發展出更親近的關係，但這並不意味著我們應該助長這類個體數量的增加。人類會透過餵食或其他行徑，待牠們如友，然而在與城際野生動物發展出更親近關係時，應該要非常謹慎小心。人類與動物之間的很多衝突，便是來自這些干預行動。動物數量增加以及對人類感到習慣，導致動物被視為干擾或威脅，這樣的結果對動物來說必然是糟糕的。舉例來說，攻擊人類或寵物的「問題」土狼，之前幾乎都有被人類餵食過（Adams and Lindsey 2010）。餵食熊、鹿、鵝群或許看起來是對動物有利的積極干預（有時候的確是），但不應該在沒有通盤考慮外溢效果的情況下，就採取這些行動。

與人類的外籍住民資格相比，城際野生動物的外籍住民資格通常牽涉到更為寬鬆的關係，且就合作與義務形式而言，更為薄弱。城際野生動物生活在我們周遭，而必須接受牠們的存在是正當的，但我們沒有權利將牠們社會化，讓牠們熟悉公民資格的實踐，牠們也不能主張擁有合作性公民資格的完整福利。

然而，值得強調的是，外籍住民資格是演變中的關係，就跟公民資格一樣，且未來不知道會發展到什麼程度。如果人類打算要承認城際野生動物就生活在我們周遭，且開始建立正義而非虐待與漠視的關係，那麼這些動物對我們的行為模式必然會改變。一方面，牠們可能變得沒那麼提防人類，而隨著時間過去，或許有機會創造出更具互惠性的公民資格形式，遠超過我們現在所能想像；另一方面，警戒心降低可能也會導致更大的衝突。比方說，有鑑於土狼對嬰兒或小型馴化動物可能造成的風險程度，用降低牠們對人類保持戒心的方式與牠們互動，是有勇無謀的行徑。[38]同樣地，很多種類的城際野生動物也會對人類或馴化動物，帶來真正的疾病威脅。而在許多例子中，城際野生動物對人類或馴化動物降低警戒心，會讓牠們暴露在增加的風險之中（舉例來說，花栗鼠逐漸適應了沒有傷害性的家犬，一旦碰到野化的獵狗，可能會猛然醒悟）。在很多情況中，更親近的關係看似不怎麼明智，但我們仍然可以在不促進彼此關係更加親近的情況下，公正地對待城際野生動物（亦即，我們可以尊重牠們基本的消極權利，減低我們非蓄意施加在牠們身上的風險）。

關於我們與城際野生動物之間的關係，我們必須對其中的可能性與限制，保持開放的心胸。就城際野生動物與人類互動的方式以及互惠的可能而言，牠們在個體層次與物種層次都有很大的差異。總的來說，我們討論過讓城際野生動物融入公民社會中的限制，因為這麼做很可能會造成衝突。公正地對待這些動物，不表示得要和牠們交朋友或加強彼此關係的深度或廣度。然而，我們無法預測這些關係隨著時間變化會演變成什麼樣子，也無法預測某些城際野生動物是不是從外籍住民資格，邁向更接近共同公民資格的道路上。

在可見的將來，外籍住民資格模型應該以謹慎與最低程度互動為假設來運作，而非信任與親近的合作關係。然而，這個較為薄弱的關係形式仍然帶有重要的積極義務。城際野生動物的外籍住民資格比人類的外籍住民資格更弱，但仍然比傳統動物權理論中所言的「給牠們空間」強上許多。人類不能只尊重城際野生動物的基本權利，還必須在我們決定如何設計城市與建築、如何管制人類活動時，把牠們的利益也納入考慮。

其中一個面向是關於風險的公平分擔，這一點我們在第六章已經討論過。目前，我們對城際野生動物可能造成的任何風險極度敏感，如卡在飛機引擎中、造成車禍、咬斷絕緣電纜。又或者，我們失控地誇大其詞，尤其是講到疾病的時候。[39]與此同時，我們卻忽略了自己加諸在城際野生動物身上的無數風險，包括車輛、變電器、高樓大廈與電線、玻璃窗、後院的游泳池、殺蟲劑等，不勝枚舉。正如我們在第六章中所討論的，論及動物對人類所造成的風險時，主張零容忍政策，同時卻徹底無視我們施加於牠們身上的風險，這是不公平的。要達成公平性，需要在公民與外籍住民之間權衡風險與利益。公平承擔風險對都會區與郊區的開發有重要的意涵，包括改變關於地點、高度與窗戶設置（以限制鳥類造成的影響）的建築法規；設立都會動物廊道（如此一來，城際野生動物就可以避免在馬路上行動）；使用警告裝置與藩籬；重新修改使用殺蟲劑與其他毒藥的規定，因為動物對這些東西的忍受程度，通常比人類低。

另一個相關的調整關係到人類環境改變的速度。城際野生動物極易受到所處環境中的改變所影響，像是土地使用方式與農耕方式的改變，尤其對生態區位專家來說更是如此。這表示我們在決定改變是否有其必要性，以及怎麼採取行動最好時，得要將這些動物納入考量之中。有時候，光是循序漸進地進行改變，確保容易受到影響的動物有機會調整或遷徙到他處，就已足夠。查佩克（2005）描述了牛背鷺的驚人事件。牛背鷺是生活在牧場，與家畜相關的城際野生物種。位在阿肯色州康威郡的某個樹林，是八千對牛背鷺築巢的地點。在牠們短暫的築巢季節期間，樹林因為開發案而被推土機推平，導致大量的鳥類被屠殺。要是這個開發計畫往後推遲兩週，這些牛背鷺就會完成築巢，輕易躲過這場大屠殺。開發商宣稱他們不知道那裡有這些鳥。在這個情況中，人類與牛背鷺的利益之間，並沒有固有的衝突。這些鳥單純就是（實體上與道德上皆然地）

隱形了。

人類對城際野生動物所具備的積極義務，應相應於可以施加其上的各種責任中。任何在共享領土上的共存計畫要能成立，必須要互相限制與互相適應。舉例來說，就像馴化動物的情況那樣，城際野生動物無法因為牠們在共享的政治社群中對他者的義務，而控制自身的繁衍。人類不需要插手干預城際野生動物性行為中的「跟誰，怎麼做，在哪裡，什麼時候」，但我們為了要讓共存成為可能，或許會需要控制城際野生動物的總數量（如：透過注射節育疫苗、培養棲群可以疏散的棲地條件、天敵或競爭者的重新出現）。同樣地，大多數的城際野生動物無法因為他者對私有土地的權利，而控制自身的移動性。這是另一個人類可以使力的領域，藉由施行控制，來保護社群中所有成員的權利，包括使用（不具殺傷力的）隔柵、網子與其他障礙物。換言之，因人類社群對城際野生動物外籍住民所產生的責任，也應有權對其總量與使用共享空間的方法施以控制。

以人類的案例而言，個體的權利帶有尊重他者權利的相對應義務。在未經許可的情況下闖入他人家中，為他們帶來風險或造成麻煩，顯然違背了尊重他者基本權利的義務。通常，這類問題不會發生，因為人類能夠內化合理的行為，並理解出於尊重他者權利而控制自身的行為有其必要性。然而，就老鼠以及其他侵入家宅且具有適應性的動物而言，我們在面對的是一群不知道牠們造成了風險或危害，且沒有能力理解合理調節之道的動物。就這點而言，牠們與孩童或其他智力受限的人類似，為了牠們自身以及我們的安全，有時候需要被監管控制。由於城際野生動物無法為在面對人類時控制自己的行為負起責任，因此人類有責任提出合理調節的架構，這個架構認可了人類對於安全性考量的正當性（還有美學或其他考量），並且權衡施加在動物身上的風險加以平衡。理想的解決方法將會是：動物不會因為受到調節而過得更不好，雖然這點不一定總能實現。

關於限制城際野生動物接近我們以及減少其總數量，我們已經討論過很多策略。圍籬、實體藩籬、保護家宅的措施是明顯的辦法；不利因素像是音爆系統、不舒服（但不具傷害性）的材質，或不上狗鍊的狗，都是有效的做法。比方說，有些高爾夫球場現在鼓勵打高爾夫球的人，整天都帶上他們的狗。不上狗鍊的狗能阻止鵝群爬上岸到綠草地。不上狗鍊的狗公園，有時會刻意設置在人類希望能夠阻擋城際野生動物的區域，比方說，小花園或公園隔壁，這些地方很容易引鹿來吃草。同樣地，市立公園可能會鼓勵啞天鵝群前來棲息。天鵝是具有強烈領域性的動物，雖然對於牠們實際上能夠多有效地遏止鵝群，人們還有一些爭論。[40]

衝突無可避免地還是會發生。設置藩籬以及小心存放食物／垃圾或許能讓大小老鼠遠離房屋與櫥櫃，但若是你買了一棟舊房子，而這些齧齒類群落早就已經形成了呢？除了設置陷阱與重新安置這些動物之外，或許也別無選擇。這對牠們來說會造成壓力，但我們可以用把傷害降到最低的方式來進行。比方說，我們可以把牠們重新安置在安全的附屬建築物中，並且以逐漸遞減的方式提供食物與水給牠們，直到牠們能夠自立自強。

控制城際野生動物數量最有效的措施，是限制食物來源與築巢地點，以及提供大到足以讓生物數量控制的自然系統（如：生物數量疏散、競爭、獵食）浮現的棲地網絡與廊道。生物數量對應資源而增加，而人類似乎使盡渾身解數地提供食物與築巢地點給城際野生動物。任意存放食物與垃圾是問題的主要來源；考慮不周地選擇公園與花園的植栽，對動物來說則有著像磁鐵一樣的吸引力；故意餵食也扮演了重要的角色。公共教育活動強調人類行動在造就「有害」城際野生動物所扮演的角色上，頗有成效。我們已經討論過在溫哥華的「與狼共存」行動，該行動阻止人們餵食或友善地接觸狼群。「加拿大動物聯盟」針對減少人類與加拿大雁之間的衝突，提出了絕佳的指導方針：以減少雁群食物、築巢地點與安全機會的方式，重新設計都會區、郊區與農業區的景觀（Doncaster and Keller 2000）。[41]

另一個頗富成效的行動大量減少了諾丁漢、巴塞爾與其他歐洲城市中的都市鴿群數量（Blechman 2006: ch. 8）。這個行動是由一位瑞士的生物學家所發展出來的，實際上是三管齊下的策略：首先，在城市四周設置安全乾淨的鴿房，由志工定期清潔與提供新鮮的食物與水。事實上，提供給鴿子的安全住所就很像是以前的鴿棚；其次，教育大眾停止在其他地點餵食鴿子（想要餵鴿的鴿子愛好者，可以在指定的鴿房做這件事）。公共教育是這個策略中最具挑戰性的部分，經常需要對一小群少部分的人處以嚴重罰款，因為這些人就是故意在指定地點以外的地方餵食鴿子；最後，控制鴿群的繁殖。鴿房志工會用一定比例的假蛋來取代真的鴿子蛋，從而減緩鴿子的繁殖速度。這個計畫有效地限制了鴿子的數量與出現地點，並在採取這個計畫的地方，創造出人類與鴿子之間的和緩關係。這與其他城市的傳統行動（射殺、毒害、設陷阱、刺殺）成為鮮明對比，後者既殘忍也無效，還導致鴿群數量增加（Blechman 2006: 142-3）。

考慮周到的鴿舍位置與指定區域，指出了與城際野生動物共存的一般性策略。我們應該採取正面積極的行動，以共存精神找出生物族群的所在地與管理其數量，而不是用負面的行動消滅或驅逐牠們。舉例來說，郊區的野化貓隻對鳴禽造成了致命性的威脅，估計在美國每年有一億隻鳥死在貓爪下（Adams and Lindsey 2010: 141）。然而，有城際野生土狼棲群的地區，其鳴禽的數量遠超過沒有土狼的地區（Fraser 2009: 2）。在有土狼逡巡的郊區樹林與野地中，家貓與野化的貓群不敢出來遊蕩，結果讓鳥群得以逃過一劫。事實上，土狼擔任隔柵的角色，建立「閒貓勿進」的區域，而變成鳥類實質上的庇護所。因為這種種事實，我們該如何對鳴禽、土狼與野化貓隻的利益給予最佳尊重？其中一個解決之道是在都會人口密集區設立貓的庇護所與餵食站（像是羅馬的庇護所）。貓會受各種好處吸引（如：食物、遠離土狼以策安全），而最終結果會是更少的鳥類受到貓的威脅，且反過來說，也會有更少的貓受到狼群的威脅。

一般來說，我們對於控制城際野生動物的數量與移動所主張的策略——藩籬、障礙因素、減少食物供給、棲地廊道、安全區，恰好正是不計其數研究成果所顯示比傳統方法更有效的。殺戮或重新安置動物就只是打開一個終究會被填滿的缺口，通常是數量不減反增。一般來說，動物棲群就食物、棲身處、築巢機會與致死性危險的存在而言，是自我調節的。若是人類讓食物與棲身處的機會增加，那麼動物數量就會增加；如果人類減少這些機會，那麼動物的數量就會減少；如果機會保持不變，但人類對動物的傷害增加（例如選擇性捕殺或非蓄意殺戮），那麼動物的自然繁殖率就會增加，以填補空缺。舉例來說，城際野生黑熊生產的幼崽數量比野生黑熊多，或許是因為城際野生黑熊的幼崽死亡率比較高（主要原因是由於路殺）。[42]如果人類減少傷害，就不會有那麼多的動物被殺，接著，生殖率就會減緩。[43]簡言之，這是個「蓋了就會來」的狀況。如果我們提供機會，城際野生動物就會加以利用；如果我們限制整體的機會，就能限制牠們的總體數量。我們也可以在詳加考慮後把機會設定在某處，藉此以有助於和平共存的方式，管理牠們的存在。

在這些例子中，我們看到一個公平的外籍住民資格計畫的雛形，建立在安全居留、責任與義務薄弱但是互惠的計畫上，包括了合理適應的規範以及把風險降到最低。

3. 反汙名化

正如我們在人類的例子中所提到，外籍住民資格的其中一項風險是可能會被汙名化、被孤立，及其脆弱性。雖然不應該視外籍住民資格是次等或偏差的符號，但外籍住民比完全公民更無法保護自己對抗這類導致敵意與仇外的汙名。這種威脅會影響到移民外籍住民、自願退出的外籍住民，以及城際野生動物外籍住民，他／牠們向來全都被當作是賤民對待，而不單只是與我們不同而已。

社會必須時時警惕，確保外籍住民資格不會腐化成階級與偏見。我們可以想到一些保護措施。有一點很重要的是，對於外籍住民的法律保護不是只存在紙上，而是要由法律所提供的完整與平等保護作為後盾。舉例來說，「在設計道路或建築物時，減少對城際野生動物造成傷害」的法規，應該被嚴格強制執行，因疏忽致死的法律亦是如此（比方說，道路事故或建築與農業機械所造成的死亡）。我們已經在第五章中討論過這類法律強制性在象徵意義與實體層次的重要性。

但是，同樣重要的保護措施包括致力於透明一致，以及真誠地承認我們本身也在創造人類與動物間的衝突。如同對待人類移民的例子，我們對城際野生動物的回應也是非常不一致，且經常誤解牠們在社群中所扮演的角色。也誤解我們在吸引牠們時所扮演的角色。我們為鳴禽放置餵食器，結果卻引來偷食物的松鼠、浣熊、熊與鹿，更別提還有獵食鳴禽的猛獸了，然後我們才來抱怨這些入侵者；我們隨便放置垃圾或戶外的寵物食物碗，因此引來了一大票動物，從囓齒類、浣熊到土狼都有；我們在池塘與人工水景旁種植一大片修剪過的肯塔基藍草，為加拿大鵝創造出完美的棲地。某戶人家放置了鹿的餵食器，隔壁家卻架設通電的籬笆與稻草人，以拯救鬱金香與裝飾性的灌木叢，這樣的情形並不罕見。有時候，擺放餵食器以享受觀鳥之樂的家庭，同時也養了自由遊蕩、會獵食鳥類的貓，或是裝有窗戶，成為一整排倒映樹影的死亡磁鐵。當然，人類活動更該為外來種與野化動物棲群的存在負責。

目前，人類對城際野生動物的回應，極度缺乏透明一致。和人類移民的例子相同，某部分是因為對於歡不歡迎這些外籍住民，有著分歧的意見；對與我們共享社群與居住空間的個體本性與習性極端無知；對牠們所造成的危險產生無謂恐懼，以及完全無視我們加諸其上的風險。我們往往只看到城際野生動物造成的問題（如：麻雀太吵、松鼠偷鳥食、鴿子弄髒公園長椅），卻忽略了我們同樣從這些動物身上得到的好處（以人類垃圾為食、為新的樹播種、捕食昆蟲、幫植物授粉、透過獵食控制其他城際野生動物的數量）。

再者，就像在人類的脈絡中，不道德的政治人物或商人通常喜歡利用對其有利的無知與恐懼，而非教育大眾共存的好處與可能性。[44]無論如何，人類對城際野生動物的態度將會一直存在差異。有些人歡迎這些動物，尋找機會與牠們並肩生活，享受牠們為社會生活所帶來的多樣性、美好，以及其他好處；有些人則絕不會超過基本容忍的範圍。透明性、謹慎計畫、公共教育可以幫助我們包容各式各樣的態度。

人類世界也有類似的問題。試想，安大略省的居民在夏天蜂擁至有鄉間小屋的鄉村。對一些人來說，理想狀態是安靜的湖，在那裡你可以聽到潛鳥叫與蟬鳴；而對另外一些人來說，理想狀態是充滿各種活動的湖，有小型噴射快艇、動力艇與水上活動。這兩種理想狀態互不相容，在湖區導致了一些衝突。然而，藉由協定與禁止動力艇的規定，把喜愛寧靜自然的人導向某些湖，而把喜歡水上活動的人導向另一些湖，可以部分地解決這個問題。我們可以用類似的精神處理都市計畫：有些社群利用藩籬與禁止餵食的規定，來限制城際野生動物棲群；其他地方則是歡迎城際野生動物以及樂意與牠們共處的人類。我們不應該低估人類的聰明才智，可以創造出接納公民與外籍住民（人類與動物皆然）的都市生態系統。舉例來說，英國的里茲市開始舉行一項年度比賽，內容是設計對野生生物友善的都市空間。最近一個得獎的參賽者，設計的是動物「高樓」，打算在都會區的中心容納蝙蝠、鳥類與蝴蝶，同時吸引人類居民。[45]

五、結論

承認城際野生動物外籍住民的權利，意思並不是說人類必須坐等牠們接管城市與家園，[46]而是我們必須承認那些已經成為社群居民動物的合法性，制定承認動物與我們權利的共存策略。如果我們用「具有適應性的動物在我們的城市中是非法外來者，需要加以捕捉與驅逐」的概念來行動，我們將會失敗。這些動物會回來，或者是被其他物種所取代。牠們是人類居住地中無法改變的事實，而成功的策略是以共存而非驅逐為前提。很幸運地，維持外籍住民正義的必要條件，與成功共存的策略非常相容。

試想在高爾夫球場上陪伴犬的樣子，牠們開心地到處奔跑，阻止鵝群爬上陸地與弄髒草地。我們可以看著這個場景，把它視為找不到最終解決之道的失敗場景，抑或我們可以把它視為是成功的共存策略，接受鵝群無可避免會存在，實現可行的**權宜之計**。無論是就道德還是實務而言，撲殺不是個選項。我們認為，對人類來說，把城市變得對適應性物種來說比較沒有吸引力（如：藉由減少資源，以及使用藩籬、競爭者與天敵），同時讓荒野更具吸引力（例如不要對動物領域圈地），是非常合理的做法。事實上，這是讓城際野生動物改變風險計算的策略，讓城市生活跟荒野生活相比，看起來沒有那麼明顯地進步。但是，這永遠不足以阻止城際野生動物在城市裡討生活。城市生活的確太髒亂、複雜，讓曾經很有效防堵城際野生動物的障礙物可以被穿透。再說，誰想要這麼做呢？有些城際野生動物對人類有害，但也讓城市生活多了受人歡迎的多樣性與吸引力。我們若以解決少數嚴重的動物－人類衝突為名，把我們自己從自然世界中切開，那會是很糟糕（而且徒勞無功）的事。我們愈能夠接受與適應動物存在，並且承認城市有部分像是牠們自己的動物王國，我們就愈有能力找到創意的共存策略。

我們與城際野生動物之間的差異程度，與其所導致對互惠性的限制，意味著在可見的將來，這些動物大部分將會繼續是外籍住民而非共同公民。牠們生活在我們周遭，我們必須尊重牠們的基本權利，並且將各種積極義務擴及到牠們身上，包括了：用我們發展人類建構的環境的方式，合理地容納牠們的利益，以及在不削弱其基本自由與自治的情況下，採取積極的協助方式。同時，對人類而言，限制城際野生動物的數量以及管理牠們的移動能力與接近，有其正當性。

所以，一方面來說，城際野生動物是這個政治社群的居民，必須將牠們的利益納入考量；另一方面，城際野生動物居住在平行世界中有其重要意義，這是指在空間上與時間上都是不同的城市，這個城市是藉由機械論（例如自然法則）來運作，這跟動物主權社會運作的方式較為接近，而不是人類與馴化動物混居的社會運作的方式。

這導致的狀態很複雜，也有道德模糊地帶。它沒有提供馴化動物公民資格或野生動物主權中表面的明確性。相較之下，外籍住民資格是混合狀態，沒什麼清楚固定的基準點。因此，它的確很容易受到濫用以掩護從屬關係或輕視。但是，就我們來看，此事別無選擇。城際野生動物外籍住民資格的價值，事實上就跟馴化動物共同公民資格與野生動物主權一樣——關於道德平等、自治、個體與群體繁盛的價值。但是，要如何達成這些目標，則是取決於動物與人類政治社群間關係的本質。對於大量的城際野生動物來說，要實現這些價值，唯有透過承認其地位是人類環境中的永久居民，但卻保有仍然能夠獨立於我們之外的欲望與能力。試圖將城際野生動物重新安置在野生動物主權的區域，會威脅到這些價值，一如試圖將牠們納入與人類一起的共同公民資格合作性制度。牠們需要且值得擁有的，是外籍住民資格。

第八章　結論

我們在本書開頭時提到，動物倡議運動走進了政治與智性上的死胡同，而我們希望能貢獻所學加以克服。在前面幾章，我們著重在智性的死局，顯示就人獸間關係中，許多廣泛而迫切的議題無法透過傳統動物權的框架解決，因為此觀點僅聚焦於動物的內在道德地位。我們主張，要處理這些議題，需要顧及到動物與政治制度實踐的關聯，如國家主權、領土、殖民、遷徙，與成員資格。這種較為關係性且政治性的取徑，有助於補充動物權理論的盲點，並釐清某些由來已久的矛盾與曖昧。

在本結論中，我們想要回到顯然更令人畏懼的政治層面。我們在引言中提到，雖然動物倡議運動在過去一個世紀中贏得了某些戰役，整體來說卻輸了整場戰爭。光只是動物剝削的規模就持續在全球擴張，而針對最殘酷形式動物利用的改革，僅僅是系統性人類虐待動物邊緣的少數「勝利」罷了。

對於關注動物命運的人來說，找出跨越政治死局的方式至為重要。發展新穎而擴充的動物權理論或許在智性上是刺激挑戰，但這能在現實世界的宣傳與論辯中掀起漣漪嗎？

我們不認為這在短期內會造成巨大的轉變，我們當然不會自欺欺人，覺得只靠提出較佳的道德論述就能改變世界。人類文化與經濟的社會都建構在動物剝削上，許多人更以不同形式的犯行獲取既得利益。道德論述在面對自利與由來已久的期待時效果極微，我們多數人都不是聖人，我們願意在成本相對微小時按照道德信念行動，但如果要求我們放棄生活水準或生活方式，可能就未必了。人們可能願意放棄獵狐，但相較之下顯然不想放棄肉食或皮件，遑論停止侵占野生動物棲地，或將公民資格擴及貓或牛，或與鴿子與郊狼和平共處。要求人們成為道德聖人的理論，在政治上必然是無效的，期待有不同的結果無非是過於天真。

然而，我們也不相信這是故事的全貌。事實上，我們可以主張剝削動物是在自我傷害，甚至是自殺行為。以肉為主的飲食習慣比起蔬食要來得不健康。此外，生產肉類製品所需的畜牧流程與交通運輸同列全球暖化的主要原因。[1]人類對野生動物領域的侵占摧毀了地球之肺、土壤生命力、氣候系統的穩定與淡水供應。顯而易見的是，如果我們不減少對於動物剝削與棲地摧毀的依賴，人類這個物種無法存活在地球上。

某些論者甚至主張，即使道德理性沒有任何改變，動物剝削體系將無可避免地自我崩解。如吉姆．莫他維里所言：「我們不會只因為『為所當為』而停止吃肉。」他認為要人類不吃肉是「無效提議」，但我們還是「會被迫停止」。聯合國研究顯示，到了二〇二五年，將不會有足夠的水或土地來維持八十億人的肉食習慣。因此「肉類將會消失或成為僅有少數人能負擔的奢侈品。」[2]莫他維里預測，最終將有拒絕食用肉類的倫理態度轉向，但這會發生在畜牧業環境崩潰之後，而非之前。依此觀點，建構動物權道德理論毫無意義。不是因為這對於反抗動物剝削力量無能為力，而是因為長期而言，動物剝削將自我毀滅而顯得沒有必要。

這與廢奴的學界爭論不謀而合。有些人主張奴隸制度由於廢奴主義者的倡議而終結，廢奴主義者設法成功改變了人們對於黑人權利的道德理性。也有其他人主張奴隸制度是自己瓦解的，因為時間證明了此制度在經濟上沒有效率。更多觀察者認為道德刺激與經濟因素都同樣重要，且互有關聯。改變道德理性有助於指出廢奴的潛在自利理由；改變經濟利益有助人們重新思考先前的道德承諾。

道德信念與自利認知間複雜而無法預測的交織，在晚近的社會科學文獻中屢見不鮮。理想與利益並非涇渭分明的兩個範疇，此說現在已廣獲接納。因為人們辨識其利益的基礎，有部分來自於其自我認同，以及他們在世上重視哪種關係。舉一個極端的例子，很少人會主張吃人的禁令是自我利益的「負擔」或「犧牲」。人們不會自認為有吃人肉的利益，因為他們根本不認為自己會想要吃人。同樣地，我們希望有一天，人類不再視食用動物的禁令為負擔或犧牲，因為他們不認為自己會想要食用動物。就這點來說，改變道德理性重新定義了我們的自我概念，自利的概念也隨之改變。

我們對於自己是誰、重視什麼，不僅只藉由狹隘的自利或明確的道德承諾所形塑。慎思與反省、同情共感的關係，皆可擴大我們的道德想像。此外，這也可透過科學或創意的衝動達成，也就是我們對探索、學習、創作、連結與意義的想望。我們需要在動物正義計畫中納入此等更開闊的人類精神。

今天動物權理論所要求的，無疑會被許多人視為巨大的犧牲。我們所提出的道德理論，以及人們認知的利益或自我概念之間，存在巨大的鴻溝。但這會以無法預料的方式，以及比想像中更快的速度改變。

隨著動物剝削殖民體系的環境與經濟成本益發顯而易見，我們就更迫切地需要發展新的概念架構，以協助指出人獸間關係的不同願景。

無論是就書中提出的長期願景，或建議的短期策略，我們都希望這本書能實踐這項任務。以長期願景而言，我們的取徑為人獸間關係提供較傳統動物權理論更為積極的圖像。到目前為止，動物權理論主要著重於一組消極禁令：禁止殺戮、利用或畜養動物。在過程中，動物權理論擁護鮮明而簡化的人獸關係概念，即馴化動物應該消失，野生動物應該遺世獨立。簡言之，人獸關係不應該存在。我們主張這種願景不僅在實證經驗上不可取，因為人與動物的環境無法被截然二分地切割。這在政治上更是種負債。

多數人類正是因為與動物產生關係，無論是藉由觀察、相處、照顧或愛護，才開始了解並關心動物。最關心動物命運的人類往往是跟牠們有關係的：擁有陪伴動物或工作同伴、野生動物觀察保育人士、生態復育者等。克服政治僵局有賴提取這份能量與善意，然而動物權理論的潛台詞是不能信任人類跟動物有任何瓜葛。人類無可避免地會進行剝削與傷害，因此我們必須自我隔離，這種訊息很難鼓舞動物愛好者去爭取動物正義。[3]

我們的長期願景並非切斷人獸間的關係，而是要尋求把握關係的完整可能性。這意味不僅以個別主體的身分承認動物享有對其基本權的尊重，更認可牠們是人類及動物社群的成員，身處互賴、互惠與責任的交織網絡。這項願景遠比古典動物權理論更為嚴苛，因為我們在後者的義務僅為任其自由。然而，這也是更為積極有創意的願景，認可人獸間關係可以是同情的、正義的、喜悅的、互相充實的。所有動物權理論都要求人類放棄來自動物剝削／殖民的不當得利，但政治上有效的動物權理論指出的不只是正義要求的犧牲，更能提出因正義而可能的嶄新關係。

這點也會對短程策略造成影響。如果我們的長期目標不只是要廢止剝削，而是建立正義的新關係，那麼即使連短期展望都不會看起來像一開始那麼慘澹。動物剝削／殖民在全球的規模與日俱增，但人類在世界各地也進行無數實驗，試圖找出與動物建立關係的新方式。我們已在前面討論了一些，這裡再多舉些例子：

- 從齋浦爾到諾丁漢，都有特別設計的鴿舍（附餵食與生育控制計畫）管理野鴿族群量，逐漸說服反對者放棄殘忍的殺戮。有些城市也邀請藝術家參與設計，讓鴿舍變成公共藝術與參與，以及物種間和平共存的場域。
- 英國的里茲正考慮建造高樓棲地的提案，設計垂直綠塔，在都市中心容納鳥類、蝙蝠，與其他野生動物。
- 安大略省東邊的一間野生動物收容所專門拯救落難動物，包括快餓死的貓頭鷹、失怙松鼠，或因車禍龜殼碎掉的烏龜。所有動物都受到妥善的醫療照護，同時將人類接觸降到最低。希望在完全康復後能重回野生環境。
- 加州的動物避難所專事雞隻救援，負責庇護、營養與醫療，提供特別設計的雞舍保護雞隻不受夜行掠食者與禽流感的侵擾。雞群有大範圍的行動自由，也有機會形成依附關係，從事各種活動。雞群不會被殺害，活到自然壽命結束為止，這往往是停止生蛋的多年以後。

避難所主人收集一些蛋來販售。

- 愈來愈多人形容其陪伴貓狗為「家庭成員」，並要求為牠們取得最頂尖的醫療照護、緊急服務，與公共空間，比照人類公民有同樣的待遇。
- 全球的保育分子運用對動物遷徙模式與日俱增的知識，重新評估人類發展，以保護並重新建立野生動物廊道與可行棲地。航運路線重新安排，也建置了野生動物通道，重新取得與連結綠色空間。

這些範例與全書中數不盡的其他案例，讓我們看到人類試圖與動物建立嶄新而道德的關係，遠遠超過人道對待的理念，也超過不干預與尊重消極基本權的理念。這些範例至少隱含著一種更全面性的人獸關係概念，認可我們與動物的關係無可避免地千絲萬縷，且人類擔負著更廣泛的積極責任。

我們認為，這些實驗可以看成是未來動物共和國的建立基礎。而我們的目標之一便是要提供言之成理的理論架構。每一個實驗均以獨特的方式展現正義的新關係是可能且可持續的。遺憾的是，人類不甘願放棄來自動物剝削與殖民的利益，在可預見的未來很難有所轉變。但仍然有許多人對這些不義之財感到不安、許多人發揮創造力探索新的可能性，還有許多人從這些實驗中學習成長。然而，上述這些在既有主流的動物權哲學中都付之闕如，因此缺乏理論工具來理解這些實驗的道德價值。多數認為，對於動物權的首要計畫，如終結集約農場或其他更直接的動物剝削，實在影響甚微。更甚者，也有人譴責這些實驗異想天開，既無法阻止動物使用也學不會「放過牠們」。

單靠道德論述去克服根深柢固的文化假設與強烈的自利誘因，實在是緣木求魚。但道德論述至少應該指出無論社會中觸及與否、確實存在的道德資源，並且努力加以強化。動物權的道德資源包括與同伴動物有深厚情感的普通人、野生動物組織的熱心成員，以及從事棲地復育的生態保育者。這些人通常不認為自己是動物權支持者，少數是純素者，持續在日常生活中譴責動物剝削的行徑。然而，從某些重要的層面來看，他們的確是為了動物權在努力的，包括主權領域的權利、公平共存條款的權利，以及公民權。動物權運動需要擁護動物權的擴張解釋，以包容上述這些為動物而戰的天然盟友。

我們需要引起人們對動物正義的興趣，觸及人類源源不絕的創意、科學與親善能量。相信讀者現在應該很清楚我們深深著迷於《星艦迷航》及其跨物種接觸、共存與合作的倫理。這種精神可以概括如下：

與新「生命形式」的接觸應抱持謹慎、好奇與尊重。尚未準備好或無意願與「聯邦」接觸互惠的物種，應該任其自行發展屬於自己的軌跡。與物種的「第一次接觸」於跨銀河旅行的邊緣發生，以評估對聯邦政治社群成員資格的可欲性。這個關鍵的第一次接觸會交付給聯邦最能幹的外交官，用最新穎尖端的科技資源協助盡可能讓溝通順利進行，而最高指導原則是不傷害。「企業號」接觸到許多沒有莎士比亞（或史巴克和百科）、人類語言，或人類道德反思的物種，但仍以同等的尊重精神面對物種獨有的智能與意識。

很難想像有比現世地球上跨物種接觸更鮮明的對比。想像若我們在另一個銀河發現大象或鯨魚或鸚鵡，會有多麼興奮？我們會多麼不惜重本，了解這些美妙的生物，欣賞其獨特性，並盡可能友好地接觸牠們。我們又會何等驚愕，對這些物種進行屠殺、奴役、巧取豪奪其生存資源的作為？然而，這正是我們對待共享地球獨特而美好的動物的方式。第一次接觸時，無疑會有的尊重與敬畏消失了，我們似乎無能以新的眼光、中性的態度面對牠們，無法脫離過去共處的悲慘歷史脈絡。

我們希望這本書提供一個新的視角，讓動物並非僅僅是「動物」，或瀕危物種中的不特定個體，或逆來順受的受害者。我們要提供的動物圖像是複雜個體行動者，鑲嵌在社會（而非僅是生態）關係網絡中，牠們也是政治動物：公民，與自決社群的主權者。這個視角提供了新開始的基礎，讓人獸重新第一次接觸。幸運的是，多數動物社群都沒有保存人類虐待的詳細世代紀錄。這代表相較於人類對彼此的不義，我們可以更容易翻轉新頁，因為人類對不義的記憶往往漫長而充滿敵意，阻礙了前瞻式的正義。就動物的脈絡來說，我們沒有這種障礙，剩下的就是我們的事了。

謝辭

我們寫這本書時得到許多鼓勵與協助，我們對此由衷感激。對於研究上的協助，我們要感謝克里斯．勞瑞、麥可．柯西斯，與珍妮．桑德；我們也要感謝寶拉．卡瓦里耶利與法蘭可．薩蘭加鼓勵我們寫這本書，給我們靈感與建議；許多人提供了有用的書面評論，包括亞拉戴爾．寇川、史蒂夫．庫克、克里絲汀．歐爾沃，與朴柄秀。我們很幸運能在兩個不同時間點收到牛津大學出版社及時且有用的審查建議：克萊兒．鮑莫與鮑伯．古汀審查了本書提案，法蘭克．樂維與強納森．昆恩審查了終稿。

本書各種版本的論證曾在牛津大學尤希羅實踐倫理中心、羅馬路易斯大學政治理論學程，以及匹茲堡大學的人文學中心演講。我們很感激聽眾提出挑戰性的問題，並感謝羅傑．克里斯普、塞巴斯提安諾．馬非頓內與強納森．阿拉克三人的邀請，以及麥可．古哈特在匹茲堡演講時的評論。

特別感謝威爾二〇一〇年秋天《動物權與公民資格前沿》專題研討課堂上的同學，共同討論本書的初稿，他們有建設性的懷疑促使我們做了許多修正。

許多最有用的想法與閱讀建議都來自和親友與同事的對話閒聊中。每個人似乎都有人獸互動的有趣經歷，衝擊我們慣常的思考，要求我們用新的方式將動物權理論化。我們臉皮很厚地借用這些故事當作研究的原始素材，有些故事也出現在本書中。太多類似的對話無法一一羅列，但我們特別感謝父母與友人的熱烈討論：喬伊斯．戴維森、柯林．麥克里奧、強．米勒、克里斯汀．歐爾沃、米克．史密斯，與克里斯汀．史崔爾。蘇的母親安．唐納森在我們完成本書前過世，我們知道她有多想看到本書付梓，我們希望本書蘊含她對動物深刻的情感與尊重。

另一種不同的洞見與靈感來源是我們的陪伴犬寇迪（與牠最好的夥伴：提卡、安妮、葛瑞塔、朱里斯、羅利，與華生）。寇迪在二〇〇五年過世，但牠的精神引領我們完成本書，我們希望牠認可這個成果，即使書從來不為牠所愛。

珍妮佛．沃奇率先使用「動物城邦」（Zoopolis, 1998）一詞，描述某種都會環境倫理，擁護整合人類與動物社群的願景。我們受到其論述啟發，非常感激地借用她的詞彙。雖然我們的目標是更廣泛理解作為政治社群的「政體」，以及動物如何透過更多方式與此社群連結。

最後，我們要感謝牛津大學出版社的編輯多明尼克．必雅特，他對本書有著堅定的熱情，卡拉．霍奇則協助了產製流程。

注釋

第一章 概論

1. 動物倡議者自始便密切支持其他弱勢社會成員，如奴隸、孩童、囚犯、女性與身心障礙者；時至今日，支持動物倡議也確實與更廣泛的社會正義價值積極相關，例如公民權利與性別平等（Garner 2005a: 106, 129-30）。然而，如同克朗普頓主張，這可能忽略了潛在的「共同善因」（Crompton 2010）。

2. 請參見「美國人道協會」所彙編的統計資料：http://www.humanesociety.org/assets/pdfs/legislatoin/ballot_initiatives_charts.pdf.（本書中所引用的所有網頁在二〇一一年四月二十七日時皆有效）。

3. 筆者所在的加拿大即使是在最低程度的改革上，也極度落後。參見 Sorenson 2010; International Fund for Animal Welfare 2008。

4. 不同種類的動物就數量趨勢而言有很大的差異性。相較於陸地動物以及海洋生物，淡水動物的數量減少更多；在氣候溫和的地區中，多數棲地在一九七〇年代前便已消失殆盡，因此生物數量的起始基準線較低；與之相比，熱帶地區與發展中國家的生物數量減少幅度更為巨大。有些動物在保育活動與管理策略之下，棲群數量開始恢復。參見「世界自然基金會」出版的「生命地球指數」：http://wwf.panda.org/about_our_earth/all_publications/living_planet_report/health_of_our_planet/。

5. 查爾斯・派特森在《永恆的特布林卡：我們對動物的對待和大屠殺》（*Eternal Treblinka: Our Treatment of Animals and the Holocaust*, 2002）中，指出宰殺動物與猶太人大屠殺之間的關聯與類比，並且為很多倖存者（以及倖存者的後代子孫）立傳，這些人同時也是動物權運動中的主要行動者。他用以薩・巴許維・辛格（Isaac Bashevis Singer）作品中的一句話作為書名，在故事裡的一個角色說：「對動物來說，這是永恆的特布林卡。」我們知道有些人會反對這種比較，一如反對本書中將進行的其他類比。無論是把動物所遭受的對待與滅種屠殺、奴役或殖民對照，或是把動物的心智、情緒與行為拿來與人類的能力參照，抑或是把為動物爭取權利的行動，拿來與人類爭取公民資格與自決相提並論。在我們看來，這類比較的檢驗標準應該取決於它們是否能夠闡明動物所遭受的不正義。我們並不是為了爭辯而援引這些比較，而是因為唯有這樣做，才能幫助我們照見到難以捉摸的道德面貌。

6. 關於改良式活動長期效果的辯論與競爭預測，參見蓋瑞・范西恩與艾瑞克・馬可斯（Erik Marcus）（二〇〇七年二月二十五日）的辯論紀錄：http://www.gary-francione.com/francione-marcus-debate.html。亦參見加納（Garner 2005b）、杜納耶（2004）、范西恩與加納（2010）、瓊斯（Jones 2008）。關於以和平主義或是以直接行動作為支持動物策略之間的辯論，參見霍爾（2006），以及史蒂芬・貝斯特（Steven Best）與傑森・米勒（Jason Miller）從直接行動社群的角度對她的評論（Best and Miller 2009）；亦參見哈德利（2009a）。

7. 「在五月五日到七日進行的民調結果顯示，九十六％的美國人認為動物至少應不受傷害與剝削，僅有三％的人認為動物不需要被保護，『因為牠們只不過是動物而已』。」（http://www.gallup.com/poll/8641/public-lukewarm-animal-rights.aspx）

8. 請注意，我們在使用「福利主義」一詞時，指涉的是「人道使用」動物，與道德及政治哲學所使用更為技術性的「福利主義」意義不同。哲學家經常使用福利主義來指涉某種特定形式結果論，亦即，認為道德就是將全體福利最大化。這個哲學意義下的福利主義，與「義務論」的觀點截然相反，後者認為，就算可以將福利最大化，有些行為依然是錯誤的（例如侵犯人權）。「人道使用動物」這種觀點的福利主義，在很大程度上與哲學上的福利主義無關。一方面，我們將看到，大多數在動物議題捍衛福利主義的人，在對待人類時相信義務論上的約束（例如尊重人權）。他們對待動物是福利主義者，對待人類則是義務論者。相反地，有些哲學上的福利主義者則是反對人道使用動物的主流觀點。舉例來說，彼得．辛格是哲學上的福利主義者，他堅決主張在決定促進整體福利時，對動物利益的考量應該與人類利益相等，而我們要是這樣做，就會發現人類對動物的利用鮮少能通過考驗，無論該行為有多麼「人道」（Singer 1975, 1993）。哲學上的福利主義因此會導向對人道利用動物這個主流觀點的嚴厲批評。就我們使用福利主義一詞來說，最好是把它當成主流的「常識」觀點來理解，是關於我們應該如何對待動物，而非在一般意義上對道德推論所持的特定哲學觀點。讀者若對此感到困惑，不妨用「動物福利在道德上有其重要性，所以動物應該被人道地對待，但牠們仍可以為了人類的利益而被利用」的觀點，來取代我們在討論中所用的「福利主義」。

讓事情更複雜的是，在動物權文獻中，是否該視辛格為「新福利主義者」是有爭議的。雖然辛格的理論否認了物種差異本身的道德重要性，要求在效益主義的計算中，相似的人類利益與動物利益應該受到同等衡量，但他也否認大多數動物會關心生命延續，且認為大多數的人類生命比動物生命更具內在價值，因為人類在心理層面比動物更為複雜。因為他是效益主義者，而這種說法重新開啟了「如果能夠將整體福利最大化，那麼為了較複雜生物的利益，複雜度較低的生物生命可以被犧牲掉」的可能性。很多以權利為基礎的批評把辛格的說法形容成「新福利主義」。雖然我們也反對辛格的取徑，且採用更堅定的、以權利為基礎的取徑來辯護，但我們不認為他是我們討論脈絡中的「福利主義者」，理由是他對主流假設中關於「人道利用」動物的深刻批評。

9. 根據蓋瑞・瓦納（Gary Varner）的說法：「大多數的環境哲學家認為動物權觀點與健全的環境政策並不相容。」（Varner 1998：98）

10. 清楚援引以權利為基礎而非福利主義架構的聲援行動，其中一個例子是「大猩猩計畫」（Great Ape project）。這個相當新的計畫聲明無論人類潛在效益為何，大猩猩有不受囚禁與不被拿來當作實驗標的的權利。這個計畫以一九九三年出版的同名書籍（Cavalieri and Singer 1993）起始，此後在各國進行法律與政治倡議，在西班牙取得重大成果，讓西班牙國會委員會為「大猩猩有資格擁有生命權與自由權」這個想法背書。參見GAP國際網站（www.greatapeproject.com）與相關的GRASP（Great Ape Standing and Personhood）網站（http://www.personhood.org/）。在大猩猩的脈絡中，這種以權利為基礎的辭藻明顯奏效，或許反映出大猩猩就演化而言與人類非常親近，但就地理與經濟層面而言，又離大多數的人非常遙遠。因此，賦予大猩猩權利不大會對我們的日常生活造成破壞。若是動物長得比較不像人類，且對人類的農業、打獵、寵物飼養或工業用途有重大影響，那麼以權利為基礎的倡議活動幾乎都徒勞無功，而此時倡議團體往往會把重點放在福利主義運動上。

11. 有種論點主張，西方文化是唯一對動物與自然採取工具論觀點的文化，而東方或原住民文化據稱採取較尊重動物與自然的觀點。一如普利斯（Preece 1999）所言，這種對比過度簡化，且忽略了文化內部觀點與道德來源的多樣性。我們會在第二章中再回頭來討論不同文化面對動物時的態度差異。

12. 公眾將英美的反恐怖主義法律，視作是對諸如九一一事件的回應，然而這些法律卻被使用動物的產業操弄，用來對付動物權倡議者，把他們說成所謂的國內恐怖分子。舉例來說，美國《動物企業恐怖主義法案》（2006）把非暴力的公民不服從（如：擅自闖入工業化畜牧農場中，拍攝非法虐待動物的照片，或是從實驗室拯救動物）納入國內**恐怖主義**的範疇（Hall 2006）。

13. 這不只對於以權利為基礎的觀點來說如此，且耐人尋味的是，對於效益主義取徑而言亦如是。一般而言，只要積極義務能夠提升整體福祉或減少整體痛苦，效益主義應該會支持我們對動物負有積極義務的看法。然而，在實務上，類似辛格那樣的效益主義理論者並未針對人類對動物的積極義務，發展出任何論述。如同其他的動物權理論者，辛格著重於為什麼人類應該停止對馴化動物的殺戮、監禁與實驗；對於野生動物，他則認為因為對自然進行干預的複雜性，人類「要是能杜絕自己對動物不必要的殺戮與酷行，就已足夠」（Singer 1990: 227）。儘管效益主義與以權利為基礎的動物權取徑，在基礎前提上各異，但到目前為止，兩者幾乎都只把焦點放在普世消極權利上。

14. 舉例來說，參見薩龐齊的聲明，他認為：「這些最不幸的（農場與實驗室）動物從目前的苦痛中解脫後，究竟該如何被對待，應該留待更美好的世界來回答，而不是我們這個世界。」（Sapontzis 1987: 83；亦見 Zamir 2007: 55）范西恩也有類似觀點，他承認當今的動物權理論對於積極權利「著墨不多」，也承認雖然賦予非人類動物位格能夠立即終止「工業化剝削」，但「這種做法本身並未具體闡明這些非人個體所將享有的權利範圍」（Francione 1999:77）。我們認為，把這些問題留給「更美好世界」的決定，導致了智識與政治上的麻木不仁。

15. 不是所有的動物權理論者都支持讓馴化動物消失，但迄今為止，沒有任何理論者提出過有說服力的積極權利理論，來架構人類與馴化動物間的關係。參見湯姆．雷根的審慎說明：「就馴化動物的情況而言，最大的挑戰是要解決如何生活在互相尊重的共生關係中，這很困難。」（湯姆．雷根未注明日期的訪談：http://www.think-differently-about-sheep.com/Animal_Rights_A_History_Tom_Regan.htm）布傑斯－傑克森（1998）針對人類對於陪伴動物所具備的義務，提出了說明，這部分我們將於第五章中再述。

16. 其實，有些評論主張對動物具備積極義務的想法，是整個動物權理論取徑的**歸謬**（Sagoff 1984）。

17. 專家不斷將人類與狗兒開始作伴的時間往更久以前推，雙方關係的開始比馴化其他物種還早上數千年。多年來，公認的估計數字大約是一萬五千年前（對豬、牛與其他物種的馴化，則是過去八千年來發生的事）。然而，新近的研究結果顯示，人類與狗兒結盟或許可以遠推至距今四萬年到超過十五萬年前。此事若屬實，那就意味著人類與犬類曾是共同演化的，參與了互相馴化的過程。事實上，梅森宣稱，「至少過去一萬五千年來，一直持續到今天，我們很少看到沒有犬類的人類居住地」，即使是在不馴養任何其他動物的社會中，亦是如此（Masson 2010: 51）。亦參見 Serpell 1996。

18. 有些例子可參見 http://naiaonline.org/body/articles/archives/animalrightsquote.htm、www.spanieljournal.com/32lbaughan.html、http://purebredcat-breedrescue.org/animal_rights.htm、http://people.ucalgary.ca/~powlesla/personal/hunting/rights/pets.txt。

19. 亦參見班頓的評論，他認為：「考量到社會關係與實踐多樣性反映出複雜且分化的道德地景，透過這些考量，人類與動物可能會進入對彼此利益互有影響的關係之中。」（Benton 1993: 166）亦參見 Midgley 1983, Donovan and Adams 2007。

20. 對動物權理論的各種批評，差別在於呼籲朝向更貼近情境、更關係式或對動物倫理的社群觀念，是否**補充**了動物權理論對普世基本權利的強調（Burgess-Jackson 1998; Lekan 2004; Donovan 2007）或是為了要**取而代之**（Slicer 1991; Palmer 1995, 2003a; Luke 2007）。

21. 鮑莫在近期作品中提出，她的關係式取徑事實上與動物權理論相容，且可以視為是動物權理論的延伸（Palmer 2010）。我們將在第六章中討論她修正後的觀點。

22. 對於將動物問題從應用倫理學轉移到政治理論的相關論述，參見 Cline 2005。

23. 關於公民資格在政治哲學中作為核心概念的復興，以及它在媒合與超越自由－社群主義辯論中所扮演的角色，參見 Kymlicka and Norman 1994。

第二章　普世基本動物權

1. 彼得．辛格通常被視為「動物權」領域的祖師爺之一，但事實上他是個效益主義者，因此不相信人類或動物具有不容侵犯的權利。因此，他所提出改善動物處境的論述，根據的經驗主張是「我們對動物所施加的大多數傷害，事實上對整體福祉並無助益」，而非「就算對大我有所裨益，傷害動物仍是錯誤的行為」，後者才是以權利為基礎。關於以權利為基礎的動物權理論觀點對辛格效益主義論的批評，參見 Regan 1983; Francione 2000; Nussbaum 2006。

2. 對於政治哲學中從效益主義論到以權利為基礎的理論轉變，延伸說明參見 Kymlicka 2002: ch.2。

3. 值得注意的是，不容侵犯性不是絕對的：在某些情況下（無論是人類還是動物），不容侵犯的權利可能會被推翻。最顯著的例子是自我防衛的行為：我們承認個體有權自我保護，藉由傷害甚至殺死攻擊者，保護自己不被激烈攻擊。另一個例子是針對帶有致命傳染病、對其他個體造成立即威脅且拒絕自願隔離的個體，實行暫時性強制監禁。換言之，個體不容侵犯的權利**在極端情況下**，也就是對其他個體的基本不容侵犯權造成立即威脅時（或是，在某些情況下是對其自身造成威脅），可以被推翻。不容侵犯的權利可以在對抗他者更大利益時充當「王牌」，但不是可以拿來傷害他者的「通行證」。這在人類的案例中並不陌生，而我們會在下面第五節中，回頭來看在什麼情況下可以推翻動物不容侵犯的權利。

4. 舉例來說，參見：Cavalieri 2001; Francione 2008; Steiner 2008。湯姆．雷根的著作《為動物權辯護》（1983）受廣泛引述為第一份有系統的論述說明，闡釋面對動物時以權利為基礎的取徑（對比辛格的效益主義取徑），且事實上他的論述或可解釋為支持不容侵犯性。但在這本書中，雷根本人卻對那樣的結論心猿意馬，他認為動物雖然擁有權利，或許動物權利沒有人類權利那麼嚴格不容侵犯。他新近的著作或許在堅定的權利觀點承諾上，還較為一致（例如 Regan 2003）。

5. 從現在開始，我們會交替使用普世權利、基本權利與不容侵犯權來指涉所有生靈所擁有的基本不容侵犯權。

6. 不是所有的動物權理論者都接受具意識或情識的存在是權利不容侵犯的基礎。包括雷根在其早期的著作（1983）、德格拉西亞（1996）、懷斯（Wise 2000）等作者，都認為不容侵犯的權利需要以認知複雜度作為更進一步的門檻，諸如記憶、自治或自我意識（因此把不容侵犯的權利限縮在某些「高等」生物間）。我們反對這種「心智複雜度門檻」的觀點，理由容後述。事實上，值得注意的是，這些作者雖然把不容侵犯的權利與認知複雜度綁在一起，卻表現出模稜兩可的態度。比方說，雷根在其後續的著作中轉變態度，認為具情識的存在是不容侵犯權的基礎（Regan 2003）；懷斯（2004）則承認心智複雜度的論點，會連結到以人類為中心的心智生活標準，導致爭議與問題。

7. 艾娃·費得·奇塔在說明嚴重智能障礙者的位格時，也有類似觀點。她反對哲學上認為位格需要具備複雜的認知能力才能成立的說法，主張：「當一個人在我們面前時，我們一看便能知曉……那個個體之內『有人在家』……肌肉幾乎無法活動的人，在聽到熟悉音樂時眼中閃過的一絲光芒，就構成了位格；重度或多重身心障礙者在看到喜歡的照顧者前來時，嘴角微微上揚，或是對於香水氣味表現出愉悅的神情，這些都構成了位格。」（Kittay 2001: 568）

8. 被控對動物施以殘忍之行的人，有時會援引這類宗教論點。參見 Sorenson 2010: 116。

9. 這類文獻近來增添了令人震驚的嶄新研究成果，支持魚類有痛覺的可能性——參見 Braithwaite 2010，當中也討論了傷害感受性（痛覺接受器對脊髓發送出受傷的資訊，因而引發的無意識反射行為）與大腦中對於疼痛的主觀知覺經驗之間的差異，對討論頗有助益。人們從前認為魚類缺乏後者，但如同布雷斯韋特（Braithwaite）所指出，這只不過是因為沒有人真的研究過這個問題，一直到二〇〇三年第一個關於魚類疼痛的研究才問世！隨著科學研究逐漸取代刻板印象的偏見，關於動物知覺的證據仍持續增加中。

10. 持反對意見的其中一派認為，要有資格作為權利擁有者，必須具備做出理性決定的能力，因為對某某擁有權利，意思就是有權利選擇要或不要某某。這通常被稱作是權利的「選擇理論」或「意志理論」，一度在權利理論的領域中充滿影響力，但現在則是普遍不被接受，因為它不只排除了動物權利的概念，也排除了兒童、暫時失能者或未來的世代擁有權利的概念，同時也會讓「在強制投票的法域中我們有權投票」的概念，變得難以理解。因此，現今大多數的理論者支持的是「權益權利論」，根據這個理論〔在喬瑟夫．拉茲（Joseph Raz）深具影響力的論述中〕，若某某為權利擁有者，則其利益足以成為充足理由，讓他人有義務在某某進行某些行動時不得加以干涉，或確保其行動（Raz 1984）。因此，動物、孩童或無行為能力者是否具有不容侵犯的權利，這個問題只能藉由檢視攸關利害的權益來回答。

11. 如同史蒂芬．霍理根（Stephen Horigan）所言，長久以來在西方文化中，「若人類發現非人類動物具備威脅劃界能力時，其回應往往是爭議性地重新構築定義人類的概念（例如語言），好讓邊界維持在適合的位置上」（Horigan 1988，在Benton 1993: 17 中所引述）。

12. 最穩定持續的討論，參見 Dombrowski 1997。

13. 同樣地，我們反對「人類與動物可以被清楚歸類，不是道德能動者就是道德容受者」。道德能動性包含很多能力，因物種而異，在同一物種間有個體差異，隨著時間推移在同一個體上也有所差異。參見：Bekoff and Pierce 2009; Hribal 2007, 2010; Reid 2010 and Denison 2010。我們在第五章會再回到這個問題上。

14. 《星艦迷航記：未來世代》（*Star Trek: The Next Generation*）的粉絲會想起第二季的第二集〈靜默之處〉（Where Silence Has Lease）。其中「企業號」（Enterprise）被以納集倫（Nagilum）為代表的物種誘捕，至少從科技角度來看，這個物種比星際聯邦優越許多。「企業號」的艦員變成了迷宮裡的老鼠，他們的基本權利與尊嚴不被認可，受到嚴重的侮辱。

15. 「心電感應族」只存在於科幻小說中，但他們讓一些過去曾是動物實驗的捍衛者能有些反思的機會。麥可．A．福克斯（Michael A. Fox）一九八八年的著作《為動物實驗辯護：從演化與道德觀點出發》（*The Case for Animal Experimentation: An Evolutionary and Ehical Perspective*）經常被引述成是人類有權為了自身利益利用動物的精細辯詞（Fox 1988a）。但是，當福克斯發現自己的論述可以被高等外星生物拿來作為奴役人類的理由時，他便揚棄了這些論點（Fox 1988b），現在轉為堅定的動物權理論觀點辯護者（Fox 1999）。

16. *Superintendent of Belchertown v Saikewicz* 370 Easter Reporter 2d Series, 417-35 (Mass. Supreme Court 1977)。針對相關討論以及動物權利的類似案件，參見 Dunayer 2004: 107; Hall and Waters 2000。

17. 有時候，道德階級不止有兩層，反而像一整串的道德鏈。試想效益主義哲學家韋恩・桑能新近發表的言論：「感知能力（感受痛苦的能力）與智識層級決定了物種的道德分量。靈長類的階級高於其他哺乳類、脊椎動物高於無脊椎動物、海豹與狼、犬、海獺、熊並列，且高於牛。」（在 Valpy 2010: A6 中所引述）

18. 如同安格斯・泰勒所指出，「人類例外論」的倡議者（例如薩莫維）「無法支持任何保護人類的道德觀點，因為把所有人類都納入道德社群裡還不夠，必須同時把所有非人物種排除在外。而以下這點至關重要：**人類例外論對於我們決定要把誰排除在道德社群之外，相較於我們希望把誰包含進來，是同等重要的**」（Taylor 2010: 228，粗黑體為原作者所強調）。這種人類例外論不只是在哲學上是有疑慮的，從經驗層次來看也是有害的。證據顯示，人們愈是明顯地區分人類與動物，就愈可能不把人類社會中的局外人（例如移民）當人看。相信人類比動物優越，與相信某些人類社群比其他社群優越，這兩件事在經驗層次上有關聯性以及因果關係。在心理學實驗中，要是提供參與者人類優越於動物的論點，結果會是對人類社會中的局外人更具偏見。相反地，承認動物具備重要特質與情感的那些人，通常也更可能平等對待人類社會中的局外人。減少人類與動物之間的地位區隔，有助於降低歧視偏見與強化對人類不同團體間平等性的信念（Costello and Hodson 2010）。

19. 根據席維斯與法蘭西斯的說法：「因此取得包容性的位格概念，是在建構具備包容性的正義概念之後，而非之前。換言之，包容地思考位格是建立正義後的附帶好處。」（Silvers and Francis 2009: 495-6）亦參見：Kittay 2005a; Vorhaus 2005; and Sanders 1993。

20. 把我們對道德能動性的能力當作是人類不容侵犯性（以及動物可容侵犯性）的基礎，這樣的想法相當怪異。如同史蒂芬．克拉克（Stephen Clark）所指出，這種論述主張值得受到重視的特質，是我們對異己觀點的包容認可，然而結論卻是我們不需要考慮他者利益，換言之：「人類絕對比動物好，因為我們能夠把牠們的利益納入考慮；所以我們不會這麼做。」（Clark 1984: 107-8；參見：Benton 1993:6; Cavalieri 2009b）。

21. 事實上，這似乎企圖為古老的宗教主張找尋世俗基礎：在神的旨意中人類所占據的特殊位置。根據《聖經》，只有人類具有不死靈魂，只有人類是以神的形象與模樣創造出來的，而神賜予人類支配動物的權力。對於相信《聖經》創世記載的人來說，唯有人類有資格擁有不容侵犯權的想法，有其道理。但是，若我們尋求的是權利道德基礎的世俗陳述，與演化論一致，那麼我們就不應該預期或假設唯有人類的不容侵犯權需要受到保護。

22. 有些讀者或許會覺得，我們把我格等同於位格只是在玩文字遊戲，而且把「位格」定義成具有複雜認知能力的「我格」子集合理由充足。我們不同意這個說法。如同我們之前所見，沒有一條清楚的界線能夠讓我們把這個世界穩定地一分為二，劃分成「位格」與「我格」，但這不是我們論述的重點。駁斥我們使用動物「位格」的人，可以用「我格」取而代之，完全不會改變其意義或論證。即使在區分「位格」與「我格」有意義的語境中，我們依然主張這種區分不能決定誰擁有不容侵犯之權利。參見

Garner 2005b，他認為雖然不容侵犯權應該以自我意識為基礎，我們仍可能會想用位格來說明其他概念上的意義。

23. 馬汀・貝爾對這些議題的討論頗有助益，參見 Vegan Outreach 的網站：http://www.veganoutreach.org/insectcog.html。亦參見 Dunayer 2004: 103-4, 127-32。

24. 就科學上的理解來說，我們指的主要不是實驗室裡受到控制的動物實驗，這些實驗大多數是違反倫理的；我們指的是透過悉心觀察與有倫理的互動所習得對動物的理解。很多研究者認為，認識動物的心智，最好是透過倫理的互動，當中假設了心智存在，也的確有助於其發現。社會學中「互動」理論的前提是，心智與自我意識是透過與其他我格產生關係而建立的。歐文（Irvine 2004）、邁爾斯（Myers 2003）、桑德斯（Sanders 1993），以及桑德斯與亞路克（Sanders and Arluke 1993）以這個互動模型探討了動物的心智。

25. 在此，我們想到《星艦迷航記：未來世代》中的另一集，很貼切地描繪了這種困境。在第一季第十八集中，艦員在遙遠的星球上遇見了「結晶的存在實體」。這個物種的裂縫巨大，就連勉強辨認出「有人在家」都是令人緊張不安的挑戰，共存是不可能的。於是，星艦艦員隔離了這顆星球，等待未來有機會進行互動的時候再說。

26. 正義不只是保護弱者而已，我們將在稍後的章節討論正義的其他面向。不過，保護弱者是正義的核心目標之一（參見 Goodin 1985），且對於提供基本權利的正當理由尤其重要（參見 Shue 1980）。

27. 類似行動參見 Baxter 2005 與 Schlossberg 2007。

28. 少數的極端生態學家似乎堅守生態法西斯主義。芬蘭生態學家潘提・林可拉（Pentti Linkola）支持強制執行綠色生活的威權政府，反對人權的概念（例如，他主張用優生學與其他強制性方法限制人口數量）。關於他的主張，簡略的討論參見：http://plausiblefutures.wordpress.com/2007/04/10/extinguish-humans-save-the-world/。

29. 如前所述，承認自我（人類與動物）的不容侵犯性，與承認對不具情識的自然具備直接（非工具性）義務，兩者兼容並蓄。我們在本書中將不會探討人類對不具情識的自然所具備的直接義務本質。然而，值得注意的是，我們闡述的理論，透過對動物具備直接義務，因而對自然生態系統提供了更廣泛的非直接保護。如同我們在第六章與第七章中的討論，承認野生動物與城際野生動物具有主權與外籍住民權，直接找尋世俗基礎阻卻人類居住地的擴張與動物棲地被侵略，同時也為目前被拿來當作農牧地的大片土地，提供野化的基礎，以及為重建重要的動物廊道與遷徙路徑，提供有力證成。

30. 亦參見：Sanders 1993; Sanders and Arluke 1993; Horowitz 2009 關於動物研究者學習其研究對象的語言所做出的其他努力，以及建立跨物種溝通（而非疏離的觀察）如何成為學習的基礎。

31. 關於忽略「有生命的大自然與無生命的大自然之間差異」的批評，參見 Wolch 1998。他認為：「動物與人類皆從社會的角度建構自己的世界，且彼此影響……，動物有自己的真實與世界觀；簡言之，牠們是主體，而非客體。」生態整全理論忽略這個事實，反而「將動物鑲嵌進整體與以人類為中心的環境概念中，因此迴避回答動物主體性的問題。所以，在大多數激進的環境主義論中，動物被客體化且被當作背景」（Wolch 1998: 121）。亦參見鮑莫的評論，她認為在環境倫理學中，「動物被『環境』

或『非人類世界』所吞沒。但是，動物在都市環境倫理學中的位置，並未藉由把牠們放進一般性的環境討論之中，得到充分思考」（Palmer 2003a: 65）。

32. 針對「我們可以因為自衛而殺死別人」這個常見的命題，近來有些論者提出質疑。根據這些修正主義理論者的說法，即使某人對我們的生命造成迫切威脅，只有在他們對我們造成的威脅是**有罪責**的情況下，我們才能殺死他們；如果那個威脅是無罪責的，那麼我們有義務接受死在他們手裡。這種論述的各個版本，參見：McMahan 1994, 2009; Otsuka 1994。而「我們沒有義務在面臨無罪威脅時捨命」，關於此常識直覺的辯護，參見：Frowe 2008; Kaufman 2010。

33. 在這些救生船例子之中，有些偏好用呼籲自願犧牲或樂透的方式來決定；有些則是根據各式各樣的條件來決定，包括：年紀（例如拯救生存餘年最長的那些人）、福祉（例如拯救生命品質最高的那些人）、依賴性（例如拯救還有家庭成員仰賴他們生活的那些人）、社會貢獻（例如拯救最有可能對公共利益做出貢獻的那些人）或功勞（例如拯救過去生活累積了功績的那些人）。我們對此沒有特別的想法，除了強調我們不能把這些條件當作是不公平的道德地位或基本權利不平等的證據。你或許會認為救生艇上的老人或重病末期的人應該捨命，把機會讓給年輕人，但若社會拿老人來做實驗，獲取能讓年輕人受益的醫學知識，或是讓老人為了年輕人的利益做牛做馬，這些在道德上都是站不住腳的。在救生艇之外，在正義情境中，我們全都有相同的基本不容侵犯權。亦參見 Sapontzis 1987:80-1 針對救生艇例子中草率歸納謬誤的討論。當然，在救生艇例子中所引發的一些因素或許與某些分配正義的議題相關，比方說，稀缺醫療照顧的可取得性。我們會在第二部分處理這類分配正義的問題，因為這些問題只有在「人獸混合政治社群」的廣泛理論脈絡中，才能獲得解決，而這正是當前的動物權理論（及其批評）所欠缺的。

34. 所有證據皆顯示，人類是吃素也可以活得下去的雜食動物。若此言為假，亦即若人類在生理層次需要食用肉類以取得足夠的養分，那麼將會影響正義情境（見 Fox 1999）。如同我們在第五章中將會看到的，飲食習慣的議題也會發生在陪伴動物身上。狗是雜食動物，無須肉食也能生存下去，但貓就真的是肉食動物了，而這讓我們餵食牠們的問題顯得有些困難。

35. 我們在第六章與第七章中會討論到相關的義務：避免在日常生活的活動中，對動物造成非蓄意傷害。舉例來說，開發新的作物收成技巧，將對動物造成的傷害最小化；或是改變道路與建築物的設計。

36. 參見 An-Na'im 1990 與 Bielefeldt 2000 關於伊斯蘭社會如何支持人權，佛教社會的例子請參見 Taylor 1999。

37. 有些文化與社會或許會認為自己並不具有對動物與自然的統治衝動上；但是，正如弗雷澤（Fraser）所述：「僅取己身所需的良善人類社會並不存在。」（Fraser 2009: 117）

38. 如同艾瑞卡・瑞特（Erika Ritter）所指出，舊策略的痕跡仍殘存在「快樂的農場動物與豬，戴著廚師帽，全都甘願被人類吃掉」的圖像之中（Ritter 2009）。亦參見 Luke 2007。

39. 參見 Sorenson 2010:25-7 的討論。

40. 這在人類與動物的案例中皆然。對於在原住民社會中強制執行人權標準的辯論，參見 Kymlicka 2001a: ch.6。

41. 根據艾爾得（Elder）、沃奇、艾梅爾（Emel）的說法，美國的優勢群體「自以為是」地解讀弱勢群體對待動物的方式，因而「同時把移民者汙名為不文明、非理性或野蠻，而他們自身的行為則是文明的、理性的與人道的」（1998: 82）。

第三章　透過公民資格理論擴充動物權

1. 有些世界主義者承認這個事實，因此試圖在理論中騰出空間給有限且自治政治社群中的國族團結與依附。這個概念通常被稱為「有根的世界主義」（Appiah 2006）。在這個觀點中，正義的義務擴張超越了國族邊界，不過，公平對待他人在某部分的意義上，指的是承認他者想要取得國族自治的正當性，因此不會妨礙受約束的自治社群存在，以治理其成員（Kymlicka 2001b; Tan 2004）。我們在本書中發展的觀點與這類「有根的世界主義」相容，甚至可以說，把公民資格理論延伸到動物身上，在融合全球正義義務與肯認有根依附正當性上，可視為發展計畫的下一步。

2. 少數提及這個可能性的人之一是泰德．班頓（Ted Benton），他直接駁斥這個想法，理由是公民資格只有在參與與社會汙名化的議題成為問題時，才有其意義，因此「動物無法成為公民」（Benton 1993:191）。如同我們接下來的討論，公民資格不只是關於參與與汙名化，且我們認為，就算只依賴這兩個條件，動物還是可以成為公民。

3. 「自由主義的福音，至少在其民主的變異上包括這樣的訊息：國家，包括領土的維度，不是某個朝代、貴族階級，或任何政治菁英的財產，而是『屬於』人民的。」（Buchanan 2003: 234）

4. 對於羅爾斯與哈伯瑪斯而言，公共審議並非是偏好的單純表達或作為威脅與談判的基礎，而是給出他人能夠接受的理由。

5. 譬如「畫圖或指著圖片、發出聲音、跳上跳下、笑或擁抱」（Francis and Silvers 2007: 325）。

6. 如同阿尼爾所言，我們需要用「漸進式量表」來取代自治／獨立／正義對比失能／依賴／慈善的二分法，「在這樣的量表中，我們根據自身所處的生命階段，以及為了以更佳方式回應變化而建構世界的程度，以各種方式與不同程度同時依賴他人與獨立」（Arneil 2009: 234）。

7. 法蘭西斯與席維斯承認，他們自己為了處理身心障礙者而發展出來的模型，有可能延伸到動物身上。他們提到，他們的報告「可以用在非人動物身上，建構個別且主觀的善意概念，且這樣的結果並不會令人憂慮或感到威脅。有些非人類動物表現出偏好且在社會腳本中運作，我們在推論其所具備的善概念時，不會感到遲疑」（Francis and Silvers 2007:325）。然而，他們從明確贊成這樣的延伸往後退了一步，認為為動物建構腳本的能力，並不足以構成我們虧欠動物正義的條件（326）。我們在以下篇幅將討論，馴化過程所創造出來的環境，不只讓我們與馴化動物間依賴能動性與共同公民資格關係成為可能，同時也讓我們有義務這麼做。

8. 舉例來說，有些荒野中的動物（例如大猩猩或海豚）擁有許多馴化動物欠缺的認知能力，這是完全可能的，但這不會讓牠們因此成為我們政治社群中的公民。公民資格的賦予，依據的不是相對智力，而是在道德上具有重要性的關係隸屬。有很多具有高度智能的個體，無論是人類或動物，都不是社群中的公民；而也有很多認知能力上受限的個體，無論是人類或動物，是我們社群中的公民。

9. http://www.ciesin.columbia.edu/wild_areas/.
10. 針對古典動物權理論中缺乏動物能動性的批評，參見 Jones 2008; Denison 2010; Reid 2010。
11. 關於尼泊爾老虎計畫的討論，參見 Fraser 2009: ch.10。如同弗雷澤的書中所指出，「野化」鮮少是單純地「給牠們空間」，通常還會涉及圈養繁殖計畫、重新引進動物或植物物種、改變長久以來的土地使用方式、仔細監測棲群數量等等。參見 Horta 2010 針對（再）引進獵食者的倫理學討論。
12. 動物在現代主義者對於空間的概念中所占據的位置，其相關討論的**經典之作**是布魯諾・拉圖（Bruno Latour）的作品（1993,2004）。至於各式各樣的應用，參見 Philo and Wilbert 2000 中的文章。關於鴿子案例的有趣討論，參見 Jerolmack 2008，他指出，我們發展空間概念時，「事實上並未視鴿子合法地屬於任何一處」。

第四章　動物權理論中的馴化動物

1. 《大英線上百科全書》，「馴化」（www.britannica.com/EBchecked/topic/168592/domestication）。必須注意的是，馴化動物並不包括被馴化的野生動物，像是海洋公園裡的海豚或被捕獲當作寵物的鳥類與爬蟲類。個別的野生動物可以被人類馴化與訓練，但這和選擇性物種飼育，改變其天性以為人類所用，並讓牠們依賴人類滿足其基本需求的計畫是不同的。我們會在第六章中處理被捕獲的野生動物。至於逃離人類直接控制，回歸接近原始狀態的野生馴化動物（貓、狗、馬等），我們會在第七章中處理，與其他適應人類環境的城際野生動物一併討論。

2. 如同鮑莫所談到，這裡特別有種潛在動力，讓集約畜牧破壞作為馴化基礎的社會性：「馴化以關係為基礎。動物被馴化，因為牠們曾進行社會溝通，能夠進入彼此以及與人類的關係之中。但在集約畜牧中，兩種關係都不可能存在。」（Palmer 1995:21）

3. 以馬為例。直到內燃機引擎問世為止，馬是主要的交通與勞動力來源（當然，車子有其問題，但我們不應該忘記車子在解放馬、驢子與牛上所扮演的角色）。安娜・西維爾（Anna Sewell）在一八七七年撰寫《黑美人》（*Black Beauty*）時（當時可說是「馬的地獄」），馬不僅被用在傳統農田、軍隊與人類運輸工作上，還被用在如礦坑與運河工作這類新的工業化環境裡，數量大得嚇人。比方說，這段期間在倫敦有超過一萬輛雙輪馬車在路上跑（每一輛馬車由兩匹馬拉行）。西維爾特別關注的重點是這些動物受虐的情況，很多動物完全就是被累死或虐待而死。而這只是倫敦的馬車而已！據估計有三千匹馬在蓋茨堡（Gettysburg）戰役中陣亡，而在一次世界大戰中則高達八百萬匹。甚至到了第二次世界大戰時，以現代與科技聞名的德國國防軍仍然依賴馬來處理超過七十五%的交通與其他需求（這使得徵用占領區的馬匹變成德國戰爭策士最掛心的事情）。參見 Hribal 2007 有關工作馬歷史的有趣觀點。

4. 關於互惠／默許論點的例子，參見：Callicott 1992; Scruton 2004。

5. Tuan 1984。圖安（Tuan）的著作已非最新資料，我們不知道目前關於寵物遺棄的統計數字為何，但有些清楚的模式仍持續存在：可愛的小貓小狗被購買／收養，之後卻變成大型、難管或需要照顧的動物；小朋友移情別戀到新的玩意上；生活常規或旅行模式改變，不再適合養寵物；或主人身體狀況欠佳，養動物變成經濟上的負擔，於是動物只能回到庇護所。

6. 關於殺死陪伴動物的統計數字概論，參見 Palmer 2006。

7. 本書作者自己也算是善意的無知者。在我們與摯愛的狗「寇迪」相處的前幾年，我們不了解牠社會與體能需求的程度。牠經常獨自在家待上好幾個小時，等待我們下班回家。而牠一天數次的散步，相對於牠真正能夠感到快樂的體能活動，僅僅只是聊勝於無。隨著時間過去，我們愈來愈能夠理解牠的需求，但我們真希望能抵銷早年對牠的忽略。

8. 據估計，有四萬到九萬隻陪伴動物在卡崔娜颶風（Hurricane Katrina）期間與之後死亡（至於其他馴化動物，據估計有上百萬計死於這場災禍中）。大約有一萬五千隻寵物獲救援組織拯救，之後多半被新的家庭收養。很多悲傷的紀錄顯示，在撤離期間，人們被政府官員強迫將他們的陪伴動物丟下不管，而很多在早期忽略了撤離紐奧良（New Orleans）警告的人，也這麼做了，他們不想要遺棄自己的陪伴動物，卻沒有選擇餘地。事實上，卡崔娜颶風事件是個清楚的例子，顯示出把馴化動物當作是其個別監護人的單獨責任，並不足夠。社群對馴化動物負有集體責任，需要建立公共機構與機制來保護牠們（Irvine 2009; Porter 2008）。

9. 很多動物權理論者與行動者也支持范西恩的觀點。李・霍爾認為：「動物權行動者所能使用的最佳決策，就是拒絕創造出更多的依賴動物。」（Hall 2006: 108）約翰・布萊恩則是把寵物看作是奴隸與囚犯，「應該徹底逐步淘汰其存在」（Bryant 1990: 9-10，引自 Garner 2005b: 138）。

10. 卡利可隨後駁斥了這種觀點，認可「應該譴責這類生物的存在」（Callicott 1992）。但他修正後的觀點，是藉由撤回他早期對馴養歷史過程的譴責，收回了對既存馴化動物的譴責。他現在認為，這些歷史過程也沒那麼糟糕，事實上可以被當作是反映了某種公平的議價：馴化動物在這個過程中為了食物與居所放棄生命。就這點而言，卡利可修正後的觀點與范西恩的觀點有共同的假設。兩位理論者都把原始馴化過程中的對／錯，與既存馴化動物的內在地位相連結。對范西恩來說，原本的意圖／過程是不道德的，所以我們與這些既存動物間的任何關係，無可避免地也蒙塵。根據卡利可修正後的觀點，原本的意圖／過程並非不道德的（因為當中牽涉到「人獸之間某種逐漸演變與心照不宣的契約」），因此馴化動物的持續存在，在本質上不會是問題。這兩個觀點看來都沒有容許「馴化在歷史上造成的錯誤不會預先決定了馴化動物當下與將來的地位，或我們能夠與牠們之間發展出什麼道德關係」的可能性。

11. 寵物滅絕的引言，被各種組織小心翼翼地收集與流傳，包括獵犬飼養員、拯救純種貓的組織與熱愛狩獵者。這些引言被條列整理，以揭露據說是動物權利組織（像是「善待動物組織」與「美國人道協會」）與激進行動者（例如范西恩、雷根與辛格）「祕而不宣的行動綱領」。我們在第一章的注釋18列舉了一些例子。

12. 范西恩將自己的立場稱作是「廢止主義者的取徑」，某種程度上想要跟人類奴隸制度類比，並強調在回應奴隸制度上，廢止是比改革更適切的方式。不過，讓他的立場獨樹一幟的不只是廢止奴役馴化動物，更是進一步宣稱我們應該尋求讓馴化動物消失。此立場顯然不是人類奴役制度中廢止主義取徑的一部分，這也是為什麼我們將之稱為「廢止主義者／滅絕主義者」取徑。

13. 我們不會假設動物刻意或有意識地想讓自身物種永存不朽。就我們目前所知，大多數的動物不會深思自身物種的未來。然而，倘若給予牠們自由，讓牠們自行決定，牠們會繼續繁殖，不是基於對物種延續價值的深思熟慮，而是基於對性本能的直接回應與對歡愉與連結的追求。正由於「即使不予理會，牠們也會繼續繁衍與經歷養育子代」。若要以家長主義的立場介入，我們需要一個強力的論點。參見：Boonin 2003; Palmer 2006。

14. 注意我們此處的立場，依據的不是任何關於存在與非存在價值的普遍主張。一個有百億人口的世界，本身不會比只有六十億人口的世界來得好，同理適用於馴化動物的數量。關於這個在哲學上是馬蜂窩的議題辯論，參見：Benatar 2006; Overall（即將出版）。我們的立場不在於為這個世界帶來更多生命的內在好處或價值，而是在於個別動物在繁衍上的利益（或至少是在合理的家長主義理由下對繁衍能力的限制），以及我們對於馴養的歷史錯誤所具備的補救義務。

15. 這當然不是她的本意，但霍爾宣稱人類不應容許馴化動物繁殖，「因為賦予牠們不完整的自治權，是不尊重牠們的行為」（2006: 108）。這聽起來實在太像優生學與強迫身心障礙者絕育的陳舊說詞。

16. 馴化動物「無可避免地屈從」這個說法，參見 Dunayer 2004: 119。

17. 這與身心障礙者相關文獻中一再重複的說詞頗為相似：身心障礙者不只受他們得依賴旁人所苦（因此他們的需求有可能不會被滿足），也受其依賴性被過度誇大所苦（因此，人們很可能不會盡力實現那些讓障礙者有能力具備的能動性與選擇）。正如奇塔所言：「無論是背負著不被滿足的依賴需求，還是被錯誤地當作是依賴者（但事實上不是），兩者都只會將身心障礙者排除在完整的社會參與與繁盛

的可能性之外。」（Kittay, Jennings, and Wasunna 2005: 458）

18. 蘇聯的貝里也夫（Belyaev）博士與其同事針對銀狐所進行的四十年實驗，清楚展示了這點（Trut 1999）。他們在毛皮農場挑選了數個世代的溫馴狐狸，也就是說，他們只讓那些在每個世代中展現出高度溫馴的狐狸交配繁殖。但除此之外，他們不參與像是馴服、訓練、選擇性飼育或是與狐狸互動之類的活動。在實驗進行的過程中，這些狐狸變得徹底馴服於人類。尤有甚者，其他的幼體特徵也隨之出現：鬆軟的耳朵、頭型與身上斑點的改變，以及各式各樣的馴化特徵。

19. 理查・藍根（Richard Wrangham）的訪談錄，刊登於二〇〇九年八月十一日的《Edge》雜誌。http://www.edge.org/3rd_culture/wrangham/wrangham_index.html。

20. 關於絕對腦容量、相對腦容量與智力之間的關係，有許多爭論。無論這件事的事實為何，馴化動物與自我馴化的人類都面臨同樣處境。

21. 杜納耶約略提及動物無可避免地會出現在人類社會中，但沒有探討這對馴化動物來說的意涵為何（Dunayer 2004: 41）。

22. 在自然界各處都可以看到共棲與合作關係，不只是人類與動物之間而已。動物（與植物）不斷適應環境所提供的機會，包括其他物種的活動。這些共棲的例子當中，有些涉及相當有趣的合作形式。比方說，在懷俄明州與蒙大拿州觀察到的渡鴉與土狼（以及狼群）間的覓食腐肉關係，就是一個有趣的例子。冬天時，土狼受益於渡鴉的視力。這兩個物種都靠累死、餓死或被冬天嚴寒深雪給凍死的鹿，填飽肚子。對土狼來說，費力找尋鹿群蹤跡的代價也很高，所以牠們注意觀察渡鴉，因為渡鴉可以從空中找到鹿的屍體，提醒土狼位置在哪裡。夏天時，渡鴉則是受益於土狼的嗅覺。渡鴉看不到藏在灌木叢底下的屍體，所以牠們注意土狼的動向，並尾隨土狼找到獵物。第一眼看來，這兩個物種看似從事直接的競爭關係，爭食腐肉。事實上，牠們卻是在相互受益的安排中，互相包容，甚至尋求對方的幫助（Ryden 1979; Heinrich 1999）。

23. 參見 Budiansky 1999 與 Callicott 1992。

24. 這讓我們想起某些神話故事，在故事中，人類社群偶爾會用活人獻祭的方式來平息怪獸的怒氣。據說，這樣做對人類的好處是怪獸吃掉一個人便罷了，不會毀滅整個社群。但我們不會認為這樣的關係是道德的。人類忍受這件事，只是因為他們的選擇有限，而非這是公平正義的關係。

25. 一旦涉及完整的馴化：強制監禁與育種，就連贊成或同意的表象也消失了。強制育種通常不只是要產出最有利於剝削的生物（通常以對動物的健康與壽命造成直接傷害的方式），也要產出最認命接受剝削擺布的生物（透過削弱牠們趨避人類的傾向）。在這樣的情境下，出於人類私利而訴諸動物在被剝削時溫馴聽話，完全是不正當的。但是，在駁斥強制馴化中的不正義時，我們不能無視非強制共生關係中的現實。

26. 參見湯姆．雷根的短評：「在馴化動物的例子中，我們面臨的巨大挑戰是要想辦法在互相尊重的共生關係中生活。要做到這點非常困難。」http://www.think-differently-about-sheep.com/Animal_Rights_A_History_Tom_Regan.htm。

27. 我們會在下面的章節中，討論納斯邦的能力取徑所需具備的基本需求條件。

28. 類似的觀點：「我們對馴化動物的對待，應該讓牠們……沒有比在野外時遭受更多的苦難。」參見Rolston 1988: 79。

29. 在陪伴動物的例子中，把野生動物當成相關對照組意味不明。除了一些野生棲群之外，大多數的馴化動物物種已經數百年未曾在荒野中生活了，也不適應在荒野裡的生活。德格拉西亞在這裡的動機看似合理：人類不應把動物帶進家庭之中，這會讓牠們過得更糟。然而，為什麼把對照組資格限縮為生活在野地裡的動物？為什麼有意義的對比，不是動物若非由我收養而是被街上某個大戶人家（家中有大型農場、一大群狗以及天天在家的愛狗人士）給收養所能擁有的機會？我在收養一隻狗時，不會知道自己替牠排除了哪些機會：牠可能會在庇護所裡繼續煎熬，或是被天使人家給收養？我們必須要問，為什麼可供對照的資格得設定在一個非常普通（動物無法適應的野地生活）而非更強力的門檻上？關於針對另一種生活的必要條件要求更為嚴格的概念，以及「替他人關上一扇窗時」所衍生的個人道德義務，參見Burgess-Jackson 1998，亦參見Hanrahan 2007。

30. 如同薩米爾所承認，提出這個論點的人，通常也會辯稱「農場動物過上幾年尚堪容忍有品質的生活後，殺掉牠們」。薩米爾駁斥這個想法，他認為這是把扭曲的目標投射在動物的生命中。他稱之為目的論上的約束，針對「把生命體帶進可議的生命形式之中，即使所提供的生活在品質上是合理的：比方說，把某些擁有稀少血型的人帶來這個世界，只為了讓他們之後成為捐血者（雖然提供給他們有品質的生活方式）」（Zamir 2007: 122）。在他看來，不殺戮地使用農場動物尊重了這個目的論上的約束，但殺掉動物就沒有。對我們來說，薩米爾所謂的目的論約束，並不清楚在實際上可否區分對動物的殺戮與不殺戮使用；退一步說，即使可以，仍然無法表現出成員關係中的道德需求。對於以不存在當作道德底線的論點，其限制的相關討論，參見：Kavka 1982; McMahan 2008。

31. 關於關係式義務如何源自於個人與集體行動的討論，參見 Palmer 2003a。

32. 事實上，在最抽象的層次，我們的公民資格模型可以用廣義的能力語彙來闡述。我們反對的是納斯邦將其能力取徑所嵌入的社群理論。

33. 納斯邦把重點放在物種常規而非社群成員資格，這在馴化動物與野生動物身上都會有問題產生。一方面，這忽略了馴化動物好好生活的獨特本質：用物種常規當作繁盛的定義，對野生動物來說，有時或許是恰當的；但馴化動物的繁盛事實上是由跨物種社群所定義。另一方面，她的說法也忽略了我們與野生動物間關係的獨特本質，因為她暗示著人類介入野生動物與馴化動物的生活，有相同的權利或義務。我們的確有義務提供醫療照顧（包括義肢）給我們的陪伴犬，以及保護牠們不被獵食，但理由並不是牠們的「物種常規」。如果是由於牠們的物種常規所致，那麼我們大概也有同等義務提供義肢給流動性通常很高的野狗（例如澳大利亞野犬）。但是，我們將在第六章中討論，我們不會對所有的野生動物具備這種義務。這一點再次反映出社群成員資格的道德分量，它為福祉創造出獨特的來源，也為不可化約為「物種常規」的義務，創造出獨特本源。我們會在第六章中回來討論納斯邦針對野生動物所提出的干預者取徑。

34. 這並不是說納斯邦的繁盛概念排除了跨物種關係的可能性：事實上，她（隨口）提到了一隻狗的物種常規包括了「狗與人類之間的傳統關係」（Nussbaum 2006: 366）。但她並未深究跨物種關係與跨物種社群的可能性，反而典型地討論起各個物種「在其自身的社群中」生活。再者，即使是在狗的例子中，只用達成「物種常規」來思考人類與狗之間的關係是錯誤的。我們促進陪伴犬能力與繁盛的方法，不只也不是主要由牠們的遺傳性質所決定，畢竟就這一點來說，牠們與野犬及野化犬相同；更精確地說，是由牠們生活在混居社群中（牠們在這點上與有著共同基因的野犬／野化犬不同）的事實來決定。是社群成員資格而非僅是基因，決定了受到培育的相應能力。

35. 事實上，如同我們在第二章中所指出，證據顯示透過社會化讓人們劃分非黑及白的界線會導致偏見，且不只是針對動物，也針對人類社會中的外人（例如移民）（Costello and Hodson 2010）。

第五章　馴化動物公民

1. 這似乎是 Rollin 2006 隱含的假設，他支持以監護模型履行人類對馴化動物的關係式義務。布傑斯－傑克森（1998: 178 n61）也約略提到，陪伴動物可以視為是「都市與郊區的外籍住民」，但他沒有解釋「外籍住民資格」涉及哪種關係式權利與責任。在第七章中，我們認為外籍住民資格的概念用在**非馴化的**城際野生動物（例如松鼠與烏鴉）身上很貼切，牠們就住在我們周遭的都會區與郊區，卻不是我們社群裡的完整成員。但是，我們在本章中提出，賦予馴化動物正義需要的是公民資格，而非外籍住民資格或監護權。

2. 就我們在第四章中所討論的門檻論觀點，假設(1)「人類主宰一切」（Zamir 2007: 100），以及(2)預設或理想的立場不是不存在，就是無關係，這充其量只能為某種監護權模型辯護。相反地，共同公民資格模型對動物自己表現出來的主觀的善，做出積極回應，並且假設一定會有共享與混合社群中的成員資格。

3. 羅爾斯區分了兩種道德力量：第一種是構成、修正與追求善概念觀的能力；第二種是正義感的能力。羅爾斯並未明確提及在我們清單上的第三種能力，但在他對於第二種能力的說明，以及他對公民有能力實踐「公共理性」的假設，是可以從中推論得出的。其他的當代理論家，像是哈伯瑪斯，則是將重點放在共同制定法律時的參與能力，同時隱含著以前兩項能力為前提。

4. 我們不能忘記，女性、少數民族與低社會地位群體在歷史上曾被排除在公民資格的身分之外，且處於長久被監護的狀態，據稱的理由是他們的意志太過薄弱，無法成為公民，因而沒有表達其主觀的善或參與形塑集體決策的權利。這就是所謂的「白種男性負擔」——要為被認為是缺乏公民資格所需的智識能力的廣大人口，行使監護權。

5. 關於這些公民資格抗爭，有用的歷史／概論參見：Prince 2009（關於加拿大）；Beckett 2006（關於英國）；Carey 2009（關於美國）。

6. 亦參見班頓（1993: 51），他強調「就社會性、行為適應性與溝通形式與人類相似，或是就生存所需的生態條件而言與人類有相互依賴性，這兩項條件（都）是馴化的前提，而不單只是馴化的後果」的程度。

7. 在醫療倫理學的文獻中，常可以見到把理性主義者區分醫學治療中「知情同意」的觀念，以及在認知上要求沒那麼高的「贊成」觀念；也很常可以看到承認就算前者對於某些個體來說不可能達成，後者通常是適合的。

8. 如同法蘭西斯與席維斯所承認，依賴能動性的任何理論都必須處理一些挑戰，像是對於策畫、依附與判斷信任的困難，而這些是重度智能障礙者所具有的特性。有些人認為這些困難削弱了重度智能障礙者發展真正個人的善之腳本的可能性，因此「對於終生智能有缺陷的人來說，善是客觀的，也就是說，讓他們擁有基本層次的主要能力」（Francis and Silvers 2007: 318-19，將這個觀點歸於納斯邦）。他們的文章有很大一部分是對於此反對意見的延伸回應。

9. 亦參見 Kittay 2005a，關於道德與政治哲學（以及普遍來說整個社會）如何忽略了重度智能障礙者的道德能力與影響。克里佛也評述重度智能障礙者純粹的肉體存在如何成為某種形式的參與，是不受拘束而不和諧的存在，「對抗錯誤的假設並開啟新的對話」（Clifford 2009）。

10. 把身心障礙者視為具有其自身獨特主觀的善與獨特能力的個體，而不是他們分門別類，這個價值在障礙者文獻中是一再出現的主題，且通常被當作是公民資格取徑的獨特優點：迫使我們看到這個人，而非只是殘疾。舉例來說，參見：Carey 2009: 140; Satz 2006; Prince 2009: 208; Vorhaus 2006。

11. 凱莉用智能障礙者的權利總結其著作，傳達了同樣的訊息：所有人都需要受到幫助來行使我們的權利。「公民鑲嵌在關係式的脈絡之中，而這些脈絡在主張與行使權利上，提供了各種程度的支持。因此，如果我們的關係與所互動的社會制度出現障礙，那麼我們在參與與權利行使上全都是弱勢者；而如果它們支持我們的參與，那麼我們全都從中獲益。」（Carey 2009: 221）重度智能障礙者是明顯的例子，但這是所有公民都應謹記在心的教訓。

12. 在針對人類與其陪伴犬的研究中，桑德斯描繪了人類「讀心」的過程，可以充當「辨識與代替動物表達主觀經驗的代理人」（Sanders 1993: 211）。這個建構過程透過每日的儀式與互動逐漸累積，「照顧者與他們的狗持續不斷地共享活動、心情與固定模式。這些自然儀式的合作，需要人類與動物參與者採取對方的視角，在主人的眼中以及表面上在狗這方面，結果當然會互相承認『在一起』」（Sanders 1993: 211）。

13. 我們暫時不處理「用狗來做服務犬何時會是某種形式的剝削」，稍後才會再回到這個問題上。

14. 請注意，我們變更了姓名與地點，以保護無辜的動物權倡議者。

15. 參見：Bekoff and Pierce 2009; Bekoff 2007; de Waal 2009; Denison 2010; and Reid 2010。Sapontzis 1987 的著述在早期提出了「道德能動性是物種內以及跨物種之間的光譜」這種觀點。

16. 有很多例子顯示，野生海豚會救援陷入險境的人類，把他們推往安全之處（White 2007）。事實上，由於此事的名聲，讓小說家馬丁・克魯茲・史密斯（Martin Cruz Smith）寫了一個故事，是一對海豚將一個俄國人推離安全、推向死亡，來暗喻當代俄羅斯社會「道德顛倒」的本質（Smith 2010: 8）。

17. 這只是嬉戲如何發揮作用的其中一個面向，對人類與動物來說皆然。還有其他許多面向，像是習得有用的身體生存技巧、維持體能、促進社會連結的機會，當然還有單純從中取樂。

18. 馬克・吐溫（Mark Twain）的名言：「人類是唯一會感到羞愧，或需要這麼做的動物。」看起來，犬科動物可能也有這個能力與需要。

19. 參見 Masson 2010 探討狗與人類之間的特殊關係，以及愈來愈多的證據顯示我們可能在互相理解與合作上，共同演化過。亦參見 Horowitz 2009。

20. 博納德．羅林（Bernard Rollin）認為，我們不是永遠知道什麼是陪伴動物的最佳利益（例如，什麼樣的訓練會讓牠們感到快樂，而非壓迫），「除非可以回答這一類問題，不然我們就無法繼續發展陪伴動物的監護權模型」（Rollin 2006: 310）。我們會反過來這樣說：除非我們對陪伴動物採用公民資格模型，不然我們會缺乏能夠回答「什麼是牠們的最佳利益」這些問題的先決條件與行為傾向。

21. 我們在接下來的討論中，會將科學研究與偏向傳聞軼事的動物行為描述混談，有些讀者或許會感到不安。我們很清楚有些動物愛好者會用過度擬人化的方式，來解釋陪伴動物的行為，而我們必須提防這樣的投射。然而，社會學研究證實，陪伴人最適合進行真正洞察他者心思的長期觀察。而我們對於陪伴動物心理狀態的詮釋，亦取決於同樣持續不斷地修正與改善的過程，就像我們對人類伴侶心理狀態的詮釋。如同桑德斯與亞路克所言：「那些與非人類動物在日常生活場景進行固定互動的人，拿來定義動物牠者意圖以及判斷其內在狀態的證據，就跟拿來作為建立日常生活中人與人之間互動互為主體之基礎的證據，一樣具有說服力……，〔這〕絕對跟僅以行為主義或本能主義作為前提假設的因果關係陳述，一樣有力。」（Sanders and Arluke 1993: 382）我們對陪伴動物的想像，必須依照證據精益求精，但首先進行這種開啟學習可能性的想像，正是我們所願：「唯有透過承認我們的陪伴動物在社會互動上，是特別有意識的夥伴，我們才能檢視並理解牠們的觀點與行為。」（Sanders and Arluke 1993: 384）「無論對象是動物或人類，與他者的親密關係是最有效的老師。」（Sanders 1993: 211）亦參見 Horowitz 2009。

22. 回想我們在第四章第三節的討論：身心障礙者承受的苦難不只來自於他們必須依賴他人（因此他們的需求有可能不會被滿足），也來自對於其依賴性的誇大其詞（因此人們很可能不會盡力讓障礙者有能力具備的能動性與選擇，有實現的機會）。我們常可以聽到人們主張狗或貓有人類孩童的智力。動物倡議者通常反對這種拿馴化動物與孩童相比較的說法，這是對的。這種比較經常低估或遮蔽了動物在獨立能動性與成人能力及經驗上所具備的能力。不過，這只是故事的一部分。動物並非以成體之姿來到這世界上，牠們跟人類一樣，一開始都是非常脆弱的幼體，需要密集的照顧，包括逐漸社會化，進入社群之中。所以，雖然拿所有的動物跟孩童相比，並不適切，但就基本社會化的問題而言，拿跨物種的幼體做比較，倒也不會不恰當。

23. 喬伊斯．普爾（Joyce Poole）花了數十年的時間觀察非洲象群，她說：「我沒有看過『受懲罰』的小獸。受保護、受安慰、溫言軟語、得到安全感以及被拯救，這些是有的；但受懲罰，沒有。象群在極度正面與充滿愛的環境之中成長。如果一隻年輕的大象（或事實上是家族中任何一個成員）以某種方式傷害了其他大象，會有受到諸多批評與討論，而受傷的個體得到安慰，同時伴以尋求和解的聲音。」（Poole 2001）

24. 人類無知的表現之一，是認為狗必須受人類支配，而人類自認為是「這個組合」的優勢族群。如同Horowitz 2009、Peterson 2010 與其他人所指出，犬科動物的社會結構建立在由相關成員所組成相對穩定的**家庭**之上，而非與通常不相干的個體**混搭**而成的浮動組織。在不穩定的混搭結構中，牠們通常會透過裝腔作勢、展演、身體上的恫嚇、有時是暴力行為，來持續不斷地測試與確保支配能力。這實在不像家庭結構中在親子、長幼與手足秩序關係中體現的權威本質。這種權威絕大部分不會受到質疑，也不需要透過支配來再三確認。

25. 當動物逃離囚禁時，我們會感到非常混亂，迫使我們注意到牠們難以駕馭的存在，例如滿載牲口的貨車在高速公路上翻覆時，滿地跑的豬或牛或雞。歐旺．瓊斯（Owain Jones）認為，正是這些動物「不得其所」的時刻，讓牠們變成了道德焦點，讓我們得以看到獨特的個體，而非僅是某物種中的其中之一（Jones 2000）。

26. 參見 Carey 2009 關於身心障礙者運動內對於「最少限制環境」原則的努力。在某時某地對家長主義式限制的可能需求，並不表示可以橫跨其他領域為所欲為地進行全面且持續的限制。

27. 參見：Wolch 2002; Palmer 2003a。都市計畫作為一門學科與專業，在考慮其決定對動物所造成的影響而言，幾乎全面潰敗。

28. 移動性的問題也發生在馬身上，牠們在很多情況下，需要的空間或許比實際可能的還要來得更多。但在牠們的例子中，如同我們之前所論及，野化這個選項對牠們而言，應比虎皮鸚鵡或金魚還可行，而我們在採用滅絕主義取徑之前，有義務推行這個選項。注意，大多數的「寵物」爬蟲類、兩棲類、魚類與鳥類，都是被捕捉到的野生動物，而非馴化動物。我們將在第六章與第七章中討論牠們。在本章中，我們提到的物種，是已經在囚禁狀態下接受飼育好幾個世代，開始不再害怕人類與不再適合在荒野裡生活，而這些都是長時間被馴化的物種多半會表現出來的特質。

29. 拿「禁止攜帶寵物」與「禁止帶小孩」來相互對照，應該會很有趣。有些度假勝地或旅館明確禁止帶小孩，這或許是有正當理由的，因為讓度假中的人能夠選擇只有成年人的環境，我們可以想像有些禁止攜帶寵物的旅館或度假勝地也持類似的說法。不過，「禁止帶小孩」的規則是否合適，當然也取決於以下前提：這類規定是例外，而非準則，因為「小孩是社會的完整成員，在公共空間普遍受到歡迎」。在動物的狀況中，缺少的正是這個前提（在此處，有個很重要的差別：有些人在碰到狗與貓時，飽受過敏反應之苦，雖然這也可能受到濫用成藉口，以表達對動物的厭惡。在公民資格模型中，公共空間的安排會是透過協商，以支持馴化動物的完整成員資格，同時也容納足夠的選項給有過敏症狀的人）。

30. 我們同意 Francione 2000: 184 的說法。人類例子中的起訴與懲罰無法適用在動物身上，或許是有原因的。然而，他過快地將起訴人們出於疏忽或蓄意殺害動物的可能性，降到最低。

31. 國家對其公民具有特別責任的事實，或許會影響某些法律如何被詮釋，尤其是在因疏忽而導致傷害或死亡的案例中。對於作為我們社群中永久成員的馴化動物，採取合理預防措施以防造成傷害的義務，可能比對人類在與之互動上更具不可預期性的野生或城際野生動物所具備的義務，要求更為嚴格。

32. 在災難中援救動物的例子，相關討論參見 Irvine 2009。有趣的是，消防與救援部門，似乎比都市計畫者或社工等專業更加顧及動物（Ryan 2006）。

33. 這引發了未來育種的問題，以及逆轉這個過程的可能性。由於育種的做法，不只讓綿羊身上的羊毛不能自行脫落，皮膚與羊毛數量的增加也讓牠們身上容易長寄生蟲與生病。我們有義務要讓不同品種的羊混雜繁殖，逐漸逆轉這個過程。然而，這可能會花上很長的時間。再者，雖然我們應該逆轉讓牠們不舒服、不健康或容易生病的育種做法，但單就依賴人類剔除羊毛這件事而言，看不出來是否是有問題的。無論如何，假設我們容許綿羊選擇牠們自己的伴侶與繁殖機會的話，未來育種的結果不會只掌握在我們手上。人類可以設定一般性的參數（例如，把不同品種的羊混合在一起，以提高伴侶的多樣性），但未來綿羊演化的方向將會透過羊群與人類的選擇，而非嚴格的人類控制，逐漸發展。

34. 關於農場庇護所的「不利用」哲學，相關討論參見 http://farmsanctuary.typepad.com/sanctuary_tails/2009/04/shearing-rescued-sheep.html。亦參見杜納耶的主張：平心而論，人類「無權把屬於非人類的產出當作人類的財產。非人類動物應該擁有牠們所產出的（蛋、奶、蜂蜜、珍珠……），牠們所建立的（巢穴、樹蔭、蜂巢……），以及牠們所居住的自然棲地（沼澤、森林、湖泊、海洋……）」（2004: 142）。我們同意動物的產出應該歸牠們所有，但這並未排除這些產品是否被公平使用的問題。公民對其所擁有的東西繳稅，且進行交換以取得屬於他人的東西，或是協助維持屬於大眾全體之物。承認動物產品歸產出的動物所有，未必會導向「不使用」原則；毋寧說是，它要求使用必須能被證成是公民資格公正程序以及社會生活中取捨之間的一部分。

35. 或者創意之舉：參見（馴化與野生）動物主動加入作曲家R．穆瑞．沙佛（R. Murray Schafer）在荒野中演奏的作品。這個音樂作品激發了狼、駝鹿、鳥類與人類參與者的狗伴侶加入。沙佛的狼音樂例子，參見：http://beta.farolatino.com/Views/Album.aspx?id=1000393。

36. 對於這些議題的反思頗耐人尋味，參見加州「黑母雞農場」（Black Hen Farm）的網頁：http://www.blackhenfarm.com/index.html，當中解釋了為什麼他們認為販售在他們照顧之下的雞所產出的蛋是道德的。

37. 一如在綿羊的例子中，這引發了「人類應該做出什麼樣的努力，以反轉選擇性育種所帶來的健康危害」的問題。

38. 在某些情況下，將牛集結成群的方式或許比其他方式更為可行。舉例來說，匈牙利草原牛在奧地利東邊的新席德爾湖區（Neusiedler See）吃草，滿足了大半的食物需求。這樣的放牧方式，而不是摧毀草地，對於維持短草原生態系統與在當中成長茁壯的野生動植物而言，至關重要（Fraser 2009: 91）。

39. 有個更進一步的「使用」議題與牛及豬相關，是關於在牠們自然死亡後利用牠們的皮。我們會在之後關於動物飲食的段落，探討動物屍體的處理問題。

40. 參見田納西州「菲雅斯科農場」（Fias Co Farm）的網頁，關於他們對販賣山羊奶所持的正當理由：http://fiascofarm.com/Humane-ifesto.htm。這個農場從不殺山羊，且會幫小公羊尋找收養的地方。

41. 馬所面臨的處境有更多的疑問。一般而言，馬在被「突破」（亦即，受到違反其基本權利的大量強制訓練）之前，其實很抗拒馬銜、馬具與騎師。人類能利用馬的程度，取決於給牠們套上馬具或騎乘牠們（而大多數的使用的確如此，除了陪伴與放牧之外），而這些使用方式恐怕無法通過公民資格的測試。

42. 這自然而然會產生以下問題：「就動物共同公民醫療照護的程度而言，需要怎樣的正義？」在這裡，一如往常，答案某種程度上取決於我們在人類的例子中採取怎樣的正義。醫療照護中的正義必須讓每個人都達成某種關鍵「功能」，一如能力理論者所言嗎（若真如此，是哪種功能）？或者，要達成的目標是某種基本程度的福祉，就像「充分主義」理論者所說的那樣？或者，目標是在人們取得福利的機會中，彌補不應得的不平等，就像「機運平等主義」理論者所說的那樣？或者，目標是讓每個人都能以公民之姿實現其社會角色，就像「自由平等主義」理論者所說的那樣？這些問題在人類的狀況中顯然仍在進行激烈爭辯，而本書的目的不在於對這些辯論採取任何立場。我們的論點是馴化動物乃我們政治社群中的共同公民，這無須仰賴採取任何關於分配正義的特定論述，每一種論述都對動物健康照護有不同的影響。比方說，就納斯邦的能力觀點來看，目標應該是要讓馴化動物能夠實現定義其繁盛的特徵功能，就像我們的健康照護旨在實現能夠定義我們自身繁盛的特有功能。在這兩種情況中，健康照護經費會有所限制，以免變成取代所有其他社會財的無底洞：我們不會想為了非常低的餘命或生命品質，花上大把銀子。顯然，這些功能的規格標準與相關限制，在不同種類的動物身上大不相同，取決於牠們的生理與心理能力、壽命、健康上的脆弱性等因素。

43. 參見 Boonin 2003，關於動物生殖權的有趣討論。如同布寧（Boonin）所指出，有為數不少的動物權理論者意外地未加批判支持人類有權（甚至可能有義務）替馴化動物結紮（例如 Zamir 2007:99），忽視了動物可能對生殖有正當利益的事實。我們同意這樣的利益應該被納入考慮，是必須放在更廣泛的共同公民資格理論中。共同公民資格理論決定了人獸間更完整的一整套權利與責任，包括人類照顧馴化動物後代的義務。我們認為這個更廣泛的理論為強制施行某些生殖上的限制，提供了根據。雖然，一般而言動物權理論者沒能證明節育所涉及對基本權利的侵犯有正當理由，但 Fusfeld 2007 是個例外，他用實質上是效益主義的理由，為大規模節育辯護，他認為犧牲現存動物的生殖權以保護未來動物的利益，讓牠們不再一生下來就得接受馴化奴役制度。

44. 綜觀二十世紀的絕大部分時間，國家對心智障礙者進行強制節育，理由是這些人無法理性地自我規範他們的性行為，也無法照顧他們的孩子。這些強制性的節育計畫已經被廢止了，部分理由是它侵犯了身體完整性的基本權利，另一部分的理由則是很多智能障礙者（在適當的協助下）能夠擔任父母親的角色。但值得注意的是，那些身心障礙者的照護人員仍持續使用沒那麼具侵略性的其他方法，來規範障礙者的性生活。舉例來說，以性別隔離為基礎組成團體家庭或團體活動。如何處理心智障礙者的性與生殖問題，仍然充滿爭議。參見：Carey 2009: 273-4（針對美國）；Rioux and Valentine 2006（針對加拿大）。

45. 讀者諸君可以推敲我們在這段針對動物園動物所提出的論點，其背後的隱含意義。捕捉動物、把牠們放進動物園裡，侵犯了牠們的基本個體權利，也侵犯了牠們作為主權社群成員的權利，如同我們在第六章中所述。然而，那些已經身處動物園的動物，以及不再適應在荒野中生存，也無法教導其後代如何在荒野中生存的動物，又該如何？我們應該在牠們被關起來時阻止牠們繁殖，讓監禁式動物園逐漸消失嗎？很多物種在被關起來時的生育率很低，要是放任牠們不管，牠們總有一天會消失。然而，有些物種在被關起來時仍然繼續繁殖，而且除非人類插手干預，否則牠們就會一直繁殖下去。就像在馴化動物的情況中，我們認為對於牠們性與生殖選擇的限制，必須以被限制個體的利益為考量，證明有其道理。隨著時間過去，這些動物與其後代或許可以在受控制的條件下，選擇重新融入荒野或是半野地的庇護所中。但其他動物或許會被困在悲慘的兩難困境之中，一方面無法野化，也無法在某種受限的空間中繁衍，即使是在最「先進」的庇護所中。牠們的處境將會與之前討論過的虎皮鸚鵡與金魚一樣，人類很難提供讓牠們繁衍的環境。牠們在人獸聯合社會中的處境或許在本質上是有問題的，就像廢止主義者／滅絕主義者（錯誤地）認為這是所有馴化動物的處境。

46. 關於素食對於狗與貓的健康有益的證據，參見 http://www.vegepets.info/index.htm。

47. 有些讀者可能不明白為什麼吃蛋不會像吃屍體招致同樣的擔憂。從尊重雞的角度來看，我們可以在不造成非預期傷害的情況下吃蛋嗎？這個爭議很難把行動在本質上的錯誤與其（多樣且改變中的）文化意義區分清楚。當我們說到食用由細胞長出的科學怪肉、食屍、用屍體堆肥，或用身體排泄的廢物做肥料，如果指的是食用或利用人類的細胞、屍體，或排泄物的話，當今大多數的人會覺得噁心；但如果是動物的話，大家就會樂於接受。我們認為這種差別待遇在道德上有疑慮，但補救方法並非把用於人類身上的禁忌也延伸到動物身上。我們或許可以重新思考對於使用人類細胞、屍體或排泄物的禁忌，以及我們是否可以用尊重人類權利與尊嚴的方式做這些事。在蛋的例子中，明顯的爭議點是雞蛋與人類卵子有不同的實質特性。雞蛋是可以被利用的：蛋被包裹在蛋清之中，外頭是很方便的硬殼，容易拿取、貯藏與烹調。如果人類的未受精卵是以這種形式排出，很難說我們對於利用這些卵會有怎樣的反應。把噁心的感覺、禁忌、文化傳統，與道德考量區分開來，非常困難。

48. 關於這個觀點的討論，以及在二〇一〇年透過公投擴展到瑞士各地卻失敗的行動，參見 http://www.guardian.co.uk/world/2010/mar/05/lawyer-who-defends-animals。

49. 僅舉一例，萊恩（2006）論及，雖然社會工作者通常在家中有馴養動物的家庭中工作，雖然他們的行為通常對這些動物有決定性的影響，他們卻沒有受過動物福祉的相關專業訓練，其專業指引也沒有將動物利益納入考慮。

第六章　野生動物主權

1. 針對忽略「有生命自然與無生命自然之間差異」的傾向，相關批評參見：Wolch 1998; Palmer 2003a。
2. 舉例來說，關於全球狩獵產業的範圍，參見 Scully 2002。
3. 在倡議動物權利的社群中，對於運動是否在野生動物議題（包括狩獵、為了皮草而設陷阱捕獵、動物園與馬戲團）上投注太多心力，有些爭議，畢竟農場動物是主要受到蓄意傷害的動物受害者。舉例來說，「素食者巔峰」（Vegan Outreach）的網站上提及：「在美國，每年被殺的動物中，有九十九％是因供人食用而死。」（http://www.veganoutreach.org/advocacy/path.html）不過，注意看，「素食者巔峰」甚至還未提及非蓄意殺害動物。在美國，每年有一百億隻農場動物被殺。據估計，在美國光是因建築造成的碰撞事故，每年大約有一億到十億隻鳥死亡（New York City Audubon Society 2007）。這還不包括致鳥類於死地的汽車、電纜、家貓、汙染、棲地喪失以及我們所施加的無數其他風險。要估計出人類對野生動物造成的所有死亡，是不可能的，但總數是非常嚇人的。我們在這裡的重點並非要貶低「素食者巔峰」把重點放在農場動物的苦難，或他們為了要專注在其努力成果而做出的策略性決定。恰恰相反，重點是為了要填補動物權理論在「人類非蓄意殺害動物」這部分的空白。
4. 「野生動物管理者應該把重點放在讓動物自由自在，讓人類獵食者離牠們遠一點，讓這些『其他民族』能夠打造己身命運。」（Regan 1983: 357）。

5. 「一旦我們放棄對其他物種主張『支配』的權利，我們就完全沒有權利干預牠們。我們應該盡可能地離牠們遠一點。既然放棄了當暴君的角色，我們也不應該試著扮演老大哥。」（Singer 1975: 251）

6. 「動物具有不被殺害的消極權利，而人類應該予以尊重」，這個事實在**邏輯上**不會帶來動物在面臨來自其他動物的威脅時，也有得到人類協助或保護的積極權利。不過，雖然肯定前者、駁斥後者在邏輯上並不衝突，但前者的道德理性似乎往後者的方向推進。動物權理論的批評者說得極是，這個道德張力並未受到充分的處理。

7. 雷根在這本書的第二版中修正了這個觀點，承認協助義務：「權利觀點可以始終如一地確認善行的**初確**義務，在某些情況下也要求實際上的協助義務。《辯護》這本書沒有討論那樣的義務，顯示出該書所發展的理論並不完整。就後見之明來看，我承認若我當初能談論更多的協助義務，而非我們對受不正義所害的義務，會更完整。」（Regan 2004: xxvii）

8. 另一個例子參見 Shelton 2004，關於野生動物管理者錯估了加州聖塔克魯茲（Santa Cruz）的島嶼生態系統。

9. 弗雷澤也討論了委內瑞拉「生態島嶼」的例子。這些島嶼在洪水期間被建設來作為水壩。在洪水期，掠食者逃離該地，留下吼猴與其他小型物種。然而，該地並沒有因此擺脫掠食者成為生態樂園，結果反而是巨大的災難。猴群數量增加，摧毀了該島的植被，接著牠們飽受飢餓之苦，其社會結構也隨之崩解（Fraser 2009: ch.2）。亦參見 Ray et al. 2005 關於頂級掠食者在生態系統裡的角色。

10. 參見 Hadley 2006 對於繁盛論點的批評。亦參見 Nussbaum 2006，她駁斥「物種常規觀念下的繁盛必須毫無保留地接受天然（或物種常規）為繁盛的定義」。

11. 〈類人猿主權〉（simian sovereignty）（Goodin, Pateman, and Pateman 1997）這篇文章是個早期的例子，儘管它與「大猩猩因為與人類極為相近，以及具有高度認知功能，所以特別有資格擁有主權政治地位」的想法息息相關。

12. 亦參見薩龐齊：「很多關於野生動物的動物解放計畫，對於這些動物過著獨立自主的生活，表現出深深的敬意，並希望能重建、保衛或拓展這樣的機會。雖然此類計畫或許不同於意圖讓弱勢團體與女性變成人類社會制度中『一等公民』與『完全夥伴』的計畫，但差別僅在於『動物與人類有著不同的利益』此一事實的後果所致。野生動物看似不想要受到我們社會的歡迎；牠們反倒似乎想要我們置之不理，好讓牠們可以追求自己的生活方式。」（Sapontzis 1987: 85）

13. 我們不清楚納斯邦認為該賦予野生動物多少分量的主權。有時候，她似乎提倡人類應該進行大規模干預行動，好讓「一個相互依賴的世界逐漸成形，當中所有物種都將能享有與彼此合作與互相支持的關係」。然而她也承認，「自然界並非這樣運作，也從來不是如此」，所以她說她的取徑「用非常普遍的方式，提倡逐漸以正義代替自然」（Nussbaum 2006: 399-400）。在這幅圖像中，很難看到有任何尊重主權的樣子。然而，她在他處卻不支持這樣的干預行動，且提及積極干預行動必須與「適當尊重物種的自主性」相互平衡（2006: 374）。對於該如何平衡這兩件相互衝突的事，她沒有提供指導原則。

14. 亦參見 Palmer 2003b; Căpek 2005: 209 討論發展作為殖民動物及其領土的過程，以及與原住民被殖民之歷史論述的相似性。

15. 去殖民化的國際規範聲明，「人民使用與開發其自然財富與資源的權利，為其主權所固有」（一九五二年十二月二十一日大會第 626(VIII) 號決議），而「人民與民族對其自然財富與資源具有永久主權的權利，必須以該民族發展與該國人民福祉的利益加以實踐」（一九六二年關於自然資源永久主權的決議第 1 條，大會第 1803(XVII) 號決議，一九六二年十二月十四日）。艾克斯利（Eckersley）認為，這些措詞被拿來作為新「主權遊戲」的一部分，而後殖民國家試圖用「主權遊戲」來重組在殖民時代被外國公司掌握的自然資源特許權，然而今日這些話語卻被視作是讓人類社會對野生動物與自然擁有不受限制的主權，以及僅為了人類利益利用野生動物與自然的權利（事實上，還有義務）（Eckersley 2004: 221-2）。美國的州政府法律有類似說法，舉例來說，俄亥俄州的立法機關聲明：「所有野生動物的所有權……，在於州政府，而州政府代替全體人民的利益擁有此所有權。」（Ohio Rev. Code Ann. 1531.01，引自 Satz 2009: 14n79）。

16. 野生動物紀錄片的問題，在這裡會是個有趣的判例。如同米爾斯（Mills 2010）所提到，我們目前理所當然地認為，作為管理者的我們有權拍攝野生動物，即使是在牠們最私密的環境裡（例如巢穴），甚至動物只要一察覺到鏡頭就明顯閃避攝影師的情況。野生動物紀錄片通常會吹噓自己有多厲害地使用隱藏鏡頭，以確保野生動物沒有察覺到他們的存在。如果我們把自己當作是野生動物領土上的訪客，而不是家長主義式的管理者，我們得重新思考一下這個做法。回想一下史穆茲對於她跟狒狒互動的紀錄，以及她如何回應牠們做出叫她「滾開」的表示，是建立尊重關係的關鍵（Smuts 2001: 295，以及我們在第二章中的討論）。

17. 這種對很多原住民社會的見解，顯然有誤，例如印加這樣的社會顯然是有類國家組織的。為了規避這點，帝國主義辯護者認為，先前存在的主權（若有的話）只有在符合某些「文明標準」時才值得受到尊重，而這些「文明標準」是由歐洲人的社會常規與價值（例如沒有多偶制）所定義的。用援引（缺乏）主權的方式來合理化歐洲帝國主義的概論，參見：Keal 2003; Anaya 2004; Pemberton 2009。一直到一九七九年，澳洲高等法院仍然在「科訴英聯邦」（Coe v Commonwealth）案中裁定原住民族缺乏主權，根據的是某個「極度歐洲中心思維的判斷標準來認可澳洲原住民的主權，主張澳洲原住民族在其主權被認可之前，必須要有獨特的立法、行政與司法機構」（Cassidy 1998: 115）。

18. 阿爾弗雷德（Alfred）認為，原住民族必須要揚棄以拒絕原住民「主權」條款與規範為出發點而促進殖民化的思考模式，反而應該要接受原住民社群生活傳統模式的引導，當中「沒有絕對權威，沒有強制執行決策，沒有階層組織，沒有獨立的統治實體」，也因此展現了「良知與正義的無主權政體」（Alfred 2001: 27, 34）。亦參見 Keal 2003: 147，他提到有些原住民族「不接受國家對公民社會行使權威的歐洲主權觀念」。

19. 參見 Reus-Smit 2001; Frost 1996; Philpott 2001 與 Prokhovnik 2007，他們全都認為我們需要重新檢驗目前的主權理論，把重點放在這些理論潛在的「道德目的」或「道德面向」上，而這些全都（以不同方式）與自治相連結。

20. 根據菲爾波特的說法，這兩個革命都「用相似的道德方式主張主權，代表了類似的價值中立……，兩者皆尋求主權權威作為對一個民族及其當地特權、豁免權與自治權的保護，以此抵擋某個更具普遍性的實體的強制施行」。主權因此以「自決：明確肯認人民群體免遭某些更大且中央化威權壓迫的自由」，促進了特定形式的解放（Philpott 2001: 254）。

21. 關於原住民主權的討論，參見：Reynolds 1996 與 Curry 2004（澳洲）；Turner 2001 與 Shadian 2010（加拿大）；Bruyneel 2007 與 Biolsi 2005（美國）；Lenzerini 2006 與 Wiessner 2008（國際討論）。

22. 在著名的美國最高法院案件「伍斯特訴喬治亞州」（Worcester v Georgia）案中，馬歇爾法官表示：「萬國公法的堅定教條是：較弱勢的權力不會因為與更強大的權力結盟、尋求其保護，而被迫交出其獨立性，也就是組成自身政府的權利。」（31 US (6 Pet.) 515 1832）注意我們在這裡提出的論點與在第五章中關於個別公民依賴能動性的討論，有相似之處。國家的依賴性（或相互依賴性）並非獨立的反義詞（用阿尼爾的說法），而是其前身。

23. 我們很清楚用這種方式來翻新主權的概念，其中所涉及的風險。如同潘柏頓（Pemberton）所指出，雖然正當化主權的理由通常是基於對社群繁盛有所助益，但其有效目的往往會以社群成員為代價來維護主權本身（Pemberton 2009: 118）。有鑑於此，有些人或許會認為我們最好揚棄主權這個詞彙，改用諸如自決或自治這類詞彙取而代之。但是，這些詞彙全都很容易被濫用，而最終唯一的補救之道是堅決要求對主權的主張必須明確地連結到背後的道德目標，無論是人類或動物的主權皆然。就我們的論點而言，重要的是在主張主權的背後有這個有效的道德目標，且在人類與野生動物社群中都具備。我們是否使用「主權」一詞來標記這種主張，就無關緊要了。

24. 回想一下我們在第三章的討論，關於很多野生動物是高度依賴特定生態系統的「區位專家」（而非「適應力通才」）。

25. http://www.britishbirdlovers.co.uk/articles/blue-tits-and-milk-bottle-tops.html

26. 參見 Regan 2004: xxxvi-viii，以及 Simmons 2009: 20 的討論。

27. 就動物主權社群的永續性而言，野生動物其實更勝一籌。相較於人類社群充滿掠奪性的生態足跡，後者很可能會帶領人類全體走向生態崩潰。如果量入為出是擁有正當主權的必要條件，一如羅爾斯所言，那麼無法通過檢驗的很可能是人類而非動物。

28. 改寫一下德爾金的某些用語，食物循環與掠食行為的事實應視為野生動物能動性的「參數」，而非「限制」：它定義了野生動物反應良好與否的挑戰（Dworkin 1990）。一般而言，證據顯示野生動物是有能力回應這些挑戰的（相反地，馴化動物被飼育的方式，削弱了牠們處理這些挑戰的能力，卻強化了牠們在人類周遭過著馴化生活的相關能力）。

29. 無論如何，人類可以在某種程度上終止獵食行為的想法很荒謬。自然界充滿了獵食關係，而包括人類的所有生物都依賴此關係的持續存在。就算所有人類都吃素，我們仍然完全依賴著自然過程，讓植物可以播種授粉、土壤肥沃、過濾水與空氣、控制以植物為食的動物數量，諸如此類在食物鏈的各種層次涉及到掠食活動的過程。

30. 在人類的例子中，一般認為「同意」是正當干預的必要條件（例如 Luban 1980）。事實上，伊格那提夫（Ignatieff 2000）認為當地人的同意是正當干預「首要且主要」的條件：「那些人必須強烈要求我們的協助」。不是所有的理論家都認為「同意」是必要條件，比方說，參見：Caney 2005: 230 與 Orend 2006: 95。雖然他們也認為「同意」強化了干預行動的整體狀況，而缺乏「同意」的干預行動必須具備特別嚴苛的舉證責任。

31. 古汀在捍衛大猩猩的主權時，堅稱「牠們完全有能力自行過日常生活」，且「完全有能力為自己打造自主的生活方式」（Goodin, Pateman, and Pateman 1997: 836）。

32. 參見 Pemberton 2009: 140，他提到即使帝國主義者把歐洲式主權建立在原住民族之上，他們通常還是承認原住民族的財產權。

33. 事實上，《星艦迷航》的粉絲會發現該影集探討過類似的情況。在〈筆友〉（第二季，第五集）那集當中，「德萊瑪四號星」（Drema IV）上的人即將死於該行星上不穩定的板塊活動。「企業號」艦員爭辯他們的「最高指導原則」：對於被認為是尚未準備好與行星聯盟接觸或整合進聯盟的星球，不干預其自主演化。最後，他們決定施以一次性的干預行動，用簡單的技術修正拯救該行星，然後抹去德萊瑪人對於干預行動的記憶，好讓那些人能夠在他們自己的自決發展進程中，繼續前進。

34. 芬克（Fink 2005: 14）討論了在馴鹿鼻孔中存活長大而後漸漸讓馴鹿緩慢痛苦地窒息而死的昆蟲幼體。看起來，人類有可能可以找到辦法殺死這種昆蟲，或是幫馴鹿打預防針以對抗昆蟲帶來的後果。這樣的干預行動若小心操作，對生態系統造成的影響很可能微不足道。這麼做會讓馴鹿的死亡數量減少，因此牠們的繁殖率可能需要往下調整以取得平衡（無論是自然地抑或是透過更進一步的人類干預），不過這樣的干預行動看起來不會涉及人類系統性地控制馴鹿的生活，或是削弱牠們繼續作為自主社群的自由與能力。這個例子看起來是可行的干預行動，支持而非削弱野生動物的主權。另一個例子是關於生活在佛羅里達州海岸的海龜。偶爾會有反常的氣候狀況，導致海面溫度降得太低，讓海龜承受不住。這種情況發生時，海龜會出現冷休克，進入痲痺狀態，飄浮到水面，最終死亡。二〇一〇年一月時，天氣嚴重地驟冷，上百隻呈現冷休克狀態的海龜被人類撈上岸，放在溫暖的水中，直到反常的冷天結束才毫髮無傷地放回海中。因為這種氣候事件的異常本質，難以看出人類的協助會削弱海龜或其範圍更大的生態社群的自主性。縱使海龜數量沒有因為人類影響而大幅減少，這樣的人類干預行動仍然有正當理由。

35. 亦參見 Haupt 2009: ch6，關於小心權衡選擇飼養然後釋放失怙失恃的烏鴉，或拯救然後釋放受傷的烏鴉。

36. 關於協助鷺科候鳥的好笑敘述，參見 Warner 2008〔標題為〈笨鳥存活記〉（Survival of the Dumbest）〕。關於二〇一〇年的遷徙，參見 Morelle 2010。與隱䴉計畫相關的文章，概論參見：http://www.waldrappteam.at/waldrappteam/m_news.asp?YearNr=2010&lnr=2&pnr=1。

37. 容錯性論點的形式可強可弱。弱的形式是因為自然界的複雜性與人類知識有限，人類干預行動必定會讓事態變差；強的形式是自然界「按照定義」會把事情做對，所以人類任何干預都是有問題的。在詹姆斯·洛夫洛克（James Lovelock）「蓋婭假說」（Lovelock 1979）的影響之下，有種傾向是把自然生態體系看作本質上和諧一致的，是整體系統的一部分，而該系統以全面且必然支持生命的方式運作。一般來說，人類若干預這個系統，通常會是負面的干預行動：摧毀生命與生物多樣性。彼得·沃德（Peter Ward 2009）近來挑戰了「蓋婭假說」，他認為在沒有人類干預的情況下，自然既不會有效地自我調節，也未必傾向支持生命。沃德認為自然有時候會錯得離譜，導致生態系統災難性的毀滅（他主張，大多數的大滅絕事件都是由既存的細菌與植物系統失序所導致）。沃德認為，有時候人類應該出手干涉，改變自然進程以防止大災難發生並促進生命。

38. 參見 Henders 2010，討論了第一次世界大戰後《少數國際條約》（Minority Treaties）中的某些條款，試圖保護與「母國」或國際市場切割開來的少數族群。

39. 關於羅馬尼亞與斯洛伐克境內匈牙利少數民族「模糊不清」的公民資格，參見 Fowler 2004；關於非洲遊牧民族，參見 Aukot 2009。

40. 在人類的例子中，艾瑞斯．楊（Iris Young）認為自決不應該曲解為絕對或具有排他性的，而應該是關係式的，即使在實質互動與相互依賴性存在的情況下，擁有不受他者統治的權利（Young 2000），我們認為動物主權亦復如是。

41. 原住民族權利的倡議者長期以來抗議西方保育活動忽視了他們的權利，事實上把他們變成「保育難民」（Dowie 2009；亦參見 Fraser 2009: 110）。

42. 關於與原住民合作的倭黑猩猩保育計畫，參見「倭黑猩猩保育計畫」（Bonobo Conservation Initiative）的網頁（www.bonobo.org/projectsnew.htm）。參見 Tashiro 1995，有關不准傷害倭黑猩猩的傳統禁忌，近來逐漸流失。亦參見 Thompson et al. 2008 關於倭黑猩猩的數量其實在非公園區域還比較多，牠們在那些地方就居住在原住民周遭，而原住民保有不能殺害倭黑猩猩的傳統禁忌；相較之下，把原住民排除在外的公園區域，倭黑猩猩的數量因為盜獵者而大幅縮減。我們在這裡可以看到聯合與平行主權計畫的大致輪廓。在另一個例子中，弗雷澤以尼泊爾的奇特旺國家公園（Chitwan National Park）為例，討論聘雇想從森林中獲取好處（採集土壤覆蓋物、草、葉子、香草、水果與薪材）的當地人，擔任反偷獵的保安工作（Fraser 2009: 245）。Vaillant（2010）則是探討東俄羅斯普列莫爾（Primorye）地區中原住民與西伯利亞虎的傳統共存策略。亦參見由喬伊斯・普爾所領導的動物倡議組織「象之聲」（Elephant Voices）網站。「象之聲」的行動前提是「幫助大象需要培養人類與大象之間的關係，而非試圖隔離大象與人類」（http://www.elephantvoices.org/）。

43. 關於多民族自治權，有個特別複雜的例子，參見 Vaughan 2006 對於衣索比亞境內「南方民族、部落與人民州」的討論。

44. 動物與人類在傳統永續關係中所共享的未開發棲地，情況又是如何？（試想亞馬遜區域的原住民文化，或是出現在長期資源採集地中，野生動物與人類活動之間的穩定共棲關係）。我們會在本章稍後的段落，部分處理這些複雜問題。至於發生在已開發地區中類似的共棲關係（例如永續的農業土地），我們會在論及城際野生動物的章節中處理。

45. 有些讀者或許會認為我們需要第三項檢查：也就是，限制人口增長。要是人口持續增長，我們不大可能遵守前兩項檢查。然而，人口與土地／資源利用之間的關係很複雜。一方面，我們不應該低估人類能夠更聰明、更有效、更永續且更公正地利用資源的能力。而且，社會有在總體人口與生活水平間取捨的自由。我們不能要求或期待動物放棄牠們的領土，好讓數量增長的人類能夠維持特定的生活水準。但是，一個社會若是願意接受較低的生活水準，或許能夠在不奪取動物領土的情況下，人口數量繼續增長。與其制定「理想的」人口數量目標，然後以此分配領土，我們反而應該確保現存人類與動物的領土主張是公正的，然後讓人類社會在這些正義束縛之下，管理人口數量。

46. 參見 Hadley 2005，討論動物土地利用的可預測性與穩定性，他引用這些討論來解釋為什麼承認野生動物對私有財產的權利是可行的。在我們看來，這些事實比較適合拿來認定擁有主權的權利。

47. 這裡的相關因素包括：某些生態區域比其他地方，更能維持豐富且多樣的動物生態；有些動物是區位專家，不具備快速適應新環境的能力（就能夠居住與繁衍的區域而言，人類卻因其所擁有的技術專門知識而非常具備彈性）。

48. 如同弗雷澤所言：「沒有一個人類社會良善到只拿取所需。」（Fraser 2009: 117）亦參見Redford 1999。

49. 晚近對石油與內燃機的發明對環境造成的影響，人們往往表示痛惜：汽車是敵人。不過，考慮到逃離謀殺式剝削的動物數量（不僅是鯨魚），這些發明的確是有用的補救措施。如同我們在第四章中討論過的，馬或許是最大的受益者。這不會改變汽車、氣候變遷與路殺對動物造成的負面影響，但的確能提醒我們往前看，找尋解決之道，而非把前工業時代浪漫化。

50. 對於試圖計算當代非裔美國人因為奴役制度所遭受的持續損失，參見 Robinson 2000。

51. 對於被人類不正義所傷的野生動物，有關補償性正義的討論參見：Regan 2004: xl; Palmer 2010: 55, 110。

52. 這包括在數不清的情況中，人類造成動物對我們而言更加危險負有直接責任。布萊德蕭（Bradshaw 2009）探討了人類對象群造成的暴力，如何導致象群社會的崩解，因而產生離群且危險的大象，心靈受創的牠們對人類造成了嚴重威脅。維蘭（Vaillant 2010）討論了西伯利亞虎的特殊例子，牠們因為不堪獵人的多次騷擾，因而開始了系統性的報復計畫。

53. 有用的討論參見：Sunstein 2002; Wolff 2006。

54. 「長岬公路改善計畫」（Long Point Causeway Improvement Project）（http://longpointcauseway.com/）。在過去幾年中，公路的改善大幅降低了路殺事件。

55. 有些有趣的例外，像是沿著公路而居的烏鴉與其他食腐動物，因為路殺比傳統場域提供了更輕鬆容易的覓食機會。

56. 如同我們在第五章中所提到的，現存的發展方式很少考量到對動物造成的影響，參見：Wolch 1998; Palmer 2003a。最近針對野生動物穿越科羅拉多州韋爾（Vail）地區 I-70 公路上惡名昭彰路段所舉辦的「國際野生動物通道基礎建設設計大賽」，是個有趣的例外。這段高速公路奪走了很多動物的性命（還有數量較少但也夠糟糕的人類性命）。這個計畫初始考量的是人類性命以及因為車輛受損而造成節節攀升的保險成本，而非動物。不過，這個新計畫對於降低我們施加在動物身上的道路風險非常重要，因為其設計方式旨在適應各種情境。數百位設計師與建築師予以回響，挑戰設計出有效且在生態上確實可靠的動物天橋，同時改進了現存野生動物天橋模型中特有的成本、彈性與勞力密集的建築工法〔例如位在加拿大班夫（Banff）的那一座〕。前五名的設計可以在 http://www.arc-competition.com/

welcome.php 看到。「紐約市奧杜朋學會」（New York City Audubon Society）則是在2007年出版了一份很棒的指導原則，內容關於如何設計城市建築以降低鳥類影響。此外，「懷俄明州傑克森霍爾野生動物基金會」〔Jackson Hole (Wyoming) Wildlife Foundation〕提供了「螢火蟲光板」的相關資訊，這個設計可以減少鳥類撞到電纜的狀況發生（http://www.jhwildlife.org）。

57. 如同我們在第二章中提過的，道德哲學中有一派修正主義者，駁斥在自我防衛的情況下殺死「無辜的侵略者」是正當的，但我們推測主流觀點認為在這樣的情況中，人們有自我防衛的權利（參見第二章，注釋32）。

58. 關於野生生物所帶來的風險，我們應該注意到有另一種不同的偽善。已開發國家中的動物愛好者（這些地區大型危險動物絕大部分都消聲匿跡了）期望開發中國家的人們以棲地與物種保育的名義，生活在明星物種（例如老虎與象）造成的風險之中。與此同時，當一隻孤零零的黑熊布魯諾（Bruno）從義大利阿爾卑斯山區閒逛下山時，德國人與奧地利人對於牠據稱會帶來的風險緊張不已。某個獵人在「巴伐利亞環境部」的同意之下，射殺了布魯諾（Fraser 2009: 86-8）。西方態度在這方面的偽善，通常也反映在西方募資（或甚至是西方人強制施行）的保育計畫之中，參見：Wolch 1998: 125; Eckersley 2004: 222; Garner 2005a: 121。

59. 我們應該指出我們在這裡倡議的立場，與像是薇兒．普蘭伍德（Val Plumwood）那樣的生態學家所提倡的非常不同，雖然普蘭伍德也反對人類在與野生動物相關的事情上要求零風險。她的觀點是，我們應該接受自己是自然過程中的一部分，包括獵食者－獵物關係，因此只要我們接受被吃掉的風險，我們同樣也可以吃掉他者（Plumwood 2000, 2004）。我們對於互惠性的觀念，並不是以接受「自然」的想法為基礎，而是立基於主權社群間公平對待的觀念。因此，怎樣才算得上是公平的風險管理，會隨著誰對那塊土地擁有主權而有所不同。人類沒有權利進入動物主權領土且施以侵入性措施以降低我們自身的風險。例如，把土地圍起來或把追蹤器裝在動物身上。我們若要進入動物主權領土，就要承擔風險。但在人類主權區域中，我們的確有權利使用障礙物或把危險的野生動物遷徙至他處，來降低我們的風險。

60. 我們可能會問：由於那個特定地點中動物密度的關係，那裡原本是否適合蓋高速公路？說不定它的特殊生態系統對人類來說就是不該去或應該降低影響的地方，因為人類活動的代價可能會對過多動物造成過多風險。以非必要的人類活動（觀光旅遊）之名義，造成非必要風險。但是，讓我們假設在這個例子中，對人類來說，能夠在那三點五公里長的道路上行駛真的至關重要。

61. MacLeod 2011 的著作中，包括了幾則被加拿大新斯科細亞「野生動物希望學會」（Hope for Wildlife Society）所救的動物的經歷紀錄。只要復健與釋放對於被拯救的動物來說是可能的選項，牠們與人類的接觸就得要盡可能地受到限制。然而，一旦工作人員認為該動物的傷勢意味著牠將不可能在荒野中生存，對待牠的方式就會有一百八十度大轉變，變成在各種情境中密集地與人類接觸，好引領牠認識這個新社群的各種可能性：一個多物種的社會，包括了援救中心的工作人員、長久居住在該中心的其他動物，以及公眾訪客。

62. 「我們應該依照動物的物種常規對待牠們」的想法，是納斯邦處理動物權的取徑重點（Nussbaum

2006）。我們在第四章第五節中已經挑戰了這樣的觀點。對於失能的野生動物加入人獸混居的社群，其中一項隱含意義是我們該為牠們的飲食習慣負起責任，這當然引發了我們該如何處理天生肉食動物的難題。我們在第五章第四節中已經針對家貓討論了這個問題，而同樣的原則也適用於此。

63. 試考慮這裡所描述的庇護所與傳統馬戲團及動物園間的多重對比。動物園與馬戲團是為了人類的目的而設計的。動物從荒野中受到拐騙而來，或在被訓練為人類訪客做出各種表演的囚禁中，獲得育種繁殖。在很多動物園中，牠們在人造的「自然」環境中被陳列展示。牠們在馬戲團裡被強迫／訓練表演特技。即使是在最先進的動物園裡，拐騙、運送、受控制的育種、囚禁以及管理身體健全的動物，全都侵犯了牠們最基本的權利。上述對於失能動物庇護所的討論，完全不應該拿來作為馬戲團或動物園存在的正當理由。動物庇護所的存在，只是為了照顧不再適應荒野生活的動物，且依照我們對牠們個體利益的最佳了解，加以照顧。參見 Hribal 2010 的精采紀錄，關於馬戲團、動物園與水族館裡的動物對於被監禁與虐待的反抗行為。

64. 關於我們對野生動物的義務，保羅．泰勒（Paul Taylor）（1986）提供了類似的補償性理論。我們不應該傷害或干預牠們。但如果我們這樣做了，那麼我們就應該補償牠們，並且承擔我們所造成的任何依賴性。

65. 根據「大猩猩計畫」：「人類非自治區在聯合國中被稱作是聯合國託管領土，我們在擔任託管領土保護者這件事上有相當豐富的歷史經驗。我們可以將保衛第一個非人類獨立領土的任務，以及管理混合人類與非人類動物的領土，交付給這種樣子的國際組織。」（Cavalieri and Singer 1993: 311；亦參

見：Singer and Cavalieri 2002: 290; Eckersley 2004: 289 n14）

第七章　外籍住民：城際野生動物

1. 都市地理學家已經開始質疑與人類共享居所的大量非馴化動物，何以隱而不顯。珍妮佛・沃奇呼籲用「動物城邦」的概念，肯認以下事實：各種動物社會團體共存的人類城市、人類與動物之間關係的道德價值，以及有必要對被定義為相對於自然的人類文化或文明的概念提出挑戰，建立新理論（Wolch 1998）。亦參見：Adams and Lindsey 2010; DeStefano 2010; Michelfelder 2003; Palmer 2003a, 2010; Philo and Wilbert 2000。

2. 這種感覺有權在人類居住地區把城際野生動物置於人類利益之下的想法，通常是完全不經考慮的。不過，參見 Franklin 2005: 113 試圖為此提出辯護。

3. 傑洛馬克在鴿子的例子中發現了這種漸進的去正當化。如他所述：「鴿子現在是『無家可歸』的物種：在過去這個世紀中，不斷增加的空間被重新定義為牠們（以及其他動物）的禁入區，除非有看起來沒有人類居住的地方，鴿子才可以正當地待在那裡。」（Jerolmack 2008: 89）

4. 舉例來說，保護候鳥的法規並不適用於像是鴿子或留鳥加拿大鵝這類城際野生鳥類；禁止虐待動物的法規也不適用。令人吃驚的是，就連環境團體也鮮少反對針對城際野生動物的滅絕行動，因為牠們既不是瀕危物種，亦非荒野生態系統的一部分。

5. 關於指涉「動物出現在人類社會中只可能是『強迫參與』的結果，以及動物權理論的目標不是為了

『在社會之內』保護動物，而是『非人類物種應該能夠在自然環境中自由生活，組織牠們自己的社會』」等類似說法，參見 Dunayer 2004: 17。

6. 當動物權理論者說動物有不被殺戮的基本權利時，批評者通常會問這是否也擴及到「有害生物」身上，或者當人類與有害生物發生無法排解的衝突時應該視為例外。一般的動物權觀點認為，人類只有在自我防衛與其他**極端情況下**，才可以殺死動物，就像在人類本身的狀況中一樣。這些權利不會只因為某個動物被人類視為害蟲就消滅。我們不能殺死討厭的人類，所以對於動物也是如此，我們必須尋找沒那麼極端的方法來避免與化解衝突。對於某些城際野生動物，例如喜歡屋舍的毒蛇，我們大概不在「正義情境」中，因為我們無法在不把自己推入險境的情況下，與牠們共享居住空間。如果障礙物、遷徙、隔離、控制感染等其他方法不足以保護我們的安全，我們或許有正當理由採取極端措施以保護我們自己，包括採用置牠們於死地的方法。然而，如同我們後面的討論，這些措施只有在更大的脈絡中才站得住腳，其中人類大幅限制自己對動物造成的致命影響。換言之，我們不能要求動物遵守絕不危害人類生活的標準，同時就人類自己這邊而言，卻粗心地無視於我們施加在牠們身上的暴力與嚴重傷害。除此之外，人類必須試著在一開始時就防止衝突發生（如：小心地放置垃圾與食物，或者採用讓動物無法進入屋內的建築規範），或者，當這些做法失敗時，使用不致命的方式來處理這些不受歡迎的動物，包括：遷徙、驅蟲劑、控制生育、吸引競爭動物前來，或者學習互相寬容。我們會在之後的段落再回來討論這個議題。

7. 我們強調，城際野生動物與人類之間缺乏信任感，並不意味著正義原則不適用。就這方面而言，我們與席維斯與法蘭西斯的見解不同，他們認為正義的先決條件是信任，因此在馴養發生之前，我們對動物不具備正義義務（Silvers and Francis 2005: 72 n99）。信任是共同公民資格關係的先決條件，但並非正義**毫無保留的**先決條件。

8. 如同米歇費得（Michelfelder）所提到的，城際野生動物「通常被當作不得其所的生物以及不速之客，某種程度上很像非法外來者，現在及以後都不會說當地語言。這裡的關鍵字是『討厭鬼』與『害蟲』，即便該棲群對人類安全或健康不會造成直接與立即的威脅亦然……，而且，與處理非法外來者及罪犯的方式一致，被當作是討厭鬼的城際野生動物棲群，通常會被政府當局壓制，運送回『大自然』」（Michelfelder 2003: 82; cf. Elder, Wolch, and Emel 1998:82）。

9. 汙名化的過程從幾個方向進行。藉由連結動物與被汙衊的人類群體，抹黑動物；同時，人類與動物因為跟普遍受到厭惡的動物（像是老鼠）有所連結，而遭抹黑。參見 Costello and Hodson 2010 的說明，將對動物的負面態度，與不把人類邊緣團體當人看互相連結的心理機制。

10. 關於這隻信天翁在安大略省納潘尼鎮（Napanee）的「淺棕松林野生動物庇護所」（Sandy Pines Wildlife Refuge）中受到照料的紀錄，參見 http://www.sandypineswildlife.org/。在數個月的照顧與復健嘗試之後，儘管以釋放回南方海域為目標，這隻信天翁染上了不治之疾，最後被安樂死。

11. 有些動物群體的確熬過了與人類的接觸，隨著時間過去，從野生動物轉為城際野生動物。舉例來說，加州的聖華昆（San Joaquin）敏狐一開始時是野生動物，牠們的棲地因為人類開發而被占領，但牠們後來能夠適應且生存下來，成為城際野生物種，雖然處境仍岌岌可危。

12. 舉例來說，紐約市是生態熱門地點，充滿了種類繁多的城際野生動物，比周遭的郡還來得豐富。動物會被吸引來這一區，就跟當初人類會被吸引過來有一樣的理由：資源豐富的河流匯集處、小島以及在現代都會中持續存在的沼澤地（Sullivan 2010）。

13. 可能的例外情況是，瀕危野生動物棲群目前在人類的管理之下提高存活率與增加數量。然而，就算在這些例子中，對於物種來說最主要的威脅往往還是人類與人類活動。

14. 鮑莫在這點上區分伺機型動物與其他城際野生動物，如同野化動物或外來物種，牠們出現在城市裡是我們的責任（如下所述）。

15. 我們可以設想一些例外情況，比方說，人類與城際野生動物交好，建立起照顧模式，導致動物對此有所期待且產生了某種特定的依賴性。在這樣的情況下，這個人承擔了個別的責任，超越了社群中所有人類成員對城際野生動物所共同分擔的一般性責任，就像人類把馴化動物納入照顧一樣。

16. 睡鼠適應了密集交織的樹枝所創造出來的加高廊道，這也是修整過樹籬的特色。參見 http://www.suffolk.gov.uk/NR/rdonlyres/CF03E9EF-F3B4-4D9D-95FF-C82A7CE62ABF/0/dormouse.pdf。

17. 注意我們所使用的歸類是沒有排他性的。比方說，有些伺機型動物、靠近人類居所而生活的動物、野化物種被引進新的環境中，牠們的行為模式就像被引進的外來種一樣。

18. 這些是因為馬克・彼得納（Mark Bittner）的書《電訊丘的野鸚鵡》（*The Wild Parrots of Telegraph Hill*）（Bittner 2005）而出名的鳥，此書後來還改拍成電影。

19. 參見「康乃迪克奧杜朋學會」（Connecticut Audubon Society）網頁上的評論：http://www.ctaudubon.

org/conserv/nature/parowl.htm。

20. 在和尚鸚鵡的例子中，發出此聲浪的是公用事業公司，因為和尚鸚鵡會把牠們巨大的群居巢穴築在電線桿與固定裝置之上，讓公司面臨極大不便。撲滅行動雖以外來侵入造成的危險為由，但事實上真正的原因是成本與方便性。

21. 真正因為引進新物種而造成的滅絕相當少見。參見 Zimmer 2008。

22. 為灰松鼠辯護，參見 http://www.grey-squirrel.org.uk/，對抗灰松鼠的行動，參見 http://www.europeansquirrelinitiative.org/index.html。

23. http://www.nt.gov.au/nreta/wildlife/animals/canetoads/index.html

24. 參見澳洲政府針對野化動物的國會報告：http://www.aph.gov.au/SENATE/committee/history/animalwelfare_ctte/culling_feral_animals_nt/01ch1.pdf。

25. 值得注意的是，其他城際野生動物群體也可能與個別人類發展出更特定的依賴關係。這對孱弱、受傷或失怙失恃的動物來說，尤其如此，牠們唯有在人類提供暫時或長期居所與食物的情況下，才能活下去。

26. 參見托雷阿根提娜羅馬貓保護區（Torre Argentina Roman Cat Sanctuary）的網頁：http://www.romancats.com/index_eng.php。

27. 參見艾娃・霍能（Eva Hornung）的小說《狗男孩》（*Dog Boy*），書中對於莫斯科的野化犬有精采的見解（Hornung 2009）。

28. 馴化動物也面臨了同樣的限制。然而，牠們已經非常適應與人類往來，也很習慣跟人類溝通其需要與欲求。如同我們在第五章中所論，這意味著共處可以是協議到某種程度的結果，而非只是強加在馴化動物身上。我們可以用增進自由與機會的方式，協助牠們社會化進入公民資格中，這與單純將牠們隸屬於人類控制之下，完全相反。大多數的城際野生動物趨避人類，也不信任人類，而這一點限制了溝通的可能性，與相互性公民資格所需的關係。因此，對自由的限制雖然一開始看似相近，但事實上對於城際野生動物與馴化動物自主性與福祉所造成的影響，卻是非常不同。

29. 注意這與導向承認人類介入野生動物主權社群有所局限的考量大致相同。

30. 一九三〇年的《海牙公約》（Hague Convention）明確要求禁止雙重公民資格，直到晚近，歐洲法才修改了這個立場。

31. 史賓納認為，阿米許人在拒絕公共參與的權利與責任上態度一致，但有些哈希德派（Hasidic）猶太人社群要求保留他們形塑公共決策的完整權利（例如透過投票），卻仍然抗拒義務，拒絕學習與其他群體成員一起的市民合作規範與實踐。他認為，後者的做法無法通過互惠性的檢驗（Spinner 1994）。

32. 有些移工方案可以充當通往完整公民資格途徑上的過渡時期。加拿大的住家看護方案就是這樣的例子。我們在這裡的焦點，是會帶來外籍住民資格而非公民資格的移工方案。

33. 這並不是說國家有設立移工計畫的正義義務。國家可以選擇只讓永久住民而非暫時移民者擁有公民資格權的移民政策。我們的重點毋寧是說，即便移工計畫不會帶來公民資格，只要它們支持對暫時性移居者的獨特利益做出回應的外籍住民資格公平計畫，就未必是不正義的。

34. 在權利與責任不對等之處，我們就有了凱恩斯（Cairns 2000）所謂的「次等公民資格」（他用這個詞來指涉加拿大原住民族直到一九七〇年代仍身處次等狀態），或科亨（Cohen 2009）所說的「半公民資格」（她用這個詞來形容身心障礙者、重罪犯與孩童等群體所處的歷史地位）。就我們使用外籍住民資格這個詞而言，它可能涉及這種地位上的不公平形式，確未必如此，它反而可以代表彼此決定發展出某種關係，形式上比完整公民資格中所隱含的關係更弱一些。

35. 事實上，聯合國在一九九〇年通過了《保護所有移工與其家庭成員權利公約》（Convention on the Protection of the Rights of All Migrant Workers and Members of Their Families），由聯合國委員會監督。然而，這個公約在實質要求上非常微弱，在執行機制上甚至更弱，主要是因為主要的目的地國家沒有一個簽署或批准該公約。

36. 這兩個原則有時候會相互矛盾：寬限長久居住的非法移民可能讓新的非法移民有動機前來，忍受暫時的艱困，因而降低了障礙物與遏止措施的有效性。不過，我們別無選擇：這兩個原則在道德上都具有說服力。

37. 回想一下，雖然我們應該尊重野生動物社群的主權，但當我們碰到受傷的個別野生動物時，應該對牠們處境中的劇烈變化做出回應。如果治療與野放是可行的，那當然最好；但若不可行，該動物或許可以因為變成人類－動物社群中的公民而受益，即便牽涉到嚴重限縮自由，總是好過於被留下來等死。參見第六章，針對這點有更詳細的討論。

38. 參見 Adams and Lindsey 2010: 228-3，其中討論了在加拿大溫哥華相當成功的都市土狼管理計畫。「與土狼共存計畫」（Coexisting with Coyotes）把重點放在教育大眾減少土狼習慣趨近的誘因（如：餵食、把寵物食物留在屋外），以及助長積極的阻礙因素。比方說，鼓勵看到土狼的成人追逐牠們、對牠們大吼大叫，或用噪音製造器干擾牠們，好讓牠們保持小心謹慎的距離。該計畫的網頁：http://www.stanleyparkecology.ca/programs/conservation/urbanWildlife/coyotes/。「庫克郡土狼計畫」（Cook Country Coyote Project）是成功的人類－土狼共存策略中另一個優秀的方法。他們的網頁在 http://urbancoyoteresearch.com。人類與土狼共存，需要雙方都保持互相尊重的距離。在這裡，我們應該注意的是，支持對土狼進行選擇性捕殺與以獎金懸賞捉捕的人，經常會主張殺死土狼是必要的，好讓牠們學會與人類保持距離。這個想法很怪異：一隻死掉的土狼無法展現牠新學會的趨避行為，也不再有機會把這個知識傳遞給下一代。況且，選擇性捕殺土狼不會造成土狼棲群數量的淨減少，所以這個策略是適得其反的（Wolch et al. 2002）。

39. 比方說，「骯髒」的鴿子會帶來危險的迷思一直存在，即便沒有紀錄顯示鴿子會把疾病傳染給人類。雖然有免疫缺陷的人若接觸到（或在密閉空間裡呼吸到）鴿子的排泄物，會造成某些風險，但其危險性不會比其他動物（像是貓、狗等）來得高（Blechman 2006: ch.8）。

40. 啞天鵝是英國與歐亞洲其他地區的原生物種，但在北美是外來物種。在北美洲，人們熱烈激辯牠們到底是危險的侵入者，抑或在生態系統裡的角色與北美洲原生天鵝類似的溫和移居者。不同的觀點參見 http://www.savemuteswans.org 與 http://www.allaboutbirds.org/guide/Mute_Swan/lifehistory。

41.「動物聯盟」（Animal Alliance）針對與其他城際野生動物（例如鹿與土狼）發生的衝突，也提供了很有幫助的指導原則。在 http://www.animalalliance.ca 可以查到。

42. Adams and Lindsey 2010: 161。另一方面，野生松鼠棲群的性成熟期比都市裡的遠親來的早，或許是因為都市松鼠的後代存活率比較高。

43. 關於如何控制動物棲群的數量，我們還有很多地方可以學。乍看之下，某些物種在數量控制上，看似完全取決於外在因素。比方說，城際野生白尾鹿群的數量要不是被掠食者所控制，將會超出當地的環境承載力，亦即，牠們的食物會供不應求，而牠們會餓死。弗雷澤討論了在掠食者被移除的島嶼上，猴群數量超載也發生類似的現象（2009: 26），另外被關在野生動物公園中的象群同樣吃垮了牠們所處的環境。然而，草食動物所面對的環境承載力問題似乎是由於被囚禁在生態「島」上造成的結果：無論是真實的島嶼、設了圍籬的公園或是郊區飛地。如果有廊道把草食棲群與更大片的土地連結起來，那麼牠們看起來會透過遷徙的方式控制數量（Fraser 2009）。

44. 布萊契曼（Blechman）討論了鴿子病蟲害防治公司如何在西尼羅病毒（West Nile Virus）與禽流感肆虐時，拿到許多基於恐懼的佣酬，因而發了一筆大財，雖然鴿子不會傳播這兩種疾病（Blechman 2006: ch.8）。

45. 參見 http://www.metrofieldguide.com/?p=74。

46. 就這方面來說，我們會把我們的模型與某些作者對於城際野生動物處境更加熱情的描述，區分開來。比方說，沃奇認為：「為了要讓照顧動物與自然的道德準則、實踐與政治觀點浮現，我們必須把城市再自然化，邀請動物回來，並讓城市重新充滿吸引力。我把這個再自然化的、再度充滿魔力的城市，稱作**動物城邦**。」（Wolch 1998: 124）我們的書名受到她的想法所啟發，但我們不會說人類有義務「邀請動物回來」：我們可以採取合理的步驟，讓本來可能的伺機型動物離開。同樣地，米歇費得認為：「棲息且在都市環境中找到家的城際野生動物，是我們的非人類鄰居。因此，我們有道德義務要相應地回應牠們，把牠們當作是真的鄰居……。作為基本原則，有助於讓社群更有凝聚力的行動，比那些會分化社群的行動，在道德上是略勝一籌的。」（Michelfelder 2003: 86）我們同意城際野生動物必須被視為是人類的鄰居或共同居住者，但我們一直堅持，目標不是要與牠們共創更有「凝聚力」的社群。這應該是我們面對馴化動物時的目標。對於馴化動物，我們應該以強化信任與合作關係以及在混和社群中建立共同成員資格的概念為目標。但是，對於城際野生動物，目標是一個更鬆散、較無凝聚力的關係，與維持充滿警戒與不信任的關係一致（且在某些情況下是必要的）。我們相信，外籍住民資格的概念在不是共同成員資格的情況下，捕捉到了共同居住的這種辯證方式。

第八章　結論

1. UN 2006。對於聯合國報告中某些計算的批評，參見 Fairlie 2010。
2. 吉姆・蒙他維里，〈肉：我們這個時代的奴役制度：素食革命將會如何以武力到來〉（Meat: The Slavery of our Time: How the Coming Vegetarian Revolution will arrive by Force），《外交政策》（*Foreign Policy*）：http://experts.foreignpolicy.com/posts/2009/06/03/meat_the_slavery_of_our_time。

3. 回想一下辛格的主張，他認為：「一旦我們放棄了對其他物種主張『支配』的權利，我們就完全沒有權利干預牠們。我們應該盡我們所能地離牠們遠一點。放棄了暴君的角色，我們也不該試著扮演老大哥。」（Singer 1975: 251）這會是我們道德想像力的極限嗎？——我們與動物的關聯，只可能會是暴君或老大哥？

索引

人物

三至五畫

六至十畫

十一至十五畫

十六至二十畫

作品與文獻

地名

機構

名詞索引

動物公民：動物權利的政治哲學

作　　者　威爾・金利卡、蘇・唐納森
譯　　者　白舜羽
企劃選書　鄭詠文
責任編輯　王正緯
編輯協力　李鳳珠
校　　對　林昌榮
版面構成　張靜怡
封面設計　廖韡
行銷總監　張瑞芳
行銷主任　段人涵
版權主任　李季鴻
總 編 輯　謝宜英
出 版 者　貓頭鷹出版 OWL PUBLISHING HOUSE

事業群總經理　謝至平
發 行 人　何飛鵬
發　　行　英屬蓋曼群島商家庭傳媒股份有限公司城邦分公司
115 台北市南港區昆陽街 16 號 8 樓
劃撥帳號：19863813；戶名：書虫股份有限公司
城邦讀書花園：www.cite.com.tw　購書服務信箱：service@readingclub.com.tw
購書服務專線：02-2500-7718~9（週一至週五 09:30-12:30；13:30-18:00）
24 小時傳真專線：02-2500-1990~1
香港發行所　城邦（香港）出版集團／電話：852-2508-6231 ／ hkcite@biznetvigator.com
馬新發行所　城邦（馬新）出版集團／電話：603-9056-3833 ／傳真：603-9057-6622
印 製 廠　中原造像股份有限公司
初　　版　2021 年 12 月／二刷 2024 年 9 月
定　　價　新台幣 540 元／港幣 180 元（紙本平裝）
新台幣 378 元（電子書）
I S B N　978-986-262-519-4（紙本平裝）／ 978-986-262-520-0（電子書 EPUB）

讀者意見信箱　owl@cph.com.tw
投稿信箱　owl.book@gmail.com
貓頭鷹臉書　facebook.com/owlpublishing

【大量採購，請洽專線】(02) 2500-1919

國家圖書館出版品預行編目資料

動物公民：動物權利的政治哲學／威爾・金利卡（Will Kymlicka），蘇・唐納森（Sue Donaldson）著；白舜羽譯. -- 初版. -- 臺北市：貓頭鷹出版：英屬蓋曼群島商家庭傳媒股份有限公司城邦分公司發行, 2021.12
面；　公分. --
譯自：Zoopolis: a political theory of animal rights.
ISBN 978-986-262-519-4（平裝）

1. 動物　2. 權利　3. 倫理學

197.4　　110018862

城邦讀書花園
www.cite.com.tw

本書採用品質穩定的紙張與無毒環保油墨印刷，以利讀者閱讀與典藏。